John Hill

Der ultimative Trading-Guide

John Hill

Der ultimative Trading-Guide

Bibliografische Information der Deutschen Bibliothek:
Die Deutsche Bibliothek verzeichnet diese Publikation in der Deutschen Nationalbibliografie; detaillierte bibliografische Daten sind im Internet über **http://dnb.ddb.de** abrufbar.

Die amerikanische Originalausgabe erschien 2000 unter dem Titel „The Ultimate Trading Guide", bei John Wiley & Sons, Inc.

Gesamtbearbeitung: Stephanie Villiger
Lektorat: Dr. Renate Oettinger
Druck: Druckerei Joh. Walch, Augsburg

FinanzBuch Verlag GmbH
Frundsbergstraße 23
80634 München
Tel. 089 651285-0
Fax 089 652096
info@finanzbuchverlag.de

Den Autor erreichen Sie unter:
hill@finanzbuchverlag.de

ISBN 3-89879-024-X

Inhaltsübersicht

Vorwort

Das Gesetz von Angebot und Nachfrage beherrscht alle Börsen. Die Wirtschaftswissenschaft hat bewiesen, dass ein fairer Markt einen Zustand des Gleichgewichts zwischen dem Angebot und der Nachfrage von Gütern oder Dienstleistungen findet. Dieses Gleichgewicht wird dort erreicht, wo sich Käufer und Verkäufer auf den Wert einer Ware einigen können. Der Preis einer Aktie oder eines Futures ändert sich ständig. Diese Kursveränderung, die wir auch Marktbewegung nennen, wird oft anhand eines einfachen Balkencharts dargestellt, der fünf verschiedene Kennzahlen des beschriebenen Marktes anzeigt: Eröffnung, Hoch, Tief, Schluss und die Kursspanne des Tages.

Der Balkenchart spiegelt den Krieg wider, der sich zwischen Käufern und Verkäufern (Bullen und Bären) abspielt. Schließt der Markt höher, als er eröffnete, dann haben die Bullen gewonnen. Im gegenteiligen Fall sind die Bären die Sieger. Die Spanne des Balkens zeigt die Schlachten an, die während des Tages ausgetragen wurden. Steigt der Kurs einer Aktie um einen Punkt, dann war diese Aktie um diesen zusätzlichen Punkt mehr wert. Eine Sammlung der aktuellsten Balkencharts eines bestimmten Marktes gibt einen längerfristigen Überblick über das Angebot und die Nachfrage in diesem Markt. Markttechniker glauben, dass die zukünftigen Kurse einer Aktie oder eines Futures ermittelt werden können, indem man diese Landkarte von Angebot und Nachfrage, die der Chart zeichnet, genau betrachtet. Das Meistern der Kunst, Charts richtig zu lesen und das Geheimnis von Angebot und Nachfrage zu entdecken, kann der richtige Weg zum Gewinn bringenden Traden sein.

Der erste Teil dieses Buches widmet sich der Kunst, einen Balkenchart zu entziffern. Die Autoren zeigen verschiedene Ansätze zum Lesen der Charts, die auf der Erfahrung jahrelanger Marktbeobachtung basieren. Am besten lernen wir, wenn wir uns auf einen Schritt nach dem anderen konzentrieren. Nehmen Sie einen beliebigen Chart und kennzeichnen Sie, ausgehend von den beschriebenen Ansätzen, bestimmte Einstiegspunkte. Die beschriebenen Ansätze werden nicht funktionieren, wenn sie isoliert angewendet werden, aber sie bilden Teile eines umfassenden Trading-Planes. Ein Trading-Plan besteht nur aus drei Teilen: Einstieg, Ausstieg und Stoppkurs, wenn der Einstieg falsch war. Zu jedem dieser drei Teile gehört eine Gruppe von Techniken. Während Sie diese Techniken erlernen, werden Sie Ihren eigenen Stil mit den wichtigsten Indikatoren entwickeln und letztlich in der Lage sein, sich in jedem Chart zurechtzufinden und Ihrem Trading-Stil entsprechend mögliche Vorteile zu erkennen und zu nutzen. Sie können sich einen Vorteil im Markt erarbeiten, aber Sie werden das „Monster" niemals zähmen.

Der zweite Teil dieses Buches beschäftigt sich mit der millionenschweren Industrie der mechanischen Handelssysteme. Die allgegenwärtigen Computer und kostengünstigen Marktdaten erlauben es heute jedermann, Handelsansätze zu testen. Da der Großteil der Börsenteilnehmer aber unerfahrene Trader sind, wenden sie sich an die Experten und Gurus der Trading-Ansätze. Viele dieser Experten und Gurus versprechen jedem Börseninteressierten großen Reichtum. Unglücklicherweise folgen viele ihren Ratschlägen, kaufen ihre Handelssysteme und scheitern bei der Anwendung kläglich. Der große Unterschied zwischen den schönen Versprechungen und dem tatsächlich erlangten Erfolg führte zu dem schlechten Ruf, unter dem dieser ganze Bereich nun zu leiden hat. Die Futures Truth Company testet und evaluiert Trading-Systeme seit 1985. Dieses Unternehmen wurde mit dem Ziel gegründet, klare und harte Fakten zu den vielen öffentlich erhältlichen Handelssystemen bereitzustellen. Zuerst erfüllte Futures Truth die Funktion eines Wachhundes, aber im Lauf der Jahre entwickelte sich daraus eine Quelle der guten und ehrlichen Handelsansätze und Ideen. Ein mechanischer Handelsansatz kann erfolgreich sein; dies wird durch die Tatsache bekräftigt, dass ungefähr 80 % der 30 Milliarden US$, die auf gemanagten Futures-Konten liegen, nach exakten systematischen Methoden gehandelt werden.

Deutlich mehr als 80 % der Trader und Spekulanten verlieren Geld. Computer werden zur Erstellung hypothetischer Performance-Statistiken missbraucht. Ein Handelssystem lässt sich nicht von einem Computer erfinden; es muss auf einer sinnvollen Interpretation eines Charts und den Gesetzen von Angebot und Nachfrage basieren. Rückwirkend kann der Computer dazu verwendet werden, die Datensätze so zu bearbeiten, dass jedes beliebige Ergebnis angezeigt wird. Das nennt man Kurvenanpassung. Solche Handelssysteme haben mit der wirklichen Welt nichts zu tun, aber sie lassen sich hervorragend zu Werbezwecken einsetzen. Deshalb ist es so unglaublich wichtig für einen Trader, die Kräfte von Angebot und Nachfrage zu verstehen, die den Markt bewegen. Dieses Buch möchte Ihnen zeigen, wie man an der Börse Geld verdient, indem es folgende Punkte bereitstellt:

1. Einen Bezugsrahmen für die Interpretation von Kurscharts, basierend auf soliden Merkmalen von Angebot und Nachfrage im Chart – und wie man diese Information profitabel nutzt.
2. Die Ausbildung und die Hilfsmittel, die man braucht, um Handelssysteme auszuarbeiten, die nicht nur im Nachhinein, sondern auch in Zukunft funktionieren.
3. Handelssysteme und Methoden des Money Management, die einen Trader auf den richtigen Weg führen.

Die beschriebenen Ansätze und Werkzeuge werden sicher zu Kontroversen führen und wahrscheinlich auch Meinungsverschiedenheiten hervorrufen. Das ist ganz in Ordnung, denn kein Ansatz oder Instrument kann für alle das richtige sein. Nehmen Sie, was Sie brauchen können, und lassen Sie den Rest weg. Lesen und studieren Sie die Ideen mit gesunder Skepsis. Überprüfen Sie die Vorschläge und Muster anhand Ihrer eigenen Erfahrung. Unser Interesse liegt nicht darin, dass Sie den beschriebenen Ansätzen und Trading-Plänen Glauben und/oder Vertrauen schenken, sondern dass Sie auf Ihren eigenen Handelsansatz vertrauen.

Hinweis

Man kann nicht davon ausgehen, dass die in diesem Buch angeführten Methoden, Techniken oder Indikatoren zum sicheren Erfolg und nicht zu Verlusten führen. Die Ergebnisse der Vergangenheit lassen nicht unbedingt zuverlässige Aussagen über zukünftige Ereignisse zu. Die Beispiele im vorliegenden Buch dienen der Anschauung und sollen nicht als Anregung zum Kauf oder Verkauf verstanden werden. Die National Futures Association verlangt folgende Feststellung: „Hypothetische oder simulierte Ergebnisse unterliegen bestimmten inhärenten Beschränkungen. Im Gegensatz zu einer tatsächlichen Performance repräsentieren die simulierten Ergebnisse keine wirkliche Handelsaktivität, und da die Trades nicht wirklich ausgeführt wurden, können die Resultate auf möglicherweise auftretende beeinflussende Marktfaktoren wie zum Beispiel mangelnde Liquidität nicht zuverlässig adjustiert werden. Simulierte Handelsprogramme werden im Allgemeinen auch mit dem Vorteil des späteren besseren Wissens geschrieben, und es gibt keinen Hinweis darauf, dass mit einem Trading-Konto Gewinne oder Verluste in gleicher oder ähnlicher Höhe erzielt werden können und werden.“

John Hill / George Pruitt / Lundy Hill

Danksagung

Ohne die folgenden Menschen wäre ich niemals ins Trading-Geschäft eingestiegen. Ich verdanke meinen ganzen Erfolg der Familie Hill:

John Sr. und Carol
John Jr.
Holly und Chris Hurd
Lundy

Ferner John Fisher (der mir das Programmieren und Testen von Handelssystemen beibrachte). Besonderer Dank gilt Minty Norris und Donna Fiskeaux.

G.P.

Einleitung

Die Suche nach der Wahrheit

Ein junger Ingenieur mit einer Ehefrau, drei Kindern, einer großen Hypothek auf dem Haus und $1.000 in der Tasche begann in den späten fünfziger Jahren die Suche nach der Wahrheit an der Börse. Damals kaufte er ein paar Aktien von Westinghouse und auch einige andere Aktien, als er eines Tages jemanden über eine Hebelwirkung von 95 % und den Futures-Handel sprechen hörte. Die meisten Ingenieure glauben, dass sie schlauer sind als andere Leute, weil sie an der Hochschule die schwierigsten Kurse belegt haben. Dies stellt sich aber schnell als Irrglaube heraus, wenn es um das erfolgreiche Investieren geht, wie dieser Ingenieur bald feststellen musste. Er nahm seine $1.000 und machte innerhalb von drei Monaten am Zuckermarkt daraus $18.000. Laut seinen Untersuchungen hätten es eigentlich $200.000 sein müssen, wenn er bei seinen Transaktionen logischer vorgegangen wäre. Dann suchte er nach dem nächsten großen Markt, und jemand erwähnte Sojabohnen und die bevorstehende Dürre im Mittleren Westen. Die gesamten $18.000 flossen in den Sojabohnenmarkt, und er fing an, stündlich bei der Wettervorhersage anzurufen und sich nach den neuesten Prognosen zu erkundigen. Jedes Mal, wenn der Markt anstieg, kaufte er so viele Sojabohnen, wie es die Margin zuließ. Innerhalb kurzer Zeit hatte seine Position einen Marktwert von $80.000 erreicht, und er besaß 200 Long-Kontrakte. Am Freitag sagten die Wetterfrösche nach wie vor die große Dürre vorher, und er erzählte seiner Frau stolz, dass der Unterschied zwischen $80.000 und 0 nicht groß sei, aber diese Geschichte könnte sich zu einem Millionengeschäft entwickeln. Er rauchte seine dicke Zigarre und nippte am Champagnerglas. (Junge Geschäftsleute konnten damals weder nachdenken noch eine zielführende Sitzung abhalten, ohne dabei dicke Zigarren zu rauchen.) Am Samstagabend ereignete sich im Mittleren Westen ein Wetterphänomen, wie es nur alle hundert Jahre einmal vorkommt: Eine riesige Sturmfront hatte sich aus dem Nichts gebildet. Bis zum Montag war keine Rede mehr von Dürre, sondern nur noch von der voraussichtlichen Rekordernte. Letztendlich blieben ihm $5.000, und er konnte von Glück sagen, dass er nicht sein Haus und sein Gehalt der nächsten zehn Jahre verloren hatte. Drei Dinge waren offensichtlich: Ein großer Teil war Dummheit, er musste deutlich gerissener werden, und wenn man einmal mit so etwas Geld verdienen konnte, dann ging es auch ein zweites Mal.

Damit fing seine Suche nach Wissen an. Er verbrachte viele Wochenenden in der Kongressbibliothek in Washington und der New York Public Library und suchte nach allem, was über die Technische Analyse veröffentlicht wurde. Er klopfte an die Türe jeder anerkannten Kapazität. Viele davon blieben verschlossen, aber einige öffneten sich. Der Bullenmarkt und das Silber in den frühen siebziger Jahren ermöglichten es ihm, sich von der Geschäftswelt zu verabschieden, und die Berufung wurde zum Beruf. Einige Jahre lang gab er einen Börsenbrief über Futures für Paine Webber heraus und schrieb ein paar Bücher über die Technische Analyse.

Futures Truth wurde Mitte der achtziger Jahre gegründet. Der Autor war es leid, dauernd wertlose Handelsmethoden teuer zu kaufen und für seine Suche nach mehr Wissen viele tausend Dollar auszugeben. Einer ging sogar so weit, einen Teil einer früheren Veröffentlichung des Autors zu kopieren und für $100 zu verkaufen. Es war zwar ein gutes technisches Hilfsmittel, aber kein Handelsansatz. Die Futures Truth Company wurde genau zu dem Zweck geschaffen, den tatsächlichen Erfolg oder Misserfolg eines Handelssystems zu ermitteln, nachdem es der Öffentlichkeit zum Kauf angeboten wurde. Die Publikationen von Futures Truth werden mittlerweile auf der ganzen Welt verkauft. Darin werden die Ergebnisse von ungefähr 130 verschiedenen Methoden verfolgt. Die Ergebnisse der Schaumschläger – Anbieter von Produkten, um die weitaus mehr Rummel gemacht wird, als die mageren Erfolge rechtfertigen – werden nicht berücksichtigt. Private Ansichten und Meinungen finden hier ihren Platz. Leider erhalten wir immer wieder Anrufe von Menschen, die Systeme gekauft und verwendet haben, ohne sie richtig zu verstehen. In den meisten Fällen kosten diese Systeme weit mehr als nur den Kaufpreis. Man kann schnell $10.000 mit einem gekauften System verlieren, bevor man sich entschließt, es doch nicht zu verwenden. Futures Truth wurde schon oft mit Klagen bedroht. Futures Truth konnte sich immer darauf verlassen, dass die großen Anwälte aus New York und Chicago anriefen, wenn bestimmte Anbieter mit ihren ganzseitigen Anzeigen in den Fachmagazinen die schönen Gewinne in den Himmel lobten, die man mit ihren Handelssystemen erzielen konnte. Futures Truth zeigte die harten Fakten zu diesen Systemen auf. Futures Truth wurde einmal verklagt, weil wir zeigten, dass eines dieser Systeme tatsächlich zum Verlust von mehreren Millionen Dollar geführt hätte, wenn man es gekauft und angewendet hätte. (Die Klage wurde vom Richter abgewiesen.) Futures Truth hat die Betätigungsfelder vieler Schaumschläger eingeengt, aber diese Leute verdrängt man nie ganz vom Markt. Nach einiger Zeit kamen die ehrlichen und ehrenwerten Anbieter zu Futures Truth und baten darum, in die Liste der beobachteten Systeme aufgenommen zu werden. Die meisten Menschen wollen ja lieber beschwindelt werden, als dass sie ein System kaufen, das realistische Gewinne und Verluste bringt. Ehrliche Anbieter können einfach nicht auf einer kurzfristigen Basis konkurrenzfähig sein, aber längerfristig gesehen sind sie die einzigen Überlebenden. Nehmen Sie irgendeine fünf Jahre alte Fachzeitschrift und sehen Sie nach, wie viele von den damaligen „Experten" es noch gibt. Das war ein äußerst interessantes Gebiet. Die Arbeitweise des Systems musste genau dargelegt werden, um es in unsere Excalibur-Testsoftware zur Überprüfung der Ergebnisse einzubinden. Im Lauf der Jahre haben wir so wahrscheinlich jeden vorstellbaren Handelsansatz gesehen. Es gibt einfach keinen Heiligen Gral oder eine magische Formel, die zum Reichtum führt. Wenn überhaupt, dann besteht die ultimative Wahrheit darin, dass es sie nicht gibt. Es gibt aber ganz sicher Vorgehensweisen, die dem Trader einen entscheidenden Vorteil verschaffen können, und genau darum geht es in diesem Buch: Wie erkenne ich diesen Vorteil, und wie nutze ich ihn, um an der Börse Geld zu verdienen?

Das Auftauchen gewaltiger Rechenleistung der Computer Anfang der achtziger Jahre entfesselte eine mächtige Kraft, die im Wertpapierhandel eingesetzt wird. Handelsansätze können nun innerhalb von Minuten anhand der Datenbestände mehrerer Jahre getestet werden. Leider führte dies auch zu statistischen Zufällen, mit denen die Systeme so manipuliert werden können, dass sie scheinbar unglaubliche Gewinne verzeichnen. Das entspricht aber nicht der Realität. Spät nachts erzählen Ihnen die Werbespots, dass Sie unermesslich reich werden, wenn Sie sich an diese manipulierten Systeme halten. Dieses Buch untersucht die Trugschlüsse dieser Ansätze und vermittelt einen Entwurf und eine Sammlung von Handelsideen, die Ihnen einen statistischen Vorteil beim Börsenhandel verschaffen sollen.

Die Technische Analyse ist nichts anderes als der Versuch, durch das Studium historischer Daten die Gesetze von Angebot und Nachfrage zu verstehen. Dieser Versuch kann Ihnen diesen kleinen, entscheidenden Vorteil an der Börse verschaffen und zu konsistenten und profitablen Ergebnissen führen. Die Technische Analyse ist eine praktische und effiziente Macht im Börsengeschehen.

Dies ist die Geschichte des besten Handelssystems aller Zeiten. Der Autor besitzt eine Farm in North Carolina. Eines Tages bemerkte er beim

Trading, dass der Weizenpreis stieg, wenn seine Kühe zur Nordweide gingen. Am ersten Tag schenkte er dieser Sache natürlich keine große Aufmerksamkeit, aber dieses Phänomen schien sich anscheinend jedes Mal zu ereignen, wenn die Kühe zur Nordweide gingen. Die Aufregung war grenzenlos. Das ultimative Handelssystem war entdeckt! Ein Diplomlandwirt wurde angestellt, um diese seltsame Begebenheit zu untersuchen und die Gründe für dieses sich wiederholende Ereignis zu finden. Das dauerte ein paar Monate. Letztendlich wurde der gut bezahlte Angestellte gefeuert, und stattdessen wurden zwei Schüler angestellt, um die Kühe immer dann zur Nordweide zu bringen, wenn der Autor in Weizen long war.

Verrückt, nicht? Aber auch nicht verrückter als die Fachgelehrten, die verkünden, dass die Position des Saturn im Weltraum den Silberkurs bestimmt oder dass das saisonale Muster des Britischen Pfundes besagt, man müsse am 15. Februar kaufen, am 3. März verkaufen und liege damit zu 80 % richtig.

Ein Balkenchart der Kursbewegung enthüllt die zugrunde liegenden Faktoren von Angebot und Nachfrage im Markt. Manche von Ihnen sind vielleicht mit der Theorie der Donchian-Break-outs vertraut: Kaufen Sie bei einem Vier-Wochen-Ausbruch auf ein neues Hoch und verkaufen Sie bei einem Vier-Wochen-Ausbruch auf ein neues Tief. Dieser einfache Ansatz hat ständig Gewinn bringend funktioniert, seit er vor einigen Jahrzehnten eingeführt wurde. Mit Hilfe des Computers können solche Theorien nun extrem schnell überprüft werden.

Das Timing ist der essentielle Bestandteil für den Erfolg beim Trading. Enorme finanzielle Gewinne gelangen in Reichweite, sobald das Problem des Timing gelöst ist. Dieses Buch beschäftigt sich hauptsächlich mit dem Problem des Timing. Das Buch ist zu 100 % technisch orientiert, Fundamentaldaten kommen nicht zur Sprache. Eine gute Chartinterpretation legt alle fundamentalen Informationen offen, die Sie brauchen. Der Chart repräsentiert alle Bullen und Bären in einem Markt. Wenn Sie die Meinung eines Fundamentalisten über die Börsensituation lesen, dann werden Sie immer davon beeinflusst, in welche Richtung der Artikel neigt. Ein Chart wird aber nicht nur seine Ansichten zeigen (vorausgesetzt, er ist gerade investiert), sondern auch alle anderen finanziellen Interessen, die im Markt vertreten sind.

Durch das Studium und die Verwendung des technischen Ansatzes decken Sie alle umsatzstarken Terminmärkte und die meisten Aktien ab. Als Fundamentalist ist dies unmöglich, da es einfach zu viele verschiedene und manchmal widersprüchliche Variablen zu berücksichtigen gilt.

Seit über fünfzehn Jahren testet und bewertet die Futures Truth Company Handelssysteme für den Aktien- und Terminmarkt. Langfristig gesehen kann ein systematischer mechanischer Ansatz Gewinn bringend arbeiten. Eine große Anzahl von Tradern teilt diese Meinung, wie die 30 Milliarden Dollar belegen, die über gemanagte Futures-Konten anhand eines mechanischen Ansatzes gehandelt werden. Leider verlieren 90 % aller Trader jedes Jahr Geld durch Trading-Systeme. Unsere Aufgabe bei der Futures Truth Company ist es, die harten Fakten über die Trading-Systeme aufzuzeigen. Manche der wahren Gründe hinter dieser erschütternden Statistik werden dadurch etwas klarer.

Wahrheit 1:

Es geht um Geld

Die erste und wichtigste Tatsache ist, dass es hier um Geld geht – oder zumindest darum, wie man dazu kommt. Es geht nicht nur um Geld, sondern Geld zu verdienen ist sogar das erklärte Ziel. Wenn Sie irgendwelche anderen Absichten haben, dann folgen Sie der falschen Beschäftigung und lesen das falsche Buch.

Wie bei allen guten Spielen gibt es hier zwei Teams. Es gibt das „Wir"-Team, das ist natürlich unser Team. Das „Sie"-Team kann eine große Gesellschaft sein oder, was häufiger der Fall ist, eine Gruppe von professionellen Händlern.

Das Ziel des Spieles ist es, möglichst viel von dem Geld, das das Spiel antreibt, zu gewinnen. Es gibt so viele Gambits, Finten und komplizierte Spielchen, die dabei angewendet werden, dass sogar Knute Rockne[1] gelb vor Neid würde.

Technik Nummer 1 ist die Lüge – oder, um es netter auszudrücken, die lockere Wahrheit. Gibt es heute einen Mann oder eine Frau in den USA, der oder die sich nicht an das Fernsehbild des traurigen Farmers Brown erinnern kann, wie er einen schwarzen Maiskolben zwischen seinen schwieligen Händen hält? Natürlich gab es 1971 die Braunfäule, die dafür sorgte, dass der Maispreis um 27 Cent pro Scheffel von $1,40 auf $1,67 stieg.

1) Knute Rockne ist eine US-Sportlegende. Von 1918 bis 1930 erreichte er als Trainer der Footballmannschaft von Notre Dame 105 Siege, zwölf Niederlagen, fünf Unentschieden und sechs Nationale Titel und damit den bislang ungeschlagenen Rekord eines Gewinnverhältnisses von .881.

Eine Zeit lang sah es so aus, als ob wir Essensmarken brauchen würden, um Mais zu kaufen, aber siehe da: Die Produktionszahlen lagen ein ganzes Drittel über allen bisher bekannten Höchstmarken, und der Kurs sank wie die Titanic bis auf 47 Cent pro Scheffel.

Das Prinzip ist uralt: In den späten Fünfzigern und frühen Sechzigern stiegen Brunswick und AMF, Inc. aus obskuren Tiefen bis in die Gegend von $60 oder $70, nur um dann auf $6 (Brunswick) und $14 (AMF, Inc.) zurückzufallen. Für einige Zeit glaubte man, auf drei Familien würde eine Bowlingbahn kommen, und zwar weltweit.

Computer sind keine Ausnahme. 1965 stand Levin-Townsend bei 1 ½. Die Buschtrommeln erklingen, und im Jahr 1968 steht die Aktie LTX bei 68 ½. Die Computertechnologie ist eine gute Sache, aber zwei Jahre später versiegt das Glück für LTX. Die Aktie fällt auf $3 – wegen irgendeiner Geschichte mit der Buchhaltung und ungespitzten Bleistiften.

Oder nehmen wir als ein aktuelleres Beispiel die Firmen, deren Name ein „.com" enthält. Eine dieser Firmen ist TheGlobe.com, Inc. Die Aktie wurde im November 1998 zu $25 emittiert und stieg in wenigen Tagen bis auf $48 ½. Nur ein Jahr später stand sie bei $7. Der Punkt ist, dass in allen vier Fällen eine gute Geschichte oder Lüge am Anfang stand: Kein Mais. Alle lieben Bowling. Computertechnologie ist die Zukunft. Kauft alles mit „.com". Das kann schon sein, aber die Wahrheit war im Chart zu sehen. Wir lernen daraus, dass man am besten die ganzen Neuigkeiten, Tipps und all den Blödsinn ignoriert, die ständig vom „Sie"-Team verbreitet werden, um uns in die Irre zu führen. Es zählt alleine der Chart. Das ist eine Tatsache. Das ist die einzige Wahrheit.

Wahrheit 2:

Wer nicht weiß, was er riskiert, riskiert alles

Eine zweite grundlegende Wahrheit beim Trading betrifft die Risikobereitschaft. Grob gesagt bedeutet dies das Ausmaß der Sicherheit und der Hinweise, das der Anleger benötigt, bevor er etwas unternimmt – d. h. bevor er aus seiner Überzeugung heraus handelt. Der Autor kennt einige Markttechniker, die nicht einmal mit vorgehaltener Pistole zu einer Entscheidung kommen konnten. Einer davon gab zwar oft sehr scharfsinnige Beobachtungen zur aktuellen Situation von sich, aber er weigerte sich standhaft, sich auf eine Kauf- oder Verkaufsentscheidung festzulegen, und sagte: „Ich weiß nicht, schauen wir uns doch einfach an, wie sich das Muster entwickelt." Als sich das Muster entwickelt hatte, war die Gelegenheit natürlich längst vorbei.

In der praktischen Anwendung bedeutet dies, dass die ganze Kursbewegung wahrscheinlich schon vorbei ist, ehe unser Marktbeobachter eine ausreichende Datenmenge gesammelt hat, um sich auf einen Kauf oder Verkauf festzulegen. Die Moral von der Geschicht': Wenn Sie erkennen, dass etwas getan werden muss, dann tun Sie es! Warten Sie nicht! Denken Sie nicht mehr darüber nach!

Wahrheit 3:

Die individuell verschiedene psychische Ausstattung bestimmt Ihr Money Management und Ihre Risikokontrolle

Vergessen Sie nie: Das Risiko ist absolut das Einzige, das Sie kontrollieren können. Manche Trader riskieren 1 % bis 5 % ihres gesamten Kapitals bei einem Trade, während andere ihre Positionen bis zum bitteren Ende aussitzen. Ich möchte dazu Larry Williams zitieren: „Reiche Leute gehen keine großen Risiken ein." Denken Sie ernsthaft und ehrlich darüber nach, bevor Sie mit dem Trading beginnen. Es ist einfach nicht wahr, dass immer nur die anderen große Verluste hinnehmen müssen, wenn Sie unvorsichtig sind. In diesem Bereich kann und wird das positive Denken Ihnen oft großen Schaden zufügen. Dem Markt ist es nämlich ganz egal, wie positiv Sie eine bestimmte Aktie oder einen Future bewerten. Bändigen Sie Ihr Ego und lernen Sie, kleine Verluste zu lieben. Wenn Sie keine kleinen Verluste machen, dann kann ich Ihnen garantieren, dass Sie bald große Verluste erleiden werden.

Ein Trader kann über die besten technischen Hilfsmittel verfügen und trotzdem wegen seiner psychologischen Ausstattung in diesem Geschäft erfolglos bleiben. Wenn Sie Erfolg haben wollen, dann müssen Sie herausfinden, wer Sie sind – wie Sie Entscheidungen treffen. Persönliche finanzielle Entscheidungen zu treffen kann eine sehr emotionale Angelegenheit sein.

Nehmen wir zum Beispiel einen Mann, der ein Auto kaufen möchte. Vielleicht entschließt er sich spontan für einen bestimmten Wagen – oder vielleicht verbringt er Monate damit, verschiedene Designs und technische Details zu vergleichen, bevor er sich entscheiden kann, und dann muss man ihn oft noch unter Druck setzen, damit er sich festlegt. So ist es auch bei Tradern. Der eine entscheidet aus dem Bauch heraus – er kauft, weil er eine plötzliche Eingebung hat. 15 Minuten später entscheidet er sich vielleicht wieder anders. Das andere Extrem ist ein Mensch, der die Gegebenheiten genau beobachtet und darauf wartet, dass alles genau dem Schema entspricht, auch die Kursbewegung. Dann erst eröffnet er seine Position, aber es ist zu spät. Ein Autor nennt dies Risikoaversion. Die Unfähigkeit, die Resultate zielführenden spekulativen Denkens in die Tat umzusetzen, ist für den Erfolg ebenso vernichtend wie die Angewohnheit, rein emotional und impulsiv schnelle Entscheidungen zu treffen.

Der Erfolg beim Trading beruht auf der Entwicklung einer soliden Handelsstrategie und der Fähigkeit, sich an diese zu halten. Der Spekulant muss immer darauf achten, sich selbst im Griff zu haben.

Eine weitere Frage, die Sie sich stellen sollten, lautet: Warum handle ich mit Wertpapieren? Das Trading unterscheidet sich deutlich vom Glücksspiel und erfüllt eine äußerst wichtige Funktion in unserer Volkswirtschaft. Trotzdem sind die Mitspieler oft dieselben. Wenn Sie nicht bereit sind, Zeit und Arbeit für das Trading aufzuwenden, dann werden Sie beim Würfeln wahrscheinlich besser dran sein, denn beim Würfeln sind die Chancen recht gut kalkulierbar. Deshalb lautet mein Vorschlag, dass Sie Bücher über das Glücksspiel und die Instinkte der Glücksspieler lesen und ganz sicher gehen, dass Sie nicht einfach nur darauf aus sind, den „schnellen Dollar" zu machen. Manche Psychologen behaupten, dass Spielsüchtige verlieren wollen, um sich selbst zu bestrafen.

Finden Sie heraus, in welche Schublade Sie gehören und wie es mit Ihrer psychischen Ausstattung aussieht, wenn Sie beim Trading Erfolg haben wollen. Nur wenn Sie Ihre Stärken und Schwächen kennen, können Sie Ihre Stärken ausbauen und an Ihren Schwächen arbeiten.

Der psychologische Aspekt des Tradens kann folgendermaßen zusammengefasst werden: Kenne dich selbst und wisse, warum du tradest. In Kombination mit dem technischen Wissen in diesem Buch sollte Sie das auf den Weg zum Erfolg führen.

Conrad Leslie ist einer der meistgeachteten Weizenstatistiker des Landes. Bei einer Konferenz gab ich ihm ein kleines Buch, das ich 1977 veröffentlicht hatte. Einige Monate später besuchte ich Conrad und fragte ihn, ob ihm mein Buch gefallen hatte. Conrad sagte, dies sei das beste Buch, das je über die Märkte geschrieben wurde, und dass ich es nicht verkaufen solle. Er erwähnte auch, dass er durch einen bestimmten Vorschlag im Buch ziemlich viel Geld verdient hatte. Ich fragte nach, auf welcher Seite sich denn dieser Vorschlag befand, und er meinte nur, dass ich es schon herausfinden würde, wenn ich intensiv genug danach suchte.

Wenn einer der Leser auch Conrads *Great Fortunes* besitzt, dann denken Sie bitte an die Autoren und sagen Sie uns doch, auf welcher Seite der Tipp ist.

Viel Erfolg beim Trading, und vergessen Sie nicht: Ein Spekulant, der reich stirbt, stirbt zu früh.

1) Die Setups oder: der grobe Überblick

Trading ist leicht. Kaufen Sie nur Aktien, die steigen.
Wenn Sie nicht steigen, kaufen Sie sie nicht.
– Will Rogers –

Dieses Kapitel beschäftigt sich mit den Setups für Gewinn bringende Trades – den groben Überblick zu haben und festzustellen, wo der Markt in seiner generellen Entwicklung steht. Dann wenden wir uns den technischen Hilfsmitteln zur Ermittlung eines Einstiegspunktes zu, dem Schutz durch Stoppkurse, falls Sie falsch liegen, und den wahrscheinlichen Kandidaten für die Kursbewegungen. Genau wie im Immobiliengeschäft ist auch beim Trading der wichtigste Faktor: die Lage, die Lage, die Lage. Dazu kommt dann noch: das Timing, das Timing, das Timing. Das Setup gibt Ihnen einen groben Überblick über den momentanen Entwicklungsstand des Marktes – eine Schlüsselinformation bei der Suche nach kurzfristigen Umkehr- oder Bestätigungsmustern. Idealerweise eröffnen Sie Ihre Position in dem Bereich, wo die Wahrscheinlichkeit für den Erfolg am größten ist. Anders ausgedrückt: Gehen Sie in den Kauf- oder Unterstützungsbereichen long, und in den Verkaufs- oder Widerstandszonen verkaufen Sie oder Sie gehen short. Konzepte wie Akkumulation, Distribution, Kauf- und Verkaufszonen werden in diesem Kapitel erklärt.

Trading kontra Investition

Der erste Schritt beim Investieren ist das Studium der Fundamentaldaten. Es kann ein paar Jahre dauern, bis wirtschaftliche Faktoren sich im Markt niederschlagen, daher ist ein längerer Zeithorizont wichtig. Das Trading hingegen erfordert das Studium der technischen Faktoren, die kurzfristige Marktbewegungen bestimmen, sowie der psychologischen Faktoren der Käufer und Verkäufer im Markt. Das Trading beinhaltet mehr Risiko als das langfristige Investieren, aber auch mehr Gelegenheiten zu größeren Gewinnen.

Das ultimative Timing für alle Märkte

Kurzfristige Trades, die sich schlecht entwickelt haben oder aus denen ich den Ausstieg nicht rechtzeitig geschafft habe, wurden zu meinen langfristigen Investitionen. Vielleicht haben Sie das schon einmal gehört: „Wir wissen alle, dass es wieder mal nach oben gehen muss." Ich möchte Ihnen an dieser Stelle versichern, dass der Markt gar nichts tun muss. Wenn ich aber genau sagen müsste, wann und bei welchem Kurs der Markt sich wieder dreht, dann sicherlich genau dann, wenn ich meine Position schließe, und nicht eine Minute früher. Lernen Sie dieses Prinzip gut kennen, denn es wird Ihnen viel Geld sparen. Mir hat es schon sehr viel Geld gebracht. Oft haben mich Investoren angerufen in der Hoffnung, ich würde sie in der Annahme unterstützen, dass sich der Markt, in dem sie investiert waren, bald wieder erholen würde. Meine Antwort ist immer dieselbe: „Lassen Sie mich wissen, wann Sie aussteigen, dann werde ich kaufen." Wenn sich eine Position nicht gut entwickelt, steigen Sie aus. Klammern Sie sich nicht an Positionen. Dann bleibt Ihnen noch genug Kapital für den nächsten Trade. Lernen Sie, die kleinen Verluste zu lieben.

Die Technologie-Revolution

Manchmal hören wir jemanden sagen: „Die Märkte haben sich seit der technologischen Revolution verändert" oder „Wenn ich genug teure Software und Computer habe, um diese ganzen Indikatoren zu beobachten, dann werde ich sicher reich." Die Märkte haben sich immer gleich verhalten, weil die Natur des Menschen gleich bleibt. Dieselben Mächte sind am Werk: Angst und Gier, Angebot und Nachfrage. Die Märkte bewegen sich in Zyklen. Nichts hat sich verändert. Zwei Charts derselben Aktie, einer von heute und einer von 1950 ohne Kursangaben, zeigen dieselben Merkmale. Auf prozentueller Basis waren die Märkte von 1950 genauso volatil, wie sie es heute sind.

Die Technologie-Revolution macht für das Trading keinen Unterschied, außer in Bezug auf die Kosten und den Komfort des Marktzuganges. Obwohl die Informationen viel schneller verfügbar sind, bleibt das Verhältnis nach wie vor bei ungefähr 80 % Verlierern und 20 % Gewinnern. Die wichtigen Neuerungen sind die Kosten der Orderausführung und die Möglichkeiten der Orderaufgabe. Am Ende eines Handelstages können die Trading-Kosten den Unterschied zwischen Gewinn und Verlust ausmachen. Die leichte Zugänglichkeit des Marktes kann dem Gesamtergebnis auch schaden. Schnelle Computer, teure Software und die neuesten Methoden wie „Chaostheorie" oder „Weltraumtechnik" verbessern das Ergebnis nicht unbedingt.

Viele verschiedene Indikatoren verarbeiten dieselben Marktdaten und zeigen letztlich Ergebnisse mit derselben Aussage: Wie überkauft oder überverkauft ist der Markt. Indikatoren folgen der Entwicklung normalerweise, deshalb sind Sie beim Ein- und Ausstieg immer zu spät dran – eine Ursache für Verluste. Lernen Sie, die Kräfte des Marktes zu erkennen, indem Sie Charts und Chartmuster studieren.

Die Technologie-Revolution hat den Schaumschlägern, die bei Befolgen ihrer Formeln sofortige Gewinne versprachen, einen Dämpfer verpasst. Der durchschnittliche Wertpapierbesitzer kann diese Formeln nun mit Hilfe kostengünstiger Softwarepakete wie zum Beispiel Omega® leicht überprüfen. Trotzdem ist das Versprechen schnellen Reichtums auch für die Besten immer verlockend. Aber den Stein der Weisen gibt es einfach nicht. Wenn es ihn gäbe, dann hätte sicher schon lange jemand alles gewonnen, und wir hätten gar keine Märkte mehr. Sie können sich aber einen technischen Vorteil herausarbeiten, indem Sie Charts studieren, und Sie müssen auch Ihre Psyche im Griff haben. Manche Leute könnten nicht einmal dann Geld verdienen, wenn man ihnen eine Ausgabe des *Wall Street Journal* der nächsten Woche in die Hand drücken würde. Erkenne dich selbst.

Ein erfolgreicher Trader muss Wissen haben. Aber der Besitz des Wissens macht einen nicht unbedingt zu einem erfolgreichen Trader. Das Wissen und der erfolgreiche Trader werden von einer gigantischen Kluft getrennt. Nur wenige von uns können über diese Kluft springen, und diejenigen, die es schaffen, müssen sehr vorsichtig sein, damit sie nicht in den Abgrund zurückstürzen. Einer der Autoren ist schon so oft den Investitionsberg hinaufgeklettert und abgestürzt, dass er mit dem Zählen aufgehört hat. Als er das letzte Mal herunterfiel, schwor er sich, dass er nie wieder abstürzen würde, wenn er nur wieder halb so hoch hinaufsteigen könnte, wie er vorher gekommen war. Wenn genügend Leser dieses Buch kaufen, dann kommt er vielleicht so wieder aus der Talsohle heraus.

Mit Geld kaufen wir uns Freiheit, nicht mehr und nicht weniger. Wenn Sie erst ein bestimmtes Niveau des Reichtums erreicht haben, dann steigert das Ansammeln weiterer Dinge weder Ihre Zufriedenheit noch Ihre Freiheit. Wenn Sie zu viele Dinge sammeln, dann verlieren Sie dadurch sogar Freiheit. Das Trading kann viel Freude bereiten, aber wie das Golfspielen kann es zu einer Sucht werden.

Die Stadien der Kursbewegung

Alle spekulativen Märkte durchlaufen die folgenden Stadien der Kursbewegung:

1. Akkumulation (Kongestion) – Das Tief des Marktes
2. Anstieg oder Ausbruch
3. Distribution (Kongestion) – Das Hoch des Marktes
4. Abfall oder Einbruch

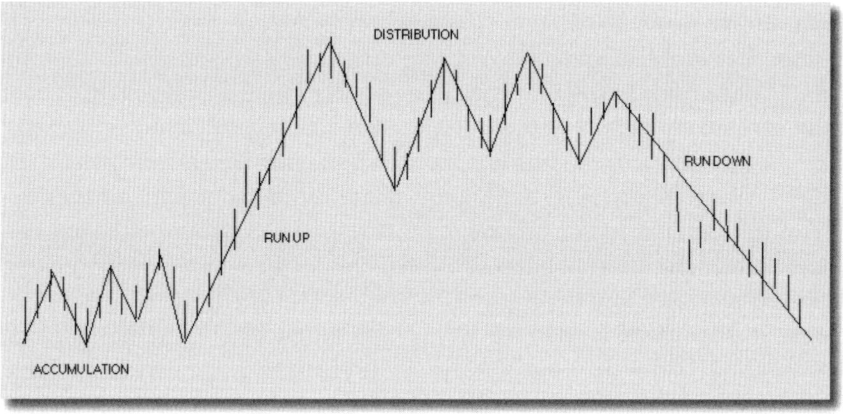

Abb. 1.1: *Die vier Stadien der Kursbewegung*

Das fundamentale Verständnis dieser verschiedenen Stadien der Marktbewegung ist für erfolgreiche Trader unerlässlich (Abbildung 1.1). Ungefähr 85 % der Zeit befindet sich der Markt in einer Phase der Kongestion, während der Sie sich mit bescheidenen Gewinnen begnügen sollten. Wir werden verschiedene Marktphasen betrachten, damit Sie die einzelnen Stufen erkennen und wissen, wann Sie in einer Kongestionsphase schnelle Profite machen oder von einem Aus- oder Einbruch profitieren können. Zuerst betrachten Sie die Marktsituation im groben Überblick und suchen nach günstigen Gelegenheiten. Dafür verwenden Sie normalerweise einen Chart, der auf einen längeren Zeitrahmen eingestellt ist. Dann wird Ihre Analyse mit der Beobachtung eines kurzfristigeren Charts fein eingestellt. So finden Sie heraus, wann Sie einsteigen, wann Sie Gewinne mitnehmen und, vielleicht am wichtigsten, wann Sie das sinkende Schiff verlassen sollten, weil Sie sich auf der falschen Seite des Trades befinden. Bei der genauen Betrachtung von Balkencharts wird oft klar, welche Richtung die wahrscheinlichste für den Kurs sein wird. Das Lesen der Nachrichten und Neuigkeiten ist meistens gefährlich. Lesen Sie stattdessen lieber die Charts und denken Sie dabei an Angebot und Nachfrage, Angst und Gier. Ein Chart enthält viele Informationen: Übersteigt die Nachfrage das Angebot, dann steigt der Kurs, bis ein Gleichgewicht hergestellt ist. Der Chart ist auch ein Abbild von Angst und Gier. Vergleichen Sie die beiden Gefühle und entscheiden Sie, welches davon das stärkere ist:

- Gier: „Hätte ich nur mehr davon gekauft, da hätte ich Millionen verdienen können."
- Angst: „Mann, wenn der Kurs weiter so einbricht, dann verliere ich noch alles, was ich habe!"

Die Angst ist die stärkere der beiden Emotionen, deshalb fallen Märkte schneller, als sie steigen.

Nach einen Aus- oder Einbruch kann der Markt wieder in eine Phase der Re-Akkumulation oder der Re-Distribution eintreten. Dabei kommt Newtons Theorie zum Einsatz: Ein sich bewegender Körper neigt dazu, sich weiterzubewegen. Das bedeutet: Wenn ein Trend einmal angefangen hat, dann neigt er dazu, sich mit periodisch wiederkehrenden Zeiten der Unterbrechung oder der Rast fortzusetzen. Die grundlegende Wellentheorie mit den fünf Hauptwellen nach oben oder nach unten (auf die in Kapitel 2 näher eingegangen wird) beschäftigt sich mit dieser Art der Kursbewegung. Daher geht der Kursverlauf normalerweise nach einem Stadium der Konsolidierung in der ursprünglichen Richtung weiter. Wenn die Beweislage nicht durch wichtige Chartinformationen umgekehrt wird, dann sollten Sie in derselben Richtung traden, in der der Kurs vor der Kongestion unterwegs war. Seien Sie auf der Hut vor Trendwenden nach der zweiten oder dritten Ruhephase während eines Aus- oder Einbruches.

Diese Muster können sich im Detail zwar unterscheiden, aber sie wiederholen sich in allen Wertpapiermärkten immer wieder. Manche Aktien blieben jahrelang in Kongestionsphasen gefangen. Das waren meistens die Werte mit schlechten Fundamentaldaten, die auch meistens dort bleiben. Traden Sie Aktien, die sich bewegen.

Setup für die Akkumulation

Phase 1 – Der Höhepunkt der Verkäufe

Das Setup für eine Akkumulation beginnt normalerweise mit einer Verkaufsspitze (Abbildung 1.2). Dies ist das erste Anzeichen der Ermüdung des Kursverfalles und der Anfang der Akkumulation. Eine Verkaufsspitze ist durch mehrere negative Balken mit relativ großen Spannen gekennzeichnet, wobei der letzte Balken die größte Spanne bei stark steigenden Volumen zeigt.

Auf die Verkaufsspitze folgt ein scharfer Kursanstieg. Diese Kursrallye übersteigt jeden Schritt nach unten in der vorherigen Abwärtsbewegung sowohl zeitlich als auch in der Kursspanne. Dies ist eine Voraussetzung für den Übergang des Marktes in die Akkumulationsphase. Ohne diese scharfe Rallye kann man nicht sagen, ob der Abwärtstrend vorüber ist oder nicht.

Auf diesen rapiden Kursanstieg folgt ein Antesten des vorherigen tiefsten Kurses. Diese Bewegung dreht entweder früh wieder nach oben oder führt zu einem neuen, etwas tieferen Tief.

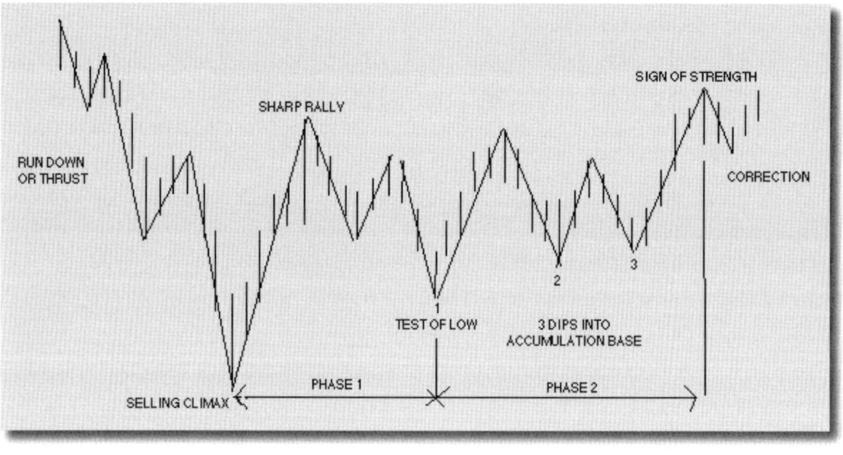

Abb. 1.2: *Akkumulation*

Phase 2 – Unterstützung und Widerstand

Jetzt geht der Markt in eine Phase über, in der sich Angebot und Nachfrage mehr oder weniger die Waage halten. Hier werden die Bereiche von Unterstützung und Widerstand festgelegt. Der Bereich der Unterstützung liegt bei der Spanne des tiefsten Balkens einer Verkaufsspitze oder eines folgenden Tiefs, wie in Abbildung 1.3 gezeigt wird. Der Bereich des Widerstandes ist das genaue Gegenteil: Bei der Akkumulation wird das Volumen an positiven Tagen ein wenig ansteigen und an negativen Tagen schwächer werden. Gegen Ende dieser Phase werden die Tops und Bottoms höher liegen als vorhergehende Rallyes und Reaktionen.

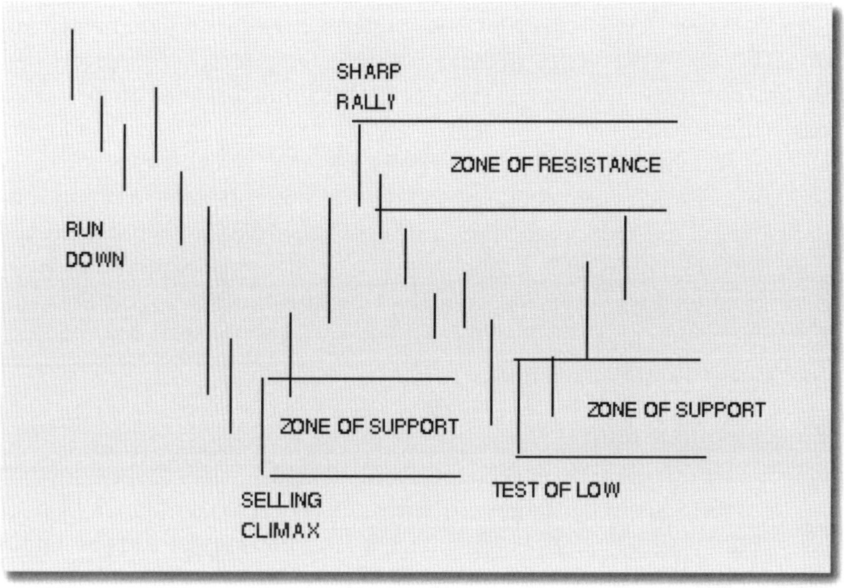

Abb. 1.3: *Unterstützung und Widerstand*

Nach einem scharfen Kursanstieg wird es zu mehreren Kursrückgängen mit darauf folgenden deutlichen Rallyes kommen. Nach zwei oder drei erfolglosen Versuchen, ein neues Tief zu erreichen, sollten Sie verstärkt auf positive Balken mit großer Spanne achten. Diese zeigen an, dass bei jeder Annäherung an diese Tiefpunkte stark gekauft wird. Das dritte Mal weist auf eine sehr große Wahrscheinlichkeit hin, dass der Markt nach oben ausbricht. Eine Tendenz zu einer Rallye gegen Ende der Akkumulation ist wahrscheinlich. Ein potenzieller Einstiegspunkt für einen Kauf ist der zweite oder dritte kurze Einbruch im Bereich der Akkumulation.

Ein *Zeichen der Stärke* zeigt sich, wenn der Kurs ein oder zwei vorherige Tops deutlich übersteigt. Dabei bedeutet der Begriff „deutlich“, dass der Anstieg die früheren Tops um zumindest eine durchschnittliche Balkenlänge übersteigt. Das Ausmaß des Übersteigens eines oder mehrerer früherer Tops deutet auf die Vervollständigung der Akkumulationsphase hin. Werden frühere Tops nur zaghaft durchbrochen, und fällt der Kurs schnell zurück, dann gehen wir von ausreichendem Angebot und einem möglichen Rückfall in die tieferen Bereiche der Unterstützung aus. Im umgekehrten Fall impliziert ein deutliches Durchbrechen mit weiteren folgenden Anstiegen eine anhaltende Nachfrage. Zusätzliche Bestätigung gibt ein Kurs, der mehrere Balken lang über diesen früheren Tops bleibt. Daraus schließen wir, dass die Akkumulation abgeschlossen ist und sich wahrscheinlich ein Anstieg abzeichnet.

Nach den Zeichen der Stärke korrigiert der Kurs im Allgemeinen auf ungefähr 50 % der vorhergehenden Kursbewegung. Dies markiert den Beginn der Anstiegsphase. Der Anstieg oder Einbruch wird oft als *Schub* bezeichnet. Widerstehen Sie dem Drang zu kaufen, wenn der Kurs neue Höhen erreicht. Oft machen dies impulsive Käufer, die Angst haben, beim großen Ausbruch vielleicht nicht dabei zu sein. Es gibt aber unzählige andere Aktien, die sich gerade am Ende der Akkumulationsphase kurz vor dem Ausbruch nach oben befinden. Eröffnen Sie Ihre Positionen zu Ihren Bedingungen und jagen Sie dem Kurs nicht hinterher. Wenn Sie dem Kurs nachjagen und auf dem Top kaufen, werden Sie oft durch normale Kurskorrekturen ausgestoppt.

Zusammenfassung:

1. Der erste Anstieg nach einer Verkaufsspitze dauert selten an.
2. Wenn Sie in der frühen Anfangsphase der Akkumulation kaufen, dann sind kleine Gewinne bis zur Beendigung der Akkumulation wahrscheinlich.
3. Die besten Gewinnchancen bieten sich, wenn Sie gegen Ende der Akkumulationsphase kaufen.
4. Die größten Gewinne werden während der Anstiegs- und Einbruchsphasen gemacht.

Gewinne mitnehmen

Wenn die Kongestionsphase des Kurses offensichtlich wird, dann liegen die guten Punkte für Gewinnmitnahmen im Bereich des Widerstandes. Verkaufsorders sollten früh genug platziert werden, da diese Bereiche oft nur ganz kurz erreicht werden, bevor der Kurs wieder fällt. Die Gewinnmöglichkeit kann schnell vorüber sein, wenn der Zielkurs erreicht wird und die Order nicht steht. Es ist eine schlechte Angewohnheit, darauf zu warten, was der Kurs macht, wenn er in die Widerstandszone eintritt. Das Beobachten eines kürzeren Zeitrahmens kann hilfreich sein.

Letzte Marktbereinigung

Am Ende der Akkumulation kann es zu einer letzten Marktbereinigung kommen (Abbildung 1.4). Diese zeigt sich als plötzlicher Einbruch des

Kurses unter den gesamten Akkumulationsbereich bei gesteigertem Volumen. Darauf folgt ein ebenso schneller Anstieg, der den ganzen Verlust wieder wettmacht. Dann kommt oft ein kurzer Kursabfall, der sich schnell umkehrt und mit großem Volumen und starkem Schub wieder ansteigt. Die letzte Marktbereinigung stellt den Tradern eine Falle, die bei Erreichen eines neuen Tiefs verkaufen. Diese Trades können schnell zu großen Verlusten führen. Diese Kursbewegung nennt man auch *V-Bottom*.

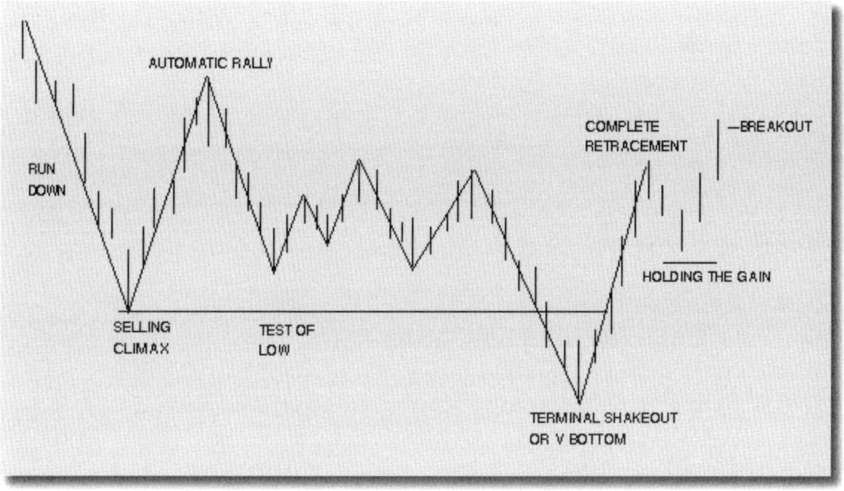

Abb. 1.4: *Letzte Marktbereinigung*

Setup für die Distribution

Phase 1 – Der Höhepunkt der Käufe

Das Setup für eine Distribution beginnt normalerweise mit einer Kaufspitze (Abbildung 1.5). Dies ist das erste Anzeichen der Ermüdung des Kursanstiegs und der Anfang der Distribution. Eine Kaufspitze wird durch mehrere positive Balken mit relativ großen Spannen gekennzeichnet, wobei der letzte Balken die größte Spanne bei stark steigenden Volumen zeigt.

Auf die Verkaufsspitze folgt ein scharfer Kurseinbruch. Dieser Kursrückgang übersteigt jeden Schritt nach oben in der vorherigen Aufwärtsbewegung sowohl zeitlich als auch in der Kursspanne. Dies ist eine Voraussetzung für den Übergang des Marktes in die Distributionsphase. Ohne diesen scharfen Rückgang kann man nicht sagen, ob der Aufwärtstrend vorüber ist oder nicht.

Auf diesen rapiden Kurseinbruch folgt ein Antesten des vorherigen höchsten Kurses. Diese Bewegung kann entweder früh wieder nach unten drehen oder auch zu einem neuen, etwas höheren Hoch führen.

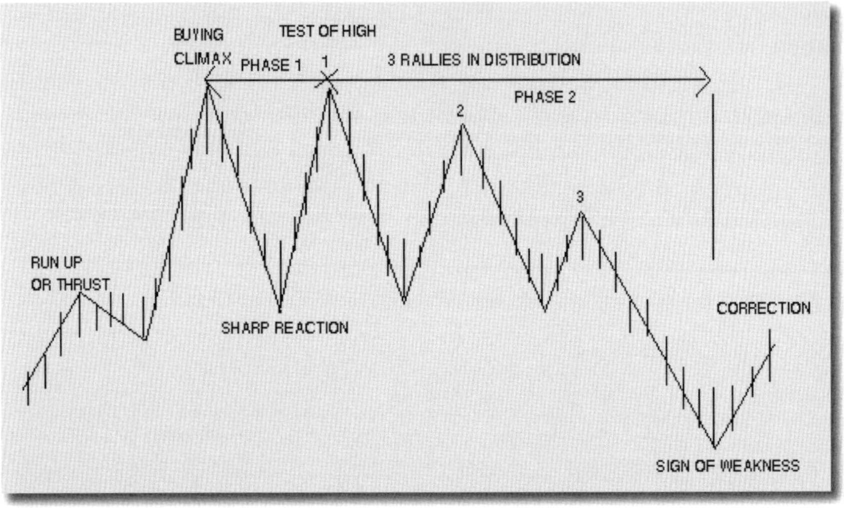

Abb. 1.5: *Distribution*

Phase 2 – Unterstützung und Widerstand

Jetzt geht der Markt in eine Phase über, in der sich Angebot und Nachfrage mehr oder weniger die Waage halten. Bei der Distribution wird das Volumen an negativen Tagen ein wenig ansteigen und an positiven Tagen schwächer werden. Gegen Ende dieser Phase werden die Tops und Bottoms tiefer liegen als vorhergehende Rallyes und Reaktionen.

Nach einem scharfen Kurseinbruch wird es zu mehreren Kursanstiegen mit darauf folgenden deutlichen Reaktionen kommen. Nach zwei oder drei erfolglosen Versuchen, ein neues Hoch zu erreichen, sollten Sie verstärkt auf negative Balken mit großer Spanne achten. Diese zeigen an, dass bei jeder Annäherung an diese Hochpunkte stark verkauft wird. Das dritte Mal weist auf eine sehr große Wahrscheinlichkeit hin, dass der Markt nach unten ausbricht. Eine Tendenz zu einer Rallye gegen Ende der Akkumulation ist wahrscheinlich. Ein potenzieller Ausstiegspunkt ist der zweite oder dritte kurze Anstieg in den Bereich des Widerstandes.

Ein *Zeichen der Schwäche* zeigt sich, wenn der Kurs deutlich unter ein oder zwei vorherige Bottoms fällt. Dabei bedeutet der Begriff „deutlich“, dass der Abfall die früheren Bottoms um zumindest eine durchschnittliche Balkenlänge unterschreitet. Das Ausmaß des Unterschreitens eines oder mehrerer früherer Bottoms deutet auf die Vervollständigung der Distributionsphase hin. Werden frühere Bottoms nur zaghaft durchbrochen und steigt der Kurs schnell wieder an, dann gehen wir von ausreichender Nachfrage und einem möglichen Rückfall in die höheren Bereiche des Widerstandes aus. Im umgekehrten Fall impliziert ein deutliches Durchbrechen mit weiteren folgenden Anstiegen ein anhaltendes Angebot. Zusätzliche Bestätigung gibt ein Kurs, der mehrere Balken lang unter diesen früheren Bottoms bleibt. Daraus schließen wir, dass die Distribution abgeschlossen ist und sich wahrscheinlich ein Kurseinbruch abzeichnet.

Nach dem Zeichen der Schwäche korrigiert der Kurs in der Regel auf ungefähr 50 % der vorhergehenden Kursbewegung. Dies markiert den Beginn der Einbruchsphase. Widerstehen Sie dem Drang zu verkaufen, wenn der Kurs auf neue Tiefen fällt. Oft machen dies impulsive Käufer, die Angst haben, beim großen Kurseinbruch vielleicht nicht dabei zu sein. Es gibt aber unzählige andere Aktien, die sich gerade am Ende der Distributionsphase kurz vor dem Ausbruch nach unten befinden. Eröffnen Sie Ihre Positionen zu Ihren Bedingungen und jagen Sie dem Kurs nicht hinterher. Wenn Sie dem Kurs nachjagen und auf dem Bottom verkaufen, werden Sie oft durch normale Kurskorrekturen ausgestoppt.

Zusammenfassung:

1. Auf die erste Reaktion auf eine Kaufspitze folgt oft ein deutlicher Kursanstieg. Vergessen Sie aber nicht, dass Kurse schneller fallen als steigen.
2. Wenn Sie in der frühen Anfangsphase der Distribution verkaufen, dann sind kleine Gewinne bis zur Beendigung der Distribution wahrscheinlich.
3. Die besten Gewinnchancen bieten sich, wenn Sie gegen Ende der Akkumulationsphase verkaufen.
4. Die größten Gewinne werden während der Anstiegs- und Einbruchsphasen gemacht.

Gewinne mitnehmen

Wenn die Distributionsphase des Kurses offensichtlich wird, dann liegen die guten Punkte für Gewinnmitnahmen im Bereich der Unterstützung. Dieser Bereich liegt in der Gegend um die früheren Bottoms der Kongestion. Verkaufsorders sollten früh genug platziert werden, da diese Bereiche oft nur ganz kurz erreicht werden, bevor der Kurs wieder ansteigt. Die Gewinnmöglichkeit kann schnell vorüber sein, wenn der Zielkurs erreicht wird und die Order nicht steht. Beim Eintritt des Kurses in die Unterstützungszone ist das Abwarten gefährlich. Das Beobachten eines kürzeren Zeitrahmens kann hilfreich sein.

Re-Akkumulation

Das Traden von Wertpapieren wäre einfach, wenn man immer davon ausgehen könnte, dass auf eine Kaufspitze eine Distributionsphase folgt und danach eine Abwärtsbewegung kommt. In der Realität sieht das natürlich anders aus. Der Kurs geht zwar in eine Kongestionsphase ein, aber dabei kann es sich auch um eine Re-Akkumulation handeln. Alles kann nach einer Kaufspitze auf einen bevorstehenden Kursverfall hinweisen. Das bedeutet aber nicht, dass der Kurs auch mit Sicherheit einbricht. Es kann sich auch um eine Ruhephase handeln, während der die Mächte von Angebot und Nachfrage entscheiden, in welche Richtung es weitergehen soll. Der Kurs kann oft mehrere Rallyes und Reaktionen durchlaufen. Nach der zweiten oder dritten Rallye in dieser Kongestionsphase weisen die Spanne und die Position der Balken im Kursbereich oft auf die Richtung der nächsten Bewegung hin. In der Regel behalten die Kurse nach einer Kongestionsphase die Richtung bei, die sie vor der Kongestion schon verfolgt hatten. Abbildung 1.6 zeigt eine Aktie, die nach einer Kaufspitze in eine Kongestionsphase übergeht. Wenn Sie in dieser Kongestionsphase überhaupt traden, dann sollten Sie bis zum Punkt E bei den Tops verkaufen und bei den Bottoms kaufen. Beachten Sie, dass die Tiefs höher liegen und sich der Kurs für einige Balken im oberen Bereich der Kursspanne hält. Dies weist auf eine Re-Akkumulation mit einem wahrscheinlichen weiteren Kursanstieg hin. Bei der Re-Distribution verhält es sich im umgekehrten Falle entsprechend entgegengesetzt.

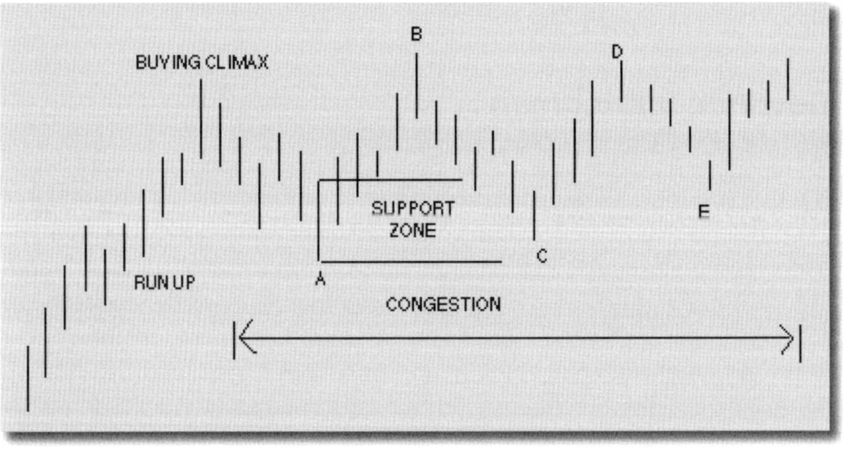

***Abb. 1.6:** Re-Akkumulation*

Die Phasen des Anstiegs und des Einbruchs

Die Phasen des Anstiegs und des Einbruchs sind die chancenreichsten (Abbildung 1.7). Diese Kursbewegungen machen aber zwischen den Kongestionen nur ungefähr 15 % aus. Die Theorie der parallelen Bewegung lässt sich hervorragend auf schnelle Märkte anwenden. Grundsätzlich besagt diese Theorie, dass Rallyes und Reaktionen früheren Rallyes und Reaktionen entsprechen. Kaufen Sie bei gleichen Reaktionsniveaus und nehmen Sie Ihre Gewinne bei gleichen Rallyes oder Schüben mit. Die Einbruchsphase ist das ungefähre Spiegelbild der Anstiegsphase. Der Kurs fällt meist schneller und tiefer, als er steigt. Angst ist ein stärkeres Gefühl als Gier.

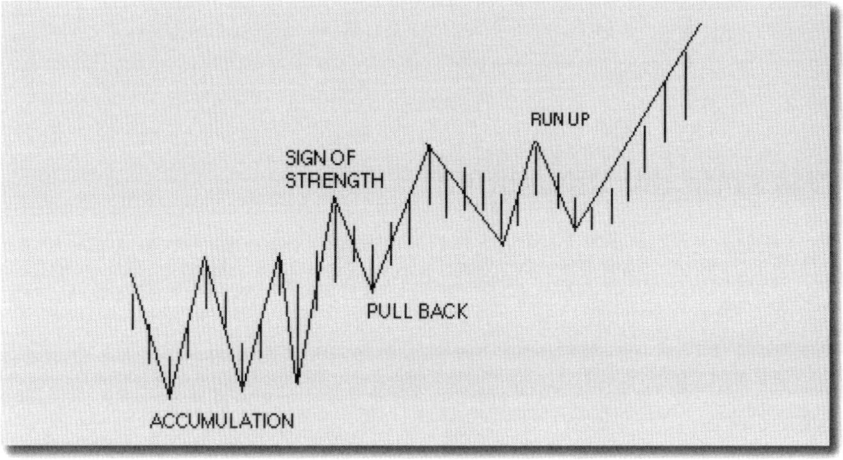

Abb. 1.7: *Phase des Anstiegs*

Die Erschöpfung des Kurses

Nach einem ausgedehnten Anstieg oder sogar nach drei aufeinander folgenden Balken in eine Richtung befinden sich die Kurse oft in der kritischsten Situation, die zu einer Korrektur und zum Beginn eines neuen Trends führen kann. Ein starker Umkehrbalken ist in solchen Situationen ein guter Hinweis darauf, dass man sich Gedanken über eine Short-Position machen sollte. Schließen Sie die Position wieder, wenn der Kurs in den nächsten Tagen nicht wirklich einbricht. Ein tieferer Eröffnungskurs ist eines der ersten Anzeichen der Erschöpfung und vielleicht auch des Endes der Bewegung.

Fünf Hinweise darauf, dass ein steigender Kurs in eine Kongestionsphase übergeht:

1. Der Kurs bildet zwei negative Balken mit großer Spanne.
2. Der Kurs erreicht über einen Zeitraum von zehn Balken kein neues Hoch.
3. Der Kurs hat nicht überschneidende, dem Trend entgegengesetzte Tage. Ein nicht überschneidender Balken ist ein Balken, dessen oberes Ende unter der unteren Spitze des vorhergehenden Balkens liegt. Dies kann drei oder vier Balken nach dem höchsten Balken auftreten.
4. Der Kurs zeigt einen scharfen Knick oder einen Sprung nach einem anhaltenden Anstieg. Der Knick besteht darin, dass der Kurs auf ein neues Tief fällt, kein Angebot findet und dann aggressiv steigt. Der Sprung bildet sich, wenn der Kurs plötzlich auf ein neues Hoch steigt, keine Nachfrage findet und schnell wieder zurückfällt. Diese Abläufe werden in Kapitel 6 näher behandelt.
5. Der Kurs geht um 75 % oder mehr der letzten Bewegung zurück.

Das Ende der Bewegung

Das Ende der Kursbewegung wird angezeigt, wenn das bestehende Hoch der Bewegung mit drei Versuchen nicht nach oben durchbrochen werden kann und sich kein neues Hoch bildet. Dem geht normalerweise eine Verkürzung der Aufwärtsschübe voraus. Man geht davon aus, dass der derzeitige Aufwärtstrend zeitweilig oder permanent vorüber ist. Hier werden Gewinne mitgenommen oder die Stopps enger gesetzt.

Wie verdient man damit Geld?

Die große Frage ist nun: Wie wendet man diese Informationen so an, dass man an der Börse damit Geld verdienen kann? Bevor Sie dieses Buch fertig gelesen haben, werden Sie einige Antworten darauf bekommen. Das Ziel ist, dass Sie die Setups und Muster sehen und erkennen, sobald sie erscheinen, und nicht erst danach – danach kann sie jeder sehen. Darauf folgt eine mögliche Anwendungsmethode. Regeln werden erstellt. Charts zeigen Muster und die Positionen, an denen die Regeln zur Ermittlung der Ein- und Ausstiegspunkte angewendet werden sollten.

Stellen Sie anhand des letzen Anstiegs oder Einbruchs fest, ob es sich bei der Kongestion um eine Re-Akkumulation oder Re-Distribution handelt. Im Allgemeinen verlassen die Kurse eine Kongestionsphase in derselben Richtung, aus der sie ursprünglich gekommen sind. Gehen Sie davon aus, bis Ihnen das Kongestionsmuster etwas anderes sagt.

Abbildung 1.8 zeigt eine Aktie in einer Re-Akkumulation. Kaufbereiche (Abbildung 1.9) können folgendermaßen definiert werden (für Verkaufszonen gilt das Gegenteil):

- Bei oder unter einer Korrektur von 50 % des Anstiegs oder
- Im Bereich der Unterstützung

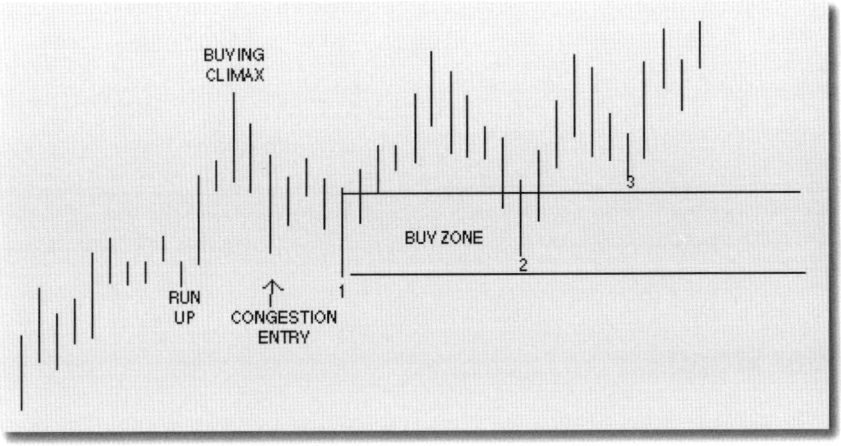

Abb. 1.8: *Re-Akkumulation*

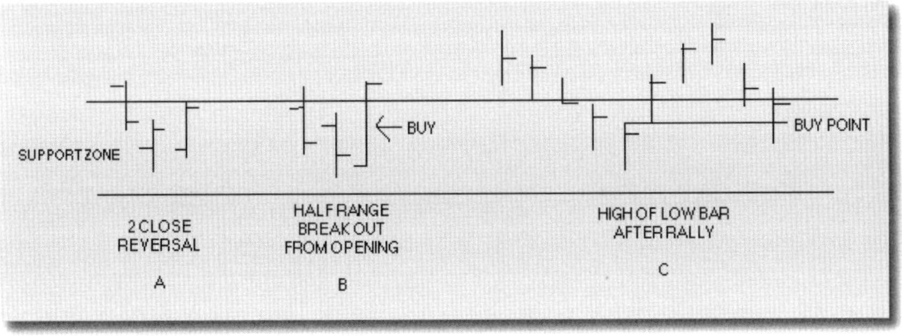

Abb. 1.9: *Einstiegsmuster*

Der Einstieg in eine Long-Position erfolgt unter Anwendung der folgenden Regeln:

- Schlusskurs über zwei oder mehr vorherigen Schlusskursen mit einem langen Balken und steigendem Volumen. Ein langer Balken ist ein Balken, dessen Spanne größer ist als die durchschnittliche Spanne der letzten zehn Tage.

- Kauf bei einem Ausbruch von der Eröffnung um die halbe Spanne. Berechnen Sie 50 % der Spanne der vorhergehenden Tage und addieren Sie diesen Betrag zum Eröffnungskurs.
- Kauf beim zweiten oder dritten Rückfall in den Unterstützungsbereich. Besondere Vorsicht ist beim vierten Rückfall angebracht, da die Kurse oft beim vierten Anlauf durchbrechen.
- Ein Zeichen der Stärke sind ein Schlusskurs, der am Einstiegstag über dem Vortagesschluss liegt, sowie eine höhere Eröffnung.
- Erreicht der Kurs in zehn Tagen kein neues Hoch, dann wechselt die Ampel auf Rot.
- Kauf nach zwei- oder dreimaligem Eintreten der Balken in den Unterstützungsbereich. Sie müssen sehr aufmerksam sein und schnell handeln können, sonst verpassen Sie die besten Gelegenheiten. Bei den schlechten Gelegenheiten werden Sie viel Zeit zum Handeln haben. Bei den meisten guten Trades ist das Zeitfenster sehr klein.

Der Stopp

Wir schlagen zwei Stopps vor: eine durchschnittliche Spanne unter dem letzten Reaktionstief oder die Spanne des Einstiegsbalkens unter dem Einstiegsbalken. Sobald wir etwas Bewegungsfreiheit haben, wird der Stopp

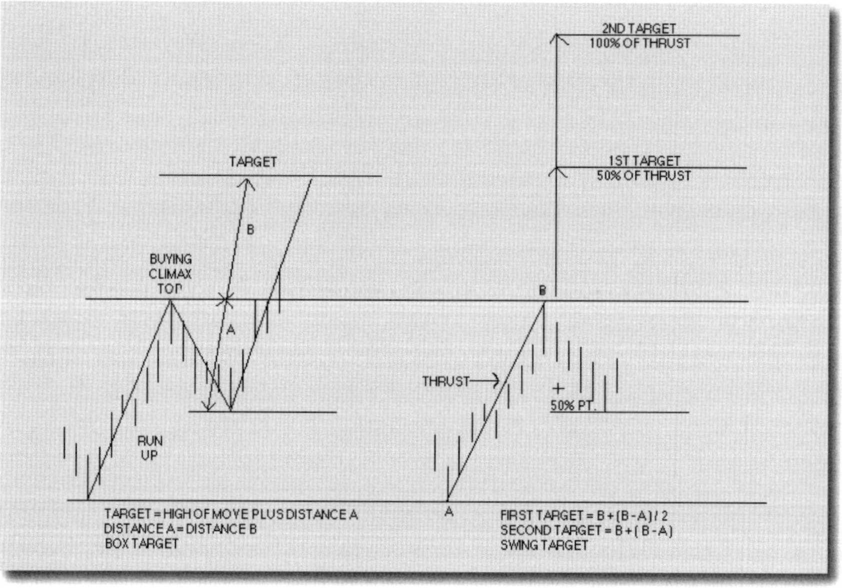

Abb. 1.10: *Kursziele*

nachgezogen. Schließen Sie die Position, wenn sich der Kurs nicht innerhalb von drei Balken entsprechend verhält. Warten Sie dann nicht, bis der Stopp ausgelöst wird.

Das Ziel

Das Kursziel – wie in Abbildung 1.10 gezeigt – ist:

- Box Target: Die Höhe der Box des Akkumulationsmusters (B=A), oder
- Swing Target: 50 % der Aufwärtsbewegung oder des Schubes, addiert zum Hoch der letzten Bewegung für das erste Kursziel oder 100 % für das zweite Kursziel.

Sobald der Kurs den Zielbereich erreicht hat, schließen Sie die Position sofort – oder beim ersten Anzeichen, dass das Angebot die Nachfrage übersteigt.

Diese Kursziele werden im ganzen Buch verwendet. Wenn Sie eine offene Position haben und der Kurs in den Zielbereich eintritt, dann seien Sie stets bereit, Ihren Gewinn mitzunehmen oder zumindest die Stopps enger zu legen.

Fallstudie zu den Regeln

In Abbildung 1.11 sehen Sie einen Chart von General Motors, bei dem in einem Zeitraum von zwölf Monaten (Juli 1998 – Juli 1999) diese Regeln

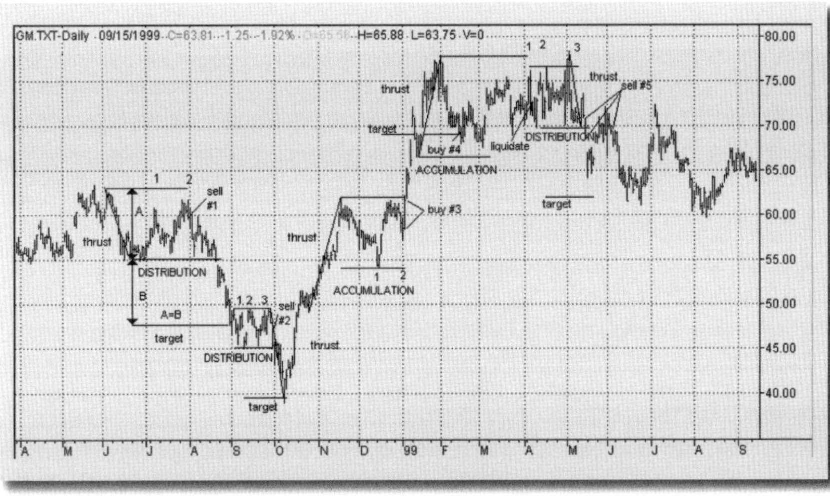

Abb. 1.11: *GM.TXT Tageschart (15. September 1999). Erstellt mit TradeStation 2000i von Omega Research© 1999*

angewendet wurden. Die Aktie fiel von 61 auf 39, stieg dann auf 78 und sank wieder auf 62. Das einfache Kaufen und Halten der Aktie hätte einen minimalen Gewinn erbracht. Die Anwendung der eben beschriebenen Techniken hätte dagegen einen Gewinn zwischen 30 und 45 Punkten gebracht. In Abbildung 1.11 sind die angewendeten Methoden eingetragen. In der ganzen Zeit wurden fünf Trades durchgeführt (Abbildung 1.12).

Erster Trade

Der Schub durchbricht die Unterstützung bei 58, und der Trend geht abwärts. Die Kongestion wird angezeigt mit einem möglichen Ausbruch nach unten. In diesem Bereich erfolgen zwei Rallyes. Während der zweiten Rallye wird auf Grund eines *Outside Day* eine Short-Position bei 60 eröffnet (ein Outside Day ist ein Tag, dessen Eröffnungs- und Schlusskurs außerhalb der Tagesspanne des vorhergehenden Tages liegen). Der erste Stopp liegt um die Spanne des Einstiegstages über dem Hoch des Einstiegstages. Die Gewinnmitnahme erfolgt beim Ziel von ungefähr 48 mit einem Profit von zwölf Punkten.

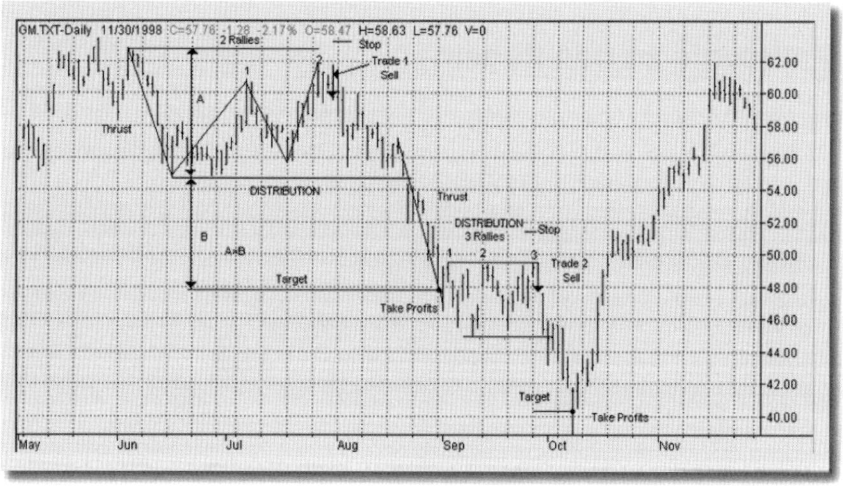

Abb. 1.12: *GM.TXT Tageschart (30. November 1998). Erstellt mit TradeStation 2000i von Omega Research© 1999*

Zweiter Trade

Im zweiten Kongestionsbereich sehen wir drei Rallyes. Die Short-Position wird beim langen negativen Balken bei 48 eröffnet. Im Zielbereich wird ein Gewinn von ungefähr 7,5 Punkten mitgenommen. Ein langer negativer Balken ist ein Balken, dessen Spanne größer ist, als die durchschnittliche Spanne und dessen Schlusskurs unter der Eröffnung und dem vorhergehenden Schlusskurs liegt.

Dritter Trade

Bis zu einem Kurs von 62 tritt keine Kongestion mehr auf (Abbildung 1.13). Der Kauf erfolgt entweder bei Erreichen der 50-%-Marke der Korrektur oder beim langen positiven Balken nach der 50-%-Marke. Gewinnmitnahme nach neun bis 13 Punkten.

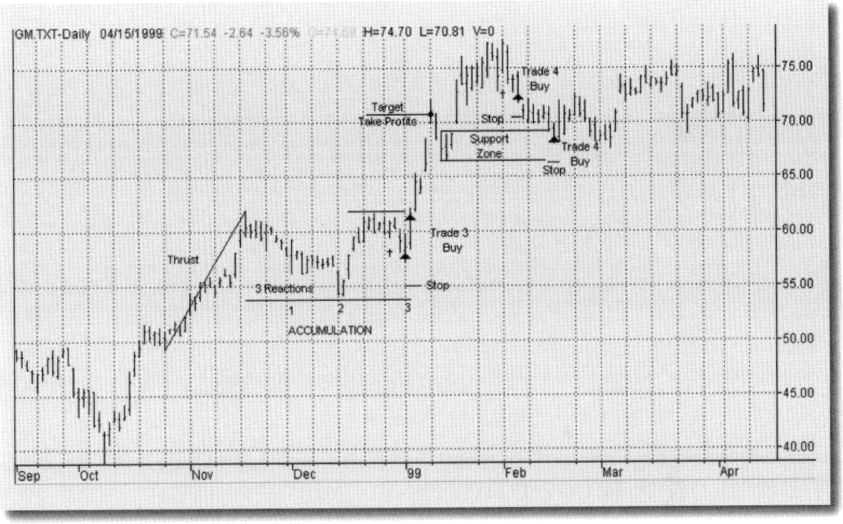

Abb. 1.13: *GM.TXT Tageschart (15. April 1999). Erstellt mit TradeStation 2000i von Omega Research© 1999*

Vierter Trade

Dieser Trade führt zu einem Verlust, wenn er bei der 50-%-Marke des Anstiegs eröffnet wird. Wird aber am Hoch des tiefsten Balkens des vorhergehenden Schubes gekauft, dann ergibt sich ein kleiner Gewinn. Die Position wird geschlossen, sobald sich herausstellt, dass der lange negative Balken auf Distribution und nicht auf Akkumulation hinweist. Der maximal mögliche Gewinn beträgt vier Punkte, im schlimmsten Falle kommt es zu einem Verlust von drei Punkten, wenn der Stopp eine Spanne unter dem Einstieg liegt.

Fünfter Trade

Der Aufwärtsschub bei der dritten Rallye mit dem folgenden Einbruch auf das Tief des Kursbereiches weist diesen Teil des Kursverlaufes klar als Distribution aus. Bei einem der Anstiege wird eine Short-Position eröffnet.

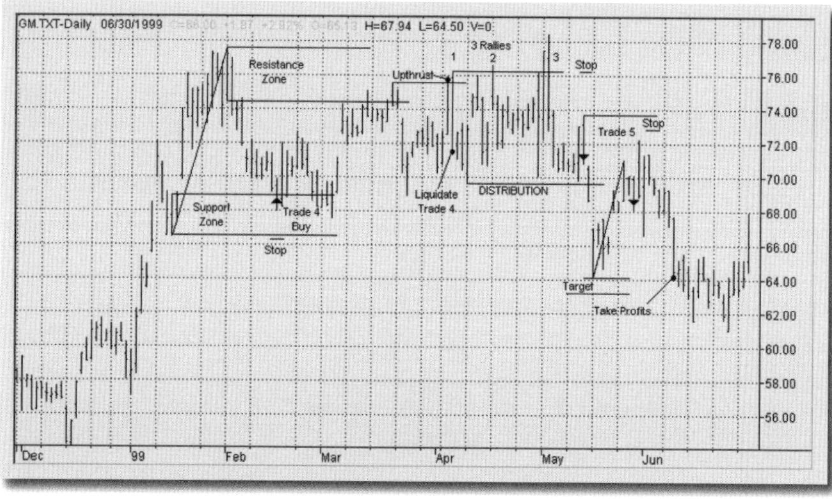

Abb. 1.14: *GM.TXT Tageschart (30. Juni 1999). Erstellt mit TradeStation 2000i von Omega Research© 1999*

Beachten Sie, dass mit der Eröffnung der Short-Position auf einen Kursanstieg gewartet wird. Die Position wird bei ungefähr 64 mit einem Gewinn von fünf bis sieben Punkten geschlossen.

Traden oder nicht traden?

Sie riskieren Ihr Kapital nicht, wenn Sie nicht im Markt investiert sind. Dieser Trading-Stil beschränkt das Engagement auf ungefähr 10 % bis 15 % des gesamten Beobachtungszeitraumes. Zwischen 85 % und 90 % der Zeit sind Sie nicht im Markt. Während einer Akkumulations- oder Distributionsphase kann eine Position gehalten werden. An diesem Ansatz gibt es zwar nichts auszusetzen, trotzdem beinhaltet er das Risiko, bedeutende Anteile des Gewinnes wieder abzugeben. Das Muster mag eher die Distribution als die Akkumulation sein. Sie müssen viele Charts studieren, bis Sie feststellen, dass dieser Ansatz praktikabel ist und zu Ihrem Trading-Stil passt. Dieser Ansatz erfordert einiges an Einschätzungsvermögen. Sie sollten versuchen, so viele Regeln wie möglich zu automatisieren, um die Unsicherheiten möglichst gering zu halten.

Traden Sie umsatzstarke Werte

Zum aktiven Trading eignen sich am besten die Aktien und/oder Futures, die sich bewegen oder in Trendphasen befinden, und nicht die langweiligen Wertpapiere, die dauernd nur seitwärts gehen. Dabei ist die Definition eines Wertes, der sich bewegt, recht subjektiv. Viele Quellen geben Listen von Wertpapieren an, die andere übertreffen und sich stärker bewegen, und eine der besten davon ist *Investors Business Daily*.

Sich bewegende Wertpapiere können folgende Merkmale aufweisen:

- Gesteigerte Volatilität
- Erreichen eines neuen Vier-Wochen-Hochs
- Wertpapiere in der Anstiegsphase
- Deutlich aufwärts oder abwärts geneigter Gleitender Durchschnitt der letzten 20 Tage
- Die führenden Werte in einem bestimmten Marktsegment

Zusammenfassung

Vergessen Sie nicht: Das Ziel dieses Spiels ist, dass Sie gewinnen, und nicht, dass Sie bei 90 % aller Kursbewegungen dabei sind. Lernen Sie, mit kleinen Stücken des Marktes zufrieden zu sein. Eröffnen Sie Ihre Positionen bei Auftreten bestimmter Muster und realisieren Sie Ihre Gewinne bei Erreichen des Zielkurses oder beim ersten Anzeichen, dass das Angebot die Nachfrage übersteigt.

Diese grundlegenden Prinzipien sind für jeden Zeithorizont bis hin zum Day Trading zutreffend. Sind Sie längerfristig orientiert, verwenden Sie Wochencharts. Dadurch wird es zwar zu vielen Fehlsignalen kommen, aber dafür gibt es ja die Stopps. Sie werden nur dann Geld verdienen, wenn Sie unzählige Charts studieren und darauf Ihre Einstiegspunkte, Ihre Ausstiegspunkte und Ihren Stopp-Loss einzeichnen. Dadurch verinnerlichen Sie diese Ansätze und eignen sie sich an. Danach könnten Sie beim Trading erfolgreich sein. Eines der schwierigsten Dinge beim Trading ist das Schließen einer Position gegen Ende eines Ausbruches oder während einer Kaufspitze. Sagen Sie sich dann einfach, dass Sie ein netter Mensch sind: Jeder will die Aktien haben, und Sie geben Ihre her.

Die General-Motors-Studie ist nur ein Beispiel dafür, wie Sie ein Handelssystem auf der Basis von Angebot und Nachfrage erstellen können. Zeichnen Sie auf vielen Charts alles ein, was in Zusammenhang mit den Kräften von Angebot und Nachfrage oder Kauf- und Verkaufsspitzen steht. Lesen Sie *Popular Delusions and the Madness of Crowds* von Charles Mackay. Es ist zwar schon 160 Jahre alt, aber die Grundideen gelten heute noch genauso wie im Jahre 1841. Vertrauen Sie nicht auf Ihr Gedächtnis. Führen Sie ein genaues Trading-Tagebuch. Schreiben Sie alles auf, was Sie jeden Tag sehen und herausfinden, und lesen Sie Ihre Aufzeichnungen häufig. Erstellen Sie zwei Charts: Einer zeigt, was Sie hätten tun sollen, und der andere, was Sie wirklich getan haben. Lernen Sie durch den Vergleich. Erkennen Sie die Kräfte, die bei wichtigen Wendepunkten wirken. Die Analyse im Nachhinein ist meistens zu 90 % richtig. Das Ziel ist, die Muster zu erkennen, während sie sich bilden, und sich entsprechend zu verhalten.

Hinweis

Manche der Ansätze in Bezug auf Angebot und Nachfrage beruhen auf den bahnbrechenden Arbeiten von Wyckoff, Tubbs und Larsen. Weitere Arbeiten von Wyckoff sind über das Stock Market Institute in Phoenix, Arizona, und das *Stocks and Commodities Magazine* erhältlich. Die Lehrgänge von Tubbs und Larsen stammen aus einer privaten Sammlung.

2) Praktische Anwendung der Elliott-Wellen-Theorie

Die Elliott-Wellen-Theorie sorgt bei vielen Tradern für Verwirrung. In diesem Kapitel wollen wir nicht die Mehrdeutigkeit dieser Theorie erörtern, sondern wir wenden sie in einem Trading-Plan an, der sich zu einem erfolgreichen Ansatz entwickeln soll. Diese Theorie ist eine der besten Zyklustheorien, da sie nichtharmonische Bewegungen zulässt.

Es gibt viele verschiedene Ansätze beim Wertpapierhandel. Diese werden grob in fundamentale und technische Ansätze aufgeteilt. Manche Techniker vermischen gerne beide Methoden zu einem optimalen Marktansatz. Der fundamentale Zugang beinhaltet Scheffel, Hektar, Verbrauchseinheiten, Einnahmen, Buchwerte und so fort. Die Technische Analyse untersucht vergangene Kursbewegungen und sagt zukünftige voraus. Ein paar der großen Namen auf diesem Gebiet sind Schabacker, Gartley, Dow, Gann, Livermore, Wyckoff, Elliott und viele mehr. 1939 veröffentlichte Elliott eine Reihe von Artikeln, die das Prinzip der Elliott-Wellen beschreiben. Diese Reihe von Artikeln versetzte die Fachwelt in Erstaunen. Die meisten nicht so ernsthaft am Markt Interessierten lesen sie und vergessen sie dann gleich wieder. Aber die Elliott-Wellen-Theorie ist eine der besten technischen Methoden zur Marktanalyse, und der ernsthaft Interessierte sollte sie auf jeden Fall in seine Studien einschließen.

Kann man anhand der Elliott-Wellen-Theorie Kurstrends vorherbestimmen und diese Informationen Gewinn bringend nutzen? Die Antwort darauf ist ein vorsichtiges Ja, wenn Sie die Theorie nicht zu einer exakten Wissenschaft machen. Die Elliott-Wellen-Theorie erlaubt harmonische und nichtharmonische Kursbewegungen. Die meisten Zyklustheorien verwenden Prinzipien auf der Basis harmonischer Bewegungen. Sobald nichtharmonische Bewegungen auftreten, wird es schwierig.

Die folgende Zusammenfassung der Elliott-Wellen-Theorie reduziert die Ideen auf eine brauchbare Größe:

1. Ansteigende Bewegungen bestehen aus fünf Wellen, von denen zwei Korrekturen sind. Abfallende Bewegungen verlaufen entgegengesetzt. Die ungeraden Wellen verlaufen in der Richtung der Hauptbewegung. Gerade Wellen verlaufen gegen die Hauptrichtung. Welle 2 korrigiert Welle 1. Welle 5 korrigiert Welle 4. Nach der fünften Welle erfolgt eine Korrektur der gesamten Bewegung. Zeichnen Sie einen Chart der Performance Ihres Trading-Depots, und Sie werden überrascht sein, wie zutreffend die Elliott-Wellen-Theorie ist. Wie oft sind Sie während der fünften Welle unvorsichtig geworden? Die psychologische Grundlage bildet hier die Vorstellung, dass das Trading eine Geldmaschine ist. Sie werden unvorsichtig und gehen Trades ein, die Sie besser vermieden hätten. Eine Bewegung muss nach der fünften Welle nicht korrigieren. Manchmal kommt es zu neun oder mehr Wellen. Dieses Problem löst Elliott, indem er diese Bewegungen *Extensions* nennt.
   Eine Welle ist eine Bewegung von einem Tiefpunkt auf dem Chart zu einem Hochpunkt oder umgekehrt. Diese sind aber subjektiv, und mit der von Elliott erwarteten Genauigkeit kann nicht gerechnet werden, da sie einfach nicht vorkommt.
2. Der Endpunkt der Welle 4 liegt höher als das Hoch von Welle 1 (Abbildung 2.1). Elliott legt Längenverhältnisse genau fest, wie zum Beispiel, dass die Welle 4 kürzer sein soll als die Wellen 3 und 5. Es hat sich jedoch herausgestellt, dass dies nicht unbedingt zutrifft.

Die Bewegungen werden in Wellen aufgeteilt, die um einen Grad kleiner sind. Was bedeutet „um einen Grad kleiner“? Diese Frage ist schwer zu beantworten, und das ist einer der Gründe, warum die Anwendung der Theorie so schwierig ist. Ein Vorschlag ist es, im nächstkürzeren Zeitrahmen danach zu suchen. Wenn Abbildung 2.1 einen Tageschart zeigt, dann suchen Sie in einem 30-Minuten-Chart nach dem kleineren Grad. Der nächstkleinere Grad braucht ebenfalls fünf Wellen, um die Welle 1 des höheren Grades fertig zu stellen, und ist somit identisch mit der Abbildung 2.1. Das Ergebnis sehen Sie in Abbildung 2.2, allerdings der Übersichtlichkeit halber ohne die Balken.

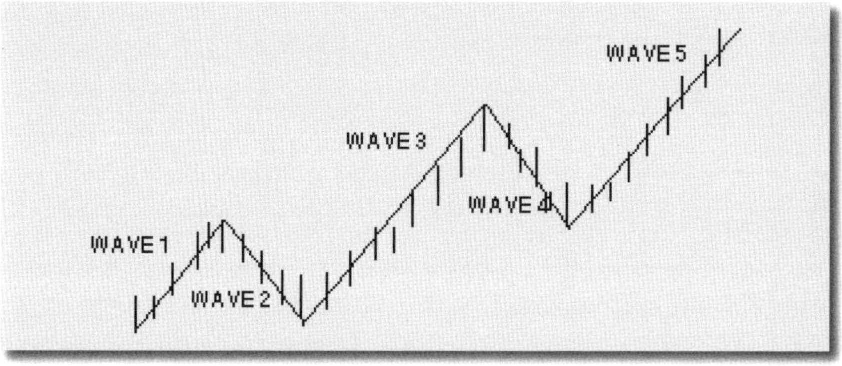

Abb. 2.1: *Elliott-Wellen-Theorie*

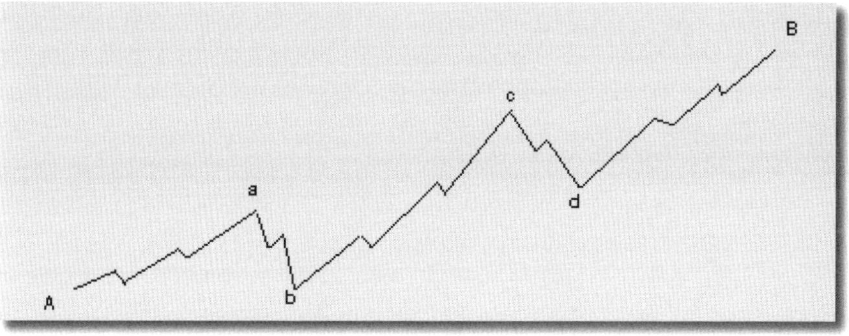

Abb. 2.2: *Elliott-Wellen – kleinerer Grad*

Kursziele für Bewegungen

In Abbildung 2.3 sehen Sie eine von mehreren Möglichkeiten zur Feststellung der Kursziele der Wellen 3 und 5:

1. Das Ziel für Welle 3 liegt mit 50 % der Spanne der Welle 1 über dem Hoch der Welle 1.
2. Das Ziel für Welle 5 liegt mit 100 % der Spanne der Welle 1 über dem Hoch der Welle 1.

Die praktische Anwendung ist die Ermittlung von Richtlinien zur Festlegung der überkauften und überverkauften Bereiche.

Korrekturwellen

Korrekturen erfolgen normalerweise in Form von Wellen (ABC), bestehen manchmal aber auch aus nur einer Welle (A). Die folgenden drei Kategori-

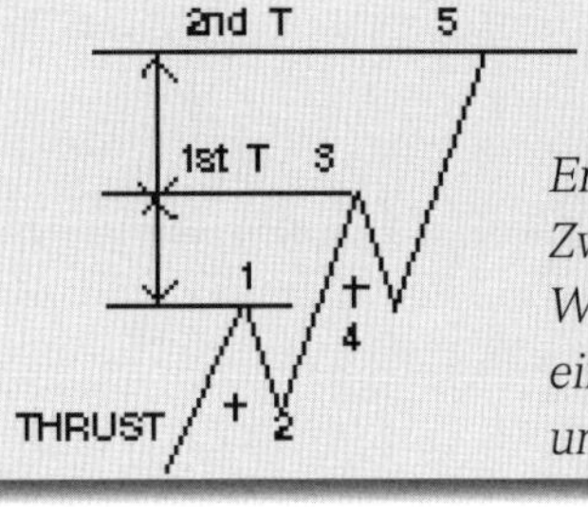

Erstes Ziel = (Schub x 50 %) + Hoch von 1.
Zweites Ziel = (Schub x 100 %) + Hoch von 1.
Wenn Welle 2 eine einfache Korrektur wie ein A ist, dann ist Welle 4 komplex, und umgekehrt.

Abb. 2.3: *Kursziel der Wellen*

en in Abbildung 2.4 zeigen die verschiedenen Korrekturen: Die Zickzack-Korrektur (2.4A) ist die schwächste Korrektur und kann eine Trendwende ankündigen. Beachten Sie, dass das Hoch der Welle B unter dem Hoch der Welle 1 und das Tief der Welle C unter dem Tief der Welle A liegt.

Bei einer unregelmäßigen Form liegt das Hoch der Welle B über dem der Welle 1 (2.4C). Diese Art ist die stärkste, besonders wenn das Tief der Welle C über dem der Welle A liegt.

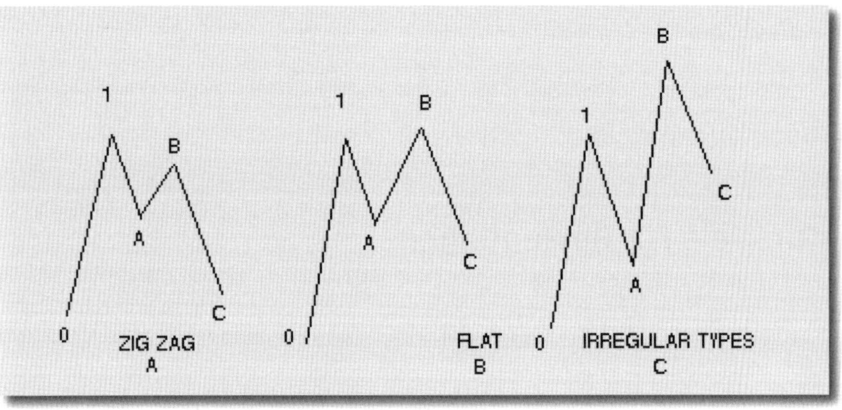

Abb. 2.4: *Gegenwellen oder Korrekturen*

Dreieckige Korrekturen

Dreieckige Korrekturen bestehen aus einen Fünf-Punkt-Muster (ABCDE) nach einem Schub. Art und Position eines solchen Musters erlauben oft Rückschlüsse darauf, ob eine Trendwende ansteht oder nicht.

Abbildung 2.5A zeigt eine flache Korrektur, die sich ganz im Bereich über 50 % des Schubes von 0 auf 1 abspielt. Starke Nachfrage zeigt sich jedes Mal, wenn der Kurs sich der 50-%-Marke annähert. Der Abschluss der Welle E zeigt im Allgemeinen die Richtung aus der Korrektur oder Kongestion an. Schließt die Welle E über dem Tief der Welle C, dann ist ein Ausbruch nach oben wahrscheinlich. Abbildung 2.5B zeigt ein bearishes Korrekturmuster, da sich der Großteil der Kursbewegungen unterhalb der 50-%-Marke abspielt. Ein Ausbruch nach unten ist hier wahrscheinlich.

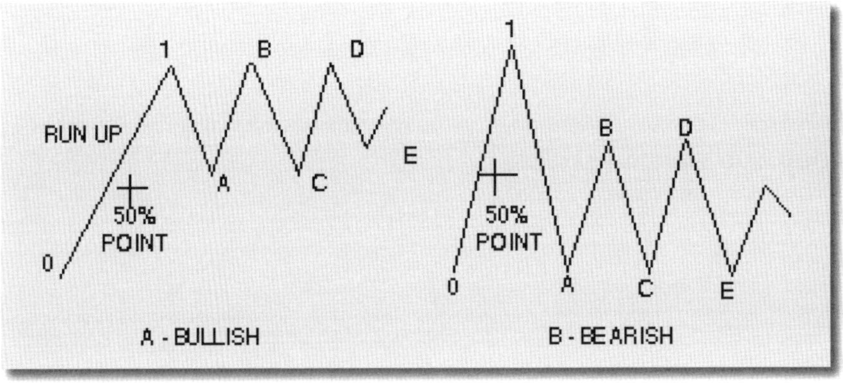

***Abb. 2.5:** Dreieckige Korrekturen*

A-förmige Korrekturen

Länge und Dauer der ersten Korrekturwelle oder A-förmigen Korrektur eines Schubes sind für die Bestimmung des weiteren Verlaufs der gesamten Korrektur und der Wahrscheinlichkeit einer Trendwende von äußerster Wichtigkeit.

Abbildung 2.6 zeigt die Anwendung der A-Welle (die erste Korrekturwelle zum Anstieg) zur Feststellung der Art der Korrektur und der wahrscheinlichen Richtung des Kurses nach Beendigung der Korrektur. In Abbildung 2.7 sehen Sie vier mögliche Kursbewegungen. Entspricht die Ausdehnung der A-Korrekturwelle, ist Folgendes daraus zu schließen:

- 25 % – 35 %: Deutet auf eine einzelne Korrekturwelle hin.
- 35 % – 50 %: Deutet auf eine Drei-Wellen-Korrektur hin.
- 50 % – 75 %: Deutet auf eine Fünf-Wellen-Korrektur hin.
- Über 75 %: Meist eine mögliche Trendwende.

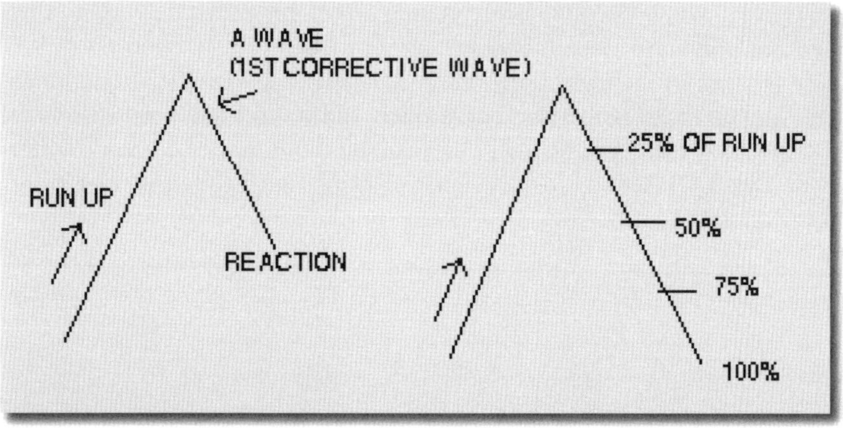

Abb. 2.6: *A-förmige Korrekturen*

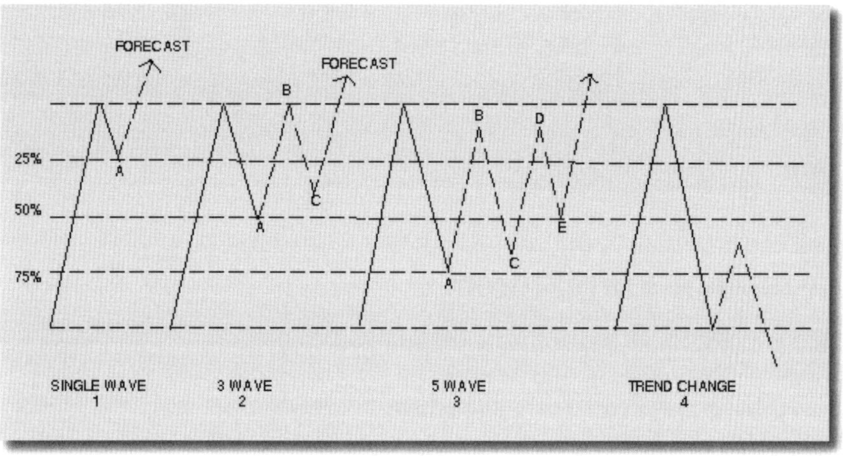

Abb. 2.7: *Vorhersage der Korrekturen*

Diese Art der Kursentwicklung kann zu einer Trendwende führen. Hier sind die Kräfte von Angebot und Nachfrage am Werk. Eine Reaktion mit einer Entfernung von 75 % vom Ausgangspunkt macht eine deutlichere Aussage als eine blutarme 25-%-Reaktion.

Fallstudie mit Rohöl

Der Rohölchart in Abbildung 2.8 zeigt eine wunderbare Anwendung der A-Korrektur beim Trading in einem starken Trendmarkt. Am besten wählen Sie den nächstkürzeren Zeitrahmen, um das Ende der A-Korrektur und die Einstiegspunkte leichter festzustellen. Ein einfacher Umkehrbalken nach einigen Balken gegen den Trend hätte zu schönen Gewinnen geführt. Ein Umkehrbalken ist ein Balken, der die Richtung des vorhergehenden umkehrt. Ein Stopp von einer Spanne vom Tief (oder vom Hoch in Falle eines Verkaufes) des Balkens ist empfehlenswert. Kurzfristig gesehen wären neun von elf möglichen Trades erfolgreich gewesen.

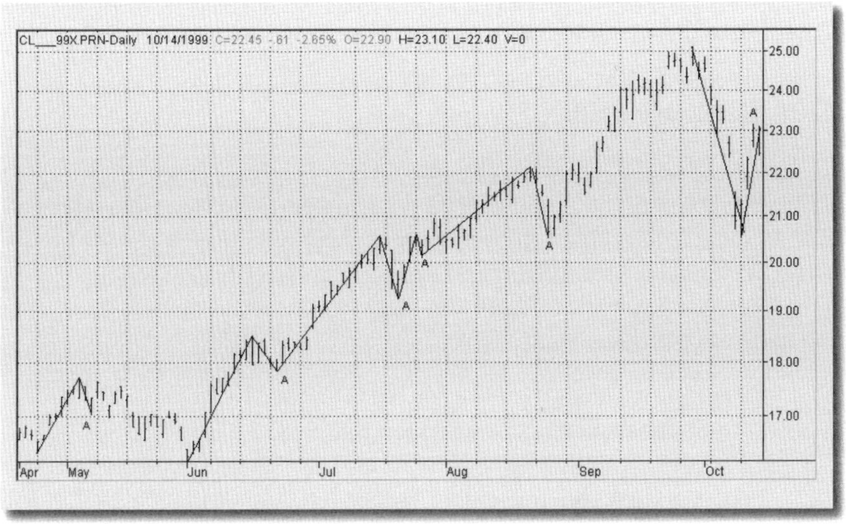

Abb. 2.8: *CL 99XPRN Tageschart (14. Oktober 1999). Erstellt mit TradeStation 2000i von Omega Research© 1999*

Statistische Untersuchungen der Korrekturen zeigen folgende Ergebnisse:

- A-Korrekturen oder eine Welle: – 32 %
- ABC-Korrekturen oder drei Wellen: – 50 %
- ABCDE-Korrekturen oder fünf Wellen: – 14 %
- Mehr als ABCDE: – 4 %

Nur 18 % aller Korrekturen bestehen aus mehr als drei Wellen. Die Schlussfolgerung liegt auf der Hand: Kauf oder Verkauf nach einer ABC-Korrektur. Nur in 18 % der Fälle liegen Sie damit falsch.

Wie tradet man A-Korrekturen oder ABC-Korrekturen nach einem Schub?

Dies ist ein sehr nützliches Hilfsmittel in Ihrer technischen Werkzeugkiste. Die Nachteile sind:

- Manchmal weiß man nicht, welches ABC-Muster man verwenden soll.
- Korrekturen können sich zu einem ABCDE-Muster ausweiten.
- Der Schub kann das Ende einer Bewegung anzeigen.

Nutzen Sie Korrekturen als Einstiegspunkte und nicht Ausbrüche, da die Ausbrüche oft nicht halten. Kaufen Sie bei einem Ausbruch oder beim Durchbruch eines Drehpunktes, dann ist ein viel größerer Stopp-Loss zur Absicherung notwendig, als wenn Sie bei einer Korrektur kaufen.

Der Trading-Plan

In diesem Geschäft ist nichts einfach. Ziehen Sie den folgenden Ansatz in Betracht: Die grundlegende Idee ist der Kauf eines Wertpapiers während der A- oder C-Korrektur, die auf einen Anfrage-Schub folgt (oder umgekehrt bei Shorts). Der Einstieg erfolgt während der Korrektur, anstatt einer schnellen Kursveränderung nachzujagen. Die möglichen Methoden des exakten Einstiegs sind:

1. Platzieren Sie eine Kauforder bei 50 % der Korrektion des Anfrage-Schubs, aber nie beim ersten Balken der Korrektur.
2. Eröffnen Sie Ihre Position während der C-Korrektur, sobald der Kurs erste Anzeichen einer Erschöpfung des Angebotes zeigt, wie zum Beispiel ein kurzer Balken, der über dem Tief schließt. Kaufen Sie bei einem Ausbruch von über 50 % der Spanne des vorhergehenden Balkens.
3. Eröffnen Sie die Position, sobald der Chart mit der kürzeren Zeiteinstellung ein Kauf- oder Verkaufssignal gibt und der Kurs in der Kauf-/Verkaufszone liegt.

Eine Stopp-Loss Order wird um eine durchschnittliche Spanne unterhalb des Tiefs des Einstiegsbalkens platziert. Die Position wird bei Erreichen des Kurszieles geschlossen. Erreicht der Kurs das festgelegte Ziel nicht, dann wird die Position bei den ersten Anzeichen dafür geschlossen, dass das Angebot die Nachfrage übersteigt. Fällt die A-Korrektur auf 75 % oder tiefer, nachdem die Position bei 50 % eröffnet wurde, denken Sie nicht mehr an Gewinne. Schließen Sie die Position schnellstmöglich oder so nah wie möglich am Break-even.

Abbildung 2.9 zeigt diese einfachen Prinzipien. Beachten Sie die fünf Wellen bis zum Top, die im Chart eingezeichnet sind. Nach einer Bewegung von fünf Wellen bis zum Top ist eine Korrektur wahrscheinlich, aber die vorliegende Kursbewegung deutet auf einen weiter steigenden Kurs hin. Die grundlegende Idee ist, nach einem Zeichen der Stärke

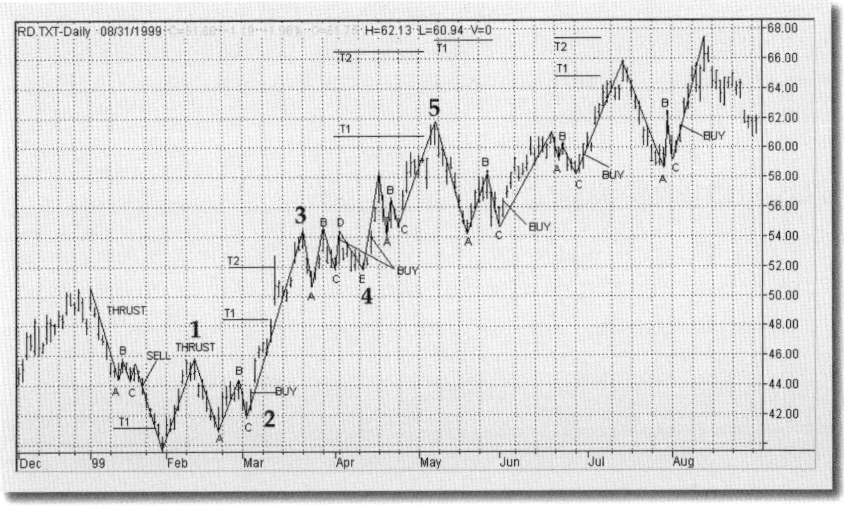

Abb. 2.9: Royal Dutch Petroleum. Erstellt mit TradeStation 2000i von Omega Research© 1999

(Schub) zu kaufen, aber erst bei einer Korrektur auf ein logisches Unterstützungsniveau. Kaufen Sie bei zeitweiliger Schwäche, und verkaufen Sie bei Stärke.

Andere Arbeiten über Zyklen

Neben Bob Prechter war Tom DeMark einer der ersten „Techniker", die den Wert von Elliotts Arbeit erkannten. Vielleicht möchten Sie seine Interpretation dieser Arbeit näher betrachten (siehe Literaturliste). In Toms Büchern finden Sie unzählige hervorragende Ideen, die zwar nicht als Handelssysteme präsentiert werden, aber mit ein wenig Vorstellungskraft und Phantasie kann man viele gute Handelssysteme daraus erzeugen. Weitere hervorragende Arbeiten über Zyklen wurden von J. M. Hurst, Welles Wilder und Walt Bressert veröffentlicht (siehe Literaturliste). Walt war ein guter Freund, bis ich ihn eines Tages mit auf die Bärenjagd nahm, als er mich in North Carolina besuchte. Wir waren mitten im dichten Unterholz, als uns ein Bär erschreckte und wir sofort beide unsere Büchsen fallen ließen und davonliefen. Walt meinte, dass es wohl schwierig für uns sein würde, schneller zu laufen als der Bär. Ich informierte ihn darüber, dass er die Situation anscheinend nicht ganz richtig erkannt hatte. Alles, was ich tun musste, war, schneller zu laufen als er. So dauerte die Verfolgungsjagd noch eine Weile an, bis ich stehen blieb und mich umdrehte. Ich sah Walt, der angehalten hatte und tief im Gebet versunken war. Ich war schwer beeindruckt. Dann bemerkte ich, dass auch der Bär angehalten und seine Pfoten zum Gebet gefaltet hatte. Es sagte: „Komm Herr Jesus, sei unser Gast, und segne, was du mir bescheret hast.“ Irgendwie habe wir beide überlebt.

Zusammenfassung

Wir haben zu zeigen versucht, wie man die Elliott-Wellen-Theorie zum Trading einsetzen kann. Lassen Sie sich nicht von den vielen Regeln und Einzelheiten der Elliott-Wellen-Theorie behindern. Wenn Sie zehn Anhänger dieser Theorie mit einem beliebigen Chart in ein Zimmer sperren, dann bekommen Sie wahrscheinlich zehn verschiedene Meinungen zu hören, an welchem Punkt die Welle gerade steht. Bob Prechter Jr. und einer der Autoren verbrachten einmal einen ganzen Abend damit, sich darüber zu streiten, ohne dass einer den anderen überzeugen konnte. Lesen Sie Bobs Arbeiten. Vielleicht kommen Sie zu anderen Ergebnissen. Ein Schub ist eine ganz einfache Struktur, auf die wahrscheinlich eine Korrektur folgt. In diesem Kapitel wollten wir Ihnen einige Methoden zum Einstieg bei Korrekturen näher bringen. Nach einer Korrektur neigt der Kurs dazu, wieder zu einem Schub überzugehen. Wir haben wahrscheinliche Ziele für diese folgenden Schübe gezeigt und beschrieben, wo Sie Ihre Gewinne realisieren oder zumindest die Stopps enger setzen sollten.

3) Balkencharts und ihre Eignung für Voraussagen

Dieses Kapitel zeigt die Richtlinien zur Konstruktion und Interpretation von Balkencharts. Woher wissen Sie, wohin Sie gehen, wenn Sie nicht wissen, woher Sie kommen? Charts erteilen uns nur eine Lektion in Geschichte. Der Techniker nimmt diese Geschichte und baut daraus einen brauchbaren Trading-Plan. Dieses Kapitel beschäftigt sich mit den grundlegenden Mustern, die in den Balkencharts auftreten, und findet mittels eines Computers heraus, ob man daraus einen Vorteil ziehen kann. Bei den Tabellen werden nur Käufe berücksichtigt.

Beim Studium der Kursbewegungen gibt es nichts Grundlegenderes als einen Balkenchart, der die Geschichte der bisherigen Kurse aufzeichnet. Aber in diesen Charts ist kein Leben; sie enthalten keine Informationen über die Psychologie des Investierens. Die Charts werden dadurch zum Leben erweckt, dass die vergangene Kursbewegung als Basis herangezogen wird, um auf den zukünftigen Kursverlauf Rückschlüsse zu ziehen. Balkencharts sind wie eine Straßenkarte, auf der man sieht, wie man von einem Ort zum nächsten kommen kann. Balkencharts zeichnen das Verhalten, die Gefühle und die Ideen der spekulierenden Masse auf.

Die ganze Natur wird von grundlegenden Gesetzen geregelt. Es gibt auch ein unerbittliches Gesetz des Kurses. Dies lässt sich anhand der Medizin gut erklären. Am Anfang standen der menschliche Körper und das Studium seiner Bedürfnisse und Funktionen. Daraus erwuchs in der Medizin eine Ansammlung von Daten, die zu einem Konzept von Aktion und Reaktion führten. Dasselbe Prinzip lässt sich auf den Kurs und seine Bewegungen anwenden. Hier kommt der Balkenchart mit den aufgezeichneten historischen Kursen ins Spiel. Fluktuationen der Kursbewegung führen zu logischen Schlussfolgerungen, dass diese Aktionen und Reaktionen von der Massenpsychologie verursacht werden. Die Untersuchung der Kursbewegungen zeigt, dass eine bestimmte Abfolge von Ereignissen auf dem Balkenchart normalerweise zu einem bestimmten Ergebnis führt. Solche Zusammenhänge treten so häufig auf, dass sich daraus ein Gesetz ableiten lässt. Dieses Gesetz ist natürlich nicht absolut, da sich die Psychologie nicht auf eine exakte Wissenschaft reduzieren lässt. Trotzdem bedeutet das frühzeitige Erkennen eines möglichen Ereignisses einen bedeutenden Vorteil gegenüber der Masse der Anleger.

Spekulation bedeutet Vorwegnahme. Die Kursbewegung beinhaltet künftige Ereignisse schon, bevor sie geschehen. Die Funktion des Kurses ist die Integration des Verhältnisses zwischen Angebot und Nachfrage.

Schon immer wurde der Mensch allgemein von Angst und Gier getrieben. Wenn Sie es bei der Beobachtung der Kursbewegungen zulassen, dass diese Gefühle Ihre Reaktionen beeinflussen, dann werden Ihnen viele günstige Gelegenheiten entgehen. Diesen beiden Gefühlen müssen Sie widerstehen. Vertrauen und Mut sind notwendig, um die Angst und die Gier zu besiegen. Mut ist angeboren, aber das Vertrauen wird erlangt durch Arbeit, Arbeit und noch mehr Arbeit.

Eines der besten Bücher zu diesem Thema wurde 1936 von George Cole verfasst. Die Autoren schulden diesem Mann und seiner Arbeit großen Dank.

Abbildung 3.1A zeigt die Kursbewegung eines Tages. Der horizontale Strich links und rechts des Balkens zeigt jeweils den Eröffnungs- und den Schlusskurs an. Die gestrichelte Linie liegt genau bei 50 % der Tagesspanne. Die Kursbewegung dieses einen Tages sagt uns:

- Die Eröffnung lag über der Mitte und über dem Schlusskurs.
- Der Schlusskurs lag im unteren Bereich der Kursspanne.

Aus diesen beiden Tatsachen könnten wir schließen, dass der Kurs am nächsten Tag noch weiter fallen wird, da er ja eher negativ ausgerichtet ist.

Abbildung 3.1B zeigt denselben Tag, aber auch der Balken des vorherigen Tages wird gezeigt. Jetzt wissen wir, dass die gesamte Tagesspanne über der des vorhergehenden Tages und ebenso der Schlusskurs über dem des Vortages liegen. Diese Faktoren werden eher als bullish gesehen und legen anstatt eines Verkaufes einen Kauf nahe, falls der Kurs am nächsten Tag tiefer eröffnet.

Als weiteres Beispiel nehmen wir an, dass der Kursverlauf so wie in Abbildung 3.1C war. Dies deutet auf einen anwachsenden Druck nach unten hin, und unter Berücksichtigung anderer Faktoren könnte dies ein guter Leerverkauf werden.

Diese Diskussion könnte unter der Annahme verschiedener anderer Umstände und mit weiteren hinzugefügten Tagesbalken endlos fortgeführt werden. Die Absicht ist es aber, Sie zum Nachdenken über Angebot und Nachfrage sowie den vorherrschenden Trend zu animieren.

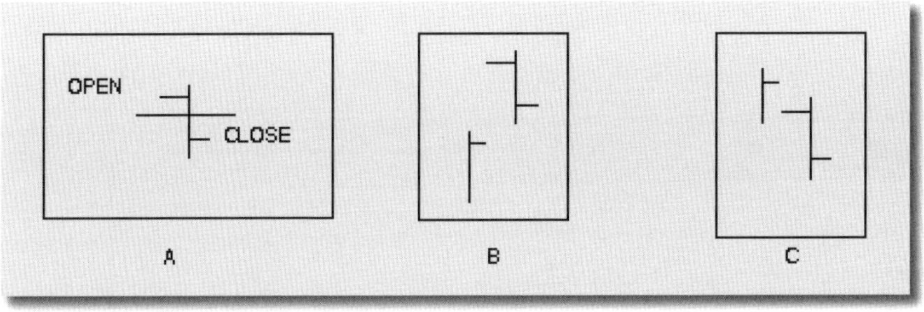

Abb. 3.1: *Balkenchartanalyse*

Wie nutzt man kurzfristige Muster Gewinn bringend?

Der wichtigste Schlüssel zur erfolgreichen Anwendung von Eintagesmustern ist es, sie nur dann zu verwenden, wenn andere Faktoren die Aussage dieses einzelnen Balkens untermauern. Dieser einfache Ansatz funktioniert alleine nicht. Darum haben wir den Überblick zuerst gezeigt. Um diese kurzfristigen Muster erfolgreich zu nutzen, müssen Sie die Gesamtsituation kennen. Wir schlagen zwei grundlegende Ansätze vor:

1. Traden Sie nur in der Richtung des Trends, wenn sich der Kurs in der Anstiegs- oder Einbruchsphase befindet.
2. Während einer Kongestionsphase kaufen Sie, wenn der Kurs in den Unterstützungsbereich eintritt, und Sie verkaufen, wenn der Kurs in den Widerstandsbereich eintritt.

Beachten Sie, dass diese kurzfristigen Muster in der Regel nur für drei bis fünf Balken Gültigkeit haben. Wenn Sie mit kurzfristigen Mustern traden, sollten Sie immer eine Ausstiegsorder im Kurszielbereich am Markt platziert haben, außer wenn Sie dies als Einstiegsmethode für eine größere Kursbewegung einsetzen wollen. Sonst könnte ein Umkehrmuster schnell den Gewinn dahinschmelzen lassen.

Die Schlusskursaufzeichnung

Die Schlusskursaufzeichnung ist bei einer richtigen Marktanalyse sehr wichtig. Manche Marktbeobachter sind der Meinung, dass diese Abbildung die aussagekräftigste ist, weil der Schlusskurs der wichtigste des ganzen Tages ist. Er spiegelt die letztendliche Richtung nach der ganzen Aktivität eines Handelstages wider. Später wird der Schlusskurs zur Unterstützung oder zum Widerstand. Je mehr Schlusskurse in einem solchen Bereich des Charts liegen, desto mehr Bedeutung wird dieser Unterstützung oder diesem Widerstand beigemessen. Es gibt zwei Arten, wie in Abbildung 3.2 dargestellt wird. In Abbildung 3.2A wird die vertikale Linie fortgeführt, bis ein Schlusskurs in entgegengesetzter Richtung erfolgt. In Abbildung 3.2B werden alle Schlusskurse in einer neuen Spalte eingetragen.

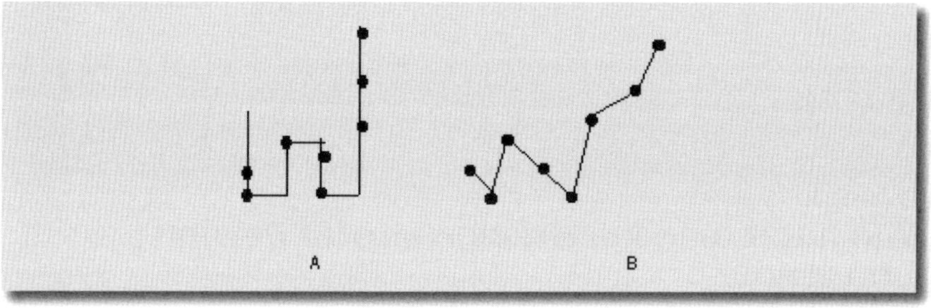

Abb. 3.2: *Schlusskursaufzeichnungen*

Drehpunkte und Schwünge

Ein oberer Drehpunkt ist der höchste Punkt einer Kursbewegung, bevor das Tief des höchsten Balkens nach unten durchbrochen wird. Ein unterer Drehpunkt ist der tiefste Punkt einer Kursbewegung, bevor das Hoch des tiefsten Balkens nach oben durchbrochen wird. Ein oberer Drehpunkt wird zu einem Widerstand, ein unterer Drehpunkt wird zu einer Unterstützung. Die Bewegung von einem Drehpunkt zum nächsten nennt man einen Schwung (Abbildung 3.3).

Die Richtung des Trends

Der Trend ist ansteigend, solange neue Hochs und höhere Tiefs erreicht werden. Der Wechsel zum Abwärtstrend erfolgt, wenn das letzte Tief vor dem höchsten Hoch durchbrochen wird (Abbildung 3.4).

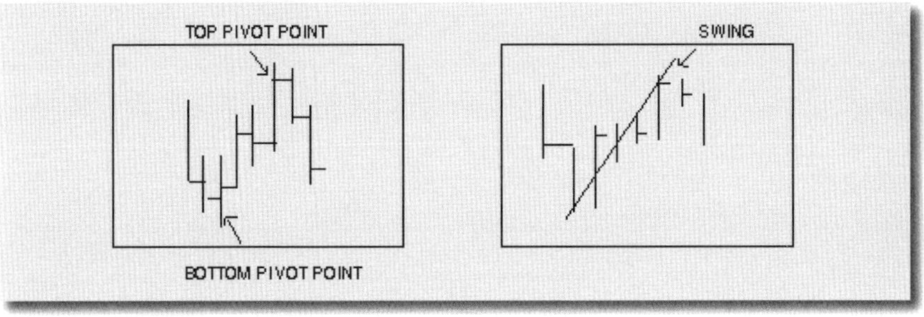

Abb. 3.3: *Drehpunkte und Schwünge*

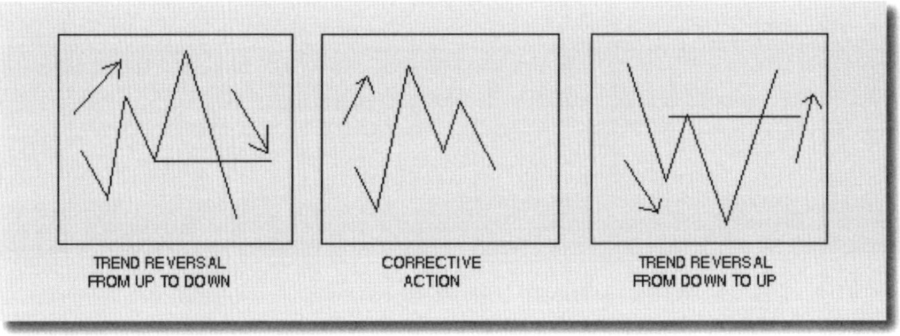

Abb. 3.4: *Trendsignale*

Schlusskurse

Eine Anzahl von Schlusskursen innerhalb einer relativ geringen Spanne zeigt einen Markt an, der sich in einem Zustand des Gleichgewichts befindet. Eine Bewegung weg von diesem Band nahe beieinander liegender Schlusskurse deutet auf ein Ungleichgewicht hin, bei dem die Nachfrage das Angebot übersteigt oder umgekehrt. Auf der Basis dieser Annahme lassen sich Muster entwickeln, mit denen man einen technischen Vorteil erzielt, wenn man mit dem Trend handelt. Seien Sie sehr vorsichtig, wenn Sie solche Muster als Einstieg gegen den vorherrschenden Trend einsetzen wollen. Eine Minimierung des Risikos erreichen Sie durch einen Einstieg bei Korrekturen, nachdem die Schlusskurse die Richtung gewiesen haben.

Eine Zwei-Balken-Schlusskurs-Umkehr mit vergrößertem Spread signalisiert wahrscheinlich eine bedeutende Umkehr, wenn sie in der Richtung des Trends auftritt. Die Chancen steigen, wenn der Schlusskurs unter dem Schluss des vorhergehenden Balkens liegt (Abbildung 3.5).

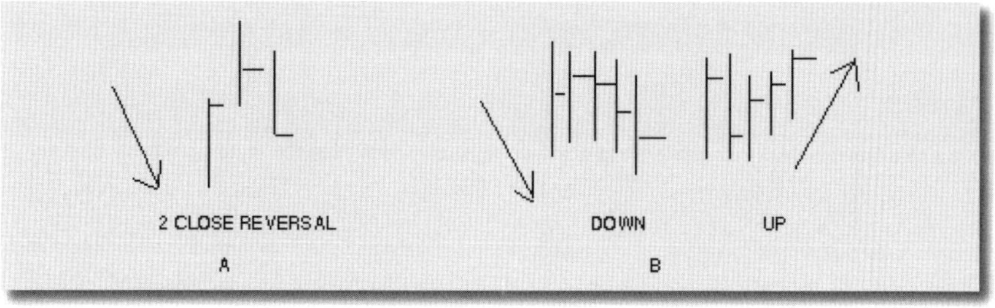

Abb. 3.5: *Richtung der Schlusskurse*

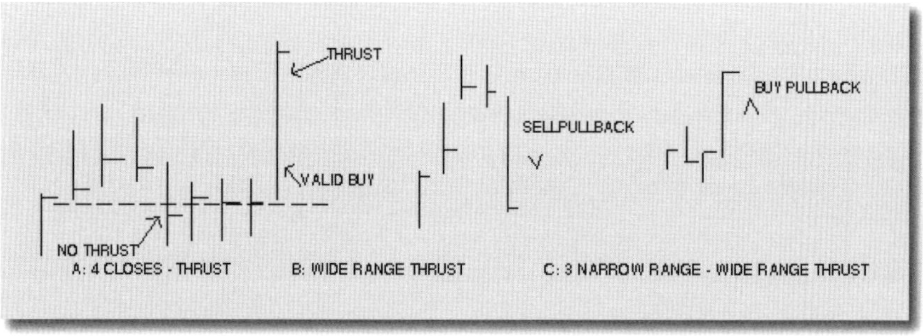

Abb. 3.6: *Eng beieinander liegende Schlusskurse, gefolgt von einem Schub*

Treten mehrere Schlusskurse innerhalb einer engen Spanne auf, dann zeigt der letzte Schlusskurs oft die Richtung an, in der der Ausbruch aus diesem Gleichgewicht erfolgen wird (Abbildung 3.6).

Erfolgt der erste Schub aus einer engen Formation mehrerer Schlusskurse mit einem langen Balken, dann zeigt dieser meist in die Richtung, die der Kurs kurzfristig einschlagen wird.

Abbildung 3.7 zeigt drei sich überlappende Balken, bei denen die Schlusskurse nahe beieinander liegen. An jedem dieser Tage liegt der Schlusskurs unter der Eröffnung und unter der Mitte. Dies nennt man einen Schwanz. Jeden Tag nach Markteröffnung gab es ein großes Angebot. Dies ist ein Zeichen der Distribution mit einer großen Wahrscheinlichkeit für niedrigere Kurse.

Abbildung 3.8A zeigt eine Vier-Balken-Umkehr, die ein nicht so starkes Umkehrsignal darstellt wie die vorherigen Beispiele. Es kann sich dabei auch nur um eine Ein-Balken-Korrektur handeln.

Abbildung 3.8B ist ein offensichtlich schwaches Vier-Balken-Muster. Die ersten drei Balken zeigen Schwäche, der vierte ist eine Korrektur.

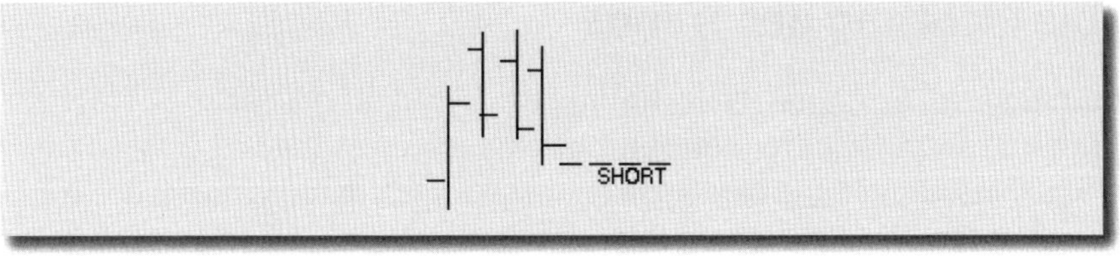

Abb. 3.7: *Schlusskurs / Eröffnungskurs*

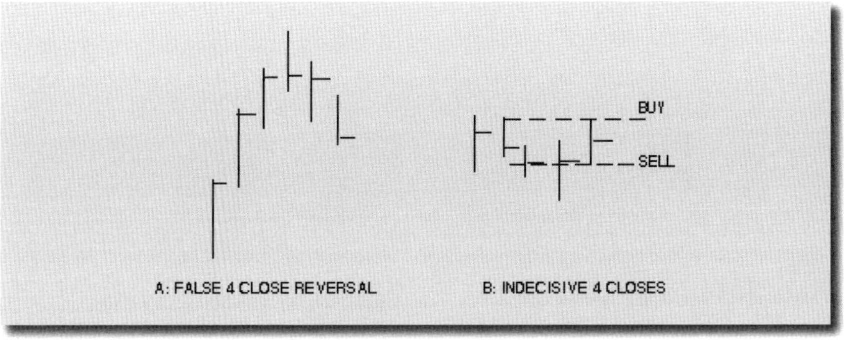

Abb. 3.8: *Unentschiedene Schlusskurse*

Schlusskurse mit nicht überlappenden Balken

Ein noch schwächeres Muster ist ein Drei-Balken-Muster mit einem nicht überlappenden Balken – ein Balken, dessen Hoch unterhalb des Tiefs des letzten Balkens mit dem oberen Drehpunkt liegt (Abbildung 3.9).

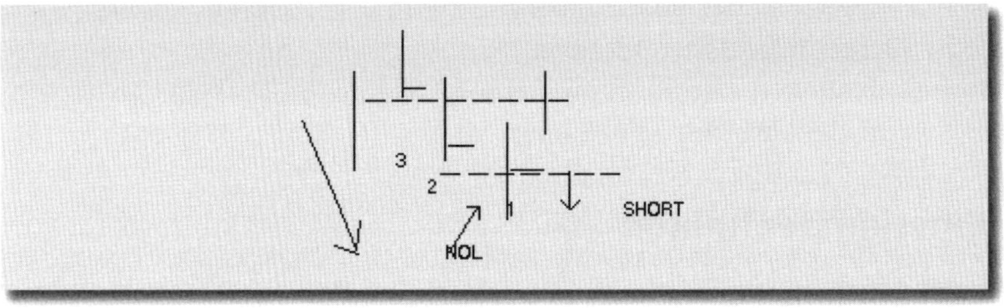

Abb. 3.9: *Nicht überlappende Balken*

Die Richtung des Trends

Ein Balken, der gegen die Richtung der vier vorhergehenden Schlusskurse läuft, kann eine Trendumkehr anzeigen. Liegen die vier Schlusskurse nahe beieinander und sind nicht alle ansteigend, dann wechselt der Trend nach unten. Sind alle vier Schlusskurse ansteigend, dann korrigiert der Umkehrbalken wahrscheinlich nur die überkaufte Situation, und die Verschiebung ist neutral (Abbildung 3.10).

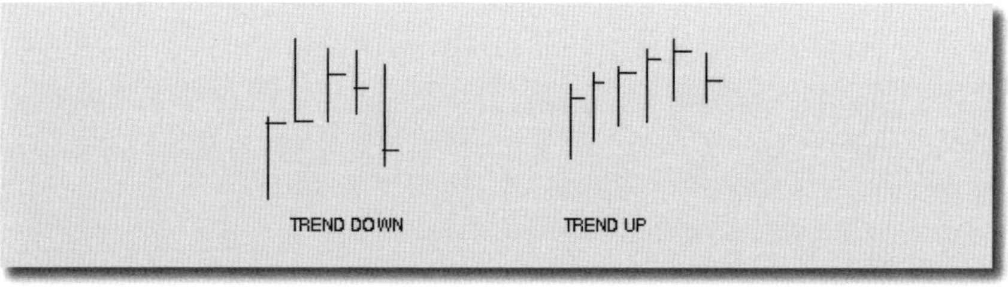

Abb. 3.10: *Trendrichtung*

Sobald der Kurs sein Ziel erreicht hat, können die Gewinne folgendermaßen geschützt werden:

1. Schließen der Position mit Erreichen des Zielkurses
2. Nachziehen eines Stopps mindestens drei Ticks unter das Tief jedes Balkens
3. Setzen eines Stopps einen Tick unterhalb einer Korrektur, die dem Ausmaß der vorangegangenen Korrektur entspricht
4. Halten der Position bis zum Auftreten einer Vier-Balken-Umkehr
5. Schließen der Position bei Auftreten von höheren Schlusskursen über drei oder vier Balken
6. Schließen der Position bei Auftreten von Umkehrmustern im nächstkürzeren Zeitrahmen

Einstiegstechniken

Eröffnen Sie nach einem Anzeichen von Stärke Ihre Position bei Auftreten eines der in Abbildung 3.11 gezeigten Signale:

- Kauf mit Stopp über einem Drei-Balken-Hoch, wenn der Einstiegspunkt tiefer liegt als das Hoch des vorhergehenden Schubes (Abbildung 3.11A)
- Kauf beim Schlusskurs eines Korrekturbalkens (Abbildung 3.11B)

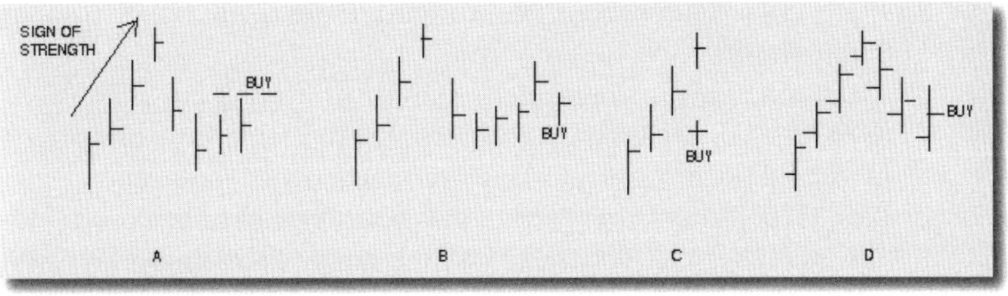

Abb. 3.11: *Einstiegspunkte*

- Kauf bei 50 % der Reaktion nach einem Zeichen von Stärke (Abbildung 3.11C)
- Kauf bei einer Korrekturbewegung um 50 % der Spanne der vorherigen Balken, wenn der Kurs nach einem Zeichen von Stärke korrigiert (Abbildung 3.11D)

Eine weitere Möglichkeit ist der Kauf bei Einstiegssignalen im nächstkürzeren Zeitrahmen, wenn der erste Schub korrigiert wird. Wenn Sie für das Trading zum Beispiel den Tageschart beobachten, dann achten Sie auf Einstiegsmuster im 30-Minuten-Chart.

Der anfängliche Stopp liegt unter dem Vier-Balken-Tief oder eine durchschnittliche Balkenspanne unter dem Tief des Einstiegsbalkens. Ein möglicher Verlust in dieser Größenordnung ist akzeptabel. Wir achten darauf, dass unsere Trades nie ins tiefe Wasser geraten.

Systementwicklung auf Basis der Schlusskurse

Erfolgreiche Trading-Systeme lassen sich erstellen, wenn man die Muster, die von den Schlusskursen erzeugt werden, als Einstiegssignale verwendet. Die vier vorhergehenden Schlusskurse werden zur Demonstration der Kraft dieser Formationen herangezogen (Abbildung 3.12). An diesen vier Balken ist nichts Besonderes. Die grundlegende Idee ist, dass die Spanne dieser Schlusskurse geringer ist als die durchschnittliche wahre Spanne von zehn Tagen. Das ist eine Art kleiner Kongestion. Dieses bestimmte Muster kommt pro Wertpapier ungefähr 15 bis 25 Mal im Jahr vor. Ein einfaches System, um von der Häufigkeit dieser Formation zu profitieren, bietet die Anwendung der folgenden Regeln für die Kaufseite (bei der Verkaufsseite ist es genau umgekehrt):

1. *Spanne*. Die Spanne der letzten vier Schlusskurse ist geringer als die durchschnittliche Balkenlänge der letzten 30 Tage.

2. *Trend.* Der Schlusskurs des vorigen Tages liegt höher als der Schlusskurs vor 50 Tagen.
3. *Ausbruch.* Der Kurs muss sich nach der Eröffnung um mindestens 62 % der Vortagesspanne steigern. Diese Steigerung muss auch über dem höchsten Schlusskurs der letzten vier Tage liegen.
4. *Schließen.* Die Position wird mittels eines Stopps geschlossen, der unterhalb der vier vorherigen Schlusskurse liegt, aber nur, wenn die Position um mindestens 62 % unter dem Eröffnungskurs gehandelt wird.

In Abbildung 3.12 ist

X	=	Die Spanne der Schlusskurse der letzten vier Tage (geringer als die durchschnittliche Balkenlänge der letzten 30 Tage)
Y	=	Eröffnungskurs plus 62 % der Vortagesspanne
Z	=	Schlusskurs des Vortages höher als der Schlusskurs vor 50 Tagen
YY	=	Eröffnung minus 62 % der Vortagesspanne
Stopp	=	Eröffnung minus 62 % der Vortagesspanne und unterhalb der letzten vier Schlusskurse

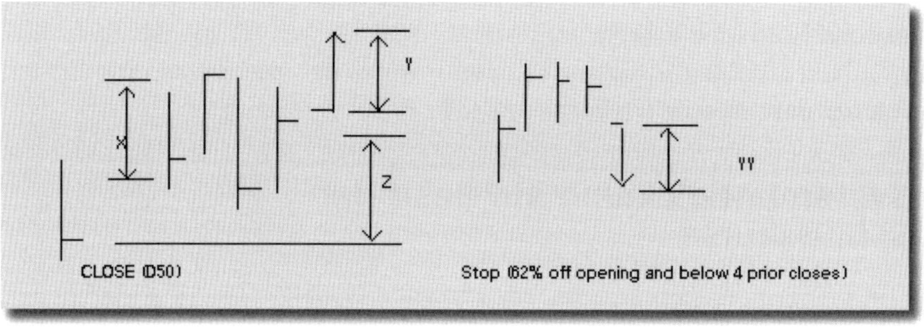

Abb. 3.12: *Vier-Schlusskurse-System*

Die Tabellen 3.1 und 3.2 zeigen die Effizienz dieser einfachen Regeln. Bis auf zwei Futures und eine Aktie konnte bei allen angeführten Beispielen ein Erfolg erzielt werden. Allerdings ist dies kein vollwertiges und anwendbares Handelssystem, da hier die Gebühren und die Slippage nicht berücksichtigt werden, aber es könnte die Basis für ein erfolgreiches Handelssystem bilden. Ein Handelssystem besteht aus drei Teilen: Einstieg, Stopp-Loss und Ausstieg (entweder bei Erreichen des Kurszieles oder durch einen nachgezogenen Stopp). Diese drei Komponenten müssen sich zu einer effizienten Methode zusammenfügen. Hier wird nur ein möglicher Ansatz gezeigt. Nähere Untersuchungen der Ausstiegsmethoden und des Stopp-Loss könnten zu einem zufrieden stellenden Ansatz führen.

Tabelle 3.1: *Vier Schlusskurse, die eng beieinander liegen – Aktien*

Ausbruch nach Eröffnung – 100 Aktien pro Signal
Testzeitraum 01/01/96 – 30/10/99
Gebühren und Slippage nicht berücksichtigt

Aktie	Gesamt GV ($)	Durch. PL ($)/Jahr	Max. DrDn ($)	Trades/ Jahr	Win %	ZIM%	G:V
AT&T	764	199	1.011	8	41,9	18	1,5
Amazon	2.909	1.518	2.650	13	44	37	1,7
COMPAQ	1.013	264	927	9	48,6	21	1,8
Dell	3.378	881	728	9	61,1	37	5,3
General Electric	2.098	547	2.311	14	45,5	32	1,4
IBM	4.551	1.187	1.727	11	51,2	32	2,2
Coca Cola	72	19	1.408	10	52,5	23	1
Merk	(469)	(122)	1.639	10	28,2	24	0,9
Microsoft	2.281	595	859	12	53,2	32	2
Royal Dutch	61	16	1.291	8	46,7	23	1
Excite	1.792	935	1.344	10	50	28	3
Yahoo	5.322	2.777	4.890	12	39,1	35	2,1

Definitionen: Gesamt $GV = Gesamter Gewinn oder Verlust; Max.DrDn = der größte Rückgang nach einem neuen Hoch; ZIM% = Prozentualer Anteil der Zeit im Markt; G:V = Gesamter Gewinn in $ dividiert durch den gesamten Verlust in $

Zusammenfassung	Net GV ($)	Max DrDn ($)	Gewinn mit $50.000*
Durchschnitt pro Jahr	6.201		12,4%
Gesamter Testzeitraum	23.772	6.404	

* $50.000 sind mehr als genug, um die zwölf Aktien zu traden, besonders im Hinblick auf die schwache Handelsfrequenz und die kurzen Zeiten im Markt.

Tabelle 3.2: *Vier Schlusskurse, die eng beieinander liegen – Futures*

Ausbruch nach Eröffnung – Ein Kontrakt pro Signal
Ausstieg: Eröffnung minus 62 % der Vortagesspanne und unterhalb der letzten vier Schlusskurse oder tiefster Kurs der letzten vier Tage
Testzeitraum 01/01/84 – 06/30/99
Gebühren und Slippage nicht berücksichtigt

Future	Gesamt GV ($)	Durch. PL ($)/ Jahr	Max. DrDn ($)	Trades /Jahr	Win %	ZIM%	G:V +DD(%)	Gewinn/ Mr	
Britisches Pfund	31.744	2.048	19.719	16	35,1	35	1,3	9,7	BP
Deutsche Mark	51.763	3.340	12.688	14	46,8	33	1,8	23,8	DM
Japanischer Yen	85.600	5.523	14.313	12	43,9	33	2	32,7	JY
Schweizer Franken	56.425	3.640	16.538	16	38,5	34	1,6	19,9	SF
US$ Index	(3.460)	(255)	14.510	16	35	32	1	-1,6	DX
US Bonds	55.270	3.566	15.080	18	45,9	41	1,5	20,1	US
Treasury Note	41.610	2.685	8.300	15	43,8	41	1,6	27,4	TY
Muni Bonds	50.190	3.628	8.570	15	51,4	40	1,8	35	MB
Euro $	13.625	879	6.600	7	47,2	41	1,6	12,4	ED

Future	Gesamt GV ($)	Durch. PL ($)/ Jahr	Max. DrDn ($)	Trades /Jahr	Win %	ZIM%	G:V +DD(%)	Gewinn/ Mr	
Gold	9.800	623	5.660	19	35,7	36	1,2	9	GC
Silber	(5.260)	(339)	25.480	22	32,6	37	0,9	-1,2	SV
Sojabohnen	29.120	1.879	5.010	17	39,6	34	1,5	29,5	SD
Weizen	17.988	1.161	7.475	17	41,5	38	1,4	14,1	WD
Mais	17.363	1.120	3.738	10	42,2	33	1,9	26,2	CN
Sojabohnen-Fleisch	31.120	2.008	4.821	18	44,1	39	1,9	33,3	SM
Baumwolle	53.090	3.425	10.440	17	40,4	36	1,9	29,9	CT
Lebend Rinder	13.144	848	5.252	18	39,5	35	1,3	14,6	LC
Lebend Schweine	20.904	1.349	6.552	18	38,6	38	1,4	17,7	LH
Schweinebäuche	21.228	1.370	11.212	17	40,2	34	1,2	10	PB
Rohöl	47.170	3.043	6.130	14	48,4	34	2,4	37,3	CL
Heizöl	15.725	958	8.421	16	36,1	30	1,2	9,4	HO
Erdgas	47.190	5.148	9.430	15	45,7	39	2,4	38,3	NG
Kaffee	151.725	9.789	44.438	18	42,2	38	1,9	19,8	KC
S&P 500	49.000	3.161	29.725	21	39,1	42	1,2	7,7	SP

Zusammenfassung	Net GV ($)	DrDn ($)		Durchschnittlicher erforderliche Margin
Durchschnitt pro Jahr	58.163	24.811	Average	21.474
Gesamter Testzeitraum	901.526	39.628	Maximum	21.474
Durchschn. Trade		175		

	Trades	Prozent	Verhältnis G:V	G:V ($)	Durchschn. G:V	Durchschn. Zeit im Markt	Gesamt (%)
Long	2.561	41,7	2,3	571.832	223	6,3	63,4
Short	2.578	39,9	2,1	329.628	128	5,9	36,6

Durchschnittlicher Drawdown ist der Durchschnitt der letzten 15:	Gewinn (%)	Erforderliches Kapital für den Gewinn
1. Return auf Margin plus durchschn. Drawdown	84,5	46.285
2. Return auf Margin plus maximaler Drawdown	69,5	61.102
3. Return auf fünffachen erforderlichen Margin	54,2	107.370
4. Return auf maximalen Drawdown limitiert auf 20% des Kapitals	29,4	198.140

Swing Charts

Swing Charts sind äußerst nützlich bei der klaren Darstellung der Kursbewegungen, da sie die Balken nicht abbilden (Abbildung 3.13). Dadurch wird der Chart einfacher. Die Konstruktion erfolgt durch das Ziehen einer Linie vom Tief der vorherigen Bewegung zum Hoch der nächsten Bewegung. Die Umkehr erfolgt, wenn das Tief eines Balkens nach unten durchbrochen wird. Eine Variante davon bestimmt den Zeitpunkt der Umkehr anhand einer Gegenbewegung, deren Ausmaß vorher festgelegt wird.

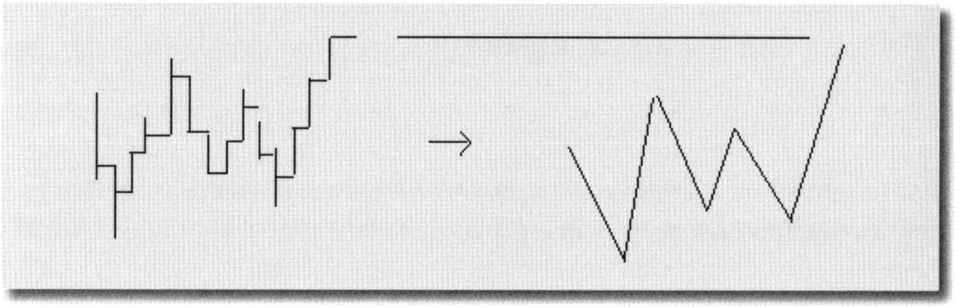

Abb. 3.13: *Swing Chart*

Tagesspanne

Abbildung 3.14 zeigt drei Tagesbalken mit unterschiedlichen Hochs, Tiefs, Eröffnungs- und Schlusskursen. Abbildung 3.14A deutet darauf hin, dass der Wert am nächsten Tag tiefer eröffnen wird, da der Schlusskurs im unteren Bereich des Balkens und unterhalb des Eröffnungskurses liegt. Abbildung 3.14B zeigt einen neutralen Tag, da der Schlusskurs ungefähr in der Mitte liegt. Abbildung 3.14C deutet darauf hin, dass der Wert am nächsten Tag höher eröffnen wird, da der Schlusskurs im oberen Bereich des Balkens und oberhalb des Eröffnungskurses liegt.

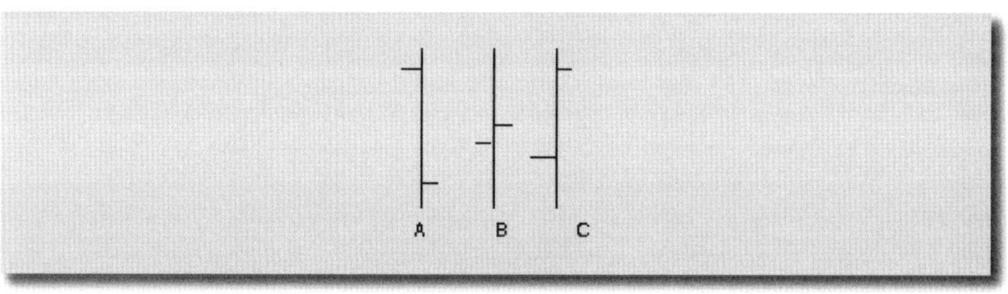

Abb. 3.14: *Prognose der Tagesspanne*

Allgemein wird angenommen, dass es ein bullishes Zeichen für eine Aktie oder einen Future ist, wenn der Schlusskurs über dem Eröffnungskurs und dem mittleren Balkenbereich liegt. Statistisch gesehen ist das auf der Basis einzelner Tage aber nicht richtig, wie die Tabellen zeigen. Das bedeutet jedoch nicht, dass der Kurs nicht zumindest in den ersten Handelsstunden höher liegen kann. Die Handelsregeln für die Tabellen 3.3 und 3.4 sind:

1. Kauf bei Eröffnung, sofern der Schlusskurs des Vortages unter der Eröffnung und dem mittleren Bereich des Vortages liegt.

2. Verkauf bei Eröffnung (nur bei Futures), sofern der Schlusskurs des Vortages über der Eröffnung und dem mittleren Bereich des Vortages liegt.
3. Schließen der Position am Tagesende (Day Trade).

Es werden keine Stopps verwendet. Die Tabelle zeigt, dass das Kaufen von Futures an negativen Tagen (und umgekehrt) einen deutlichen Vorteil bringt. Bei Aktien ist das Ergebnis eher ausgeglichen.

Die Aussagen dieser Tabellen bedeuten, dass Sie Käufe an negativen Tagen eher in Betracht ziehen sollten als an positiven Tagen. Ausnahme: wenn der Kurs aus einer Formation oder einem Muster ausbricht. Die Ergebnisse der Statistik sind nicht allzu überraschend, da sich die Kurse zu 85 % der Zeit nicht in einer Trendphase befinden.

Tabelle 3.3: *Tagesspanne – Aktien*

Kauf bei negativem Schlusskurs – 100 Aktien pro Signal
Kauf bei Eröffnung nach negativem Schluss, Ausstieg am Tagesende
Testzeitraum 01/01/96 – 30/10/99
Gebühren und Slippage nicht berücksichtigt

Aktie	Gesamt GV ($)	Durchschn. PL ($)/ Jahr	Max. DrDn ($)	In PL ($)	DrDN letz.12 Monate	Trades/ Jahr	Win %	ZIM %	G:V
AT&T	(3.705)	(967)	4.149	-3.086	3.951	222	43,8	47	0,9
Amazon	829	433	4.328	2.893	4.121	236	49,6	48	1
COMPAQ	(1.410)	(368)	3.719	-2.758	3.719	225	49,1	47	0,9
Dell	2.891	754	952	787	952	227	52,8	47	1,2
General Electric	1.302	340	3.381	75	3.381	227	47,3	47	1
IBM	(3.704)	(966)	4.523	-1.973	4.523	225	47,2	47	0,9
Coca Cola	5.665	1.478	4.504	949	1.104	224	52,1	47	1,2
Merk	2.544	664	2.064	669	1.088	229	50,9	48	1,1
Microsoft	4.344	1.133	2.572	1.320	2.572	232	53	48	1,1
Royal Dutch	3.385	883	1.815	1.286	783	223	50,9	47	1,2
Excite	(8.872)	(4.629)	9.900	-8.201	9.003	231	46,2	48	0,8
Yahoo	(4.239)	(2.212)	16.386	-4.781	16.386	232	49,9	48	0,9

Das Gesamtergebnis zeigt ein ausgeglichenes Gewinn-Verlust-Verhältnis

Tabelle 3.4: *Tagesspanne – Futures*

Kauf bei negativem Schlusskurs, Verkauf bei positivem Schlusskurs – Ein Kontrakt pro Signal – Day Trade
Testzeitraum 01/01/84 – 06/30/99
Gebühren und Slippage nicht berücksichtigt

Future	Gesamt GV ($)	Durch. PL ($)/Jahr	Max. DrDn ($)	in PL ($)	DrDn letz. 12 Mon.	Trades/ Jahr	Win %	ZIM %	G:V +DD(%)	Gew./ Mr
Britisches Pfund	(18.200)	(1.174)	30.531	-25	4.288	203	49,3	45	1	3,8
Deutsche Mark	29.013	1.872	24.163	1.963	4.663	208	52,1	46	1,1	7,5
Japanischer Yen	41.763	2.694	14.900	-4.113	7.538	207	50,5	45	1,1	16,6
Schw. Franken	48.950	3.158	27.588	2.213	6.738	209	52,2	46	1,1	11,1
US$ Index	57.730	4.250	11.160	5.250	3.580	211	52,3	46	1,1	35,9

Future	Gesamt GV ($)	Durch. PL ($)/Jahr	Max. DrDn ($)	in PL ($)	DrDn letz. 12 Mon.	Trades/ Jahr	Win %	ZIM %	G:V +DD(%)	Gew./ Mr
US-Staatsanleihen 30 Jahre	94.370	6.088	16.830	7.430	6.590	213	51	46	1,1	33,5
US-Staatsanleihen 10 Jahre	43.180	2.786	13.990	250	6.590	203	49,8	45	1,1	18,9
US-Staatsanleihen kurzf.	(11.680)	(844)	47.730	11.940	2.800	207	47	45	1	-1,7
EUR / USD	18.525	1.195	3.450	-775	1.225	158	46,8	39	1,1	32,4
Gold	53.380	3.444	9.900	550	960	199	54,2	45	1,2	32,6
Silber	55.450	3.577	29.945	1.675	4.045	201	55	45	1,1	11,5
Sojabohnen	90.845	5.861	7.625	-1.180	3.430	212	52,8	46	1,2	70,6
Weizen	5.438	351	10.063	1.038	1.600	207	48,2	46	1	3,4
Mais	1.638	106	6.813	-1.175	2.238	204	47,8	45	1	1,5
Sojabohnen-Fleisch	10.990	709	15.540	110	2.080	208	49,8	46	1	4,4
Baumwolle	16.600	1.071	20.810	-955	8.705	201	52,2	45	1	5
Lebend Rinder	26.952	1.739	6.244	5.336	2.616	213	50,1	46	1,1	26,8
Lebend Schweine	(2.352)	(152)	15.236	-1.888	5.116	208	50,4	46	1	-1
Schweinebäuche	56.604	3.652	11.108	3.672	8.940	206	52,2	45	1,1	29,6
Rohöl	18.880	1.218	29.870	-6.170	9.090	212	50,2	46	1,1	3,9
Heizöl	(1.151)	(75)	37.170	-3.163	8.875	207	49,9	46	1	-0,2
Erdgas	25.740	2.808	17.090	8.360	5.830	204	48,8	45	1,1	14,7
Kaffee	73.144	4.719	51.881	38.906	42.938	208	51,4	46	1,1	8,7

Zusammenfassung	Net GV($)	DrDn ($)		Anzahl d. Trades	TIM (%)	Durchschn. erford. Margin
Durchschnitt pro Jahr	47.471	37.713	Average	4.577	100	15.801
Gesamter Testzeitraum	735.808	72.719	Maximum	70.963	100	15.801

Durchschnittlicher Drawdown ist der Durchschnitt der letzten 15:	Gewinn (%)	Kapital für den Gewinn
1. Return auf Margin plus durchschn. Drawdown	88,3	53.514
2. Return auf Margin plus maximaler Drawdown	53,60	88.520
3. Return auf fünffachen erforderlichen Margin	60	79.005
4. Return auf maximalen Drawdown limitiert auf 20% des Kapitals	13,1	363.595

Inside Day

Ein Inside Day (ID) ist ein Handelstag, an dem die gesamte Tagesspanne innerhalb des Bereiches der Vortagesspanne liegt (Abbildung 3.15). Der Schlusskurs ist für die Voraussage nicht so relevant wie an anderen Tagen,

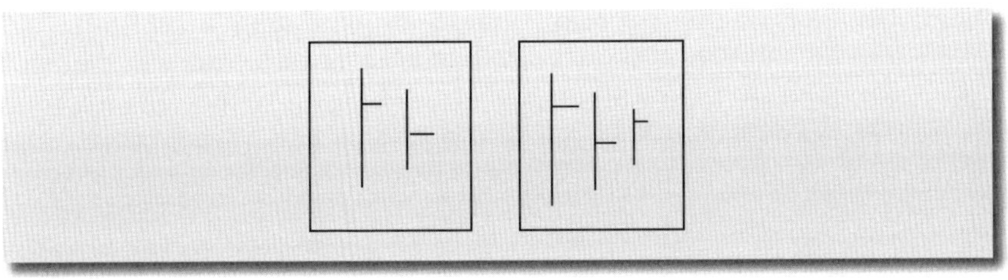

Abb. 3.15: *Inside Days*

außer wenn drei oder vier aufeinander folgende Schlusskurse nahe beieinander liegen. Der Schlusskurs kann in diesem Fall auf die Richtung der nächsten kleineren Bewegung hinweisen. Normalerweise deutet eine Bewegung, die das Hoch oder das Tief eines Inside Day durchbricht, die Richtung der nächsten kleineren Bewegung an.

Manchmal kommt es zu zwei Inside Days. Eine Bewegung außerhalb der Spanne des zweiten Tages ist meist deutlicher ausgeprägt und geht in die Richtung der nächsten kleineren Bewegung, vor allem, wenn der Schlusskurs außerhalb der Spanne liegt.

Ein Inside Day ist aus der Sicht von Angebot und Nachfrage unentschieden. Die Theorie besagt: Wenn die Unschlüssigkeit erst einmal mit dem Durchbrechen des Hochs oder des Tiefs beseitigt ist, kann dies als Nachweis des Angebotes oder der Nachfrage gesehen werden, und so wird ein Gewinn bringender Trade möglich. Ungefähr 12 % der Handelstage sind Inside Days. Statistisch gesehen werden Sie alleine mit dieser Strategie nicht profitabel arbeiten können, wie die Tabellen 3.4 und 3.5 klar zeigen. Diese Studie soll aber zeigen, dass man sich durch die Anwendung dieses Prinzips bei der Wahl des Einstiegspunktes einen kleinen technischen Vorteil verschaffen kann. Es ist ein wunderbares Muster, das Sie zusammen mit anderen Filtern beim Trading anwenden sollten, da es Ihnen erlaubt, eine eröffnete Position mit einem sehr engen Stopp abzusichern. Einen Inside Day traden Sie folgendermaßen: Die Kauforder platzieren Sie drei Ticks über dem Hoch des Balkens und die Verkaufsorder drei Ticks unter dem Tief. Wieder sind die Vorgaben für die Anwendung dieser Trades:

1. Traden Sie mit dem Trend.
2. Während einer Kongestionsphase kaufen Sie in der Kaufzone und verkaufen in der Verkaufszone.
3. Handeln Sie in der Richtung des Schlusskurses des Balkens unmittelbar vor dem Balken des Inside Days. Dies ist oft ein Hinweis auf die Gültigkeit des Durchbruchs.

Die Tabellen 3.5 und 3.6 zeigen, dass es statistisch signifikant ist und dem Trader einen kleinen Vorteil verschafft, wenn der vorhergehende Balken Anzeichen der Nachfrage zeigt, indem er über dem Eröffnungskurs schließt (Punkt 3 oben). Dieser Vorteil reicht aber nicht aus, um die Slippage und die Gebühren beim Day Trading wettzumachen. Man könnte weitere Nachforschungen anstellen, indem man eine profitable Position länger hält und durch einen engen Stopp absichert. So werden erfolgreiche Handelssysteme entwickelt.

Tabelle 3.5: *Inside Days – Aktien*

Kauf bei Ausbruch aus der Spanne des Inside Days – 100 Aktien pro Signal
Testzeitraum 01/01/96 – 30/10/99
Gebühren und Slippage nicht berücksichtigt

Aktie	Gesamt GV ($)	Durch. PL ($)/ Jahr	Max. DrDn ($)	In PL ($)	DrDN letzte 12 Mon. ($)	Trades/ Jahr	Win %	ZIM %	G:V
AT&T	(206)	(54)	386	-325	386	9,1	57,1	4	0,8
Amazon	(256)	(134)	556	-209	556	4,7	55,6	2	0,6
COMPAQ	25	7	313	-163	247	6,3	50	2	1,1
Dell	151	39	31	-27	31	6,5	56	3	3,3
Gen. Electric	978	255	305	1.279	103	9,9	55,3	4	2,1
IBM	79	21	559	-123	485	6,5	48	3	1,1
Coca Cola	(157)	(41)	546	389	181	10,7	46,3	4	0,9
Merk	377	98	113	226	100	7,6	58,6	3	1,8
Microsoft	984	257	146	594	146	7,0	66,7	3	4,2
Royal Dutch	656	171	112	210	9	7,8	63,3	3	4,6
Excite	201	105	187	297	0	6,8	69,2	3	1,6
Yahoo	(1.403)	(732)	2.728	-2.172	2.728	9,4	55,6	4	0,7

Zusammenfassung	Net GV($)	Max DrDn ($)	Gewinn mit $50.000(%)
Durchschnitt pro Jahr	373	1.420	0,7
Gesamter Testzeitraum	1.429	3.059	

Tabelle 3.6: *Inside Days – Futures*

Kauf/Verkauf bei Ausbruch aus der Spanne des Inside Days – Ein Kontrakt pro Signal – Day Trade
Testzeitraum 01/01/84 – 06/30/99, Day Trade
Gebühren und Slippage nicht berücksichtigt

Future	Gesamt GV ($)	Durch. PL ($)/ Jahr	Max. DrDn ($)	In PL ($)	DrDN letzte 12 Mon.	Trades/ Jahr	Win %	ZIM %	W:L	G:V +DD(%)
S&P 500	5.245	338	10.578	3.638	10.273	17	49,6	6	1,1	2,1
Britischer Pfund	15.494	1.000	3.383	-1.369	1.406	17	49,4	6	1,4	21,8
Deutsche Mark	3.075	198	4.438	-650	1.100	16	47,8	6	1,1	3,9
Japanischer Yen	8.838	570	1.288	3.400	3.925	17	47,9	6	1,3	10,2
Schweizer Franken	463	30	7.838	-2.138	2.388	15	50,4	6	1	0,3
USD-Index	(680)	(50)	5.510	-1.840	3.140	18	49,6	7	1	-0,8
US-Staatsanleihen 30 Jahre	12.990	838	6.520	4.180	1.210	18	51,1	7	1,3	10,6
US-Staatsanleihen 10 Jahre	7.520	485	4.270	1.770	370	18	48	7	1,2	9,7
US-Staatsanleihen kurzf.	13.750	777	7.810	2.900	950	18	55,5	7	1,3	8,9
Gold	(1.400)	(90)	6.760	-510	640	21	44,7	8	1	-1,2
Sojabohnen	(9.765)	(630)	11.695	-1.025	1.455	17	50,4	6	0,7	-5,1
Weizen	5.825	376	2.075	1.063	388	17	56,2	6	1,4	15,3
Mais	2.700	174	1.763	-600	738	15	55,1	6	1,3	8,6
Sojabohnen-Fleisch	1.949	126	2.222	-342	849	18	52,7	7	1,1	4,5
Baumwolle	6.555	423	2.855	-95	2.000	17	53,4	7	1,2	12,6
Lebend Rinder	1.984	128	2.648	508	468	15	52,6	6	1,1	4,4
Lebend Schweine	6.516	420	1.356	-160	1.356	15	54,4	6	1,4	22,2
Schweinebäuche	(508)	(33)	1.132	324	1.132	17	48,3	7	1	-0,5
Rohöl	13.180	850	930	420	930	14	59,4	5	1,9	28,1
Heizöl	(1.961)	(127)	1.495	-1.281	1.495	16	52	6	0,9	-1,6

Future	Gesamt GV ($)	Durch. PL ($)/ Jahr	Max. DrDn ($)	In PL ($)	DrDN letzte 12 Mon.	Trades/ Jahr	Win %	ZIM %	W:L	G:V +DD(%)
Erdgas	7.190	784	1.120	1.130	1.120	15	53,5	6	1,5	16,6
Kaffee	9.600	619	5.531	-4.594	5.531	20	53,3	8	1,1	2,7

Zusammenfassung	Net GV($)	DrDn ($)		Anzahl d. Trades	TIM (%)	Durchschnittlicher erforderlicher Margin
Durchschnitt pro Jahr	6.810	8.358	Durchschnitt	362	68	18.100
Gesamter Testzeitraum			Maximum			

Durchschnittlicher Drawdown ist der Durchschnitt der letzten 15:	Gewinn (%)	Erforderliches Kapital für den Gewinn
1. Return auf Margin plus durchschn. Drawdown	25,7	26.458
2. Return auf Margin plus maximaler Drawdown	16,1	42.212
3. Return auf fünffachen erforderlichen Margin	7,5	9.500
4. Return auf maximalen Drawdown limitiert auf 20% des Kapitals	5,6	120.560

Outside Days oder Balken

Ein Outside-Balken wird gebildet, wenn sowohl das Hoch als auch das Tief die Extrempunkte des vorhergehenden Tages überschreiten. Bei Futures tritt ein solcher Balken ungefähr 10 bis 15 Mal pro Jahr auf. Normalerweise wird er durch einen eintägigen Wechsel vom Angebot zu aggressiver Nachfrage oder umgekehrt erzeugt. Die Theorie besagt, dass man sich an den aktuellsten Ausdruck des Angebotes oder der Nachfrage halten sollte. Diese einfache Information wurde anhand verschiedener Methoden am Computer umfassend getestet, um herauszufinden, ob sich dadurch ein technischer Vorteil ergibt. Beim Schlusskurs des Outside Days wurde gekauft, und die Position wurde ein bis drei Tage danach geschlossen. Dies stellte sich als nicht effizienter Einstiegsfilter heraus.

Umkehrtag

Muster mit Umkehrtagen (UT) treten ungefähr 15 bis 30 Mal pro Jahr mit einem Trendfilter auf (Abbildung 3.16). Ein Umkehrtag signalisiert einen eintägigen Wechsel von den Bullen zu den Bären oder umgekehrt. Statistisch gesehen lässt sich dieses Muster alleine nicht Gewinn bringend traden, aber in Verbindung mit anderen technischen Indikatoren kann es sehr nützlich sein.

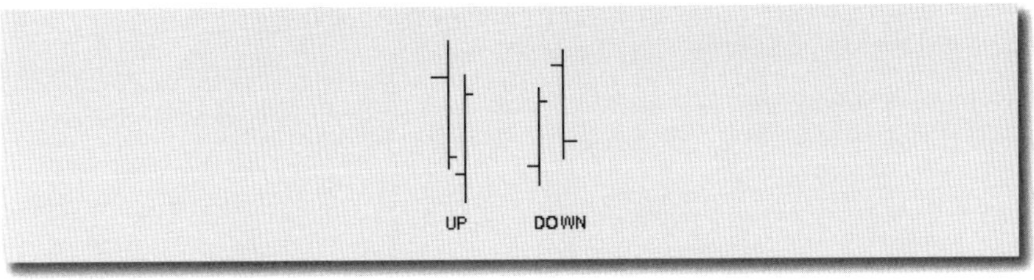

Abb. 3.16: *Umkehrtag*

Ein Umkehrtag ist ein Tag, an dem ein Wert unter (über) der Vortagesspanne gehandelt wird und dann über (unter) dem Tief (Hoch) und dem Eröffnungskurs des Vortages schließt (Abbildung 3.17). Diese Art der Kursbewegung kann ein zeitweiliges oder andauerndes Ende eines kleineren vorherrschenden Trends bedeuten.

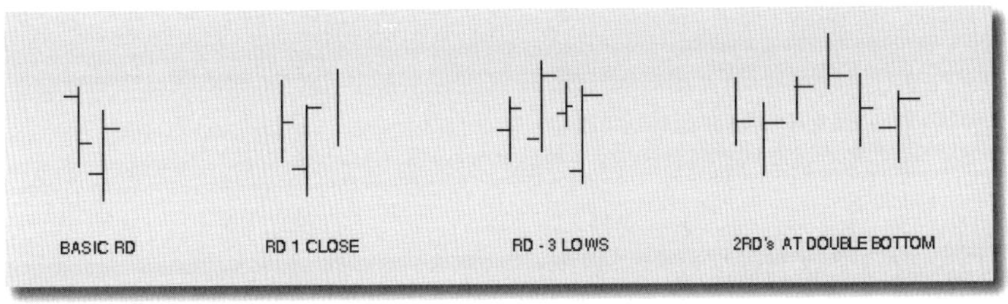

Abb. 3.17: *Umkehrtage*

Art und Vorkommen der Umkehrtage

Das in Abbildung 3.18 gezeigte UT-3-Tief ist in einem Trendmarkt ein wunderbares Muster, das den ersten Anstieg korrigiert. Der zweite Umkehrtag eines Doppelbodens ist viel aussagekräftiger als ein einzelner Umkehrtag.

Ein positiver Umkehrtag in der Kaufzone ist wahrscheinlich viel erfolgreicher als einer in der Verkaufszone.

Abb. 3.19 zeigt einen minimalen Ausbruch nach oben mit einem Umkehrtag. Der Kurs steigt über zwei Tageshochs, fällt zurück und schließt unter den Hochs. Alle Anzeichen des Kaufdrucks sind verschwunden. Die Spanne eines Umkehrtages bestimmt seine Bedeutung. Seine Position im Muster ist sehr wichtig. Der Umkehrtag in einem Doppelboden ist viel interessanter und bedeutungsvoller als in einem einfachen Bottom, sofern die Spanne gleich oder größer als die des vorhergehenden Tages ist.

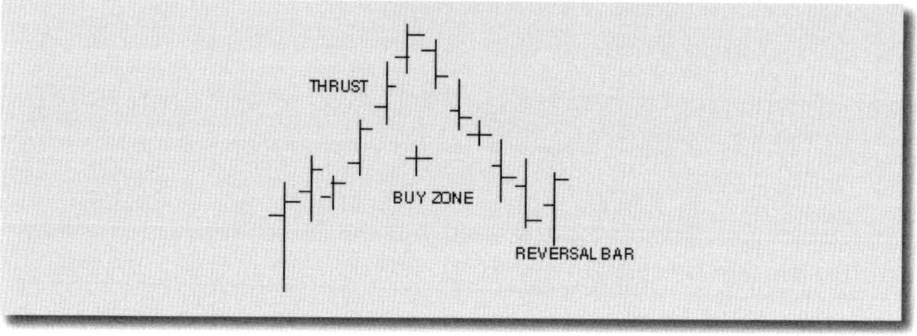

Abb. 3.18: *Umkehrtag in der Kaufzone*

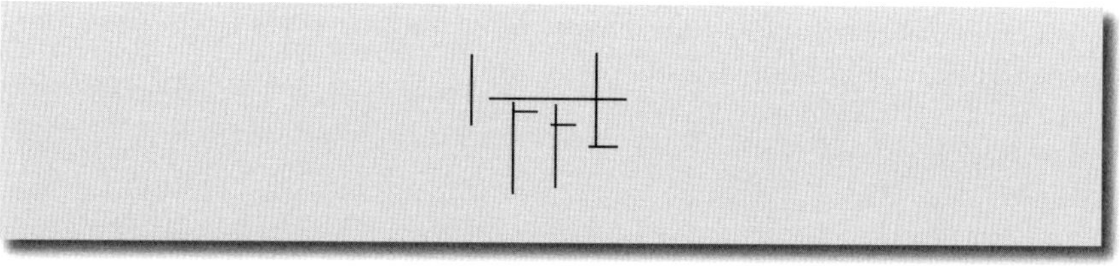

Abb. 3.19: *Umkehrtag mit Tageshoch*

Tabelle 3.7: *Umkehrtage – Aktien*

Kauf am Tagesschluss bei vollständig ausgebildetem Muster – 100 Aktien pro Signal
Testzeitraum 01/01/96 – 30/10/99
Gebühren und Slippage nicht berücksichtigt

Aktie	Gesamt GV ($)	Durch. PL ($)/ Jahr	Max. DrDn ($)	In PL ($)	DrDN letzte 12 Mon. ($)	Trades/ Jahr	Win %	ZIM %	G:V
AT&T	(170)	(44)	1.046	-684	1.046	9,7	32,4	9	0,9
Amazon	4.096	2.137	6229	2.914	554	15,1	51,7	18	4
COMPAQ	1.385	361	398	716	192	11,0	40,5	12	2,6
Dell	1.839	480	438	829	438	18,5	50,7	24	2,2
Gen. Electric	(2.844)	(742)	3.136	-1.719	2.003	21,1	29,6	16	0,4
IBM	(868)	(226)	2.161	-1.275	1.745	16,4	47,6	16	0,8
Coca Cola	(1.454)	(379)	2.092	367	470	16,2	25,8	15	0,6
Merk	487)	127	1.765	-955	1.765	16,7	39,1	16	1,2
Microsoft	159	41	1.193	794	1.067	21,9	35,7	20	1
Royal Dutch	(1.279)	(334)	1.575	-814	911	15,4	33,9	16	0,6
Excite	2.500	1.304	523	1.763	523	13,6	38,5	12	2,7
Yahoo	8.599	4.486	5.593	4.836	5.593	21,9	42,9	26	2,3

Zusammenfassung	Net GV($)	Max DrDn ($)	Gewinn mit $50.000(%)
Durchschnitt pro Jahr	3.248	4.425	6,5
Gesamter Testzeitraum	12.450	7.397	

Tabelle 3.8: *Umkehrtage – Futures*

Kauf/Verkauf am Tagesschluss bei vollständig ausgebildetem Muster
Schließen der Position bei einem Aus- oder Einbruch bei Eröffnung von 50 % der Vortagesspanne
Testzeitraum 01/01/84 – 06/30/99 – Ein Kontrakt pro Signal – Day Trade
Gebühren und Slippage nicht berücksichtigt

Future	Gesamt GV ($)	Durch. PL ($)/ Jahr	Max. DrDn ($)	In PL ($)	DrDN letzte 12 Mon.	Trades/ Jahr	Win %	ZIM %	G:V+ W:L	DD(%)
Britischer Pfund	26.956	1.634	19.281	4.506	1.488	23	46,2	22	1,3	7,9
Deutsche Mark	25.113	1.522	13.038	9.075.	1.050	28	41,3	25	1,3	10,6
Japanischer Yen	27.788	1.684	14.513	-3.163	8.800	26	46,1	24	1,2	9,9
Schweizer Franken	39.700	2.406	12.525	6.550	1.788	29	43,5	24	1,3	16,9
USD-Index	(3.970)	(292)	12.090	-680	2.860	28	38,2	24	1	-2,2
US-Staatsanleihen 30 Jahre	37.450	2.270	16.990	6.880	3.050	31	43,1	29	1,3	11,5
US-Staatsanleihen 10 Jahre	42.690	2.587	5.990	9.670	1.970	29	46,3	28	1,6	34,6
US-Staatsanleihen kurzf.	80.300	5.805	7.910	1.090.	2.380	27	48,7	30	2,2	59,8
Gold	11.380	690	7.950	320	1.190	29	39,8	26	1,2	7,4
Sojabohnen	15.380	932	9.320	1.720	1.760	30	36,9	26	1,2	8,7
Weizen	18.400	1.115	4.400	275	863	27	40,5	25	1,5	21,7
Mais	21.175	1.283	2.313	-550	738	26	44	26	1,9	45
Sojabohnen-Fleisch	32.220	1.953	4.325	180	1.130	28	44	27	1,8	35,3
Baumwolle	24.875	1.508	9.020	-2.730	3.260	29	38,8	26	1,3	15
Lebend Rinder	18.216	1.104	6.360	-2.636	3.424	29	40,7	27	1,4	16
Lebend Schweine	24.112	1.461	3.844	1.756	2.404	29	40,5	28	1,5	39,7
Schweinebäuche	13.384	811	12.672	-7.472	10.052	29	36,6	27	1,1	5,4
Rohöl	29.410	1.857	10.020	410	1.890	31	44,1	29	1,5	15,4
Heizöl	18.824	1.147	9.232	-4.196	4.351	29	39,6	27	1,2	10,2
Erdgas	48.280	5.267	4.470	2.950	4.470	28	49,8	30	2,3	62,2
Kaffee	87.638	5.311	19.913	-12.000	13.688	31	44,2	29	1,5	21,4

Zusammenfassung	Net GV($)	DrDn ($)		Durchschnittlicher erforderlicher Margin
Durchschnitt pro Jahr	38.747	16.563	Durchschnitt	13.166
Gesamter Testzeitraum			Maximum	13.166
Durchschn. Trade	71			

Durchschnittlicher Drawdown ist der Durchschnitt der letzten 15:	Gewinn (%)	Erforderliches Kapital für den Gewinn
1. Return auf Margin plus durchschn. Drawdown	130,3	29.729
2. Return auf Margin plus maximaler Drawdown	80,1	48.362
3. Return auf fünffachen erforderlichen Margin	58,9	65.830
4. Return auf maximalen Drawdown limitiert auf 20% des Kapitals	58,9	175.980

Die folgende Faktoren beeinflussen die Bedeutung eines Umkehrtages:

1. Die Spanne des Balkens
2. Die Anzahl der Schlusskurse, die umgekehrt werden
3. Die Anzahl der Drehpunkte, die darüber und darunter liegen

Mit Hilfe von Computern wurde das Umkehrtag-Muster auf seine Eignung als Einstieg in den Markt getestet. Folgende Filter wurden hinzugefügt:

1. Kauf/Verkauf zum Schluss der Tages, an dem der einfache Umkehrtag ausgebildet wird.
2. Ausstieg. Nach der Eröffnung der Position erfolgt der Ausstieg am ersten Tag, an dem der Kurs um 50 % der Vortagesspanne höher oder tiefer eröffnet.
3. Trendfilter. Ein Kauf wird nur dann durchgeführt, wenn der Vortagesschluss über dem von vor 50 Tagen liegt (und umgekehrt).

Die Tabellen 3.7 und 3.8 zeigen die Ergebnisse dieser Untersuchung von Aktien und Futures. Gebühren und Slippage wurden nicht berücksichtigt. Die Tabellen zeigen klar, dass die Anwendung des Umkehrtags-Musters einen deutlichen technischen Vorteil birgt. Nichtsdestotrotz ist der Gewinn nicht ausreichend, um die Gebühren und die Slippage abzudecken. Weitere Versuche könnten aber zu einem erfolgreichen Handelssystem führen.

Drei-Tage-Gleichgewicht und Umkehr

Die Kursbewegungen der letzten drei Tage weisen oft die Richtung des nächsten kleinen Schrittes. Eine Wende im kleinen Trend kann viele Formen annehmen. Es gibt bestimmte Merkmale der Drei-Tages-Muster, die häufig zur Bestimmung möglicher Wendepunkte im kleinen Trend vorteilhaft genutzt werden können.

In jeder beliebigen dreitägigen Kursbewegung gibt es neun potenzielle Unterstützungs- und Widerstandspunkte, drei Hochs, drei Tiefs und drei Schlusskurse. Man könnte eine Regel aufstellen, die besagt, dass der Kauf am Schluss des dritten Tages erfolgt, wenn der Schlusskurs über dem Durchschnitt dieser neun Punkte liegt. Es können zwar Regeln aufgestellt werden, aber vergessen Sie nicht, dass diese Regeln keine absolute Gültigkeit besitzen. Dies soll als zusätzliche Hilfe und nicht als eigenständiges Handelssystem dienen.

Die Anforderungen an eine positive Umkehr sind:

1. Während der Kursbewegungen der letzten drei Tage müssen die ersten beiden Schlusskurse nahe beieinander liegen.
2. Die Spanne der ersten beiden Tage ist kleiner als die des dritten Tages.
3. Der Schlusskurs des dritten Tages liegt über der 62-%-Marke der Tagesspanne und über den beiden vorherigen Schlusskursen.
4. Das Tief des dritten Tages liegt über dem Tief des zweiten Tages.
5. Die Bedeutung einer möglichen kleineren Wende steigert sich, wenn der Kurs bei Kaufabsicht in der Kaufzone liegt. Beachten Sie, dass der dritte Tag eine weitere Spanne und einen hohen Schlusskurs hat und das Tief über dem des zweiten Tages liegt.

Die stärkste Drei-Tage-Gleichgewicht (3DE)-Umkehr nach oben tritt ein, wenn das Hoch und der Schlusskurs des aktuellen Tages über dem Hoch der beiden vorherigen Tage liegen und der Schlusskurs höher ist als der Eröffnungskurs. Bei einer negativen Umkehr trifft das Gegenteil zu. Abbildung 3.20 zeigt einige Beispiele für die Drei-Tage-Gleichgewicht-Umkehr.

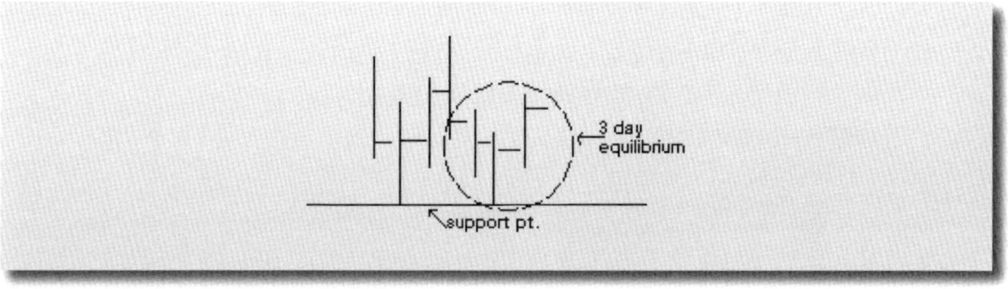

Abb. 3.20: *Drei-Tage-Gleichgewicht mit Umkehr*

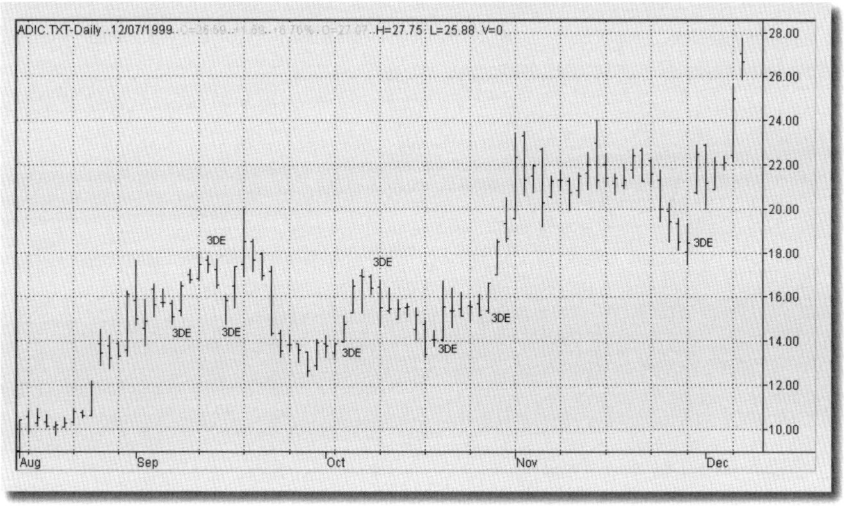

Abb. 3.21: *Wechsel zwischen Angebot und Nachfrage. Erstellt mit TradeStation 2000i von Omega Research© 1999*

Das Muster in Abbildung 3.21 illustriert den Wechsel zwischen Angebot und Nachfrage innerhalb eines Zeitrahmens von drei Tagen. Dieses Muster tritt bei Aktien und Futures jährlich ungefähr 35 bis 40 Mal auf. Eine Möglichkeit zum erfolgreichen Einsatz dieses Musters besteht darin, einen Tag zu warten und zum Schlusskurs des folgenden Tages zu kaufen.

Die Märkte tendieren nach einem starken positiven oder negativen Tag meist zu Korrekturen der ausgeprägten Bewegung. Die unten stehenden Zahlen basieren auf:

- Kauf zum Schlusskurs am Tag nach dem Drei-Tage-Gleichgewicht
- Ausstieg. Nach der Eröffnung der Position erfolgt der Ausstieg am ersten Tag, an dem der Kurs um 50 % der Vortagesspanne höher oder tiefer eröffnet.
- Trend. Der Schlusskurs von vor zwei Tagen liegt über dem Schlusskurs von vor 50 Tagen (und umgekehrt).
- Der Schlusskurs von vor zwei Tagen liegt unter dem Schlusskurs von vor vier Tagen.

Diese einfachen Regeln führten während der Tests bei 18 von 21 Aktien und bei neun von zwölf Futures zu Gewinnen, wie Sie in den Tabellen 3.9 und 3.10 sehen können. Sie eignen sich nicht als eigenständiges Handelssystem, aber mit etwas Arbeit an den Ausstiegsbedingungen und der Signalgebung könnte daraus ein sehr profitabler Handelsansatz werden. Abbildung 3.22 zeigt den kombinierten Marktwert der 21 Futures, die auf der Grundlage dieses Musters gehandelt wurden.

Tabelle 3.9: *Drei-Tage-Gleichgewicht – Aktien*

Kauf am Tagesschluss bei vollständig ausgebildetem Muster – 100 Aktien pro Signal
Testzeitraum 01/01/96 – 10/30/99
Gebühren und Slippage nicht berücksichtigt

Aktie	Gesamt GV ($)	Durch. PL ($)/ Jahr	Max. DrDn ($)	In PL ($)	DrDN letzte 12 Mon. ($)	Trades/ Jahr	Win %	ZIM %	G:V
AT&T	1.099	287	275	574	275	8,1	45,2	8	2,9
Amazon	(745)	(389)	1.353	-485	1.028	12,5	41,7	11	0,5
COMPAQ	880	230	473	659	149	10,7	36,6	11	1,9
Dell	960	250	884	-166	884	14,6	44,6	15	1,7
Gen. Electric	(103)	(27)	1.495	964	1.495	14,4	32,7	11	1
IBM	281	73	995	-203	995	13,3	33,3	11	1,1
Coca Cola	245	64	1.064	-465	465	12,3	38,3	13	1,1
Merk	(1.052)	(274)	1.503	-363	776	11,5	27,3	9	0,5
Microsoft	1.354	353	726	1.369	726	15,4	44,1	14	1,7
Royal Dutch	(1.134)	(296)	1.621	-338	708	12,5	31,3	11	0,6
Excite	1.217	635	620	530	620	11,5	40,9	10	1,9
Yahoo	752	393	3.171	-1.718	3.171	13,6	57,7	15	1,3

Zusammenfassung	Net GV($)	Gewinn mit $50.000(%)
Durchschnitt pro Jahr	980	2,0
Gesamter Testzeitraum	3.755	

Tabelle 3.10: *Drei-Tage-Gleichgewicht – Futures*

Kauf/Verkauf zum Schlusskurs am Folgetag nach vollständig ausgebildetem Muster
Schließen der Position bei einem Aus- oder Einbruch bei Eröffnung von 50 % der Vortagesspanne
Testzeitraum 01/01/84 – 30/06/99 – Ein Kontrakt pro Signal – Day Trade
Gebühren und Slippage nicht berücksichtigt

Future	Gesamt GV ($)	Durch. PL ($)/ Jahr	Max. DrDn ($)	In PL ($)	DrDN letzte 12 Mon.	Trades/ Jahr	Win %	ZIM %	W:L	G:V DD(%)
Britischer Pfund	7.800	473	13.325	-2.556	2.619	20	44,5	16	1,1	3,2
Deutsche Mark	8.100	491	15.163	-513	1.800	18	41,3	14	1,1	3
Japanischer Yen	3.388	205	14.863	-1.463	5.563	17	44,5	14	1	1,2
Schweizer Franken	15.600	945	9.575	3.288	463	19	42,5	15	1,2	8,4
USD-Index	(2.170)	(160)	11.700	1.770	2.160	18	38,1	16	1	-1,2
US-Staatsanleihen 30 Jahre	37.940	2.299	6.390	1.400	3.490	22	44,1	19	1,5	25,3
US-Staatsanleihen 10 Jahre	8.300	503	9.590	310	1.480	22	39,4	18	1,1	4,5
US-Staatsanleihen kurzf.	42.480	3.071	3.960	-540	2.390	23	45,6	22	1,9	53,3
Gold	14.230	862	3.120	130	520	12	44,3	11	1,6	19,3
Sojabohnen	15.450	936	9.750	1.025	1.185	16	54,1	14	1,4	8,4
Weizen	10.913	661	4.375	-313	563	18	41,6	16	1,4	12,9
Mais	5.275	320	3.050	-475	538	15	37	13	1,3	8,9
Sojabohnen-Fleisch	22.855	1.385	6.255	690	570	16	46	15	1,8	18,5
Baumwolle	(4.375)	(265)	13.175	-695	1.995	20	36,7	16	0,9	-1,9
Lebend Rinder	1.276	77	4.172	284	764	25	36,9	21	1	1,6
Lebend Schweine	(868)	(53)	7.640	452	948	21	34,9	16	1	-0,6
Schweinebäuche	26.252	1.591	5.508	-1.396	5.020	17	37,8	14	1,5	20
Rohöl	11.460	724	4.990	100	2.220	22	40,1	19	1,3	1,3
Heizöl	6.157	375	10.088	-1.961	2.444	19	41	16	1,1	3,1
Erdgas	11.070	1.208	4.790	510	1.730	20	40,4	17	1,3	13,7
Kaffee	91.988	5.575	14.869	-3.956	6.375	19	46,7	17	1,8	28,2

Zusammenfassung	Net GV($)	DrDn ($)		Anzahl d. Trades	TIM (%)	Durchschnittlicher erforderlicher Margin
letzte 6 Monate	-13.223	12.870	on 990629	126	95	5.243
letzte 12 Monate	-4.189	16.701	on 990629	296	96	6.382
Durchschnitt pro Jahr	20.189	13.646	Durchschnitt	382	98	7.997
Gesamter Testzeitraum	333.120	21.744	Maximum	6.301	98	7.997
Durchschn. Trade	55					

Durchschnittlicher Drawdown ist der Durchschnitt der letzten 15:	Gewinn (%)	Erforderliches Kapital für den Gewinn
1. Return auf Margin plus durchschn. Drawdown	93,3	21.643
2. Return auf Margin plus maximaler Drawdown	67,9	29.741
3. Return auf fünffachen erforderlichen Margin	50,5	39.985
4. Return auf maximalen Drawdown limitiert auf 20% des Kapitals	18,6	108.720

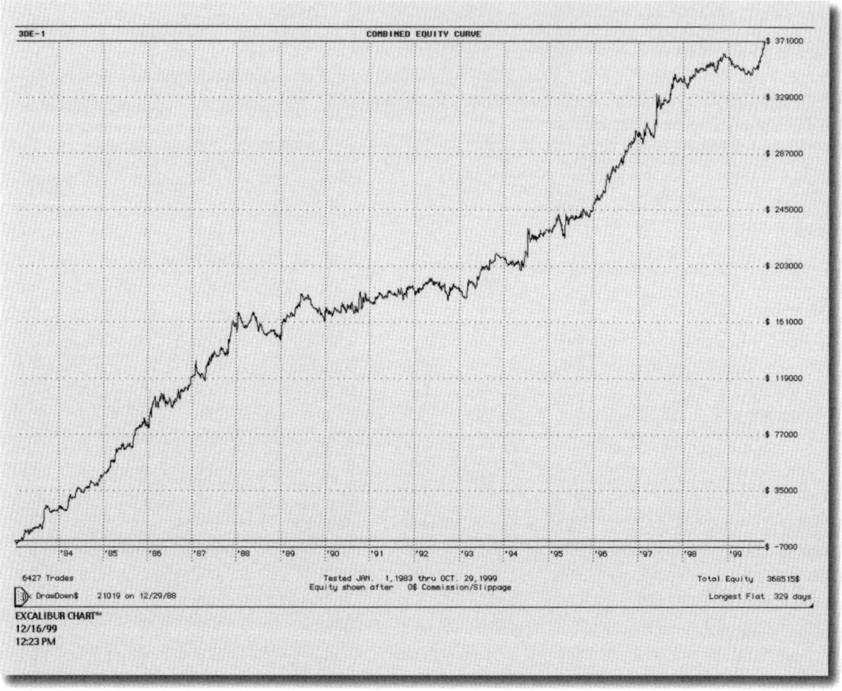

Abb. 3.22: *Kombinierter Marktwert der Futures*

Pattern Gap

Es gibt viele verschiedene Arten von Kurslücken, von denen der Pattern Gap eine der häufigsten ist. Er lässt sich auch am besten beim Trading einsetzen (Abbildung 3.23).

Der positive Pattern Gap tritt auf, wenn das Tief des Balkens über dem Schlusskurs des vorhergehenden Balkens liegt. Der negative Pattern Gap tritt auf, wenn das Hoch des Balkens unter dem Schlusskurs des vorhergehenden Balkens liegt. Beim positiven Pattern Gap ist der Kurs stark

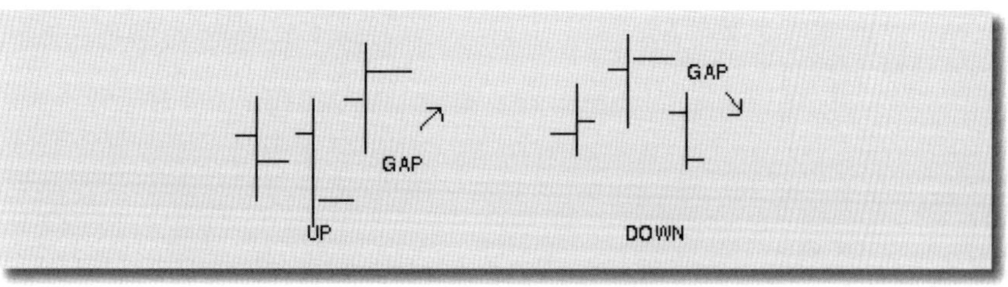

Abb. 3.23: *Pattern Gaps*

genug, um nicht auf den Schlusskurs des Vortages zurückzufallen. Die stärksten Pattern Gaps zeigen die folgenden Merkmale:

- Die Spanne des aktuellen Balkens ist größer als die Spanne der beiden vorhergehenden Balken.
- Der Schlusskurs des Balkens liegt über dem Eröffnungskurs.
- Der Schlusskurs des Balkens liegt über den Schlusskursen der beiden vorhergehenden Balken.

Ein früher Einstieg kann erfolgen, wenn der Kurs vor der Mittagszeit seit der Eröffnung schon deutlich angestiegen ist und die anderen Anforderungen erfüllt sind. Verkaufssignale werden durch die gegenteilige Kursentwicklung erzeugt. Dies stellt aber kein eigenständiges Handelssystem dar, und die Auswahl der Signale sollte sehr gewissenhaft erfolgen. Abbildung 3.23 zeigt weder Ausstiegspunkte noch Stopp-Loss-Punkte an, aber offensichtlich führen die meisten Signale zu einer sofortigen Gewinnmöglichkeit. Das Einstiegssignal eignet sich hervorragend, um auf einen fahrenden Zug aufzuspringen und von einem vorherrschenden Trend zu profitieren, aber auch, um sich an einer Bewegung nach einer Kongestion Gewinn bringend zu beteiligen. Die besten Kursbewegungen sind diejenigen, die nach dem Einstieg mindestens zwei Tage anhalten und denen zwei Tage mit sehr geringer Spanne vorangehen. Abbildung 3.24 zeigt einige ganz offensichtliche Pattern Gaps bei Royal Dutch.

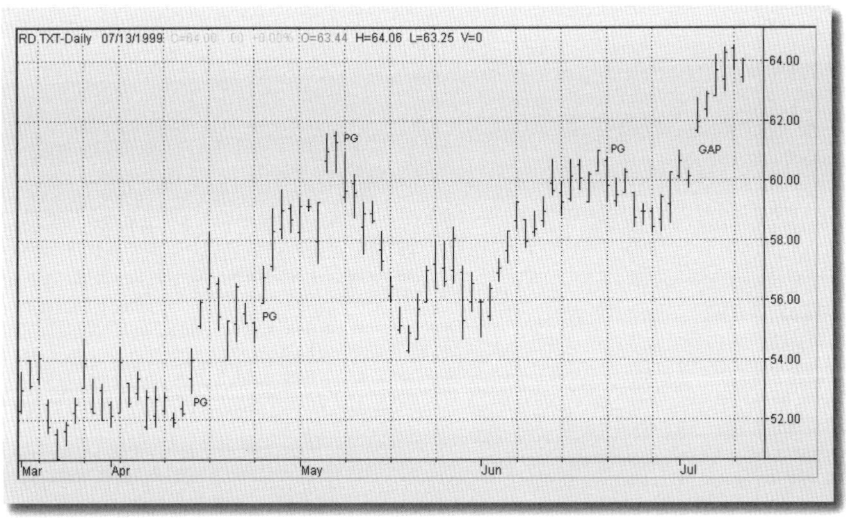

Abb. 3.24: *Pattern Gaps bei Royal Dutch. Erstellt mit TradeStation 2000i von Omega Research© 1999*

Haken

Ein Haken bringt Angebot oder Nachfrage stark zum Ausdruck. Er besteht aus mehreren Balken, die in derselben Richtung schließen, gefolgt von einem relativ kurzen Balken, der gegen den Trend schließt. Die Theorie sagt, dass der Kurs an den folgenden Tagen wieder in die Richtung des ursprünglichen Trends gehen wird. Ein doppelter Haken (Abbildung 3.25) kehrt den Trend um.

Ein Haken, der nach einer eintägigen Bewegung auftritt, ist weniger zuverlässig als ein Haken, der sich nach einer zweitägigen Bewegung bildet. Nach dem Haken in Abbildung 3.26A wird der Kurs wahrscheinlich eher nach oben gehen als nach dem Haken in Abbildung 3.26B.

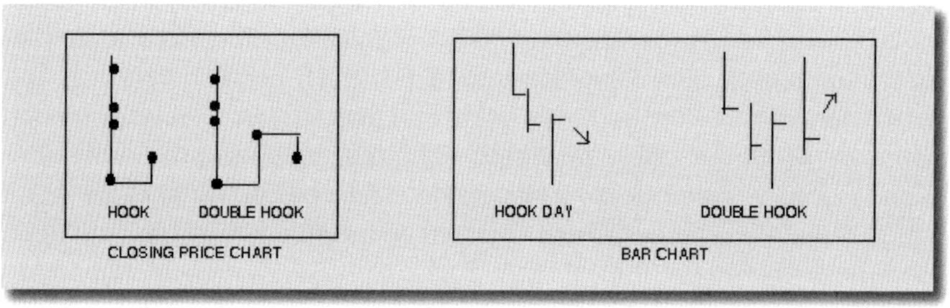

Abb. 3.25: *Haken und Doppelhaken*

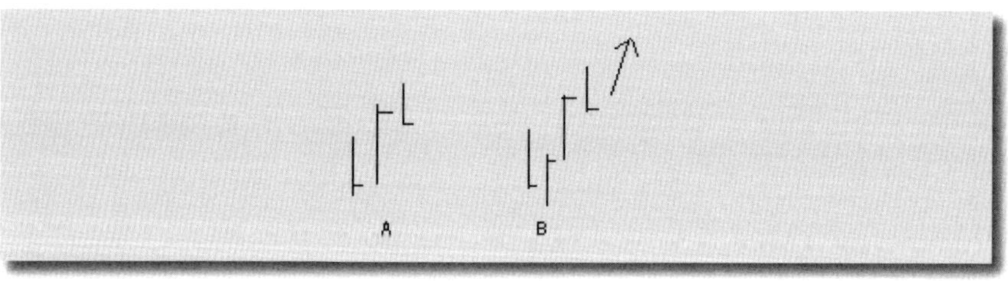

Abb. 3.26: *Vergleich der Haken*

Tabelle 3.11: Haken – Aktien

Kauf zur Tageseröffnung nach vollständig ausgebildetem Muster – 100 Aktien pro Signal – Day Trade
Testzeitraum 01/01/96 – 30/10/99
Gebühren und Slippage nicht berücksichtigt

Aktie	Gesamt GV ($)	Durch. PL ($)/ Jahr	Max. DrDn ($)	In PL ($)	DrDN letzte 12 Mon. ($)	Trades/ Jahr	Win %	ZIM %	G:V
AT&T	(755)	(197)	799	-462	799	12,8	40,8	5	0,6
Amazon	1.643	857	1.079	1.590	1.079	20,9	47,5	8	1,9
COMPAQ	62	16	594	-381	594	17,0	44,6	7	1
Dell	439	115	426	256	272	18,0	55,1	7	1,4
Gen. Electric	(256)	(67)	881	138	624	19,3	48,6	7	0,9
IBM	385	100	572	403	265	17,5	53,7	7	1,2
Coca Cola	(94)	(25)	1.070	298	270	17,2	47	7	1
Merk	304	79	717	2	384	18,0	52,2	7	1,2
Microsoft	1.118	292	539	286	539	17,0	61,5	6	1,8
Royal Dutch	417	109	482	426	163	12,8	65,3	5	1,4
Excite	(1.970)	(1.028)	2.027	-1.848	1.965	15,7	43,3	6	0,5
Yahoo	1.436	749	4.429	815	4.429	20,9	62,5	8	1,2

Zusammenfassung	Net GV($)	Max DrDn ($)	Gewinn mit $50.000(%)
Durchschnitt pro Jahr	712	2.467	1,4
Gesamter Testzeitraum	2.729	5.584	

Tabelle 3.12: Haken – Futures

Kauf/Verkauf zur Eröffnung nach vollständig ausgebildetem Muster
Schließen der Position bei Tagesende
Testzeitraum 01/01/84 – 06/30/99 – Ein Kontrakt pro Signal – Day Trade
Gebühren und Slippage nicht berücksichtigt

Future	Gesamt GV ($)	Durch. PL ($)/ Jahr	Max. DrDn ($)	In PL ($)	DrDN letzte 12 Mon.	Trades/ Jahr	Win %	ZIM %	G:V W:L	Gewinn/ Mr+DD(%) DD(%)
Britischer Pfund	6.981	450	8.975	-3.350	3.613	32	51,1	11	1,1	4,6
Deutsche Mark	12.588	812	4.400	750	1.138	30	56,2	11	1,2	16
Japanischer Yen	(13.413)	(865)	20.575	-2.513	2.950	31	48,2	11	0,8	-4
Schweizer Franken	14.825	956	8.763	550	1.925	33	55	12	1,2	9,9
USD-Index	18.650	1.373	5.910	280	1.230	32	53,3	12	1,3	20,9
US-Staatsanleihen 30 Jahre	36.760	2.372	4.000	-2.530	3.060	30	54,8	11	1,5	44,3
US-Staatsanleihen 10 Jahre	24.600	1.587	3.980	230	1.350	29	52,7	10	1,5	33,6
US-Staatsanleihen kurzf.	32.000	2.313	2.710	1.980	910	28	51,4	10	1,6	64,1
EUR / USD	1.175	76	2.400	225	75	18	46,7	7	1,1	2,9
Gold	7.730	499	3.170	-20	370	33	49,4	12	1,2	13
Silber	24.015	1.549	5.965	-1.040	1.900	32	54,9	11	1,4	21,6
Sojabohnen	13.245	855	3.780	-820	1.120	29	51,1	10	1,3	19,2
Weizen	(2.475)	(160)	6.100	-588	1.500	31	44,4	11	0,9	-2,5
Mais	7.213	465	1.025	213	675	28	54,7	10	1,4	35,9
Sojabohnen-Fleisch	2.125	137	4.950	1.500	310	30	47,9	11	1,1	2,5
Baumwolle	(7.310)	(472)	9.790	-4.860	5.230	35	47,9	12	0,9	-4,6
Lebend Rinder	5.172	334	4.380	484	1.464	29	50,6	11	1,1	7,2
Lebend Schweine	3.856	249	3.220	-768	2.284	33	51,6	12	1,1	6,6
Schweinebäuche	3.952	255	7.824	-1.936	5.044	31	49,6	11	1	2,8

Future	Gesamt	Durch. PL	Max.	In PL	DrDN letzte	Trades/	Win	ZIM	G:V	Gewinn/ Mr+DD(%)
Rohöl	18.250	1.177	2.960	250	870	32	53,2	11	1,4	29,6
Heizöl	4.326	281	6.859	2.012	2.579	35	47,1	12	1,1	3,6
Erdgas	4.980	543	5.310	160	2.700	29	52,4	11	1,1	7,4
Kaffee	22.275	1.437	18.319	-16.556	17.550	32	50,9	11	1,1	6,9
S&P 500	13.525	873	20.675	7.075	17.900	35	49,4	12	1,1	3,3

Zusammenfassung	Net GV($)	DrDn ($)		Anzahl d. Trades	TIM (%)	Durchschnittlicher erforderlicher Margin
letzte 6 Monate				-9.374	19.481	
letzte 12 Monate				296	96	6.382
Durchschnitt pro Jahr	20.189	13.646	Durchschnitt	382	98	7.997
Gesamter Testzeitraum	333.120	21.744	Maximum	6.301	98	7.997
Durchschn. Trade	55					

Durchschnittlicher Drawdown ist der Durchschnitt der letzten 15:	Gewinn (%)	Erforderliches Kapital für den Gewinn
1. Return auf Margin plus durchschn. Drawdown	101	16.185
2. Return auf Margin plus maximaler Drawdown	52,7	31.241
3. Return auf fünffachen erforderlichen Margin	104,1	15.815
4. Return auf maximalen Drawdown limitiert auf 20 % des Kapitals	11,7	140.420

1984 machte James T. Kneafsey die Haken als effizienten Handelsansatz populär. Anhand von Computern kann die Gültigkeit von Hakenmustern festgestellt werden. Es gibt mehrere Varianten des Hakenmusters. Die folgende Computerstudie sollte feststellen, ob das Hakenmuster auf einer eintägigen Basis vorteilhaft genutzt werden kann. Dabei wurden folgende Regeln festgelegt:

- Der Kurs schließt zwei Mal positiv.
- Darauf folgt ein negativer Schluss, der unter dem Schluss des vorherigen Tages liegt, aber über dem Schluss von vor zwei Tagen.

Der Kauf erfolgt zur Eröffnung des folgenden Tages, und die Position wird zum Tagesschluss geschlossen. Bei Verkaufsorders verhält es sich genau umgekehrt (nur Futures).

Die Tabellen 3.11 und 3.12 zeigen, dass dies eine effiziente Einstiegsmethode sein kann, denn bei 21 von 24 Futures und bei acht von zwölf Aktien konnten beim Test Gewinne erzielt werden. Dieses Muster ist zwischen 18 und 30 Mal pro Jahr zu finden, und die Zeit im Markt liegt bei ungefähr 6 % bis 11 %. Alleine mit diesem Muster können Sie aber kein Geld verdienen, aber im Zusammenwirken mit anderen technischen Hilfsmitteln bietet es eine sehr gute Einstiegshilfe.

Der Chart in Abbildung 3.27 zeigt das Auftreten von Haken. Mögliche Schlussfolgerungen sind:

- Vier der fünf auftretenden Haken hätten am nächsten Tag zu Gewinnen geführt.
- Am besten funktionieren Haken in der Kaufzone eines Kongestionsmusters oder während der ansteigenden Phase eines Kurses. Das Gegenteil ist der Fall bei Verkaufssignalen.

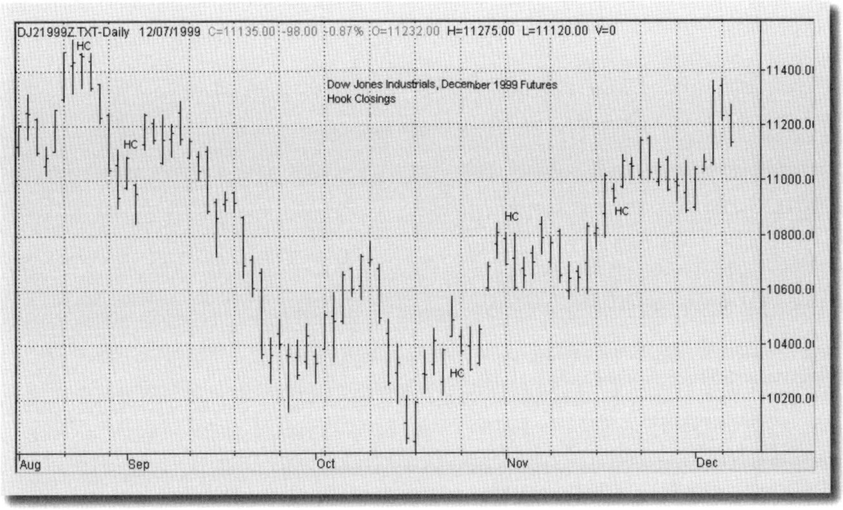

Abb. 3.27: *Dow Jones Industrial Average zeigt Haken*

Balken mit kurzer Spanne

Ein Balken mit kurzer Spanne ist ein Balken, dessen Spanne zwischen Eröffnung und Schluss kürzer ist als die vorherigen Balken. Dafür ist kein vorgegebenes Ausmaß notwendig. In Abbildung 3.28 sehen Sie, dass die drei letzten Balken eine kurze Spanne haben. Die deutet darauf hin, dass der Kurs sich etwas beruhigt hat und Angebot und Nachfrage eher ausgeglichen sind. Der Durchbruch der Hochs des letzten Balkens, gefolgt von einem Anstieg nach der Eröffnung am nächsten Tag, ist ein starkes Anzeichen dafür, dass am Markt Kaufdruck entsteht und eine anhaltende Bewegung nach oben wahrscheinlich ist. Dies bedeutet einen Vorteil beim Handeln, den die Tabellen 3.13 und 3.14 in Zahlen abbilden. Wieder waren acht von zwölf Aktien erfolgreich, und bei den Futures war das Ergebnis sogar noch besser. Bei den Tests wurden die folgenden Regeln angewandt (bei Verkäufen gilt das Gegenteil):

- Die Spanne des vorigen Tages ist geringer als die Spanne der vorangegangenen fünf Tage.
- Einstieg. Kauf am Maximum des Eröffnungs-Anstiegs von 0,5 der Vortagesspanne und dem Hoch des Vortages.
- Trend. Der Schlusskurs von vor zwei Tagen liegt über dem Schlusskurs von vor 50 Tagen.
- Der Ausstieg erfolgt am ersten Tag, an dem der Kurs um 50 % der Vortagesspanne höher oder tiefer eröffnet.

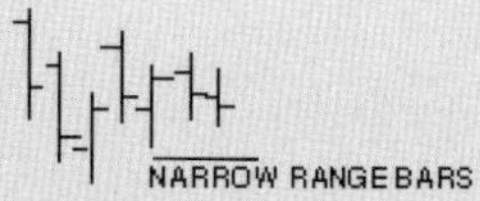

Abb. 3.28: *Balken mit kurzer Spanne*

Tabelle 3.13: *Balken mit kurzer Spanne – Aktien*

Kauf bei Ausbruch nach Eröffnung am Tag nach vollständig ausgebildetem Muster – 100 Aktien pro Signal
Testzeitraum 01/01/96 – 30/10/99
Gebühren und Slippage nicht berücksichtigt

Aktie	Gesamt GV ($)	Durch. PL ($)/ Jahr	Max. DrDn ($)	Trades/ Jahr	Win %	ZIM%	G:V
AT&T	(417)	(109)	417	3,1	25	2	0,1
Amazon	3.032	1.582	399	6,8	53,8	8	13,5
COMPAQ	(67)	(17)	429	2,6	50	3	0,8
Dell	1.243	324	259	5,2	65	9	7,4
General Electric	884	231	734	4,4	52,9	4	2,1
IBM	(1.881)	(491)	2.173	5,7	45,5	5	0,3
Coca Cola	567	148	469	4,2	56,3	4	2,1
Merk	(365)	(95)	581	3,9	46,7	3	0,6
Microsoft	1.452	379	599	5,5	52,4	5	3
Royal Dutch	336	88	652	5,5	52,4	4	1,4
Excite	2.656	1.386	278	6,8	69,2	8	10
Yahoo	1.723	899	831	5,2	60	7	9

Zusammenfassung	Net GV($)	Max DrDn ($)	Gewinn mit $50.000(%)
Durchschnitt pro Jahr	2.390	1.401	4,8
Gesamter Testzeitraum	9.163	1.648	

Tabelle 3.14: Balken mit kurzer Spanne – Futures

Kauf/Verkauf bei Ausbruch nach Eröffnung am Tag nach vollständig ausgebildetem Muster
Schließen der Position bei einem Aus- oder Einbruch bei Eröffnung von 0,5 der Vortagesspanne
Testzeitraum 01/01/84 – 06/30/99 – Ein Kontrakt pro Signal – Day Trade
Gebühren und Slippage nicht berücksichtigt

Future	Gesamt GV ($)	Durch. PL ($)/Jahr	Max. DrDn ($)	In PL ($)	Dr DN letzte 12 Mon. ($)	Trades/ Jahr	Win %	ZIM%	G:V	Gewinn/ Mr +DD(%)
S&P 500	47.343	2.869	13.493	26.100	12.338	13	45,9	12	1,6	11,5
Britischer Pfund	(10.325)	(626)	29.319	138	3.088	9	39,6	8	0,8	-2
Deutsche Mark	3.163	192	17.513	-425	850	8	42	7	1,1	1
Japanischer Yen	1.588	96	8.525	-7.513	8 525	9	41,9	8	1	0,9
Schweizer Franken	9.900	600	14.750	5.475	1 225	8	41,4	8	1,2	3,6
USD-Index	5.620	414	6.870	-1.070	2 150	9	42	9	1,2	5
US-Staatsanleihen 30 Jahre	36.140	2.190	7.270	5.980	1 990	10	53,8	10	2	22
US-Staatsanleihen 10 Jahre	13.670	828	4.000	610	1 600	11	51,1	10	1,5	15,1
US-Staatsanleihen kurzf.	28.820	2.083	5.240	3.400	1 200	12	45,9	12	1,9	29,6
Gold	4.440	269	5.670	200	110	6	42,6	5	1,3	3,8
Sojabohnen	14.175	859	4.445	-10	570	8	49,3	7	1,6	14,8
Weizen	5.950	361	1.900	-638	638	8	47,8	8	1,4	13,6
Mais	2.213	134	3.525	100	500	9	50	8	1,2	3,3
Sojabohnen-Fleisch	16.120	977	2.305	-520	765	8	52,3	8	2,1	27,8
Baumwolle	22.840	1.384	5.565	2.270	650	10	50,9	10	1,8	21,1
Lebend Rinder	(4.624)	(280)	6.272	768	588	13	42,3	11	0,8	-4,1
Lebend Schweine	3.536	214	5.220	1.184	792	11	45,7	9	1,2	3,4
Schweinebäuche	29.688	1.799	4.096	276	4.064	8	51,6	7	2,2	27,6
Rohöl	11.740	741	2.610	2.860	770	9	50	8	1,7	16
Heizöl	10.370	632	5.011	-449	1.344	9	50,3	7	1,5	9
Erdgas	9.920	1.082	3.210	-700	1.550	8	50	7	1,7	15
Kaffee	66.525	4.032	17.363	1.463	1.069	9	53	8	2,3	18,1

Zusammenfassung	Net GV ($)	Dr Dn ($)		Trades	ZIM (%)	Durchschn. erforderlicher Margin ($)
Last 6 months	9.671	15.756		70	81	4.973
Last 12 months	39.889	16.695		155	80	5.129
Average/Year	19.928	10.074	Durchschnitt	199	86	5.854
Full run total	328.810	32.236	Maximum	3.281	86	5.854
Avg trade	105					

Durchschnittlicher Drawdown ist der Durchschnitt der letzten 15:	Gewinn (%)	Erforderliches Kapital für den Gewinn
1. Return auf Margin plus durchschn. Drawdown	125,1	15.928
2. Return auf Margin plus maximaler Drawdown	-52,3	38.090
3. Return auf fünffachen erforderlichen Margin	68,1	29.270
4. Return auf maximalen Drawdown limitiert auf 20 % des Kapitals	12,4	161.180

Kurze Spanne nach starkem Angebot oder starker Nachfrage

Dies eignet sich hervorragend für den Einstieg in einen schnellen Markt. Nach einer starken Bewegung verdaut der Markt diese oft, indem der Gewinn für ein paar Tage in einem relativ engen Bereich gehalten wird. Die dringende Nachfrage führt meist dazu, dass die Bewegung nach dem dritten Balken weitergeführt wird (Abbildung 3.29). Die Regeln dafür sind (bei Verkäufen gilt das Gegenteil):

- Der Markt zeigt Anzeichen von Stärke oder eine starke Bewegung.
- Der Zehn-Tage-Durchschnitt weist nach oben.
- Der Kurs korrigiert über ein bis drei Balken.
- Die Spanne eines der letzten Balken ist geringer als die durchschnittliche Spanne der letzten zehn Tage.
- Der letzte Balken kann das Tief des vorhergehenden Balkens leicht nach unten durchbrechen. Dies ist zwar nicht unbedingt notwendig, aber es zeigt einen Mangel an Angebot.

Der Kauf erfolgt beim Durchbruch des Hochs des Balkens mit der geringen Spanne. Unter dem Tief dieses Balkens geben Sie einen Stopp ein. Gewinnmitnahmen erfolgen bei Erreichen des Kurszieles oder durch Auslösen eines Trailing-Stopp. Die Abbildungen 3.30 und 3.31 illustrieren diese Methode.

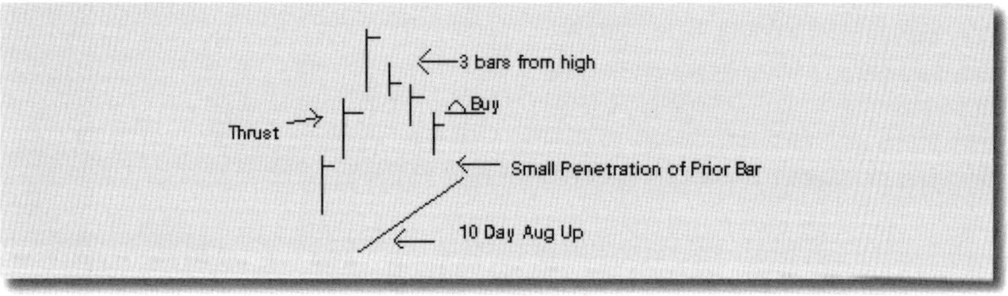

***Abb. 3.29:** Die kurze Spanne in der Korrektur*

Trading mit geringen Spannen

Geringe Spannen können beim Trading sehr nützlich sein. Um sie erfolgreich einzusetzen, müssen sie in das übergeordnete Muster integriert werden. Die grundlegende Idee ist es, in den Markt einzusteigen, sobald er aus dem Zustand des Gleichgewichts ausbricht, das durch einen oder

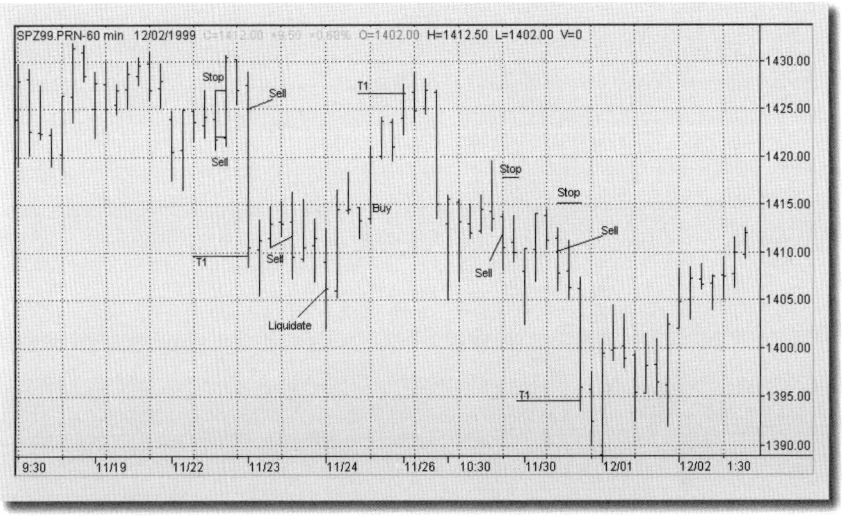

Abb. 3.30: *S&P 60-Minuten Chart (Dezember 1999). Erstellt mit TradeStation 2000i von Omega Research© 1999*

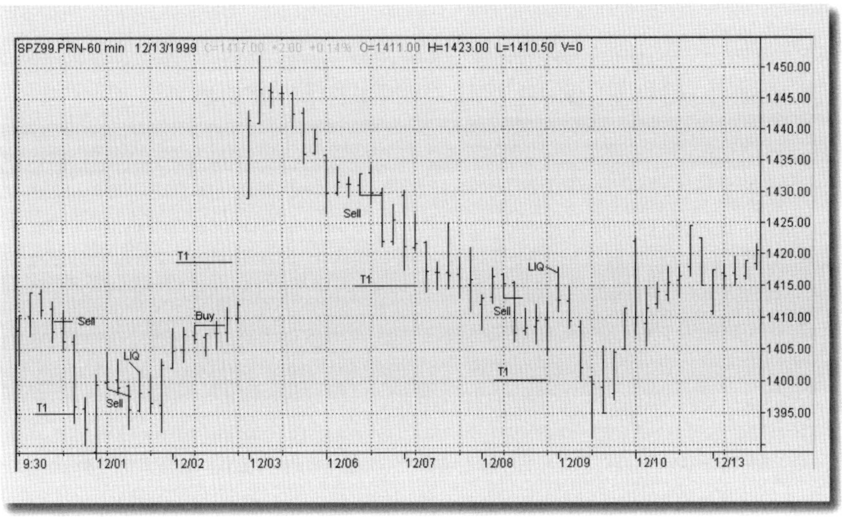

Abb. 3.31: *S&P 60-Minuten Chart (Dezember 1999). Erstellt mit TradeStation 2000i von Omega Research© 1999*

mehrere Balken mit geringer Spanne angezeigt wird. Wenn der Kurs von diesem Punkt an stark ansteigt und später wieder dorthin zurückfällt, so wird eine Zunahme der Nachfrage erwartet. Dies ist ein klassischer Double Bottom. In Kombination mit der Accumulation/Distribution wird dies zu einem interessanten Handelsansatz. Wählen Sie nur die Trades in der Richtung des Schubes. Platzieren Sie Stopps am gegenüberliegenden Ende des kurzen Balkens. Abbildung 3.32 zeigt Beispiele für Einstiegspunkte bei Punkt A oder C, den Korrekturen des letzten Schubes.

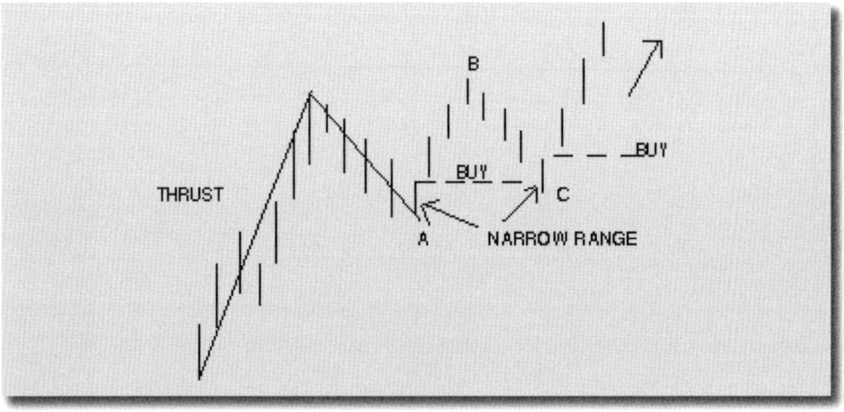

Abb. 3.32: *Trading mit geringen Spannen*

Trading von Balken mit großen Spannen

Ein Balken mit großer Spanne kann entweder bullish oder bearish sein, je nachdem, wo er in der Formation auftritt. Erscheint er am Ende einer Kaufspitze, dann ist er als bearish einzustufen, beim Ausbruch aus einer Formation aber als positiv. Der Ausbruch aus einem Muster wird in Abbildung 3.33 gezeigt. Auf die meisten Balken mit großer Spanne folgt direkt ein Korrekturbalken. Die Kaufzone liegt in der unteren Hälfte des Balkens, und der Bereich zur Gewinnmitnahme ist bei ungefähr 50 % bis 100 % der Spanne über dem Hoch des Balkens angesiedelt. Dies gilt natürlich nur für kurzfristige Trades. Der Kurs neigt zur Abwechslung, indem auf einen langen Balken ein kurzer folgt. Dies trifft selbstverständlich nicht in allen Fällen zu, und die Definition eines Balkens mit großer Spanne ist subjektiv. Hier kommt die Kunst des Chart-Lesens ins Spiel. Diese Fähigkeit kann nur durch das Analysieren vieler Charts über Jahre hinweg erlernt werden.

Kaufzonen

Die Kaufzone beschreibt die untere Hälfte eines Schubes, wie in Abbildung 3.34 gezeigt. Während die Schübe den Kurs ansteigen lassen, ver-

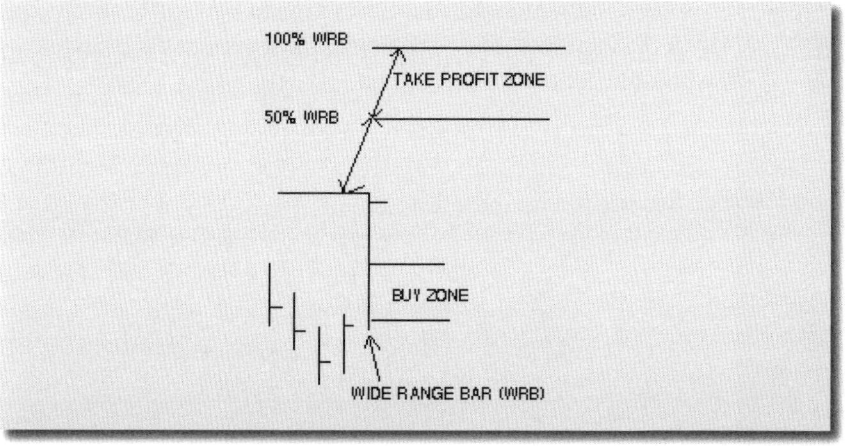

Abb. 3.33: *Trading mit großen Spannen*

schiebt sich auch die Kaufzone nach oben. In diesen Bereichen sollte man nach günstigen Gelegenheiten zum Einstieg Ausschau halten. Bevor Sie Ihre Position eröffnen, sollten Sie wissen, wo der Stopp zu setzen ist, und ein Kursziel festlegen. Markieren sie die Kaufzone, den Stopp-Loss und den Bereich des Kurszieles im Chart. Jagen Sie einem schnellen Kurs *nicht* hinterher! Unter den unzähligen Aktien findet sich immer ein guter Kandidat für einen besseren Einstieg. Entscheiden Sie sich für einen Einstiegsbereich. Dabei könnten folgende Schritte helfen:

1. Kaufen Sie ausschließlich in den Kaufzonen.
2. Platzieren Sie Ihren Stopp-Loss sofort nach der Eröffnung Ihrer Position.
3. Schließen Sie die Position unbedingt bei Erreichen der Gewinnzone. Geschieht dies mittels eines Stopps, oder verkaufen Sie einfach? Jede Möglichkeit ist ein Kompromiss: Wenn Sie verkaufen, könnte der Kurs noch höher steigen. Warten Sie auf das Auslösen des Stopps, dann geben Sie oft bedeutende Anteile des möglichen Gewinnes zurück.

Folgende Möglichkeiten bieten sich an:

- Setzen Sie den Stopp enger.
- Schließen Sie nur die halbe Position. So liegen Sie mit Ihrer Entscheidung nur halb falsch oder halb richtig.
- Schließen Sie Ihre Position beim ersten Anzeichen, dass das Angebot die Nachfrage überwiegt.

- Verwenden Sie zum Setzen des Stopps einen kürzeren Zeitrahmen. Traden Sie zum Beispiel mit einem Tageschart, wählen Sie einen 30-Minuten-Chart zum genaueren Platzieren Ihres Stopps.

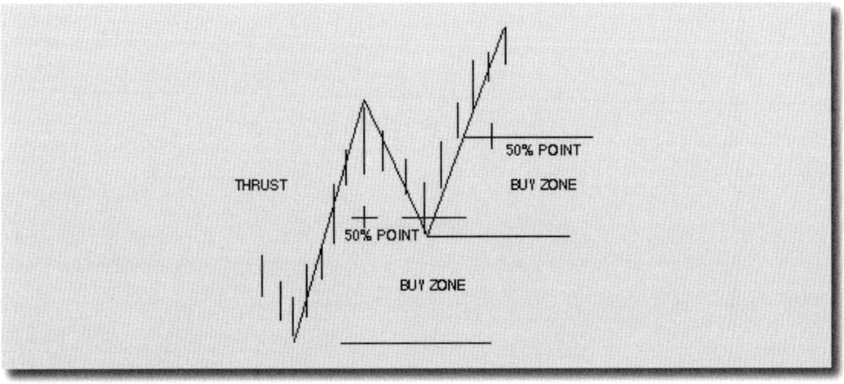

***Abb. 3.34:** Kaufzonen*

Der Stopp

Wer nicht weiß, was er riskiert, riskiert alles.

Es gibt keine Stopp-Loss-Variante, die für alle gleichermaßen zufrieden stellend ist. Jeder muss für sich selbst herausfinden, mit welchem Verhältnis von Risiko zu möglichem Gewinn er sich wohl fühlt. Hier einige Anregungen zum Platzieren von Stopp-Orders:

1. Drei Ticks unter dem Tief des letzten oder vorletzten Drehpunktes
2. Eine durchschnittliche Spanne unter dem Schlusskurs oder dem Tief des Tages, an dem gekauft wurde
3. 50 % des Aus- oder Einbruchs nach Eröffnung am Tag nach dem Einstieg in die Position. Dieser Stopp funktioniert besonders gut, wenn er mit den anderen möglichen Stopps kombiniert wird. So eröffnet ein Wert manchmal unterhalb eines Stopps auf einem Niveau, das sich dann als Tagestief herausstellt. Wir sehen es gerne, wenn sich der Kurs nach der Eröffnung um ungefähr acht Ticks oder die halbe Spanne des vorhergehenden Balkens wegbewegt.
4. Drei Ticks unter dem tieferen Tief oder dem tieferen Schluss der letzten beiden Balken
5. Schließen Sie die Position nach drei Balken, wenn sie bis dahin noch nicht in der Gewinnzone ist.

6. Lassen Sie den Trade sein und versuchen Sie, ohne Verlust auszusteigen, wenn der Trade nach der Eröffnung zu weit gegen Sie läuft und Ihr Stopp nicht ausgelöst wird. Denken Sie nicht mehr über einen möglichen Gewinn nach. Ihr einziges Interesse gilt dem Stopp und der Erhaltung Ihres Kapitals.

Es ist von äußerster Wichtigkeit, immer einen guten Plan für seine Investitionen bereit zu halten. Wenn Sie eine Position eröffnen, dann fragen Sie sich, ob es sich dabei um eine langfristige Anlage für fünf oder zehn Jahre handelt. Dann sollten Sie angesichts kurzfristiger Kursschwankungen nicht sofort in Panik geraten. Sind Sie ein Trader? Unglücklicherweise legen viele Menschen ihren Ausstiegspunkt oder Stopp-Loss nach den folgenden Kriterien fest:

1. Der Stopp-Loss liegt an einem Punkt, an dem die Verluste schon gewaltig sind.
2. Der Stopp orientiert sich an der allgemeinen Marktsituation. Bricht der ganze Markt ein, dann werden meine Positionen geschlossen.
3. Sobald alle panisch versuchen, ihre Positionen in meiner Aktie schnell zu schließen, dann verkaufe ich auch.
4. Irgendein Analyst oder ein Broker behauptet, man solle jetzt aussteigen. Dabei fällt mir eine Geschichte ein.

Vor ein paar Jahren hatte ich die Ehre, zur *Mark Haynes Show* auf CNBC eingeladen zu sein. Mark stellte mich als einen Experten für den Futures-Markt vor. Er fragte mich, wie sich das Gold entwickeln würde. Darauf antwortete ich, ich wisse genau, wie sich der Goldpreis weiterhin verhalten würde. Aber bevor ich auf diese Frage antworten würde, müsste ich die Zuseher darauf aufmerksam machen, dass ich bisher immer nur zu 23 % Recht gehabt hatte, Tendenz steigend, daher liege die Gefahr hauptsächlich darin, dass ich manchmal Recht haben könnte. Und wäre das bekannt, so fügte ich hinzu, dann könnte ich kaum die Busfahrt nach Hause bezahlen. Natürlich bemühte sich CNBC nach diesem Interview, die geladenen Gäste besser auszuwählen.

Die Moral von der Geschichte ist, dass man sich vor Menschen hüten sollte, die alle Antworten auf alle Fragen haben. Wenn Sie ein Trader sein wollen, dann müssen Sie erkennen, dass der Erfolg hart erarbeitet werden muss und Sie Ihr Leben lang ein Monster verfolgen werden, das Sie niemals beherrschen werden. Aber vielleicht lernen Sie, damit zu leben, und Sie bekommen mehr, als Sie geben.

Gewinnmitnahme

Wenn Sie eine Long-Position haben und der Kurs in die Gewinnzone eintritt, dann können Sie Ihren Gewinn schützen, indem Sie

- Bestens verkaufen.
- Verkaufen, wenn ein Schlusskurs unter einer Eröffnung liegt.
- Verkaufen, wenn der Kurs nach der Eröffnung um die halbe durchschnittliche Spanne fällt.
- Den Stopp jeweils unter das Vortagestief setzen.
- Verkaufen, wenn der Kurs unter den zwei vorhergehenden Schlusskursen und unter der Eröffnung schließt.
- Am dritten starken positiven Balken des nächstkleineren Zeitrahmens verkaufen. Wenn zum Beispiel auf dem Wochenchart der Kurs in die Gewinnzone kommt, dann verkaufen Sie nach dem dritten ansteigenden Tag in Folge.

Vorwegnahme

Die folgenden Faktoren sind bei der Vorwegnahme der Vervollständigung eines Musters oder einer Umkehr wichtig. Man kann schon frühzeitig Teile einer Position aufbauen, bevor alle Kriterien erfüllt sind. Vergessen Sie nicht: Das erklärte Ziel ist das Gewinn bringende Trading und nicht, bei 90 % aller Kursbewegungen im Markt zu sein. Lernen Sie, sich mit kleinen Stücken des Marktes zufrieden zu geben. Entweder sichern Sie ihre Gewinne mittels einer Bestens-Order, oder Sie verkaufen beim ersten Anzeichen, dass das Angebot die Nachfrage übersteigt.

Die sieben möglichen Zeitpunkte zur Vorwegnahme (Abbildung 3.35) der Vervollständigung eines Musters sind:

1. Beim Schlusskurs des Balkens, sofern eine kurze Spanne auf ein geringes Angebot oder eine geringe Nachfrage hinweist.
2. Ein Eröffnungskurs in der Richtung der Vervollständigung des Musters.
3. Ein Ausbruch nach Eröffnung in der Richtung der Vervollständigung des Musters.
4. Ein Ausbruch nach 30 Minuten in Richtung der Vervollständigung des Musters.
5. Der Kurs liegt zur Tagesmitte über der Eröffnung und in der Richtung der Vervollständigung des Musters.
6. Am Schlusskurs, wenn das Muster vollständig ausgebildet ist.
7. Bei einer Korrekturbewegung nach der Vervollständigung des Musters.

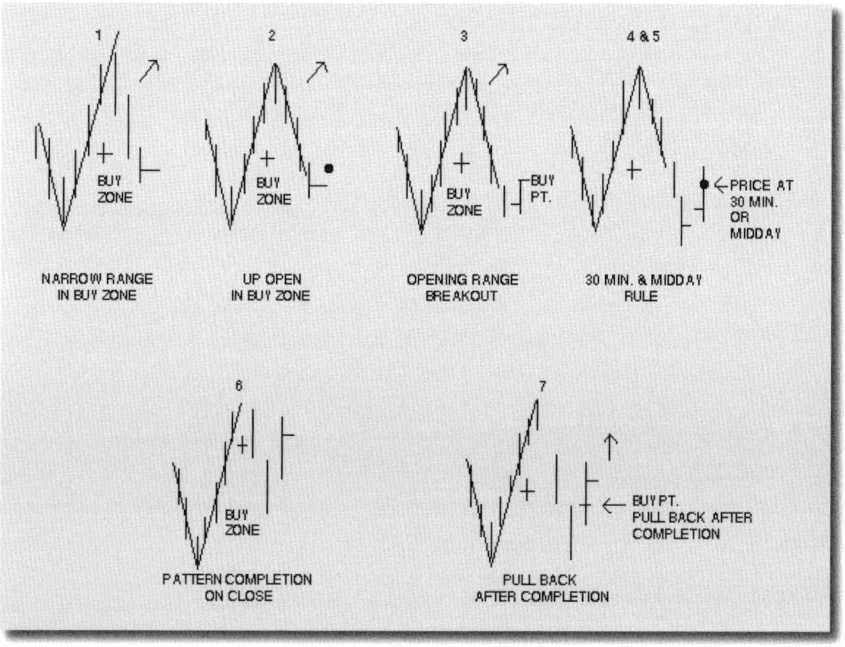

Abb. 3.35: *Einstiegsmethoden*

Bei vielen Mustern ist zu erkennen, dass der Kurs in die Kaufzone zurückfallen wird, aber das Muster wird oberhalb der Kaufzone vervollständigt. Dann muss von Fall zu Fall entschieden werden, welche Maßnahme die richtige ist.

Die Time-Break-out-Regel

Ein gängiger Ansatz ist das Traden des Ausbruches vom ersten 30-Minuten-Balken, wobei der Stopp-Loss am anderen Ende dieses Balkens liegt. Dieser Ansatz wurde anhand der Marktdaten des S&P über 14 Jahre hinweg getestet. Das Handeln nach dieser Regel führt zu gewaltigen Verlusten, wie der Chart des kombinierten Marktwertes in Abbildung 3.36 zeigt. Zu beachten ist, dass diese Methode in den letzten Jahren profitabel war. Daran erkennt man, wie gefährlich es sein kann, wenn zur Überprüfung einer Methode ein zu kurzer Testzeitraum gewählt wird.

Beim Einstieg in eine Position kann die 30-Minuten-Regel nützlich sein, aber wie bei den meisten Hilfsmitteln führt der isolierte Einsatz nicht zum Erfolg.

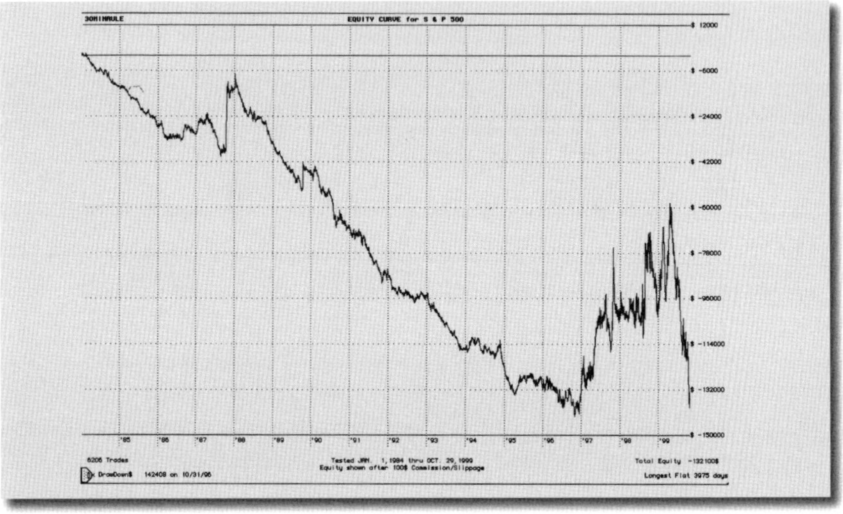

Abb. 3.36: *30-Minuten-Regel beim S&P*

Kurslücken

Die Kurse zeigen zu 20 % bis 25 % oder 80 bis 100 Mal pro Jahr positive oder negative Kurslücken (Abbildung 3.37). Normalerweise wird eine positive Kurslücke als Zeichen der Stärke und als Kaufsignal gewertet. Bei der Überprüfung dieser Annahme stellte sich heraus, dass das genaue Gegenteil zutrifft. Die Überprüfung erfolgte anhand zweier Methoden:

1. Verkauf bei einer positiven Kurslücke
2. Verkauf bei einer positiven Kurslücke, aber nur, wenn der Kurs bis auf das Vortageshoch zurückfällt

Für Käufe gilt das Gegenteil. Beide Ansätze wurden per Computer ohne Stopps und als Day Trades getestet. Der zweite Ansatz stellte sich als fast doppelt so erfolgreich wie der erste heraus; er wird in Tabelle 3.15 näher beschrieben. Er kommt ungefähr 60 Mal pro Jahr pro Future zur Anwendung. Der Kurs muss dabei in Ihre Richtung gehen, bevor Sie etwas unternehmen. Durch dieses Signal lässt sich ein eindeutiger Marktvorteil erzielen, der aber in den meisten Fällen die Gebühren und die Slippage nicht wettmacht. In Kombination mit anderen Filtern und unter Anwendung eines sinnvolleren Stopp-Managements ist dies aber eine wertvolle Erweiterung Ihres Trading-Arsenals. Zufälligerweise hat sich bei der Überprüfung herausgestellt, dass sich daraus ein gewinnträchtiges Handelssystem für Bonds konstruieren ließe.

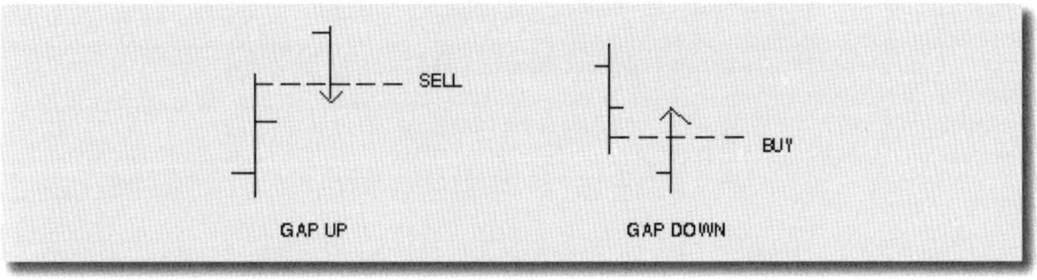

***Abb. 3.37:** Kurslücken*

Dieses Muster ähnelt stark einem von Larry Williams entwickelten Muster namens *Oops*. Der Ausgangspunkt ist derselbe, aber wir wissen nicht, welche Ein- und Ausstiegskriterien von ihm angewandt wurden. Die Informationen können folgendermaßen weiterverwendet werden:

1. Das Signal ist wahrscheinlich zuverlässiger, wenn sich der Kurs schon in eine Richtung ausgeweitet hat und das voraussichtliche Ende dieser Kursbewegung in Reichweite ist. Dann könnte dies eine gute Methode sein, um Gewinne zu realisieren und vielleicht auch Gegenpositionen aufzubauen.
2. Andere Ideen sind:
   - Achten Sie auf Einstiegssignale bei Umkehrbewegungen des letzten Schlusskurses, mehrerer vorheriger Schlusskurse und mehrerer vorheriger Hochs und Tiefs.
   - Ziehen Sie das Setzen eines Stopps von einer halben Spanne nach dem Einstieg in Betracht.
   - Beobachten Sie Kurslücken über oder unter einer Anhäufung nahe beieinander liegender Schlusskurse.
   - Achten Sie auf eine Umkehr nach der halben Spanne der Kurslücke, bevor Sie eine Position eröffnen.

Diese einfachen Computertests werden Ihnen schnell sagen, ob eine solche Eröffnung mit einer Kurslücke Ihnen in Anbetracht der bisherigen Kursentwicklungen einen technischen Vorteil verschafft. Larry Williams und Toby Crabel haben sich auf diesem Gebiet besonders verdient gemacht. Ganze Bände ließen sich alleine mit den Untersuchungen der Kursbewegungen in Relation zur Eröffnung und zur Bewegung weg vom Eröffnungskurs füllen.

Tabelle 3.15: *Kurslücken – Futures*

Kauf bei Rückgang auf Vortageshoch nach einer negativen Kurslücke (Gegenteil bei Verkauf)
Day Trade – keine Stopps
Testzeitraum 01/01/77 – 06/30/99 – Ein Kontrakt pro Signal – Day Trade
Gebühren und Slippage nicht berücksichtigt

Future	Gesamt GV ($)	Durch. PL ($)/ Jahr	Max. DrDn ($)	Trades/ Jahr	Win %	ZIM%	G:V	Gewinn/Mr +DD(%)
US-Staatsanleihen 30 Jahre	108.170	5.012	10.600	62	54,7	20	1,5	41,9
US-Staatsanleihen 10 Jahre	31.490	1.843	7.630	61	50,9	20	1,3	22
EUR / USD	22.025	1.271	1.850	51	49,8	17	1,5	60,9
T-Bills	29.300	1.256	3.925	49	49,4	16	1,4	29,9
US-Staatsanleihen kurzf.	30.320	2.192	4.820	51	49,4	17	1,3	38,3
Britischer Pfund	14.213	590	10.113	59	47,6	19	1,1	5,4
Deutsche Mark	35.463	1.473	6.963	63	52,5	20	1,3	19,3
Japanischer Yen	7.188	322	22.150	62	47,4	20	1	1,4
Schweizer Franken	21.638	898	13.038	62	52,2	20	1,1	6,5
Kanadischer $	5.120	229	8.610	70	47,3	22	1,1	2,6
USD-Index	(8.780)	(646)	14.940	49	48,9	16	0,9	-4,1
Kupfer	45.925	1.728	6.313	60	53,2	19	1,4	23,4
S&P 500	30.113	1.798	43.450	44	56,2	15	1,1	3,7
NYFE-Index	67.900	3.975	28.750	44	56,1	15	1,3	12,3
Lebend Rinder	42.320	1.447	3.596	50	52	17	1,5	37,4
Schweinebäuche	63.076	2.108	11.852	53	53,8	18	1,3	16,1
Lebend Schweine	30.660	1.036	4.312	47	54,2	16	1,3	21,4
Sojabohnen	62.850	2.049	15.075	53	53,5	18	1,3	13
Sojabohnenöl	41.754	1.365	2.610	50	53,5	17	1,5	47,4
Sojabohnen-Fleisch	49.960	1.634	5.730	50	53,1	17	1,4	25,8
Weizen	24.126	789	5.863	50	48,8	17	1,2	12,6
Rohöl	44.370	2.802	4.410	63	55,1	20	1,6	51,7
Erdgas	31.357	2.163	4.557	57	53	19	1,4	38,8
Heizöl	28.627	1.468	10.550	63	51,6	21	1,2	12,7
Kaffee	242.981	9.406	12.413	59	58,7	19	1,7	63,3
Zucker	81.458	3.045	5.141	59	56,3	19	1,6	55,5
Baumwolle	77.940	2.914	5.945	60	55,6	20	1,4	45,2
Kakao	24.480	1.300	5.310	56	53,2	19	1,3	22,1
Orangensaft	30.150	1.131	6.038	54	53,6	18	1,3	17,3

Zusammenfassung:	Net GV($)	DrDn ($)		Durchschnittlicher erforderlicher Margin
Durchschnitt pro Jahr	42.919	14.302	Durchschnitt	20.000
Gesamter Testzeitraum	1.316.192	53.792	Maximum	20.000

Durchschnittlicher Drawdown ist der Durchschnitt der letzten 15:	Gewinn (%)	Erforderliches Kapital für den Gewinn
1. Return auf Margin plus durchschn. Drawdown	126	34.000
2. Return auf Margin plus maximaler Drawdown	58	73.792
3. Return auf maximalen Drawdown limitiert auf 20% des Kapitals	16	268.960

4) Kanäle und Trendlinien

Die Informationen in diesem Kapitel werden Sie bei der Erkennung günstiger Gelegenheiten für Trades unterstützen, da es hier um die Feststellung kleinerer und größerer Kanäle geht. Dies ist besonders dann wichtig, wenn es um die Handelsentscheidungen bei Umkehr- oder Fortführungsmustern geht. Die Verwendung einfacher Trendlinien, kombiniert mit einigen Grundlagen der Wellentheorie als Einstiegstechnik, wird ebenfalls behandelt. Die Methoden in diesem Abschnitt widersetzen sich teilweise der Übertragung in ein Computersystem, aber die behandelten Ideen werden sicher ganz klar, wenn man einen Chart mit den eingetragenen Linien und Kanälen sieht. Daraus lässt sich ein systematischer Ansatz entwickeln.

Eines der wertvollsten Hilfsmittel für den Trader sind Trendlinien. Viele verwenden Indikatoren, die von einem ausgeklügelten Computerprogramm berechnet werden. Grob gesprochen versuchen alle diese Indikatoren dieselbe Frage zu beantworten: Wie sehr ist der Markt überkauft oder überverkauft? Einfache Trendlinien mit ein paar zusätzlichen Regeln können beim Timing Ihrer Trades äußerst effektiv eingesetzt werden. Lernen Sie, die Charts zu lesen, und nicht nur die Indikatoren. Wir haben bisher noch keinen Indikator gefunden, der uns sagt, dass es gerade zu einem Knick oder einem Sprung gekommen ist und dass wir besser etwas unternehmen sollten, wenn wir im Markt sind. Der Knick besteht darin, dass der Kurs auf ein neues Tief unter einen Drehpunkt oder die Unterstützung fällt, kein Angebot findet und dann aggressiv steigt. Der

Sprung bildet sich, wenn der Kurs plötzlich auf ein neues Hoch über einem Drehpunkt steigt, keine Nachfrage findet und schnell wieder zurückfällt. Diese Abläufe werden in Kapitel 6 näher behandelt.

Trendlinie und parallele Bewegungen

Auf ein Haupthoch auf einem Drehpunkt folgen mindestens zwei tiefere Drehpunkte, bevor es zu einem neuen Hoch kommt (und umgekehrt bei Tiefs). Eine Haupttrendlinie verbindet zwei Haupthochs oder Haupttiefs, die auf Drehpunkten liegen. Die parallele Bewegung ist eine parallele Linie, die durch einen Hauptdrehpunkt gelegt wird (Abbildung 4.1). Das Ziel der Bewegung liegt dort, wo der Kurs wieder auf die parallele Linie trifft, also die Begrenzung des Trendkanals. Kleinere Trendkanäle werden durch Verbindung geringerer Drehpunkte konstruiert.

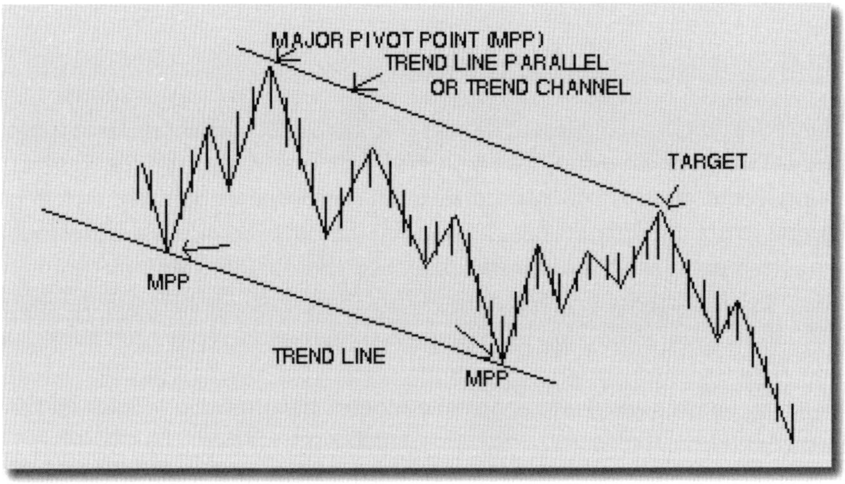

Abb. 4.1: *Trendlinie und parallele Bewegungen*

Abbildung 4.2 zeigt die Anwendung von 0-4-Linien beim Trading. Die einzelnen Balken werden aus Gründen der Vereinfachung nicht abgebildet. Die Schwünge gehen von einem Drehpunkt zum nächsten. Die 0-4-Linie verbindet den Hauptdrehpunkt mit der vierten Welle. Im Beispiel wird jeweils eine 0-4-Linie für einen Aufschwung und einen Abschwung gezeigt. Die Position wird eröffnet, sobald der Kurs die 0-4-Linie durchbricht, sofern die 0-4-Linie bei einem Kauf über der 0-2-Linie liegt und umgekehrt. Ein Balken mit großer Spanne, dessen Schlusskurs über der Eröffnung liegt, zeigt zudem anhaltende Nachfrage an (für Long-Positionen). Der

Zielbereich liegt bei der parallelen Trendlinie, der anderen Seite des Trendkanals. Abbildung 4.3 zeigt den Einsatz dieser Technik beim Handel mit dem Japanischen Yen.

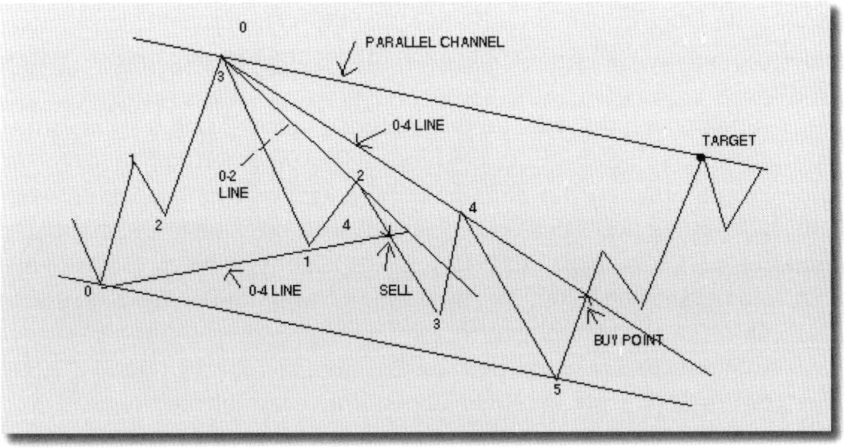

Abb. 4.2: *0-4-Linien*

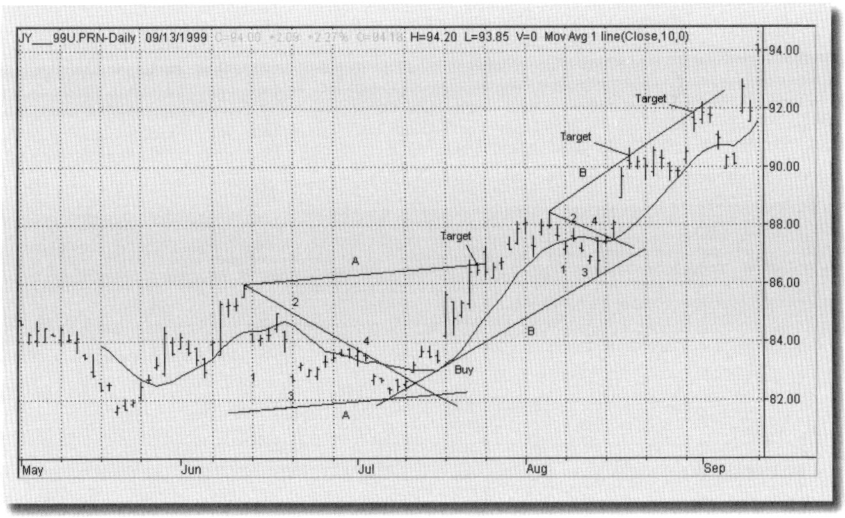

Abb. 4.3: *Japanischer Yen (September 1999). Erstellt mit TradeStation 2000i von Omega Research© 1999*

Trading mit der 0-2-Linie

Folgendes Setup: Der Markt erfährt einen Schub durch starke Nachfrage, befindet sich aber gerade in der Korrekturphase (Abbildung 4.4). Bleibt Welle C über dem Niveau des geringeren Drehpunktes A, dann erfolgt der Kauf beim Durchbruch der 0-2-Linie. Liegt der Drehpunkt C aber unterhalb von A, dann sollte man mit einem möglichen Einstieg bis zur Welle 4 warten.

Der Handel mit parallelen Bewegungen, den 0-2 und 0-4-Linien, erfordert einige subjektive Entscheidungen. Die logischen Abfolgen, die für eine Programmierung in ein Computersystem notwendig wären, sind enorm komplex und schwierig. Dennoch sind die Regeln recht einfach, und Ein- und Ausstiegspunkte lassen sich leicht feststellen. Dafür benötigt man keinen Computer. Die Abbildung 4.3 zeigt die Anwendung dieser Technik auf den Japanischen Yen.

Abbildung 4.5 zeigt ein Beispiel für einen Durchbruch der 0-2-Linie, der erst am Ende einer unregelmäßigen Korrektur auftritt.

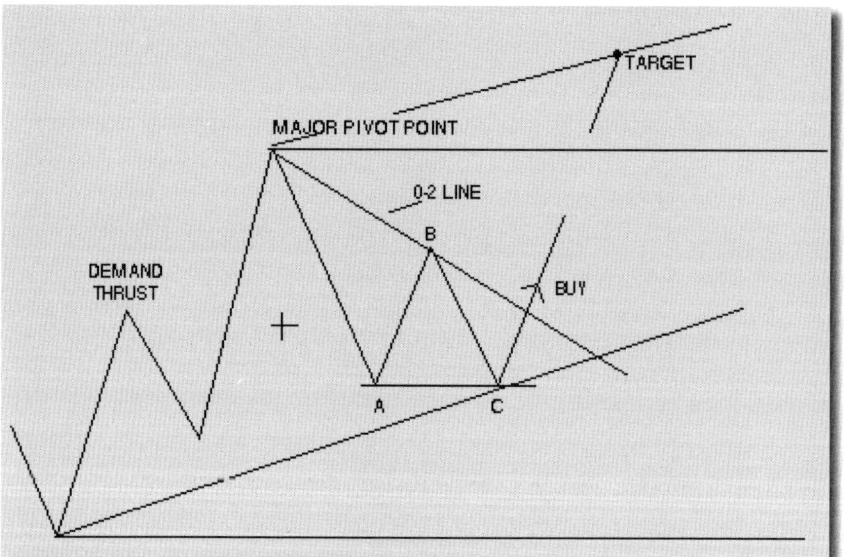

Abb. 4.4: *Handel mit 0-2-Linien*

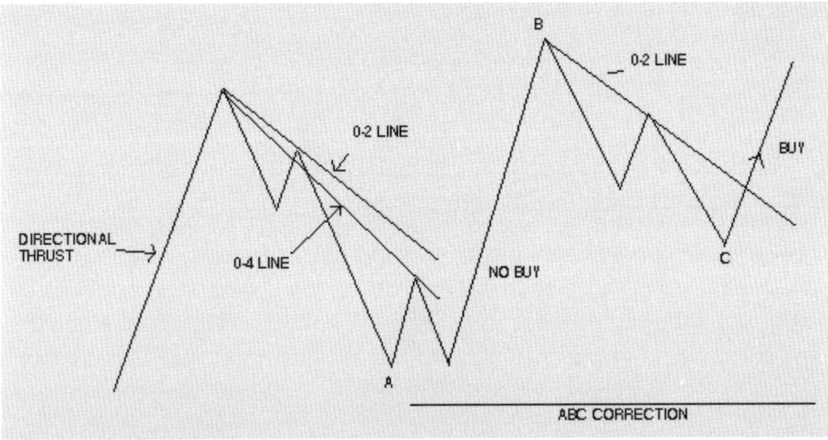

Abb. 4.5: *0-2-Linien*

Trendlinien und das Vier-Schluss-System (TL4S)

Dies ist ein einfaches System, das auch ohne Computer verfolgt werden kann (Abbildung 4.6). Man muss nur den Trend richtig einschätzen können und entscheiden, ob das Gewinnpotenzial das eingegangene Risiko wert ist.

Das Setup für den Kauf (beim Verkauf gilt das Gegenteil):

1. Handeln Sie immer in der Richtung des Trends.
2. Ziehen Sie eine Trendlinie, die die beiden letzten oberen Drehpunkte verbindet.
3. In den letzten 20 Tagen bildeten sich zwei oder mehr steigende oder gleich hohe untere Drehpunkte.

Kaufen Sie bei einer Kursbewegung, wenn

- Der Schlusskurs über dem Eröffnungskurs liegt.
- Der Schlusskurs über den vier vorherigen Schlusskursen liegt.
- Die Spanne überdurchschnittlich ist.

Der Stopp liegt unter dem letzten unteren Drehpunkt. Verkaufen Sie sofort, wenn es Anzeichen für ein Fehlsignal oder einen Fehlausbruch gibt.

Rücken Sie den Stopp weiter nach oben an die Gewinnschwelle, sobald Sie etwas Spielraum haben, damit die Gefahr eines Verlustes gebannt ist und die Gebühren gedeckt sind. Die Bewertung des Spielraumes liegt in Ihrem Ermessen, aber als Hilfe kann folgender Vorschlag dienen: Legen Sie den Stopp genau unter das Tief des Einstiegstages, sobald das Hoch des Einstiegstages um die halbe Spanne überschritten wird.

Realisieren Sie Ihre Gewinne

1. Beim Erreichen des Zielbereiches.
2. Bei einem Durchbruch der Vier-Schlusskurse-Trendlinie gegen die Trendrichtung.
3. Bei einem Ausbruch um die halbe Spanne nach Eröffnung, wenn der Kurs in die Verkaufszone kommt.

Dies sind alles nur Vorschläge. Die Grundidee ist es, die Position aufzulösen, sobald erste Anzeichen erkennbar werden, dass das Angebot die Nachfrage übersteigt oder dass sich eine Kaufspitze abzeichnet (bei Shorts natürlich umgekehrt). Abbildung 4.7 illustriert diese Vorschläge.

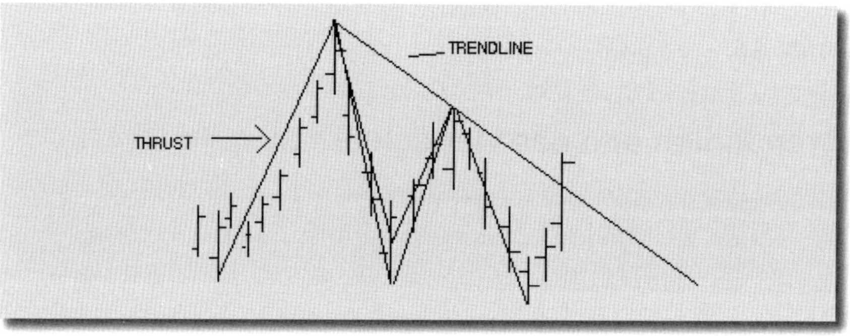

***Abb. 4.6:** Durchbruch der Vier-Schlusskurse-Trendlinie*

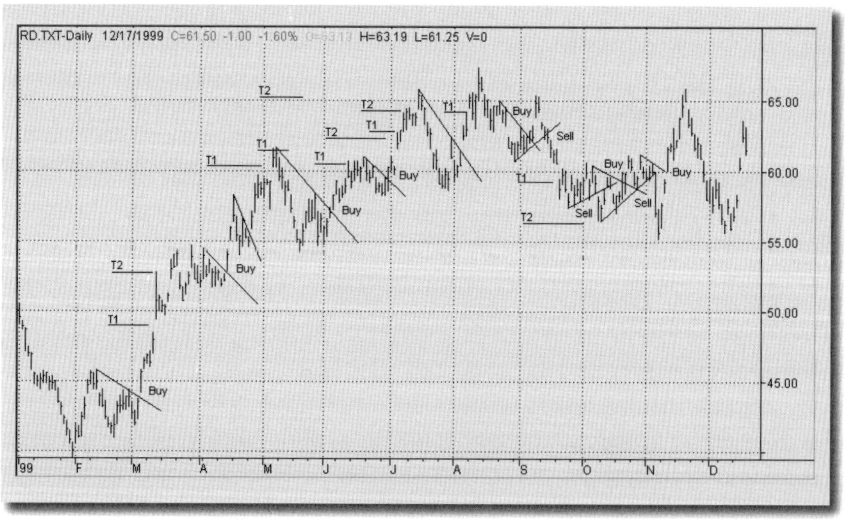

***Abb. 4.7:** Royal Dutch Petroleum. Erstellt mit TradeStation 2000i von Omega Research© 1999*

Das Trendkanalsystem

Trifft der Kurs auf die untere Kanallinie, kaufen/verkaufen Sie beim ersten positiven Hinweis auf einen Trendwechsel:

- Kauf bei höherer Eröffnung
- Kauf nach der 11:30-Uhr-Regel (Kurs zur Tagesmitte über der Eröffnung)
- Kauf an einem Umkehrtag
- Kauf bei kleineren Umkehrmustern
- Kauf bei der Korrektur
- Nächstkürzerer Zeitrahmen. Beobachten Sie den 30-Minuten-Chart und kaufen Sie in der Nähe der parallelen Linie (auf dem Tageschart) beim ersten Anzeichen von Stärke im kürzeren Zeitrahmen (Abbildung 4.8).

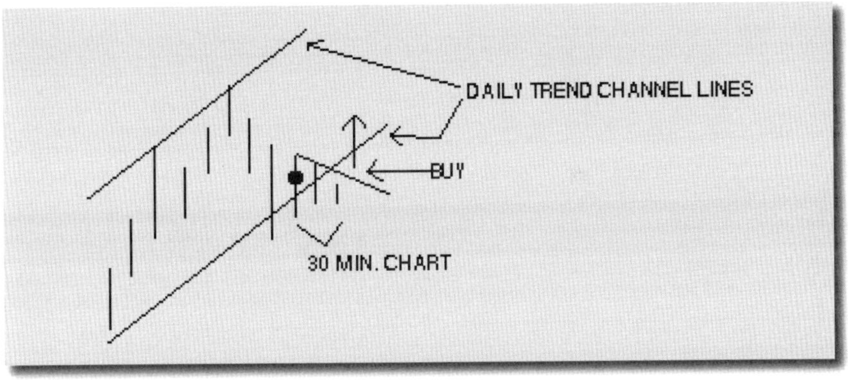

Abb. 4.8: *Einsatz des kürzeren Zeitrahmens*

5) Swing Trading

Dieses Kapitel zeigt die Grundlagen des Swing Trading in Verbindung mit den Merkmalen von Angebot und Nachfrage des Balkencharts und der Wellentheorie. Diese Faktoren werden in kohärenter Weise eingesetzt, um aus vergangenen Kursentwicklungen die zukünftigen Bewegungen des Kurses zu ermitteln und sich so einen technischen Vorteil beim Trading zu verschaffen. Teile dieses Kapitels werden auch in anderen Abschnitten dieses Buches erörtert. Die Wiederholung ist beabsichtigt. Sie können kein Haus bauen, wenn Sie nur einen Hammer haben. Sie können das Haus aber auch nicht bauen, wenn Sie keinen haben. Dasselbe trifft auf das Trading zu: Sie können nicht mit nur einem Hilfsmittel traden, sondern Sie brauchen mehrere und müssen wissen, welches davon je nach Situation einzusetzen ist.

Swing Charts

Ein Swing Chart ist eine Linie, die auf einem Balkenchart von einem Drehpunkt zum nächsten gezogen wird (siehe Abbildung 3.3). Eine Bewegung ist positiv, solange die Balken immer höhere Hochs erreichen. Die negative Umkehr erfolgt dann, wenn das Tief des vorherigen Balkens durchbrochen wird. Die grobe Übersicht wird besser, da die Eröffnungs- und Schlusskurse nicht angezeigt werden. Beide Anzeigeformen sind bei der Entscheidung, welche Hilfsmittel zum Einsatz kommen sollen, sehr nützlich.

Der Handel mit Long-Positionen

Der Schub

Handeln Sie in der Richtung des Schubes (Abbildung 5.1). Entgegen den Behauptungen einiger Wellentheoretiker können Kurse mehr als fünf Wellen, von denen drei in eine Richtung gehen und zwei in die andere, in einer Richtung ausbilden. Auf einigen Charts wurden sogar bis zu elf Wellen gezählt. Eine Bewegung oder ein Trend wird sich in einer Richtung fortsetzen, bis es zu einer Gegenwelle kommt, deren Ausmaß das der vorherigen Wellen übersteigt. Dies ist einfach der Ausdruck von Angebot und Nachfrage. Das bedeutet nicht unbedingt, dass der Markt jetzt unweigerlich in eine Trendwende übergeht. Aber es bedeutet zumindest, dass der Kurs jetzt in eine Kongestionsphase eintritt.

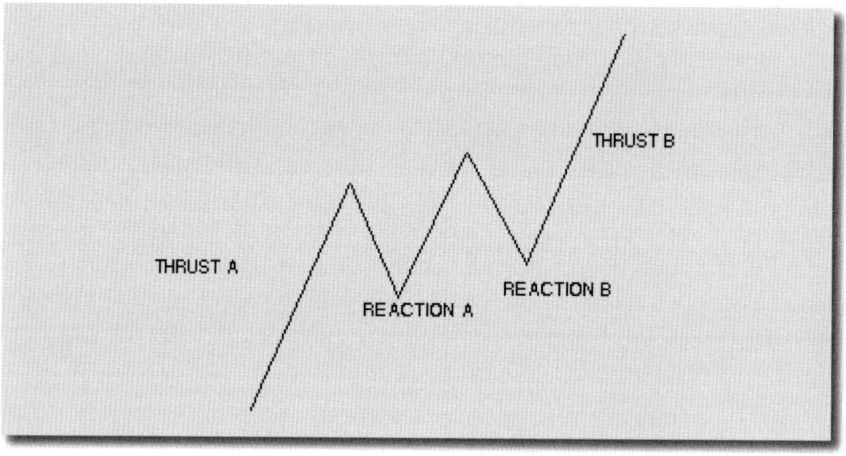

Abb. 5.1

Die positiven parallelen Bewegungen der Schwünge neigen dazu, einander im räumlichen und zeitlichen Ausmaß zu gleichen. Abbildung 5.1 zeigt, dass sich der Schwung B und der Schwung A sowie die Korrektur B und die Korrektur A entsprechen. Somit kann der Trader eine Vorhersage bezüglich der räumlichen und zeitlichen Begrenzung des nächsten Schwunges treffen.

Abbildung 5.2 demonstriert diesen Ansatz anhand des Japanischen Yen und zeigt zwei Gewinn bringende Trades.

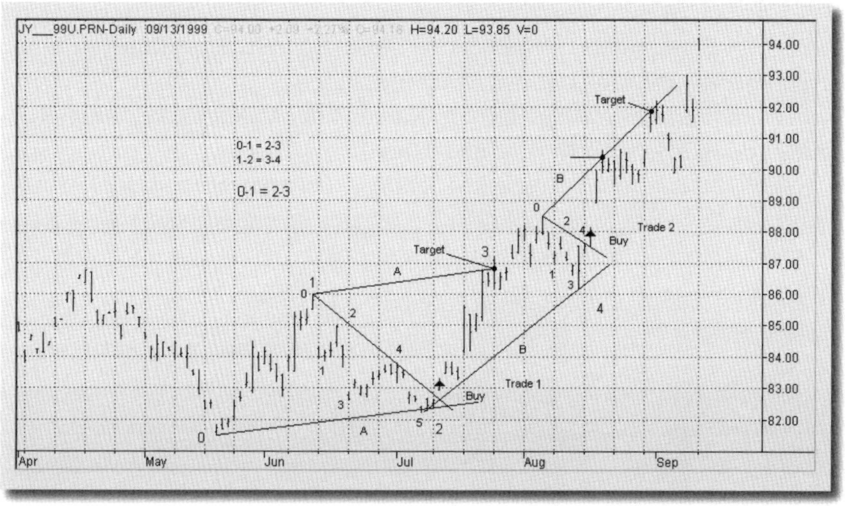

Abb. 5.2: *Japanischer Yen (September 1999). Erstellt mit TradeStation 2000i von Omega Research© 1999*

- *Trade 1:* Der Kauf erfolgt, nachdem der Kurs die 0-1-Trendlinie durchbricht und über den letzten vier Schlusskursen schließt. Der Schwung von 81,50 bis zu 86,00 (Punkt 0) ist ein positiver Schwung. Jetzt wissen wir, dass der Trend nach oben geht und dass der Yen bei einer Reaktion gekauft werden kann. Der Kurs korrigiert mit einer ordentlichen Bewegung in fünf Wellen bis zur Basis, dem Anfang des Anstiegs. Dies vervollständigt das Setup. Der Kauf wird durchgeführt und führt zu einem Gewinn von 5,5 Punkten.
- *Trade 2:* Der Kurs steigt weiter über 88,00 und zeigt, dass der Ausbruch über 86,00 gültig ist. Danach geht der Kurs in ein 123- oder ABC-Korrekturmuster über. Bei 88,00 erfolgt der Kauf, nachdem die Vier-Schlusskurse-Trendlinie durchbrochen wird. Der Gewinn wird bei 90,30 im durch die parallele Linie ermittelten Zielbereich realisiert.

Abbildung 5.3 zeigt einige Prinzipien der Swing Charts anhand eines Tagescharts des S&P ohne die einzelnen Balken.

Der Knick: Nach einem Knick kann es zu einer bedeutenden Kursveränderung kommen. Der Kurs durchläuft, wie im Beispiel gezeigt, oft die gesamte Handelsspanne.

Durchbruch zweier nahe beieinander liegender Drehpunkte: Bereiten Sie sich auf einen größeren Schwung vor. Zwei Drehpunkte liegen nahe beieinander, wenn sie um nicht mehr als die halbe durchschnittliche Spanne voneinander entfernt sind. Dieser Durchbruch führt zu einer Trendwende. Die Umkehr des Abwärtsschubes zeigt, dass ein Übergang von Angebot zu Nachfrage erfolgt. Kaufen Sie nach der kompletten Korrektur der vorherigen Kursveränderung.

ABC/ABCDE-Korrektur eines Schubes: Rechnen Sie mit der Fortführung der Bewegung, wenn einem Schub eine solche Kurskorrektur folgt:

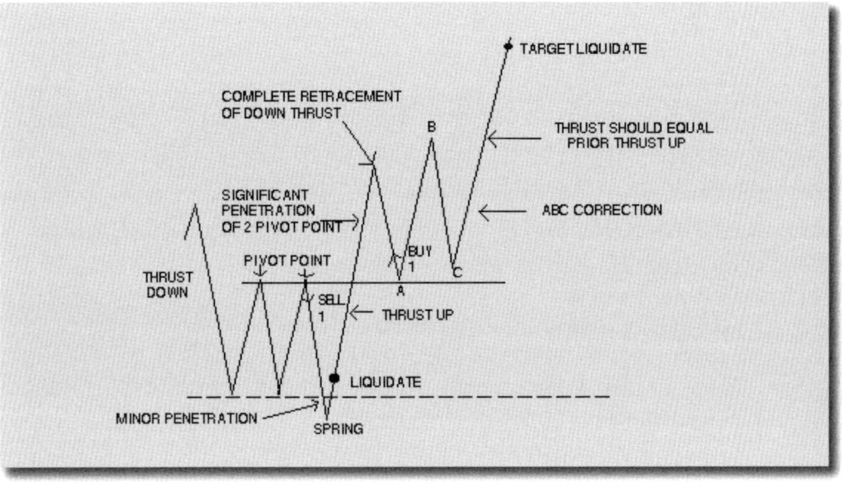

Abb. 5.3: *Analyse der Schwünge des S&P*

Bei dieser Kursentwicklung sind zwei Trades möglich:

- *Trade 1:* Wenn der Kurs den Drehpunkt antestet, wird eine Short-Position eröffnet. Beachten Sie, dass der vorherige Schub den Abwärtstrend bestätigt und daher ein Trade in dieser Richtung erfolgen sollte. Sobald der Mangel an Angebot durch den Knick offensichtlich wird, wird die Position geschlossen.
- Trade 2: Ein Kauf erfolgt, nachdem der Kurs vom Niveau der beiden ersten Drehpunkte abprallt und weiter steigt. Der Trend wird hier als positiv eingeschätzt, da die gesamte vorherige negative Kursentwicklung wettgemacht wurde. Der Zielbereich liegt ungefähr bei der doppelten Spanne des ersten positiven Schubes.

Die Vorwegnahme

Die Vorwegnahme ist der Schlüssel zum erfolgreichen Investieren: Der weitere Verlauf einer Kursentwicklung muss an wichtigen Unterstützungs- und Widerstandspunkten vorweggenommen werden. Ein Swing Chart und ein Balkenchart können zusammen verwendet werden, um diese Bereiche genau einzugrenzen. Für einen Einstieg im Bereich der Unterstützung bieten sich zwei Möglichkeiten an:

1. Kaufen Sie im offensichtlichen Unterstützungsbereich. Platzieren Sie sofort einen Stopp in angemessener Entfernung unterhalb der Unterstützung.
2. Kaufen sie mit einer Stopp-Order über dem aktuellen Kurs, sobald der Kurs in den Unterstützungsbereich eintritt. Der Stopp sollte in Erwartung eines Balkens mit großer Spanne, der auf ein Ende der Korrektur hinweist, gewählt werden. Die Order wird platziert, wenn der Kurs in oder sogar leicht unter den Unterstützungsbereich fällt. Diese Orderart ist vor allem dann sinnvoll, wenn der Kurs sich in einem Aufwärtstrend befindet und der Kaufbereich am Ende einer ABC-Korrektur erreicht wird.

Befindet sich der Kurs in einer offensichtlichen Kongestionsphase, dann liegt der Bereich für die Realisierung des Gewinns im Verkaufsbereich oder bei einem der folgenden Punkte:

1. Beim Kursziel des aktuellen Kursschwungs
2. Beim Erreichen der parallelen Trendkanallinie
3. Bei signifikanten Drehpunkten, besonders wenn sich ein Umkehrmuster abzeichnet
4. Beim Durchbrechen der Trendlinie, besonders wenn der Zeitfaktor für eine Umkehr spricht

Das Ende der Kursbewegung

Das Ende einer ansteigenden Kursbewegung wird dadurch angezeigt, dass eine Korrektur alle vorherigen Korrekturen zeitlich und räumlich übertrifft. Abbildung 5.4 zeigt deutlich, dass die Korrektur 3 länger dauert und weiter geht als die Reaktionen 1 und 2. Bei Abwärtstrends verhält es sich genau umgekehrt.

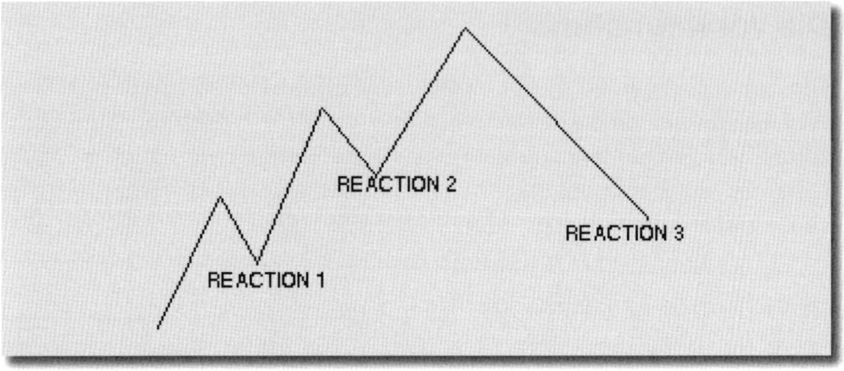

***Abb. 5.4:** Das Ende eines Aufwärtstrends*

Kauf bei Kurskorrektur

Wird das Hoch des Balkens 1 durchbrochen, so warten Sie mit dem Kauf auf eine Korrektur oder einen Einbruch, der nur einen Balken lang andauert (Abbildung 5.5). Dies ist vor allem dann zutreffend, wenn der Balken 1 eine große Spanne hat, die zudem größer ist als die Spanne des Balkens, der den Tiefstand markiert.

Wenn ein Hoch durchbrochen wird, dann wird das Tief des Balkens 1 zu einem Punkt der Unterstützung. Ein Kauf kann im unteren Viertel der Spanne erfolgen, wobei der Stopp knapp unter der Unterstützung platziert wird.

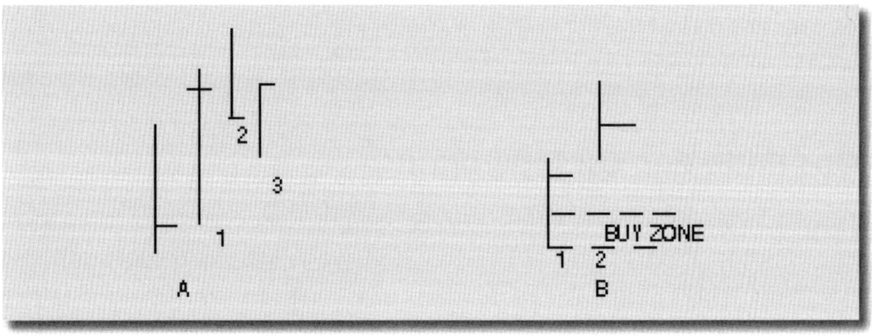

***Abb. 5.5:** Kauf bei Einbruch*

Bevor diese Position eröffnet wird, sollten Sie sich vergewissern, dass die anderen Hilfsmittel oder weitere ausgebildete Muster dafür sprechen.

Aktion und Reaktion

Jeder Aktion des Kurses entspricht eine Reaktion, sowohl im zeitlichen als auch im räumlichen Sinne (Abbildung 5.6). Die Reaktionen sind aber nicht unbedingt gleich. Unter Umständen entsprechen sie der Aktion zeitlich, aber nicht räumlich, oder umgekehrt. Darin liegt eine Methodik des Tradings verborgen und auch die Möglichkeit, ein Ungleichgewicht des Marktes festzustellen. Nehmen wir zum Beispiel an, dass die Aktion aus einem Kursanstieg um zehn Punkte in fünf Tagen besteht. Die entsprechende Reaktion wäre ein Verlust von zehn Punkten in fünf Tagen. Wenn nun aber der Kurs in fünf Tagen nur um fünf Punkte nachgibt, dann hatte die Reaktion einfach zu wenig Zeit. Die nächste Aktion wird wahrscheinlich ein Anstieg um fünf oder zehn Punkte sein, um die vorherige Aktion und Reaktion auszugleichen.

Dies trifft auf kleine wie auf große Kursbewegungen zu. Darum ist eine große Korrektur nach einem Anstieg in fünf Wellen sehr wahrscheinlich. Der gesamte Anstieg der fünf Wellen kann mit drei oder fünf Wellen korrigiert werden.

Dies ist auch der Grund, warum Sie unbedingt dem Drang widerstehen sollten, bei einer 50-prozentigen Korrektur am ersten Tag nach einem Anstieg kaufen zu wollen.

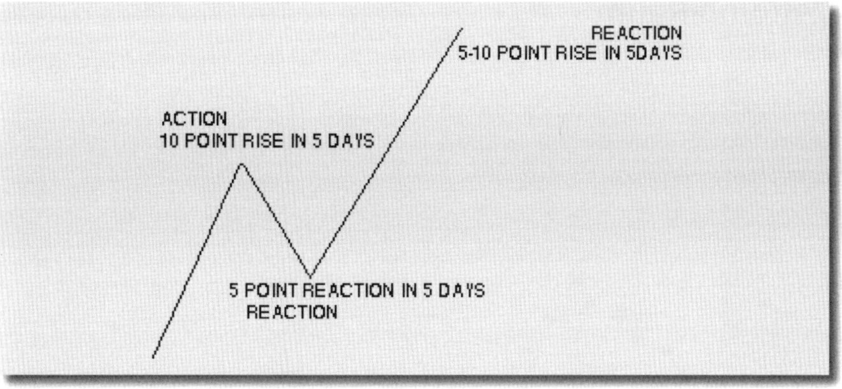

Abb. 5.6: *Aktion / Reaktion*

Vorläufige Nachfrage

Die vorläufige Nachfrage ist die Nachfrage, die das Angebot kurz vor einem letzten Tief übersteigt. Sie wird charakterisiert von einer signifikanten Rallye vor dem letzten Tiefpunkt. Beachten Sie, dass die Rallye 2 größer ist als die Rallye 1 in Abbildung 5.7. Diese Kursbewegung macht die Leerverkäufer nervös, weil dadurch eine Umkehr angezeigt werden könnte und die Gewinne in Gefahr sind. Wahrscheinlich übersteigt die Nachfrage das Angebot, wenn der Kurs sich wieder dem Tief annähert oder das Tief sogar noch einmal durchbricht. Die Möglichkeit eines Knicks besteht.

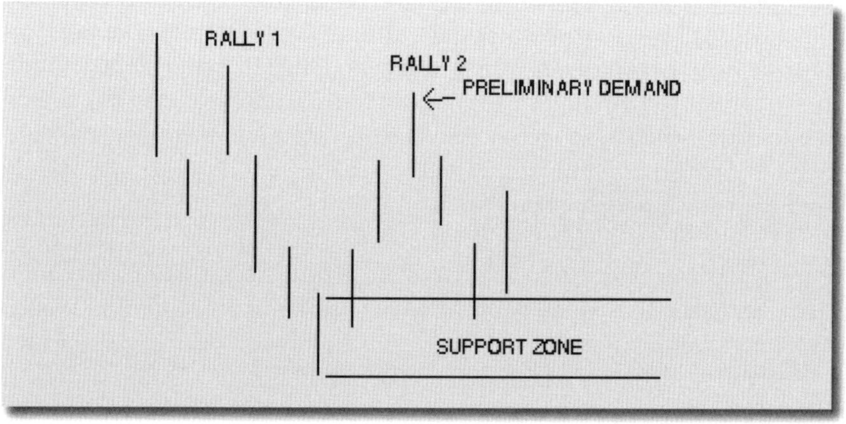

Abb. 5.7: *Vorläufige Nachfrage*

Zeit und Raum

In der Regel ist ein Trend beendet, wenn eine Reaktion eine vorhergehende Reaktion zeitlich und räumlich übersteigt (Abbildung 5.8). Kaufen Sie niemals nach einer Korrektur um 50 % beim ersten Balken nach dem Zeit-und-Raum-Signal.

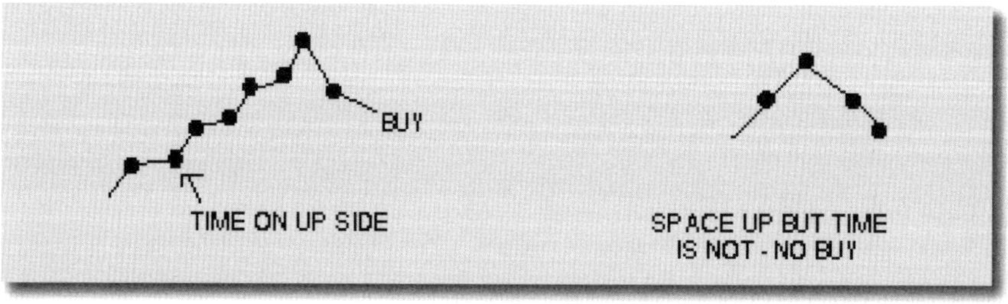

Abb. 5.8: *Vergleich von Zeit und Raum*

Verkauf beim Hoch nach einer Trendwende

Verkaufen sie bei kurzfristiger Stärke in einem Abwärtstrend (Abbildung 5.9). Kaufen Sie bei kurzfristiger Schwäche in einem Aufwärtstrend. Anhand dieser Vorgehensweise können Sie Ihre Positionen mit geringem Verlustrisiko bei einer Fehlentscheidung eröffnen. Üben und entwickeln Sie diese Fähigkeit des richtigen Einstieges, denn damit steigern Sie Ihr Gewinnpotenzial erheblich.

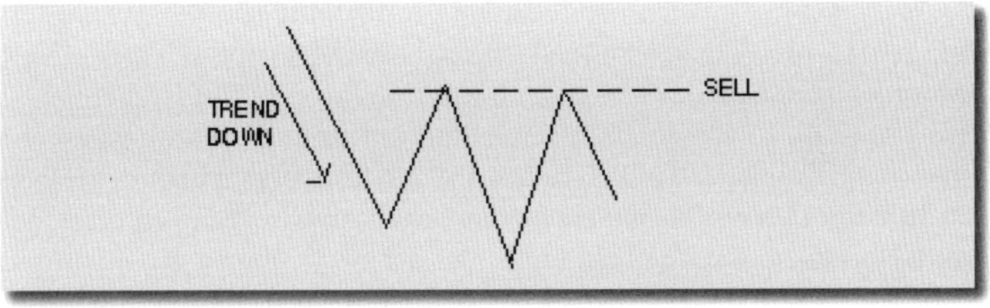

Abb. 5.9: *Verkauf beim Hoch nach einer Trendwende*

Leerverkaufspunkte (Abbildung 5.10)

Punkt 1 bis Punkt 2. Der Kursverlauf der drei Tage ist positiv, aber die Balken 2 und 3 schließen unter der Eröffnung, was als Warnsignal einer Distributionsphase anzusehen ist.

Punkt 2 bis Punkt 3. Die Korrektur bis zum Niveau von 1 oder 2 ist normal. Der lange Balken bei Punkt 2 legt den Widerstand auf seinem Hoch fest.

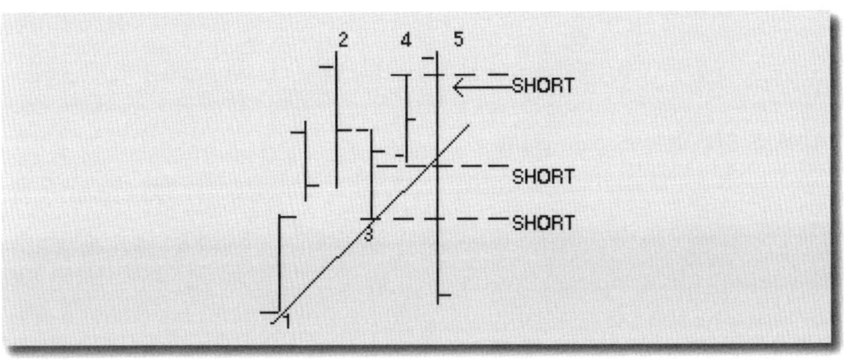

Abb. 5.10: *Drei Gelegenheiten zum Short Sale*

Punkt 4. Der kurze Balken bei Punkt 4 ist nicht eindeutig. Angebot und Nachfrage können die Richtung neu bestimmen.

Punkt 5. Drei Gelegenheiten für mögliche Short Sales werden gezeigt. Beachten Sie den Bruch der Trendlinie und die Fünf-Tage-Umkehr des Schlusskurses. Der Stopp liegt über dem Hoch der letzten drei Balken.

Drei-Balken-Rallyes

Bei größeren Kursbewegungen kommt es zu Drei-Balken-Rallyes (Abbildung 5.11). Tritt eine solche Rallye im Abwärtstrend auf, so dient sie als Warnung, aber nicht als Hinweis auf eine Trendwende. Eine Gegenbewegung über drei Balken versetzt den Markt in eine überkaufte Lage, vor allem dann, wenn der Spread enger wird. Ein Leerverkauf über dem Hoch des zweiten Tages ist besonders im deutlichen Abwärtstrend empfehlenswert. Normalerweise zeigt der erste oder der zweite Tag nach dem dritten Balken die Richtung an. Eine erweiterte Spanne nach unten oder ein weiterer Schwung nach oben sind möglich. Sie verkaufen in die kurzfristige Stärke eines abwärts gerichteten Marktes hinein.

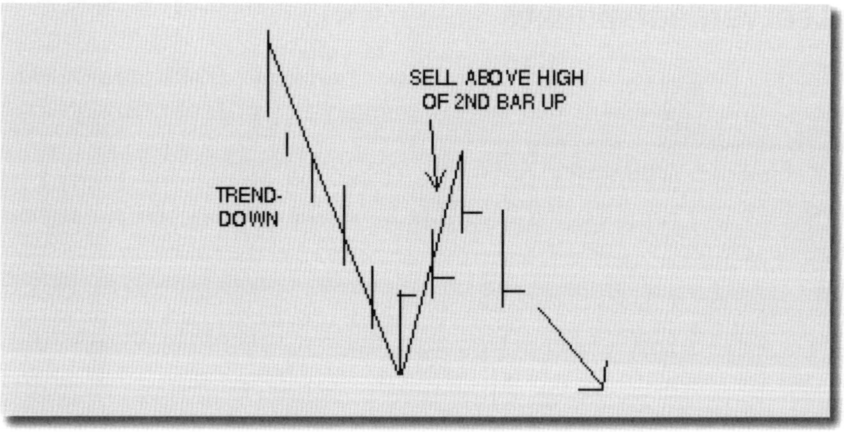

Abb. 5.11: *Drei-Balken-Rallye*

Eine Drei-Balken-Rallye mit ansteigenden Tagesspannen nach drei Einbrüchen in einen Kongestionsbereich ist ein Zeichen der Stärke (Abbildung 5.12). Der richtige Zeitpunkt für einen Kauf kommt nach einem oder eineinhalb Tagen während des Rückganges bis in die Kaufzone, die zwischen der Korrektur um 50 % und dem Tief der drei Balken liegt.

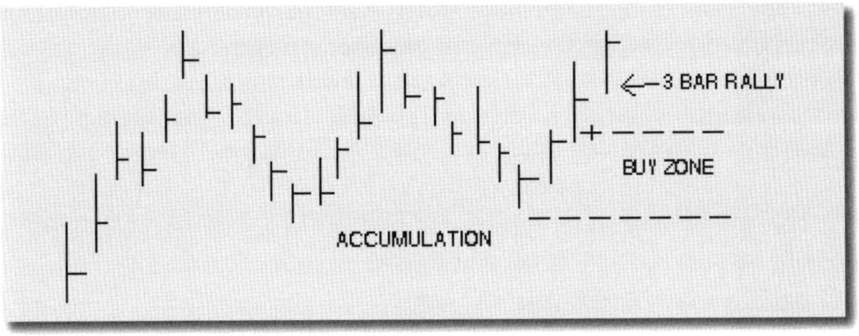

Abb. 5.12: *Drei-Balken-Rallye nach einer Kongestion*

Erhaltung des Gewinns und eine Rallye von der Unterstützung aus

Kommt es nach einem Drehpunkt zu einem Ausbruch (siehe Abbildung 5.13A), und bleibt der Gewinn über zwei oder drei Balken erhalten, dann stehen die Chancen gut, dass es sich dabei um einen echten Ausbruch handelt. Eine Rallye über zwei Balken nach dem Durchbruch mehrerer Tiefs (siehe Abbildung 5.13B) weist auf mangelndes Angebot hin, und somit übernehmen die bullishen Kräfte die Führung. Eine Ausweitung der Spanne wäre hier positiv zu werten.

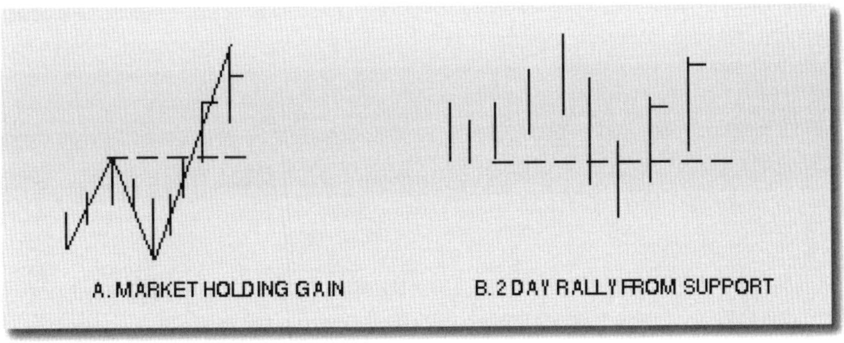

Abb. 5.13: *Erhaltung des Gewinnes / Rallye von der Unterstützung aus*

Drei Phasen nach einem Schub zeigen an, ob er echt oder falsch ist. Abbildung 5.14A zeigt einen Ausbruch aus einer engen Formation, der echt aussieht. In der Regel bestätigen oder widerlegen die darauf folgenden drei Balken das Muster. Abbildung 5.14B bestätigt den Ausbruch, da der

Gewinn erhalten bleibt und neue Hochs erreicht werden. Der Kursverlauf in Abbildung 5.14C zeigt einen gescheiterten Ausbruch.

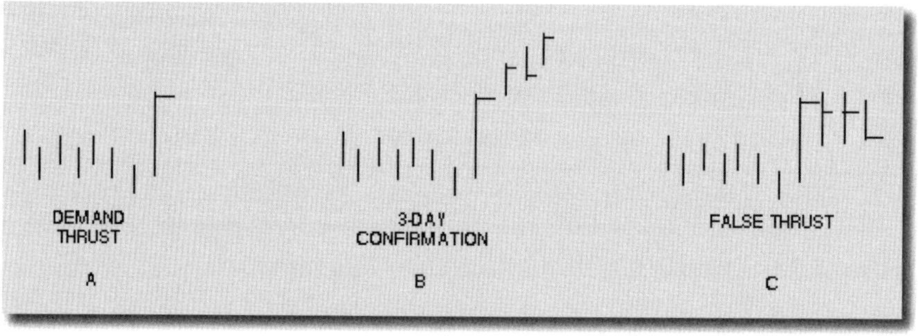

Abb. 5.14: *Drei-Tage-Bestätigung eines Schubes*

Ein Trendwechsel

Der Kursverlauf von A nach B (wie in Abbildung 5.15A) ist kein Trendwechsel, bevor nicht der Punkt B durchbrochen wird. In Abbildung 5.15B ist die Bewegung 0-1 ein Schub aufgrund erhöhter Nachfrage. Entspricht die Entfernung 0-1 ungefähr 150 % bis 200 % der Entfernung A-B, dann ist der Haupttrend wahrscheinlich vorüber. Diese Annahme wird dadurch bekräftigt, dass bei der nächsten Abwärtsbewegung der Punkt C unterschritten wird.

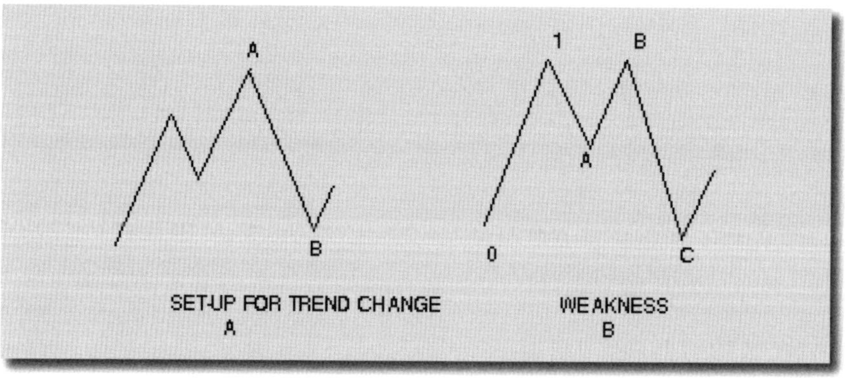

Abb. 5.15: *Trendwechsel*

Langer Umkehrbalken nach einem Anstieg

Steigt der Kurs aggressiv auf neue Höhen, und erkennen Sie die folgenden Bewegungen, dann sollten Sie Ihre Stopps enger platzieren oder die Gewinne realisieren:

1. Ein Umkehrbalken mit großer Spanne
2. Ein Inside-Balken mit geringer Spanne

Diese Balken deuten an, dass das Angebot am Markt steigt (Abbildung 5.16).

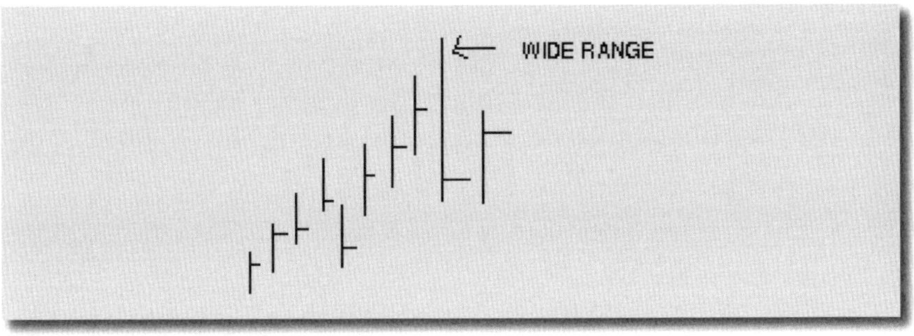

***Abb. 5.16:** Langer Umkehrbalken*

Verkaufen Sie bei schwachen Rallyes nach einem Schub. Eine schwache Rallye ist eine Rallye mit relativ kurzen Balken, die kaum an die 50-%-Marke des Schubes heranreichen (Abbildung 5.17).

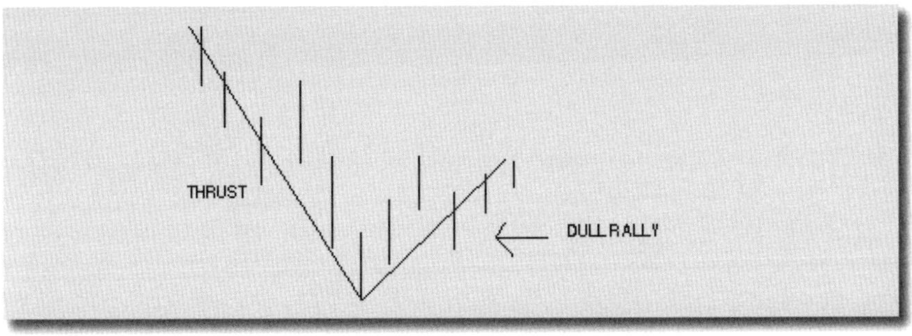

***Abb. 5.17:** Schwache Rallye nach einem Schub*

Fortführung des Trends

Unter den folgenden Bedingungen kann mit einer Fortführung des Trends gerechnet werden:

- 0-1 ist ein Schub nach unten in Beispiel A:
  1. ABC bis zur 75-%-Marke deutet mindestens auf eine ABCDE-Korrektur hin.
  2. Bleibt ABC über 1, dann ist der Markt neutral.
  3. Bleibt ABC über B, dann kann sich der Markt zum Positiven wenden.
  4. Durchbricht ABC den Punkt 1, dann bleibt der Trend negativ.
- 0-1 ist ein gerichteter Schub nach oben in Beispiel B:
  1. ABCDE ist eine Dreieckskorrektur. Beachten Sie, dass die Formation über der 50-%-Marke des Schubes bleibt.
  2. Der Durchbruch des Punktes D würde auf die Fortführung des Trends hinweisen.
- Der Kurs befindet sich in einer Korrektur des Anstiegsschubes (Abbildung 5.18C). Ist nach der Vervollständigung der fünf Wellen die Welle 5 kürzer als die Welle 3, dann erscheint eine aggressive ABC-Rallye wahrscheinlich. Ein weiterer Pluspunkt wäre es, wenn sich dies im Bereich der Unterstützung abspielte.

Wie sich ein Kurs nach einem bestimmten Punkt weiterentwickelt, bestimmt, ob dieser Punkt beim nächsten Antesten hält oder nicht. Verfolgen Sie den Kursverlauf immer um drei, vier Schwünge zurück, um die Kursrichtung festzustellen. Ein Schub nach einer inaktiven Phase zeigt normalerweise immer in die Richtung des generellen Kurverlaufes.

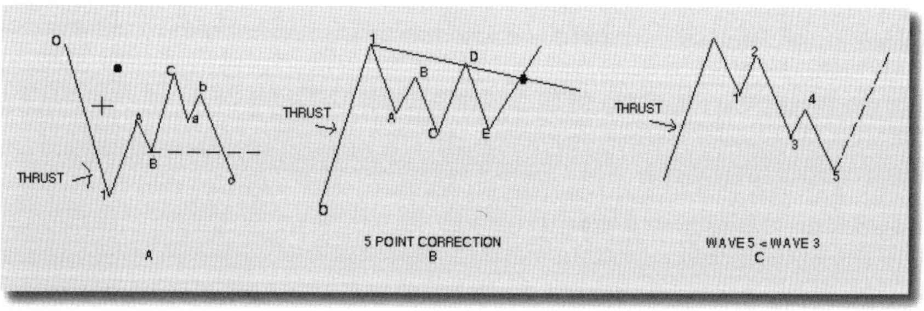

Abb. 5.18: *Fortführung eines Trends*

Drei Täler bis zum Tief

Nach drei Tälern bis zum Tief, wobei die Schübe immer geringer werden, befindet sich der Markt in einem überverkauften Zustand und bietet eine gute Grundlage für eine Gewinn bringende Rallye (Abbildung 5.19). Beachten Sie die Unterschiede der drei Rallyes: die dritte ist die stärkste. Jetzt sollten Sie sich überlegen, ob Sie eine Long-Position eingehen wollen, wenn die anderen Kriterien dies unterstützen.

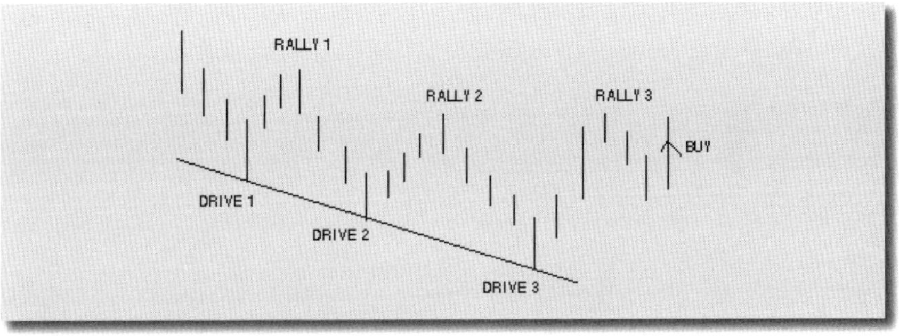

***Abb. 5.19:** Drei Täler bis zum Tief*

Bereiche der Unterstützung und der Widerstandes

Die Bedeutung eines Bereiches der Unterstützung und der Widerstandes kann nach folgenden Kriterien bemessen werden:

1. Dem Ausmaß der Rallye, nachdem der Kurs zeitlich und räumlich in einen solchen Bereich eingetreten ist
2. Der Anzahl der Tests, denen eine Unterstützung oder ein Widerstand unterworfen wurde

Diese Faktoren sind ein einfacher Ausdruck von Angebot und Nachfrage. Erreicht der Kurs einen Unterstützungsbereich, und kommt es innerhalb von drei Balken zu keinem deutlichen Kursanstieg, dann wird dieser Unterstützungsbereich wahrscheinlich nicht halten (siehe Abbildung 5.20). Eine scharfe Rallye zeigt, dass hier ausreichende Nachfrage besteht und die Unterstützung wahrscheinlich auch beim nächsten Erreichen dieses Bereiches halten wird. Bei jedem Antesten der Unterstützung wird ein Teil der hier vorherrschenden Nachfrage absorbiert. Darum trifft die alte Börsenweisheit sehr oft zu, dass eine Unterstützung beim vierten Antesten durchbrochen wird.

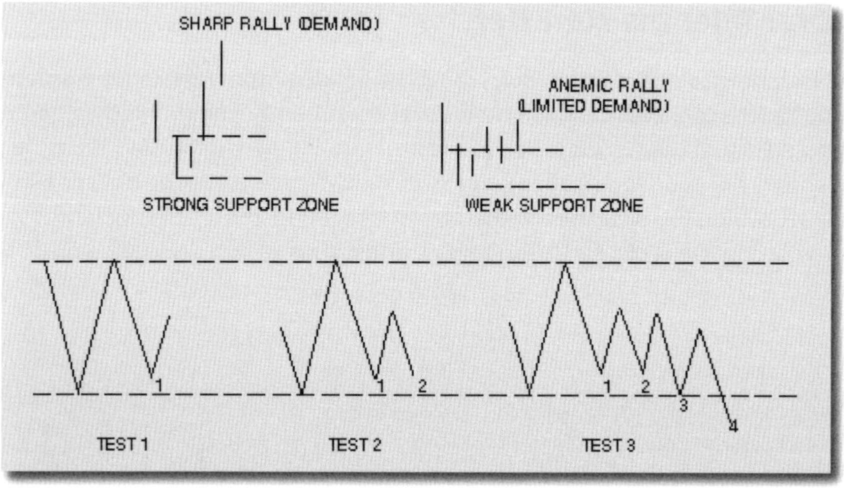

Abb. 5.20: *Antesten der Unterstützung*

Logischerweise folgt darauf die Frage, wie man auf dieser einfachen Grundlage Geld verdienen kann. Und hier kommt die Antwort:

1. *Vorwegnahme:* Kaufen Sie im Unterstützungsbereich und verkaufen Sie im Widerstandsbereich, wenn Sie sich über den weiteren Kursverlauf nicht ganz im Klaren sind. Sie können kaufen, wenn der kürzere Zeitrahmen Anzeichen der Erschöpfung des Angebotes zeigt und die Nachfrage stärker wird – und umgekehrt. Bringen Sie die kurzfristigen Umkehrmuster zum Einsatz. Vielleicht brauchen Sie mehrere Versuche zum Einstieg und werden mehrmals ausgestoppt, bevor Sie erfolgreich sind. Lernen Sie, die kleinen Verluste zu lieben, wenn Sie wissen, dass ein Gewinn bringender Trade auf Sie wartet. Studieren Sie viele Charts, bis Sie erkennen, dass eine bestimmte Anzahl logischer Unterstützungspunkte nicht hält – und andere doch.
2. *Ausstieg aus der Position:* Für den Fall, dass Sie falsch liegen, brauchen Sie unbedingt gut vorbereitete Vorgehensweisen zum Ausstieg. Legen Sie schon vor Eröffnung der Position einen Kursbereich zur Gewinnmitnahme fest und realisieren Sie dort zumindest einen Teil Ihrer Gewinne. Vergessen Sie nicht, dass die Möglichkeiten zur Gewinnmitnahme oft zeitlich sehr begrenzt sind. Wenn Sie nicht schnell reagieren, kann die günstige Gelegenheit schon vorbei sein.

Sie sollten unbedingt den Unterschied zwischen einer starken und einer schwachen Rallye erkennen können. Kaufen Sie bei der Reaktion auf eine starke Rallye, aber nicht nach einer schwachen – und umgekehrt. In Abbildung 5.21 sehen Sie einen Tageschart des S&P (Dezember 1999), der den Einsatz der Kenntnis dieses Unterschiedes zeigt. Es gibt keine genauen Kaufs- und Verkaufspunkte, vielmehr soll ein eher allgemeiner Ansatz vermittelt werden.

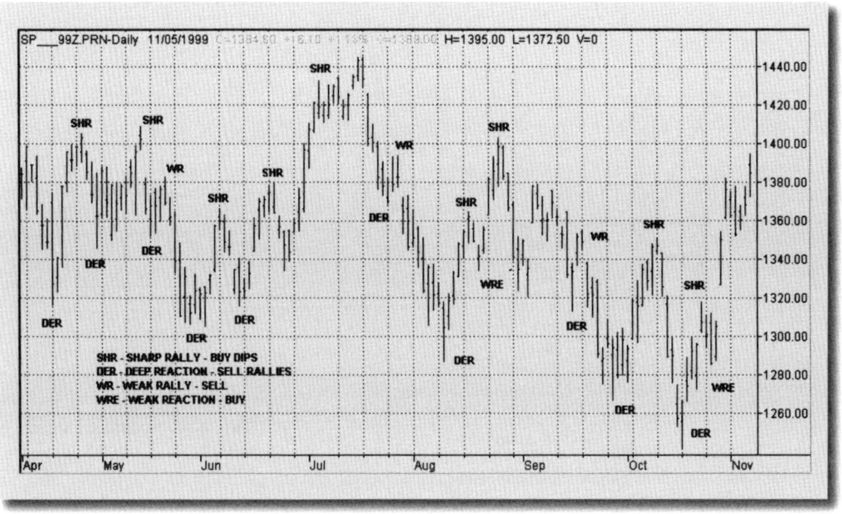

Abb. 5.21: *S&P Tageschart (Dezember 1999). Erstellt mit TradeStation 2000i von Omega Research© 1999*

Handeln Sie in Trendmärkten und meiden Sie langweilige Kurse, die sich seitwärts bewegen (W. D. Gann). Dies wurde zwar schon mehrfach betont, aber der Swing Chart in Abbildung 5.22 illustriert, worauf Sie achten sollten.

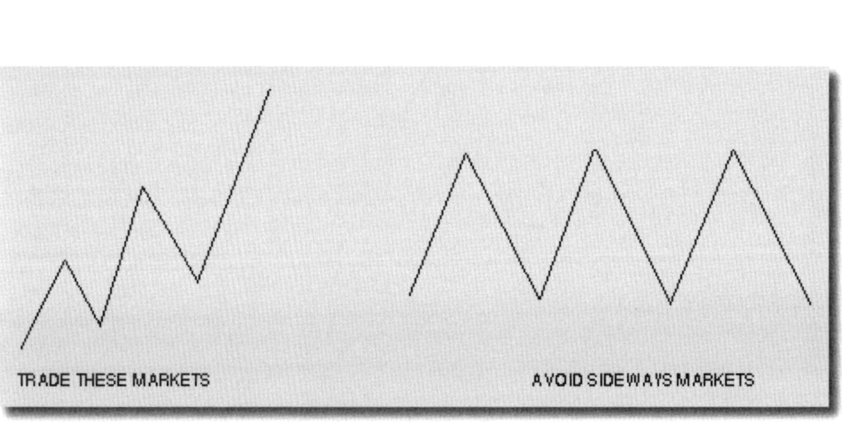

Abb. 5.22: *Verschiedene Märkte*

Projektionen von Zeit und Kurs

Vorhersagen für den zukünftigen Kurs und die Zeiteinteilung können auf der Basis der letzten Kursschwünge getroffen werden (Abbildung 5.23). Dabei geht man davon aus, dass die Kursentwicklung in nächster Zukunft

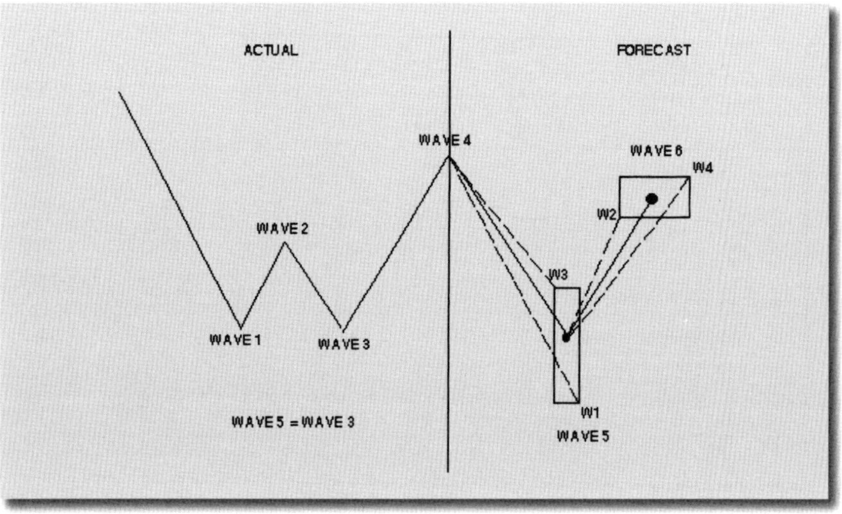

Abb. 5.23: *Voraussage von Zeit und Raum*

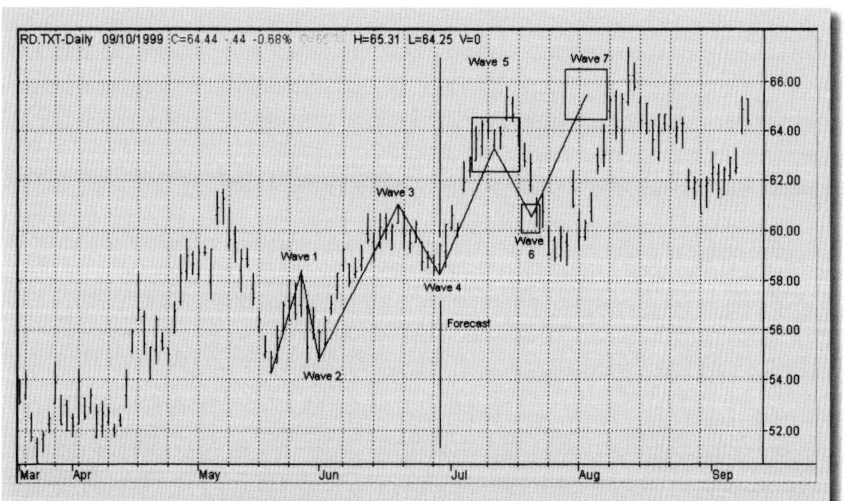

Abb. 5.24: *Voraussage von Zeit und Raum für Royal Dutch Petroleum. Erstellt mit TradeStation 2000i von Omega Research© 1999*

die jüngste Vergangenheit widerspiegelt. Die letzten zwei Korrekturen (Welle 1 und Welle 3) spiegeln sich in Welle 5 wider. Dadurch erhalten wir eine Projektion von Zeit und Kurs. Anhand der letzten drei Rallyes und Korrekturen werden die nächsten Wendepunkte ermittelt. Beachten Sie, dass sich die Wellen 1 und 2 unterschieden, daher sind die Projektionspunkte unterschiedlich. Die umrahmten Bereiche in Abbildung 5.23 zeigen an, wo die Wellen 5 und 6 zeitlich und räumlich enden sollten. Manche Markttechniker glauben, dass Projektionen von Boden zu Boden und von Top zu Top zuverlässiger sind als diese Methode. Wir teilen diese Meinung zwar nicht, aber wir können sie auch nicht widerlegen. Die Welle 6 kann auf der Basis der Wellen 2 und 4 projiziert werden. Dies wird dadurch erreicht, dass das Zentrum des umrahmten Bereiches der Welle 5 als Anfangspunkt dient.

Abbildung 5.24 zeigt die Anwendung dieses Ansatzes auf Royal Dutch Petroleum. Wenn Sie eine offene Position haben und der Kurs sowohl zeitlich als auch räumlich in den Zielbereich gelangt, dann sollten Sie Ihre Gewinne realisieren oder die Stopps unter Verwendung des nächstkleineren Zeitrahmens deutlich enger platzieren. Abhängig von der Gesamtsituation ist vielleicht sogar eine Umkehr der Position eine Überlegung wert.

Der Trend

Der Trend ist ein schwer greifbarer Faktor und Gegenstand vieler Definitionen, die allesamt zumindest teilweise wahr sind. Mit Sicherheit lässt sich sagen, dass die alte Börsenweisheit „The trend is your friend" stimmt. Das Handeln in Richtung des Trends ist der Schlüssel zum Erfolg bei allen im vorliegenden Buch besprochenen Ansätzen. Natürlich gibt es immer ein subjektives Element, und mancher Leser wird sicher bemängeln, dass wir unsere Beispiele so ausgewählt haben, dass der jeweilige Trend gut zum besprochenen Beispiel passt. Das nennt man dann eine Analyse im Nachhinein, die natürlich zu Ergebnissen mit sehr wenigen Verlust-Trades führt. Im richtigen Leben sieht die Sache häufig anders aus, denn viele Analysen stellen sich als falsch heraus. Die Definition des Trends hängt stark von Ihrem Trading-Stil ab. Wenn Sie nach längerfristigen Gesichtspunkten handeln, dann werden Ihnen die folgenden Definitionen wenig passend erscheinen. Eine mögliche Definition ist also:

1. *Die Neigung des Zehn-Tage-Durchschnitts:* Zeigt sie nach oben, dann geht der Trend ebenfalls nach oben.
2. *Wichtige Drehpunkte:* Liegt der letzte wichtige Drehpunkt über dem vorherigen wichtigen Drehpunkt, dann geht der Trend nach

oben. Dies ist allerdings häufig schwer festzustellen. Bei ABC-Korrekturen kommt es oft vor, dass der Schritt C tiefer als der Schritt A geht, ohne dass es sich um eine Trendwende handelt.

3. Die Trendrichtung wird durch die Richtung des Drehpunktes signalisiert, wenn die obigen Punkte 1 und 2 sich widersprechen. In Abbildung 5.25 sehen Sie die Anwendung dieser Definition.

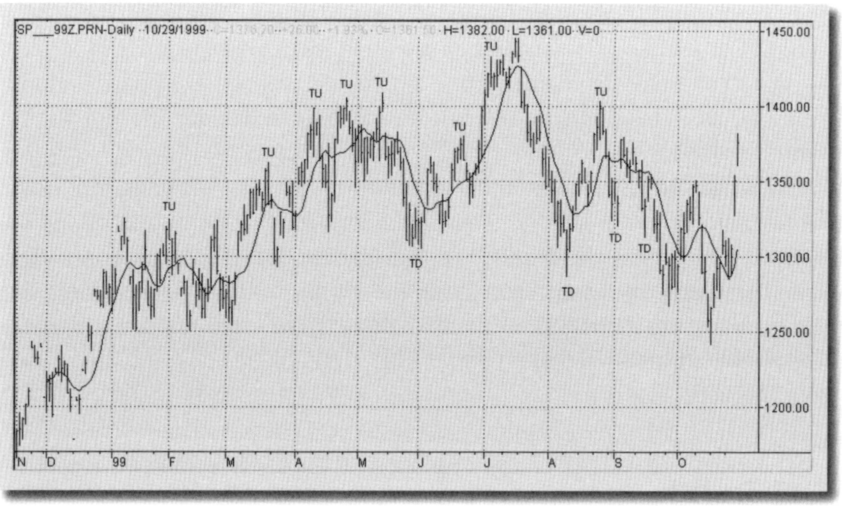

Abb. 5.25: *S&P-Trenddefinition (Dezember 1999). Erstellt mit TradeStation 2000i von Omega Research© 1999*

Die Verwendung mehrerer unterschiedlicher Zeitrahmen ist bei der Suche nach Gewinn bringenden Handelsansätzen unerlässlich. Verwenden Sie zum Beispiel einen Tageschart zur Feststellung des Trends und einen 30-Minuten-Chart zum Trading. Und führen Sie nur die anhand des 30-Minuten-Charts angezeigten Trades aus, die in der Richtung des Tagestrends liegen.

Der erste Tag der Rallye

Der erste Tag einer Rallye nach einer negativen Welle weist oft technische Merkmale auf (Abbildung 5.26). Vergleichen Sie den Spread und den Schlusskurs des Tages mit der Nummer 3 mit denen der vorhergehenden positiven Tage 1 und 2. Ein stärkerer Tag deutet auf einen positiven Wechsel hin, wobei kurzfristig die Nachfrage das Angebot überwiegen wird. Bereiten Sie sich auf eine Trendwende vor. Tritt diese Situation in einer

Akkumulationsphase auf, sollten Sie sich über den Aufbau einer Long-Position Gedanken machen.

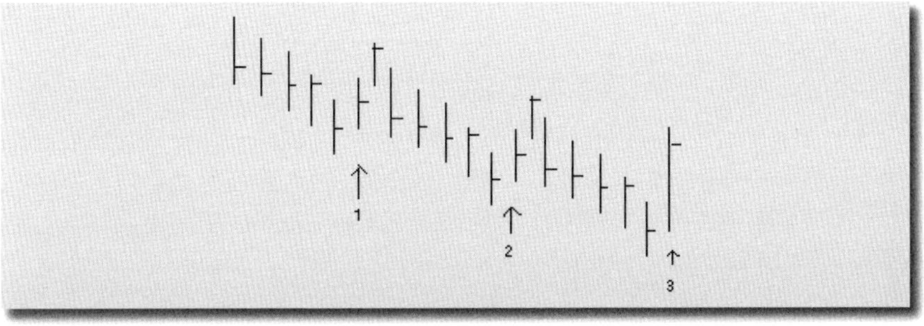

Abb. 5.26: *Der erste Tag einer Rallye*

6) Muster

Der Fehler liegt nicht darin, falsch zu liegen, sondern darin, auf der falschen Position zu beharren.

Geht ein Holzfäller in den Wald, dann wählt er einen Baum aus und fällt ihn. Genau so ist es beim Trading. Hat sich der Trader einen guten Überblick über die Gesamtsituation verschafft, dann muss er sich für eine Einstiegsmethode, einen Stopp und ein Kursziel zur Gewinnmitnahme entscheiden. Dieses Kapitel behandelt 19 verschiedene Einstiegs- und Ausstiegsmuster. Verlieren Sie beim Lesen über die folgenden Methoden bitte nicht die grundlegenden Konzepte des Angebotes, das die Nachfrage übersteigt und umgekehrt, aus den Augen. Ein Chart ist das Spiegelbild der beiden Kräfte, die den Kurs in verschiedene Richtungen lenken, bis eine Seite die Oberhand gewinnt.

Muster zeigen den genauen Zeitpunkt, zu dem die Nachfrage das Angebot übersteigt (und umgekehrt) und „die Show beginnt". Diese Signale sind sicherlich nicht immer richtig, und manche zeigen in die falsche Richtung. Oft stellt sich ein Signal sofort als falsch heraus, sozusagen als Fehlstart. Dann stellt sich der professionell handelnde Trader sofort auf die andere Seite des Trades. Die Tatsache, dass das Signal falsch war, wird durch die Kursbewegung deutlich. Deshalb ist es so wichtig, dass der Stopp und vielleicht auch eine Umkehrorder sofort platziert werden. Das schnelle Reagieren und Handeln im Falle eines Fehlsignals sollten Sie unbedingt in Ihr Trading-Arsenal aufnehmen. Das Kursziel zur Gewinnmitnahme ist mindestens so wichtig wie der Einstiegspunkt, wenn nicht sogar wichtiger. Ihr Trading-Plan muss aus diesen drei Teilen bestehen: Einstieg, Stopp, Ausstieg.

Wir werden die folgenden Trading-Muster behandeln:

- Opening Range Break-out
- Bestätigter Aufwärtstrend
- Umkehr nach einem Knick
- Umkehr nach einem Anstieg
- Yum-Yum-Fortführungsmuster
- L-Formation und umgekehrtes L
- Doppel-Tops und Doppel-Bottoms
- Kleiner Morgenschweif
- Entrümpelungsmuster
- Überlagerte und nicht überlagerte Balken
- Zwei-Tage-Überschneidung
- Kanalhandelssysteme
- Der Rückzug
- Hoch des tiefsten Balkens beim Kauf / Tief des höchsten Balkens beim Verkauf
- Drei Balken hoch / tief
- Dynamitdreieck
- Kurze / lange Balken
- Zwei-Tages-Ruck
- Ausbruch aus der engen Formation
- Die Bedeutung des Ausstiegs

Opening Range Break-out

Der Opening Range Break-out ist eine Bewegung im Anschluss an die Eröffnung. Untersuchungen haben gezeigt, dass die Eröffnung häufig der höchste oder der tiefste Punkt des Tages ist. Wie in Abbildung 6.1 gezeigt, wird in einem bestimmten Abstand vom Eröffnungskurs eine Kauf- oder Verkaufsorder platziert.

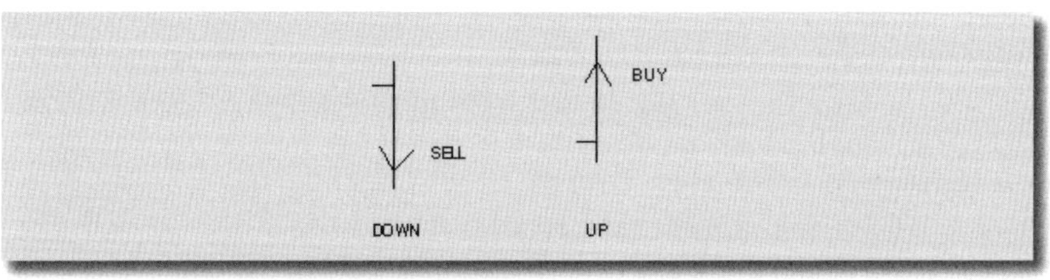

Abb. 6.1: *Opening Range Break-out*

Es gibt viele verschiedene Break-out-Handelssysteme. Dies ist einer der effizientesten Filter, um frühzeitig auf den fahrenden Zug eines beginnenden Trends aufzuspringen, unabhängig davon, ob er drei oder zehn Balken lang andauert. Die Kursbewegung direkt nach der Eröffnung weist oft die generelle Richtung für den restlichen Tag, und der Kurs wird meist in der Richtung des Opening Range Break-out schließen. In Verbindung mit bestimmten Setup-Mustern ergibt sich ein vorzüglicher Handelsansatz. Wir selbst wissen von $200 bis $300 Millionen, die anhand eines Opening Range Break-out-Ansatzes als Ein- oder Ausstiegsfilter gehandelt werden. E. Hadady, Larry Williams und Toby Crabel haben vorzügliche Untersuchungen zu diesem wertvollen Hilfsmittel angestellt.

Welches Ausmaß eines Opening Range Break-out ist sinnvoll? Hier sind ein paar mögliche Antworten:

1. Verwenden Sie ein festes Maß, wie zum Beispiel acht Ticks. Dieses Ausmaß ist entscheidend, und alles, was darunter liegt, wird wahrscheinlich nicht zum Erfolg führen. Bei Werten mit geringer Volatilität funktioniert es nicht, was sich statistisch leicht nachweisen lässt.
2. Sehen sie den Ausbruch als Funktion der Volatilität. Die Volatilität könnte als die durchschnittliche Tagesspanne der letzten paar Tage oder die Spanne des Vortages angenommen werden. So zeigten Untersuchungen zum Beispiel Folgendes: Bewegt sich der Kurs nach der Eröffnung um 50 % der Vortagesspanne in eine Richtung, dann wird er sehr wahrscheinlich für den Rest des Tages vorwiegend diese Richtung beibehalten.

Tagesspannen

Teilen Sie den Tag in drei gleiche Abschnitte ein und entwickeln Sie eine Strategie zu diesen drei Balken im Falle eines Opening Range Break-out in einem dieser Zeiträume. Ebenso können Ein-Stunden-Balken oder noch kürzere Balken verwendet werden. Bob Duran hat auf diesem Gebiet besonders mit dem S&P und der Bestätigung, ob es sich um einen Fortsetzungs-Break-out oder einen Erschöpfungs-Break-out handelt, hervorragende Arbeit geleistet.

Der Opening Range Break-out dient nur in Verbindung mit anderen technischen Hilfsmitteln als zuverlässige Einstiegstechnik. Abbildung 6.2 zeigt sechs Beispiele zum Timing des Einstiegs in den Markt mit anderen Werkzeugen. Dabei handelt es sich um die folgenden: Vier-Wochen-Hoch/Tief (Donchian oder Turtle Break-out), Trendlinie, eng beieinander liegende Schlusskurse, zwei Schlusskurse, Trendfilter wie zum Beispiel der Gleitende Durchschnitt der

Schlusskurse der letzten zehn Balken (positive Neigung für einen Kauf) und den Kauf im Unterstützungsbereich. Alle diese Hilfsmittel sind Ausdrucksformen der Nachfrage, die das Angebot übersteigt. Es gibt keine allgemein gültige Antwort auf die Frage, welche davon sich am besten eignen. Manche können als Handelssysteme programmiert werden. Dabei dürfen aber die beiden anderen Teile des Trading-Plans, der Stopp und der Ausstieg, nicht vergessen werden, da sie beide ebenso wichtig sind wie der Einstieg.

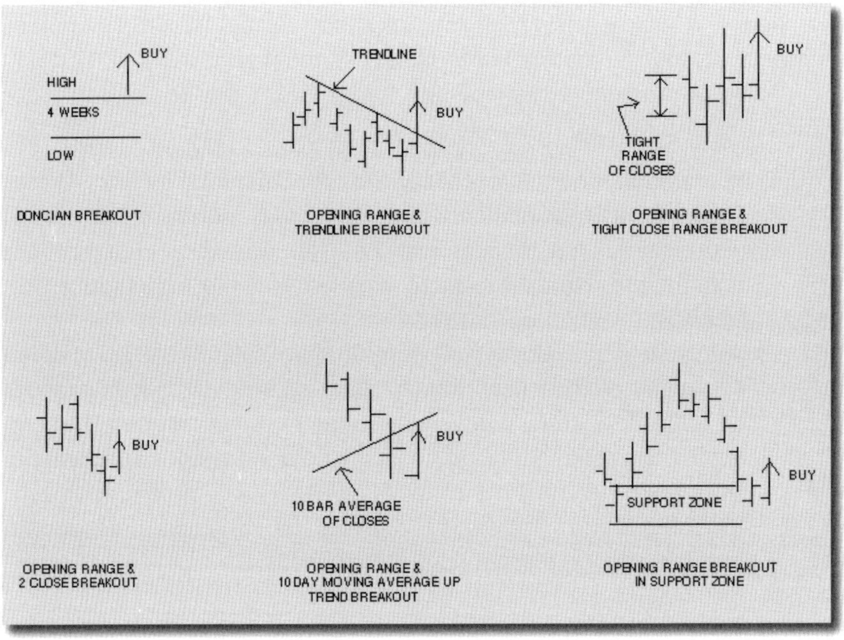

Abb. 6.2: *Technische Hilfsmittel zum Einsatz mit einem Opening Range Break-out*

Bestätigter Aufwärtstrend

Der bestätigte Aufwärtstrend ist ein Ablauf in vier Schritten, der bei den meisten Kursbewegungen auftritt (Abbildung 6.3). Dieses sehr nützliche Hilfsmittel sollte nicht alleine verwendet werden. Hier sind die Regeln für diese Formation:

1. Der aktuelle Balken erreicht ein neues Tief unter dem des vorhergehenden Balkens.
2. Das Hoch dieses Balkens wird nach oben durchbrochen (ansteigender Trend oder ein Zeichen von Stärke). Am besten ist es, wenn

der Durchbruch mit einem langen Balken erfolgt und über mehrere aufeinander folgende Balken anhält.

3. Innerhalb von einem bis drei Balken wird das Tief eines positiven Balkens durchbrochen (die Korrektur oder das Antesten des Tiefs).
4. Das Hoch des letzten Balkens der Reaktion wird durchbrochen, und der Schluss liegt darüber. Das Tief muss über dem Tief von Schritt 1 liegen. Damit ist das Muster ausgebildet, und der richtige Zeitpunkt für den Kauf ist erreicht.

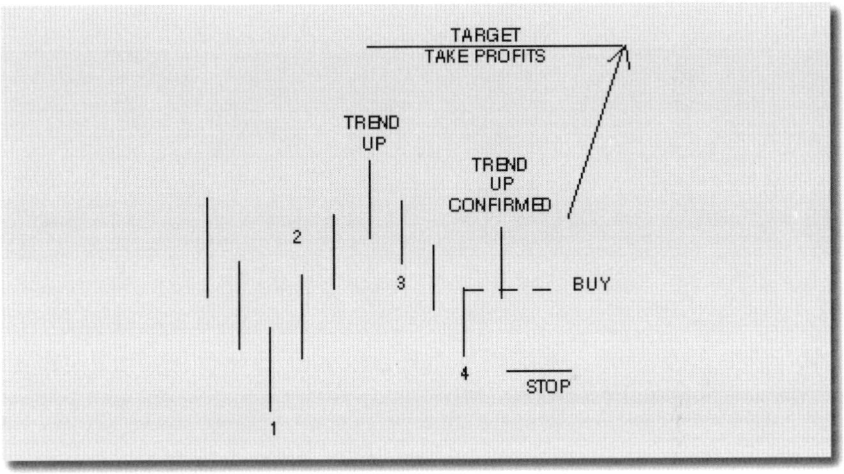

Abb. 6.3: *Bestätigter Aufwärtstrend*

Der Stopp ist das Tief des Einstiegsbalkens abzüglich der Spanne des Einstiegsbalkens. Realisieren Sie Ihren Gewinn beim Kursziel des Schwunges. Wird das Kursziel des Schwunges nicht erreicht, dann verkaufen Sie bei zwei Schlusskursen unter einem vorherigen Drehpunkt, wobei der zweite Schlusskurs unter der Eröffnung liegt. Diese Regel ist flexibel anzuwenden. Achten Sie darauf, dass sich eine Gewinnposition nicht zu einem Verlust entwickelt, nur weil das Kursziel nicht ganz erreicht wurde.

Diese Technik funktioniert hervorragend in einem starken Trendmarkt und ist mit dem Dynamitdreieck nahe verwandt. Handeln Sie mit dem Trend. Manchmal vervollständigt sich die Formation erst nach zehn Balken, aber das Einstiegssignal wird durch eine einfache Abfolge von vier Schritten gegeben. Die positiven Balken sollten relativ lang sein und hoch schließen. Dies lässt auf große Nachfrage schließen und ist ein Zeichen von Stärke.

Bei diesem Muster kaufen Sie bei Stärke. Nehmen Sie auch einige Gewinne bei anhaltender Stärke mit, anstatt sich ausstoppen zu lassen. Die Ausnahme davon ist ein klar definierter Ausbruch aus einer Kongestionsphase. In Abbildung 6.4 sehen Sie die Anwendung dieses Musters auf den Kursverlauf von Yahoo.

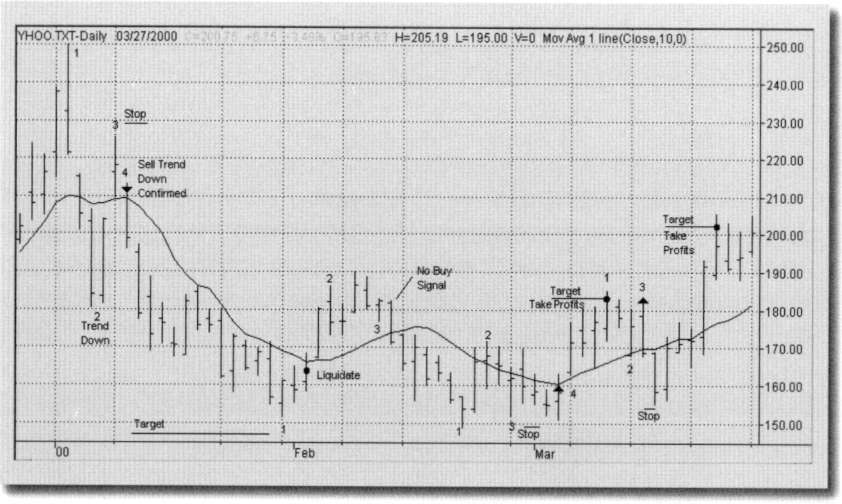

Abb. 6.4: *Yahoo mit bestätigtem Aufwärtstrend. Erstellt mit TradeStation 2000i von Omega Research© 1999*

Umkehr nach einem Knick

Das Konzept der Knicke und Sprünge entstammt dem Lehrgang von Wyckoff (siehe Literaturverzeichnis). Wieder handelt es sich um eine Darstellung der Nachfrage, die das Angebot übersteigt. Um diese Idee wurden mehrere Regeln entwickelt mit der Absicht, das Trading zu einem möglichst mechanischen Ablauf zu machen. Die Grundlage bildet die Annahme, dass der Kurs auf ein neues Tief unter einem wichtigen Drehpunkt fällt und dadurch die Stopp-Orders ausgelöst werden (Abbildung 6.5). Erkennt der erfahrene Trader einen Mangel des Angebots, dann kauft er sofort, und der Markt geht zu einer schnellen Rallye über. Der Kurs steigt mit einem langen Balken an, der die beiden vorhergehenden Schlusskurse übersteigt.

Dieses Muster tritt am Ende einer Bewegung auf und geht normalerweise gegen den Trend. Am besten funktioniert es nach einer Kongestionsphase, wenn der Kurs seinen Abwärtstrend wieder aufnehmen möchte. Die überwältigende Nachfrage beim neuen Tief führt zu einem schnel-

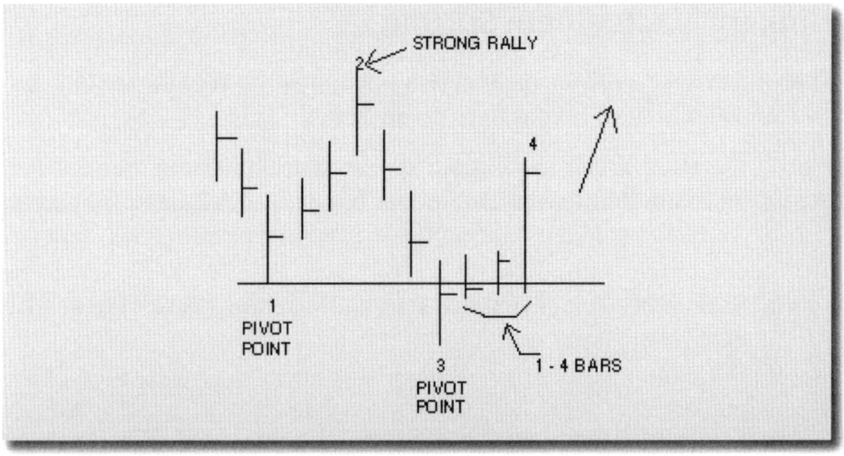

Abb. 6.5: *Knick*

len Anstieg. Die dem Knick vorhergehende Kongestion ist eher eine Akkumulationsphase als eine Distributionsphase.

Die Regeln des Knicks

1. Ein Tief an einem Drehpunkt wird erreicht. Dabei muss es sich nicht um den letzten Drehpunkt handeln, sondern es kann auch ein früherer Drehpunkt sein, bei dem eine starke Unterstützung erkennbar war.
2. Es kommt zu einer ziemlich starken Rallye.
3. Der Kurs fällt auf ein neues Tief unter dem vorherigen Drehpunkt.
4. Innerhalb von ein bis vier Tagen kommt es zu einer Rallye mit großer Spanne, die über den Schlusskursen der letzten beiden Balken schließt. Die Spanne dieses Balkens ist größer als die Spanne der beiden vorhergehenden Balken. Der Schlusskurs liegt über der Eröffnung und über der Mitte des Balkens.

Die Bestätigung erfolgt dadurch, dass das Hoch des langen Balkens übertroffen wird. Ein Knick, der zwei Drehpunkte umkehrt, ist bedeutender als einer, der nur einen Drehpunkt umkehrt. Der Stopp liegt um die halbe bis ganze Spanne des Einstiegsbalkens unter dem Tief des Einstiegsbalkens. Das erste Kursziel ist das Hoch des vorherigen Drehpunktes.

Umkehr nach einem Sprung

Das Muster der Umkehr nach einem Sprung ist im Grunde genommen das Spiegelbild der Umkehr nach einem Knick.

1. Ein Hoch an einen Drehpunkt wird erreicht. Dabei muss es sich nicht um den letzten Drehpunkt handeln, sondern es kann auch ein früherer Drehpunkt sein, bei dem ein ausreichendes Angebot erkennbar war.
2. Es kommt zu einer ziemlich starken Korrektur. (Dieser Punkt wird aber nicht immer erfüllt.)
3. Der Kurs steigt auf ein neues Hoch über dem vorherigen Drehpunkt.
4. Innerhalb von ein bis vier Tagen kommt es zu einer Korrektur mit großer Spanne, die unter den Schlusskursen der letzten beiden Balken schließt. Die Spanne dieses Balkens ist größer als die Spanne der beiden vorhergehenden Balken. Der Schlusskurs liegt unter der Eröffnung und unter der Mitte des Balkens.

Die Bestätigung erfolgt dadurch, dass das Tief des langen Balkens unterschritten wird. Ein Sprung, der zwei Drehpunkte umkehrt, ist viel bedeutender als einer, der nur einen Drehpunkt umkehrt. Der Stopp liegt um die halbe bis ganze Spanne des Einstiegsbalkens über dem Hoch des Einstiegsbalkens. Das erste Kursziel ist das Tief des vorherigen Drehpunktes.

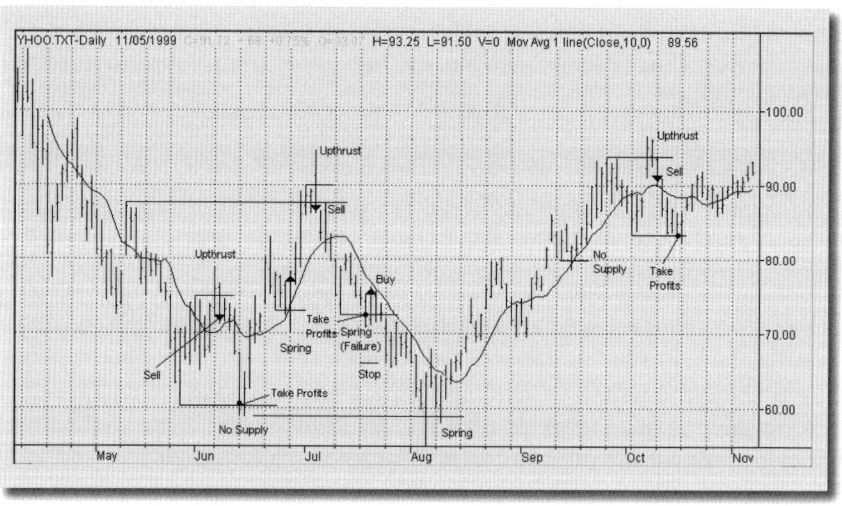

Abb. 6.6: *Yahoo mit Anstiegsformationen. Erstellt mit TradeStation 2000i von Omega Research© 1999*

Dieses Muster tritt am Ende einer Bewegung auf und geht normalerweise gegen den Trend (Abbildung 6.6). Am besten funktioniert es nach einer Phase der Kongestion, wenn der Kurs seinen Aufwärtstrend wieder aufnehmen möchte. Das überwältigende Angebot beim neuen Hoch führt zu einem schnellen Einbruch. Die dem Sprung vorhergehende Kongestion ist eher eine Distributionsphase als eine Akkumulationsphase.

Ein unbedeutender Durchbruch eines Drehpunktes deutet auf mangelnde Nachfrage und eine mögliche Bewegung des Kurses zurück zum Tief hin. Dies entspricht der klassischen Kursbewegung eines Sprunges. Im Allgemeinen wird ein Durchbruch als unbedeutend angesehen, wenn er das Hoch der letzten Rallye um weniger als die halbe Spanne überragt. Der professionell handelnde Trader verkauft aggressiv, sobald die mangelnde Nachfrage offensichtlich wird. Trader, die sofort kaufen, sobald das Hoch der letzten Rallye überschritten wird, werden oft mit schnellen Verlusten bestraft. Das Erreichen eines neuen Kurshochs ist ein positives Zeichen. Eine mögliche Gelegenheit zur Gewinnmitnahme bietet sich im Bereich der Tiefs der Akkumulation, da der Kurs nach einem Sprung oft hierher zurückfällt.

Abbildung 6.6 zeigt einige Knicke und Sprünge am Beispiel von Yahoo. Ein Knick stellte sich als Fehlsignal heraus, deshalb ist das ausnahmslose Platzieren eines Stopps so wichtig. Die Bestätigung einer Kursbewegung sollte innerhalb von drei Balken erfolgen, ansonsten ist sie fragwürdig. Diese Methode lässt sich auf alle Zeitrahmen anwenden.

Ein Knick oder Sprung gewinnt an Bedeutung, wenn, wie in Abbildung 6.7 gezeigt, mehr als ein Drehpunkt umgekehrt wird.

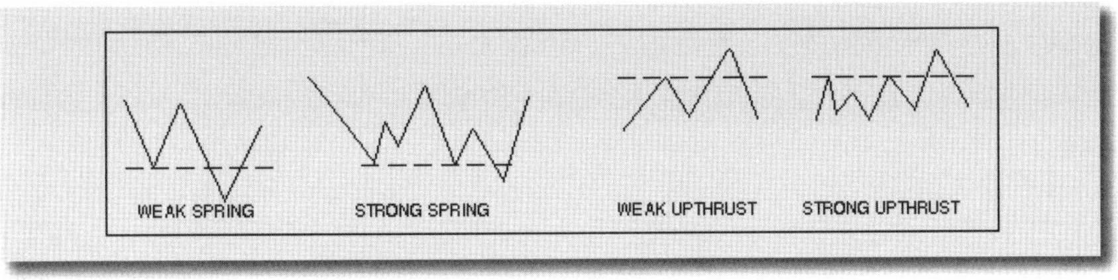

***Abb. 6.7:** Bedeutung der Sprünge und Knicke*

Yum-Yum-Fortführungsmuster

Bei dieser Formation wird zuerst ein hoher Drehpunkt erreicht. Der Kurs korrigiert über mehrere Balken und zeigt dann einen starken Anstieg durch das Hoch des Drehpunktes. Die Regeln dafür sind:

1. Das Hoch des Drehpunktes wird durch einen Balken mit großer Spanne überschritten, der länger ist als der durchschnittliche Balken der letzten zehn Tage.
2. Der Schlusskurs liegt nahe dem Hoch des Balkens und über der Eröffnung.
3. Die Bestätigung erfolgt, wenn das Hoch des Ausbruchsbalkens innerhalb von ein bis drei Balken durchbrochen wird. Diese Formation ist ein Ausbruch und deutet auf starke Nachfrage hin.

Der negative Yum-Yum ist das Gegenteil davon. Diese Formation wird oft als *Ausbruch* bezeichnet. Bei keiner anderen Formation kommt es zu

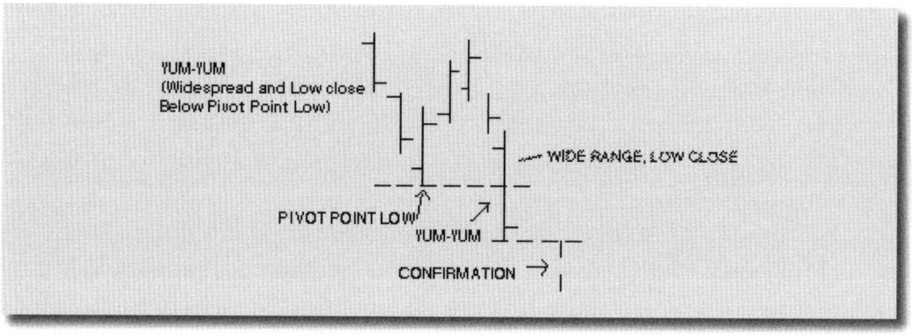

Abb. 6.8: *Yum-Yum-Muster*

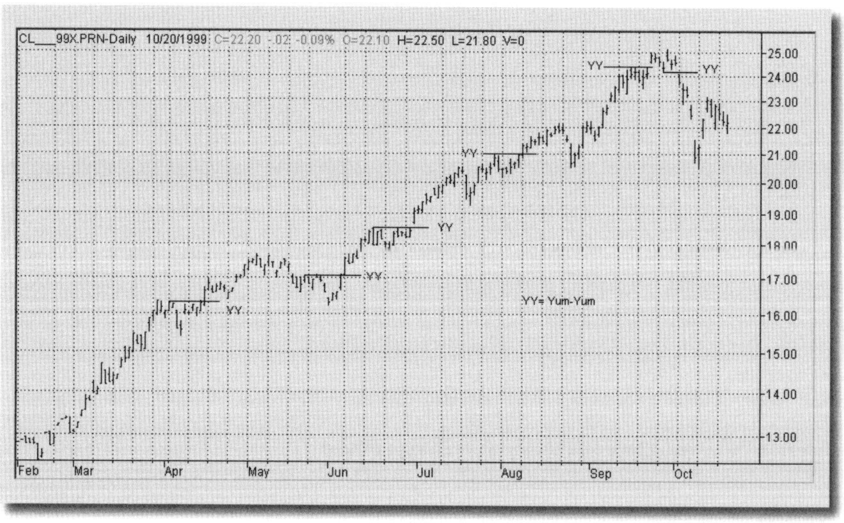

Abb. 6.9: *Rohöl-Future (November 1999). Erstellt mit TradeStation 2000i von Omega Research© 1999*

mehr Fehlsignalen; darum ist es gefährlich, die Stopps ganz nahe an Drehpunkten zu platzieren. Ein Yum-Yum liefert den Beweis, dass ein Ausbruch echt ist. Nach dem Überschreiten des Hochs des Drehpunktes herrscht große Nachfrage, wie der lange Balken mit dem hohen Schlusskurs bestätigt. Wird dieser Anstieg für drei Tage gehalten und noch weiter ausgebaut, so deutet dies auf anhaltende Stärke hin. Diese Formation tritt häufig in Trendphasen auf. Abbildung 6.9 zeigt das Auftreten des Yum-Yum-Musters bei Rohöl.

L-Formation und umgekehrtes L

Die L-Formation besteht aus einem starken Schub (Abbildung 6.10). Bleibt der Kurs für drei bis fünf Balken auf dem höheren (oder tieferen) Wert und verkürzen sich die Spannen dieser Balken, dann wurde das neue Kursniveau vom Markt akzeptiert, und ein weiterer Schub in derselben Richtung wird sehr wahrscheinlich. Das Verhältnis von Eröffnungskurs zu Schlusskurs nach der Drei-bis-Fünf-Balken-Korrektur bestimmt im Allgemeinen die Richtung des nächsten Schubes. Eröffnen Sie Ihre Position nach dem dritten Tag, sofern der Eröffnungskurs und der Schlusskurs auf eine Fortführung der bisherigen Bewegung hindeuten.

Der Stopp liegt eine Spanne unter dem Tief des Einstiegsbalkens. Das Kursziel wird ermittelt, indem 50 % bis 100 % des vorherigen Schubes zum Hoch des ursprünglichen Schubes hinzugezählt werden. In Abbildung 6.11 sehen Sie die Anwendung dieser Methode auf Cisco Systems.

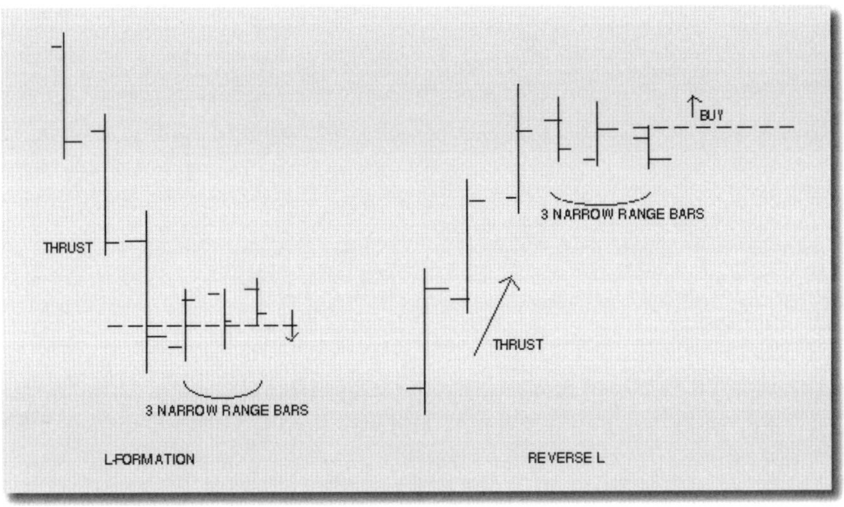

Abb. 6.10: *L-Formation und umgekehrtes L*

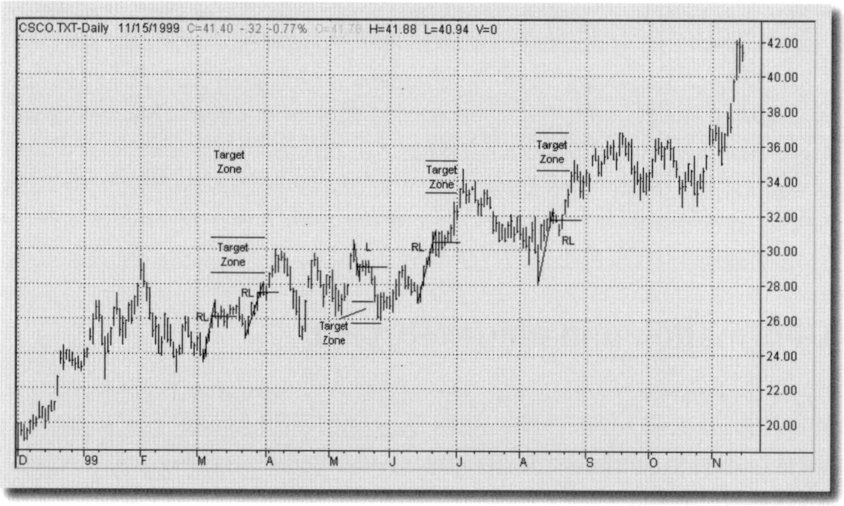

Abb. 6.11: *Cisco Systems mit L-Formation und umgekehrtem L. Erstellt mit TradeStation 2000i von Omega Research© 1999*

Doppel-Tops und Doppel-Bottoms

Kleine Doppel-Tops und Doppel-Bottoms über einen Zeitraum von drei bis fünf Tagen geben sehr nützliche Hinweise auf eine bevorstehende Kursumkehr (Abbildung 6.12). Beachten Sie, dass Umkehrbalken mit großer Spanne ein äußerst wichtiger Bestandteil dieses Musters sind (Abbildung 6.13).

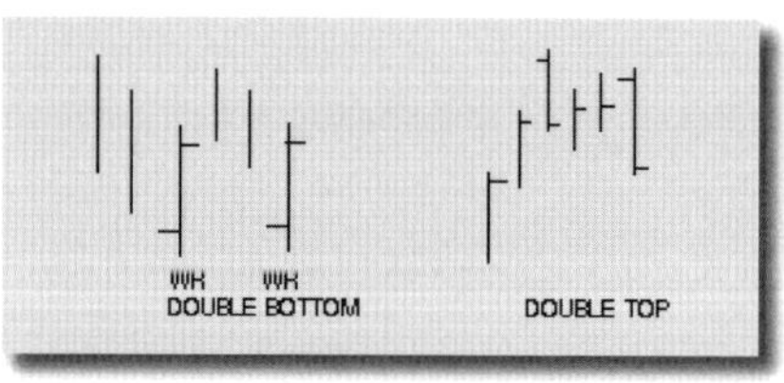

Abb. 6.12: *Doppel-Top, Doppel-Bottom*

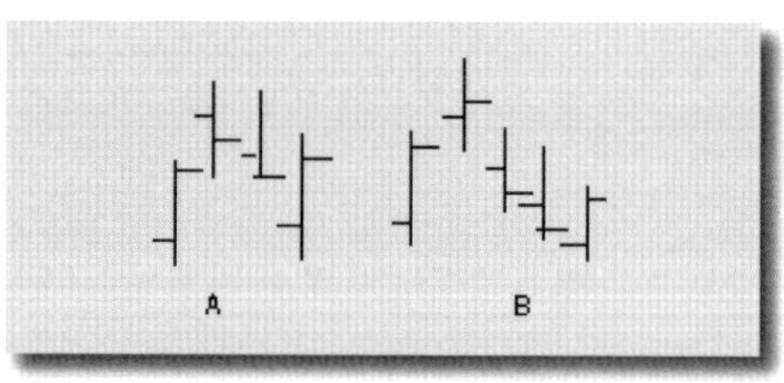

Abb. 6.13: *Vergleich zweier Doppel-Bottoms*

Abbildung 6.13A zeigt einen gültigen Doppel-Bottom, da beide tiefen Tage eine große Spanne aufweisen und der Schlusskurs hoch liegt. Der Doppel-Bottom in Abbildung 6.13B ist eher fragwürdig, da der zweite Umkehrbalken nur eine geringe Spanne aufweist. In Abbildung 6.14 sehen Sie die Anwendung dieses Musters auf Cisco Systems.

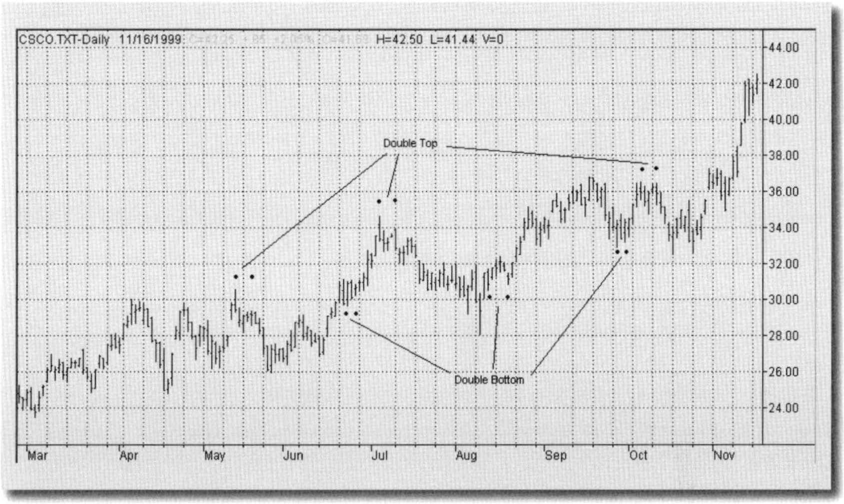

Abb. 6.14: *Cisco Systems mit Doppel-Tops und Doppel-Bottoms. Erstellt mit TradeStation 2000i von Omega Research© 1999*

Kleiner Morgenschweif

Ein Trendmarkt zeigt oft eine Gegenbewegung am Morgen, dreht dann und geht am Nachmittag zu einer kraftvollen Bewegung in der Richtung des vorherrschenden Trends über (Abbildung 6.15). Ein kleiner Schweif bildet sich, wenn die Entfernung des Eröffnungskurses zum Tief geringer ist als zum Hoch. Ein Einstieg in eine Long-Position ist folgendermaßen möglich:

1. Der Kurs fällt nach der Eröffnung bis zum Mittag hin ein wenig.
2. Die Abwärtsbewegung nach der Eröffnung entspricht weniger als der Hälfte der durchschnittlichen Spanne.
3. Der Einstieg erfolgt mittels eines Stopp-Buy knapp über dem Hoch oder der Eröffnung des Tages.
4. Wird die Order ausgeführt, platzieren Sie den Stopp drei bis acht Ticks unter dem Tagestief.

Die Kursbewegung muss nicht unbedingt am Tag der Schweifbildung erfolgen. So kann der Kurs zum Beispiel vormittags fallen, erst später wieder auf das Niveau der Eröffnung klettern und dort schließen. Der große Anstieg erfolgt oft erst am nächsten Tag. Dabei ist eine frühe Bestätigung des mangelnden Angebotes notwendig.

Weiterführende Informationen zur Stärke am Vormittag und folgender Schwäche am Nachmittag (und umgekehrt) finden Sie in *The Taylor*

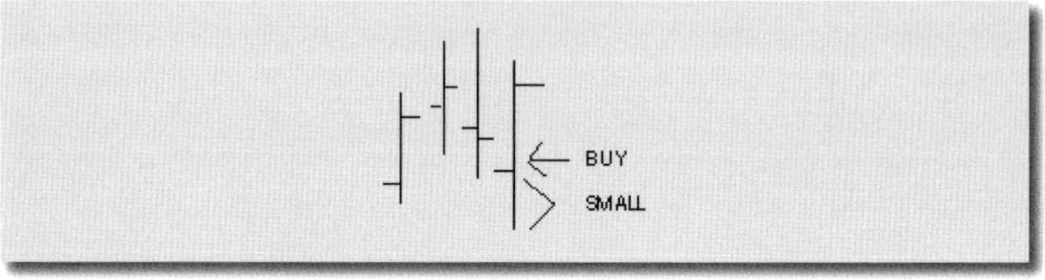

Abb. 6.15: *Kleine Morgenbewegung*

Trading Technique von George Taylor (Traders Press, 1950) und *A Journey through Trading Discoveries* von Peter Steidlmayer (1996).

Über die Vorzüge und Nachteile dieser Untersuchungen wurde viel diskutiert und geschrieben, aber in jedem Fall sind sie für jeden interessant, der sich mit der Börse beschäftigt und nach Entscheidungshilfen beim Trading sucht.

Taylor ging davon aus, dass das Kursmomentum des nächsten Balkens dem der beiden vorhergehenden Balken entspricht. Die Vorhersage für das morgige Hoch, das Tief und den Schluss sind Funktionen der Bewegungen der beiden vorhergehenden Balken, wie in den Abbildungen 6.16 und 6.17 gezeigt wird. Die Bewegung des nächsten Balkens kann auf zwei Arten vorherbestimmt werden:

1. Der Verlauf von Hoch zu Hoch der beiden vorhergehenden Balken legt das Hoch des nächsten Balkens fest. Dies setzt das gleich bleibende Momentum der Hochs voraus. Entsprechend legt das Momentum der Tiefs auch das Tief des nächsten Balkens fest. Für den Schlusskurs gilt dasselbe.
2. Tief zu Hoch und Hoch zu Tief, auch bekannt als *Criss-Cross* (über Kreuz). Das Tief des Balkens 1 und das Hoch des Balkens 2 legen das Hoch des nächsten Balkens fest. Diese Entfernung wird dem Tief des Balkens 2 hinzugefügt, um das Hoch zu ermitteln. Die Ermittlung des Tiefs erfolgt genau umgekehrt. In allen Fällen entsprechen sich A und A1.

Steigt der Kurs am Vormittag, dann kann er am Nachmittag fallen und umgekehrt. Wie der Eröffnungskurs an manchen Tagen der höchste oder tiefste Kurs ist, so schwankt der Kurs an vielen Tagen. Steidlmayer nennt dies einen *Rotationstag*. Diese Kursziele sind mögliche Schlüsselpunkte für den Rotationstag. Positionen werden eröffnet in der Erwartung, dass der Kurs an diesen Punkten Unterstützung oder Widerstand findet. Diese Vorgehensweise lässt sich nur schwer in ein exaktes mechanisches Handelssystem einbinden. Trotzdem können genaue potenzielle Schlüssel-

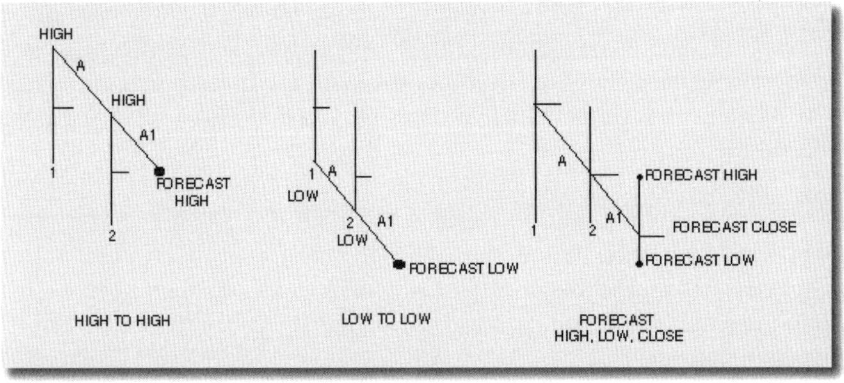

Abb. 6.16: *Vorhersage des nächsten Balkens auf der Basis von Hoch-zu-Hoch, Tief-zu-Tief und Schluss-zu-Schluss*

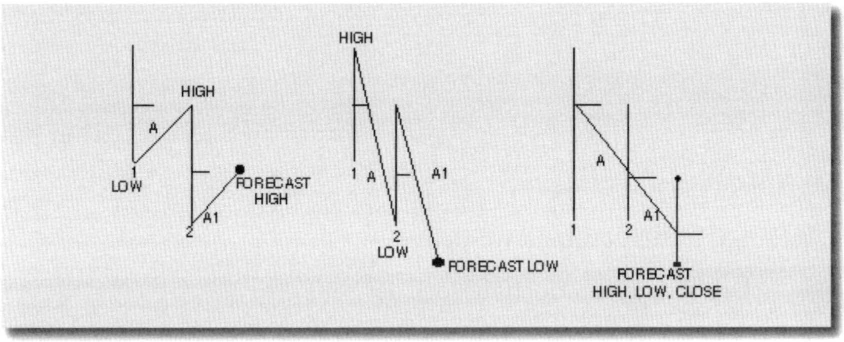

Abb. 6.17: *Vorhersage des nächsten Balkens auf der Basis von Hoch-zu-Tief, Tief-zu-Hoch und Schluss-zu-Schluss*

punkte ermittelt und Regeln festgelegt werden, um die subjektive Interpretation auf ein Minimum zu reduzieren.

Ein möglicher Weg zur Verwendung dieser Information ist das Einrichten von Unterstützungs- und Widerstandsbereichen, die der Kurs voraussichtlich erreichen wird, bevor ein Trendwechsel erfolgt. So könnte ein Widerstandsbereich zum Beispiel beim Durchschnitt der Bewegung von Hoch zu Hoch, von Tief zu Hoch oder beim Hoch des Vortages liegen. In einem solchen Bereich sollten Sie sich für einen Verkauf bereithalten. Unsere Erfahrungen haben gezeigt, dass der Kurs an jedem Tag in einen dieser Bereich eintritt. Handeln Sie in Richtung des Trends und achten Sie auf den nächstkürzeren Zeitrahmen, bevor Sie eine Position eingehen. So können Sie von den Bewegungen über zwei bis drei Tage wunderbar profitieren. Alle zwei, drei Tage kaufen Sie bei kurzfristiger Schwäche, und Sie verkaufen bei Stärke (und umgekehrt).

Eine Erweiterung dieser grundlegenden Ideen ist die Verwendung eines Drei-Tage-Durchschnitts zur Projektion der Unterstützungs- und Widerstandsbereiche. Die Drummond-Geometrie befasst sich mit dieser Möglichkeit und wendet den Durchschnitt von drei Tagen sowie mehrere Zeitrahmen an.

Anhand der letzten drei Balken lässt sich auch der Unterstützungsbereich wie in Abbildung 6.18 vorherbestimmen. Die Hoch-Tief-Vorhersagen der letzten zwei Tage lassen auf den erwarteten tiefen Bereich des nächsten Balkens schließen. Hier sollte man sich Gedanken über die Eröffnung einer Long-Position oder das Schließen einer bestehenden Short-Position machen.

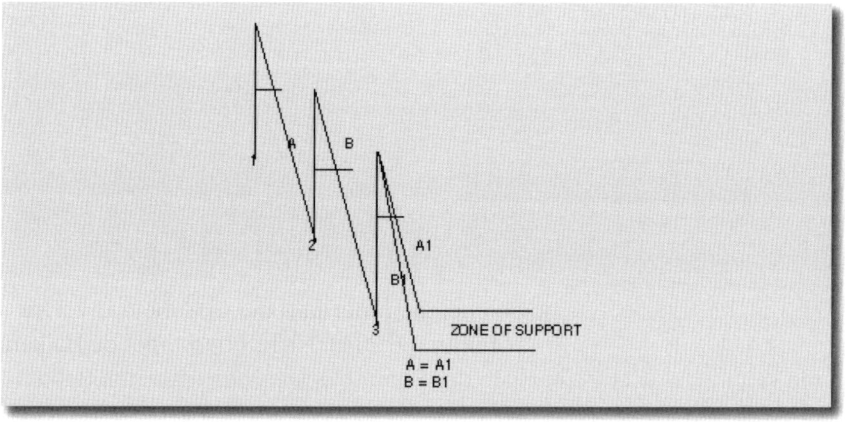

Abb. 6.18: *Unterstützungsbereich auf Basis der vorhergehenden Balken*

Entrümpelungsmuster

Diese kraftvolle Formation ist eine Art Knick oder Sprung (Abbildung 6.19). Der Hauptunterschied liegt darin, dass alles an nur einem Tag geschieht. Die Bedingungen sind:

1. Der Kurs eröffnet über einem früheren Widerstand (zum Beispiel das Vortagestief).
2. Der Kurs fällt ein wenig unter das Vortagestief (weniger als die halbe Spanne).
3. Die Richtung des Kurses ändert sich und übersteigt das Hoch (die Eröffnung) des Tages. An diesem Punkt wird die Long-Position eröffnet. Die neuen Short-Positionen sitzen in der Falle.

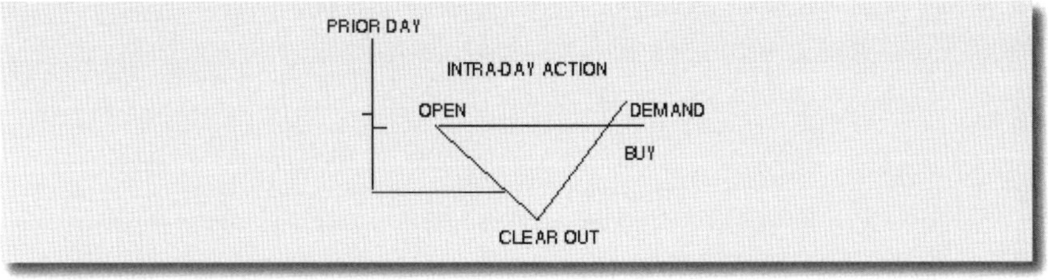

Abb. 6.19: *Entrümpelung*

Seien Sie vorsichtig, wenn der Kurs um mehr als die halbe Spanne unter das Vortagestief fällt und nur mit Mühe wieder das Tief erreicht oder knapp übersteigt. Der Schlüssel liegt in der Eröffnung und den ersten Bewegungen am nächsten Morgen. Das Geheimnis bei diesen Mustern liegt in der Vorwegnahme der Bewegung. Geben Sie mitten am Vormittag eine Stopp-Buy-Order zu einem Kurs ein, der Ihnen wahrscheinlich sehr hoch erscheint. Sollte der Kurs später wirklich auf dieses Niveau zurückkehren, dann sitzen Sie schon auf dem fahrenden Zug.

Überlappende und nicht überlappende Balken

Überlappende Balken sind solche, die innerhalb der Spanne des vorhergehenden Balkens liegen (Abbildung 6.20A). Nicht überlappende Balken sind solche, die nicht innerhalb der Spanne des vorhergehenden Balkens liegen. In Abbildung 6.20B liegt das Tief des Balkens 1 über dem Hoch des Balkens 3. Dieser Handelsansatz erfordert einiges Urteilsvermögen. Dieses einfache Marktprinzip ermöglicht den Einstieg in einen ansteigenden Markt, der leicht überverkauft ist, und umgekehrt. Die grundlegende Idee für einen Kauf ist zu warten, bis während einer Korrektur das Hoch des Korrekturbalkens unter dem Tief der Spitze des Schubes liegt. Dann kaufen Sie bei einem Anzeichen der Stärke oder der Erschöpfung der Abwärtsbewegung, wie zum Beispiel:

1. Ein Balken mit geringer Spanne, der auf eine Erschöpfung des Angebotes schließen lässt
2. Ein positiver Balken, der über den beiden vorhergehenden Schlusskursen schließt
3. Eine Kursbewegung weg von der Eröffnung und über die beiden letzten Schlusskurse

Der Stopp und die Orders zur Gewinnmitnahme sollten sofort nach der Eröffnung der Position platziert werden. Werte in einem starken Aufwärtstrend zeigen wenige nicht überlappende negative Balken.

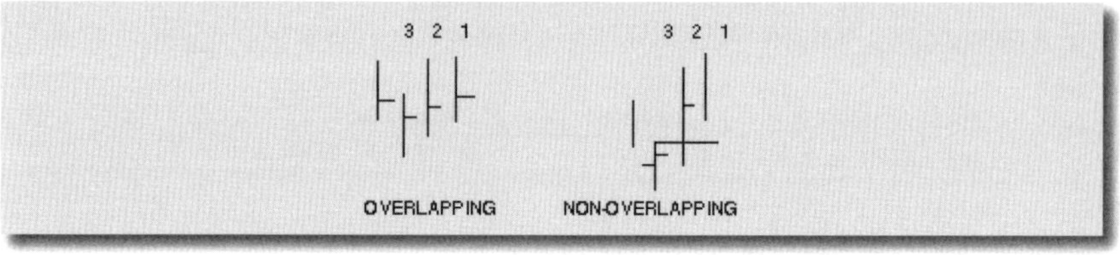

***Abb. 6.20:** Überlappende und nicht überlappende Balken*

Nicht überlappende Tops und Bottoms

Ein nicht überlappendes Top wird gebildet, wenn ein Balken ganz unter dem Tief des höchsten Balkens liegt (Abbildung 6.21). Dies kann gleich am ersten Tag oder auch mehrere Tage später der Fall sein. Beim nicht überlappenden Bottom verhält sich der Kursverlauf genau spiegelbildlich. Dies sind aber nur Richtlinien: Sie brauchen unbedingt Ihren eigenen Trading-Plan für die Eröffnung einer Position, den Stopp und die Gewinnmitnahme.

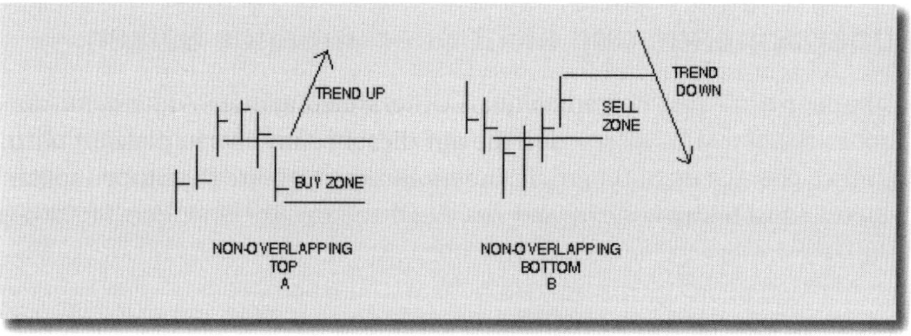

***Abb. 6.21:** Nicht überlappende Tops und Bottoms*

Werte im Aufwärtstrend bilden wenige negative, nicht überlappende Balken wie in Abbildung 6.22A. Ein nicht überlappender Balken tritt immer bei einer Trendwende auf (Abbildung 6.22B). Achten Sie für den weiteren Kursverlauf auf die drei nachfolgenden Balken. Steigt der Kurs nicht innerhalb dieser drei Balken wieder auf das Niveau des letzten Tops, dann deutet dies auf ein ausreichendes Angebot hin, und ein weiterer Kursverfall ist möglich. Die Anwendung dieses Ansatzes hilft bei der Feststellung der Kursrichtung nach einer Kongestionsphase.

Der Kurs neigt dazu, zwei oder drei Mal auf dasselbe Niveau zu gehen. Tritt ein nicht überlappender negativer Balken auf, dann liegt der Ausstiegspunkt ungefähr eine ganze bis eine halbe Spanne über dem

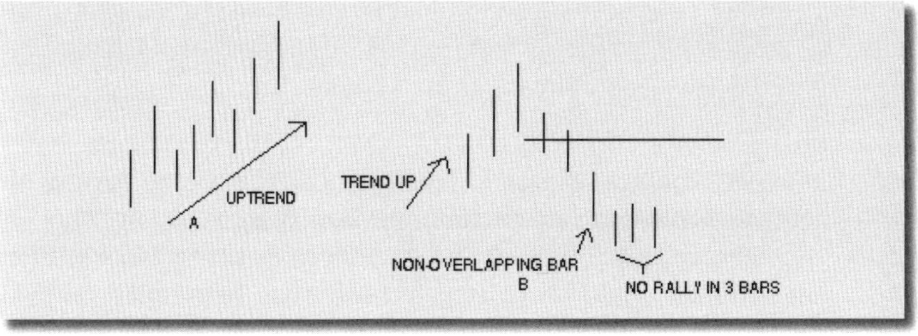

Abb. 6.22: *Fortführung eines Trends und Trendwende*

Hoch des nicht überlappenden Balkens. Dies funktioniert vor allem beim Eintritt in eine Kongestionsphase hervorragend. Seien Sie nach dem dritten oder vierten Schwung vorsichtig: Hier erfolgt oft der Ausbruch aus der Seitwärtsbewegung.

Zwei-Tage-Überschneidung

Zwei ansteigende Balken mit großer Spanne, die sich nur wenig überschneiden, deuten auf starke Nachfrage hin. Der Bereich der Überschneidung dieser beiden Balken dient als Unterstützung oder Widerstand (Abbildung 6.23). Mit einer Order, die auf diesem Kursniveau platziert wird, können Sie eine Position mit geringem Risiko eröffnen. Die Stopps sollten knapp außerhalb dieses Bereiches liegen.

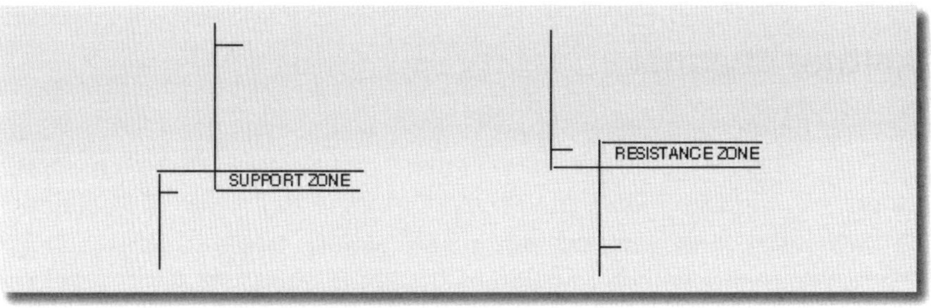

Abb. 6.23: *Zwei Balken mit großer Spanne*

Kanalhandelssysteme

Es gibt viele käufliche Kanalhandelsysteme, für die man zwischen $3.000 und $10.000 bezahlen muss. Im Lauf der Jahre haben sich einige dieser

Ansätze, die auf exakten mathematischen Regeln beruhen, als sehr profitabel herausgestellt. Andere wiederum erfordern eine persönliche Einschätzung der jeweiligen Situation und können deshalb nicht programmiert werden. Es gibt drei Arten:

1. *Keltner Channels*. Dieser Kanal mit konstanter Breite beruht auf einem Gleitenden Durchschnitt wie zum Beispiel einem Zehn-Tage-Durchschnitt. Die Breite wird durch einen prozentualen Anteil des Kurses genau festgelegt. Je nach dem Zeitrahmen müssen verschiedene Werte gewählt werden. Das Ziel ist eine Kanalbreite, mit der die meisten, aber nicht alle Kurse umschlossen werden. Ursprünglich setzte Keltner einen durchschnittlichen Abstand über und unter dem Kanal ein.
2. *Bollinger Bands*. Eine Standardabweichung vom durchschnittlichen Schlusskurs
3. *Donchian Channels* oder *Das Turtle-System*. Hier geht es um einen Ausbruch über das höchste Hoch oder das Unterschreiten des tiefsten Tiefs innerhalb einer bestimmten Anzahl von Tagen. Seit längerem ist ein Zeitraum von vier Wochen als Berechnungsbasis in Verwendung.

Da sich die Kurse fast ständig innerhalb eines Kanals befinden, liegt das Hauptaugenmerk darauf, unter Verwendung der in diesem Buch vorgestellten Ansätze zwischen den beiden Kanallinien hin- und herzuhandeln. Manche dieser Systeme lassen sich programmieren, während andere mehr persönliche Einschätzungen erfordern. Hier zeigen wir die grundlegenden Methoden zum Einsatz dieser Kanallinien.

Keltner Channel

Chester Keltner war ein anerkannter Techniker, den man mit Recht als einen der ersten Systemtrader bezeichnen kann. Sein 1960 veröffentlichtes Buch *How to Make Money in Commodities* beschreibt eine Methode, die er „Die Zehn-Tage-Durchschnitts-Regel" nannte. Dieses recht einfache System verwendet einen Kanal mit konstanter Breite, um Kauf- und Verkaufssignale zeitlich zu bestimmen. Hier sind die Regeln:

1. Berechne den durchschnittlichen Tageskurs (Hoch+Tief+Schluss)/3
2. Berechne einen Zehn-Tage-Durchschnitt des durchschnittlichen Tageskurses
3. Berechne einen Zehn-Tage-Durchschnitt der durchschnittlichen Tagesspanne

4. Diese Tagesspanne wird zum Zehn-Tage-Duchschnitt hinzugezählt oder abgezogen. Dadurch erhält man einen Kanal.
5. Kaufe, wenn der Kurs die obere Kanallinie durchbricht; verkaufe, wenn der Kurs die untere Kanallinie durchbricht.

Damit sind Sie immer im Markt. Die Computertests haben erwiesen, dass dies ein ineffizientes Handelssystem ist, das einfach bei Stärke kauft und bei Schwäche verkauft. Einige Trader haben sich mit der grundlegenden Idee des Handelns anhand der Kanallinien auseinander gesetzt und kamen zu folgenden Ergebnissen:

1. Anstatt am oberen Band zu kaufen, verkaufen Sie, und umgekehrt. Dies ist ein schlüssiger Ansatz, da sich der Kurs ja fast ständig innerhalb der Kanallinien und innerhalb einer begrenzten Schwankungsbreite bewegt. Der Nachteil dabei ist, dass Sie vielleicht eine starke Kursbewegung verpassen.
2. Die Anzahl der Tage wird verändert. Einige Ansätze verwenden einen Drei-Tage-Durchschnitt mit den entsprechenden Kanallinien.
3. Einige Ansätze bestimmen den Zeitpunkt des Einstieges in eine Position anhand eines kürzeren Zeitrahmens. Erreicht der Kurs zum Beispiel das obere Band, dann handeln Sie nicht, bevor im kürzeren Zeitrahmen ein Signal ausgelöst wird.

Eine Abwandlung des Keltner-Systems

Je nach Ihrem Trading-Stil können die Keltner Channels auf jeden Zeitrahmen und auf jeden Wert angewendet werden (Abbildung 6.24). Auch beim Day Trading des S&P 500 sind sie sehr nützlich. Beachten Sie dabei die folgenden Regeln:

1. Verwenden Sie Drei-Balken- und Zehn-Balken-Durchschnitte der Schlusskurse. Die Durchschnitte werden um einen Balken nach vorne verschoben. Der längerfristige Durchschnitt dient als Trendindikator. Der kurzfristige Durchschnitt mit den entsprechenden Kanallinien wird herangezogen, um kurzfristige überkaufte und überverkaufte Gelegenheiten festzustellen. Die Ausgangsbasis ist, dass der Kauf in einem überverkauften Zustand erfolgt oder auch bei der Ausbildung einer kurzfristigen Basis, sofern der längerfristige Trend positiv ist. Der Verkauf erfolgt bei Marktstärke. Kaufen bei Schwäche, verkaufen bei Stärke, aber immer in der Richtung des längerfristigen Trends handeln.
2. Trend. Der Trend wird durch die Neigung des Zehn-Tage-Durchschnittes, die Drehpunkte und die Richtung des Schubes festgestellt.

3. Kanalbreite. Die obere Kanallinie wird aus dem Durchschnitt der letzten drei Hochs gebildet, die untere Kanallinie aus dem Durchschnitt der letzten drei Tiefs.
4. Unterstützung und Widerstand. Hier ist Ihre subjektive Einschätzung der Situation gefragt. Hat der tiefste Balken eine große Spanne, dann liegt der Kaufbereich innerhalb der Spanne des jüngsten Balkens mit geringer Spanne nach dem letzten tiefen Drehpunkt.
5. Der Schub und einfache ABC-Korrekturen werden genutzt.

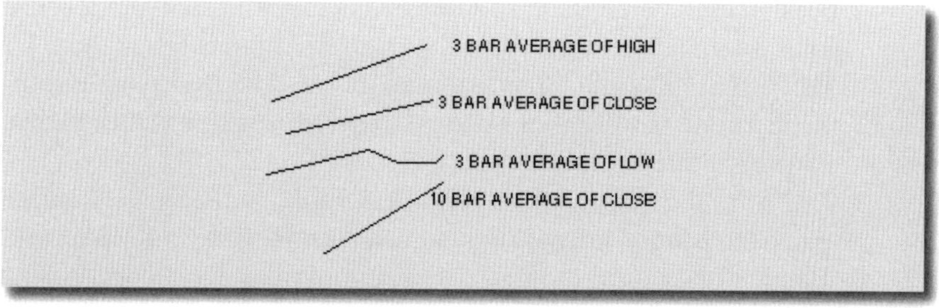

Abb. 6.24: *Drei-Balken-Kanäle*

Einstieg in eine Long-Position bei ansteigendem Trend

Nutzen Sie eine der folgenden Gelegenheiten zur Eröffnung einer Long-Position (Abbildung 6.25):

1. Kaufen Sie im Unterstützungsbereich. (Abbildung 6.25A)
2. Kaufen Sie beim Zehn-Tage-Durchschnitt, wenn dieser unter dem unteren Drei-Tage-Durchschnitt verläuft. (Abbildung 6.25B)
3. Kaufen Sie bei der unteren Kanallinie, wenn diese unter dem Zehn-Tage-Durchschnitt liegt. (Abbildung 6.25C)

Die Gewinnmitnahme erfolgt prinzipiell nach eigenem Ermessen. Verkaufen Sie oder sichern Sie Ihre Gewinne mit einem Trailing-Stopp, wenn der Kurs in den Widerstands- oder Verkaufsbereich steigt. Der Verkaufsbereich ist:

1. Innerhalb der Spanne des höchsten Balkens.
2. Im Bereich der oberen Kanallinie, sofern diese über dem Zehn-Tage-Durchschnitt liegt.
3. Beim Zehn-Tage-Durchschnitt, wenn dieser über der oberen Kanallinie liegt.

Verwenden Sie einen Trailing-Stopp, dann sollten Sie Ihre Gewinne realisieren,

1. Wenn der Kurs in den Kanalbereich zurückkommt, nachdem der letzte Schlusskurs außerhalb des Kanalbereiches lag.
2. Wenn der Schlusskurs unter dem Eröffnungskurs und außerhalb der oberen Kanallinie liegt.
3. Bei einem negativen 50-%-Opening-Range-Break-out.

Das System erfordert individuelle Entscheidungen darüber, welche Regeln in welcher Situation zum Einsatz kommen sollen. Hier kommt auch der Überblick über die Gesamtsituation ins Spiel, der schon in Kapitel 1 angesprochen wurde. Steht der Kurs zum Beispiel am Anfang einer Kongestionsphase, dann werden die Gewinne schneller realisiert. Befindet sich der Kurs aber eher am Ende einer solchen Phase, dann halten Sie die Position in Erwartung eines Ausbruchs vielleicht ein wenig länger.

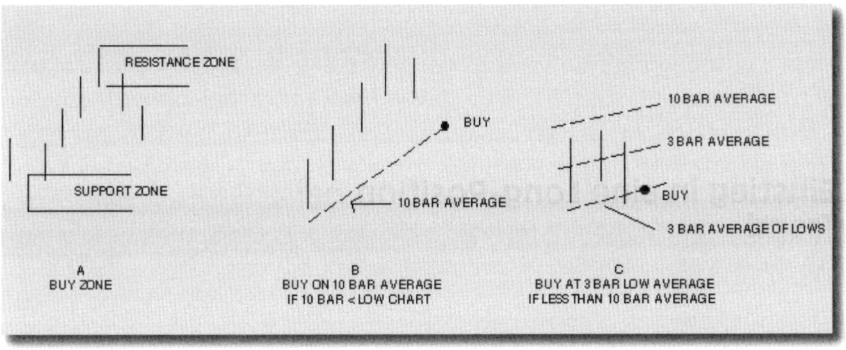

***Abb. 6.25:** Aktionspunkte beim Handeln anhand von Kanallinien*

Stopps

Platzieren Sie den Stopp um die Spanne des Einstiegsbalkens unter dem Einstiegspunkt. Werden Sie aus einer Long-Position ausgestoppt, dann eröffnen Sie eine neue Long-Position erst, nachdem der Kurs über den Drei-Tage- oder den Zehn-Tage-Durchschnitt gestiegen und danach wieder in den überverkauften Bereich gefallen ist. Halten Sie eine Long-Position, und das Hoch des Einstiegsbalkens wird überschritten, dann ziehen Sie Ihren Stopp knapp unter das Tief des Einstiegsbalkens nach.

Abbildung 6.26 stellt diesen Ansatz dar. Manche Trades wurden dabei vielleicht übersehen. Daraus sollten die Grundlagen des Handelns mit den Keltner Channels ersichtlich sein. Zu diesem Thema gibt es auch verschie-

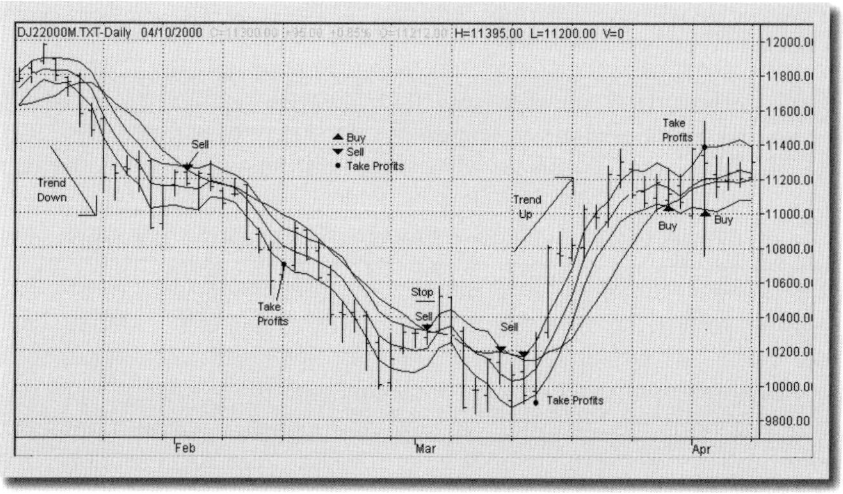

Abb. 6.26: *Bonds mit Kanallinien (Juni 2000). Erstellt mit TradeStation 2000i von Omega Research© 1999*

dene Lehrgänge mit unterschiedlichen Details, die zwischen $3.000 und $10.000 erhältlich sind. Manche davon verwenden Indikatoren, um den Trend festzustellen. Die Verwendung von Drehpunkten, der Neigung der Zehn-Tage-Linie, kurzfristigen Mustern sowie der Gesamtüberblick sind ebenso sinnvoll und effizient. Entwickeln Sie auf der Grundlage dieses Ansatzes Ihre eigenen, auf Ihren Trading-Stil zugeschnittenen Ein- und Ausstiegstechniken.

Bollinger Bands

Diese von John Bollinger entwickelte Methode basiert auf dem Einsatz zweier Standardabweichungen, die als Bänder über und unter einem Gleitenden Durchschnitt von normalerweise 14 oder 20 Tagen liegen. Der Ansatz besagt, dass der Verkauf erfolgt, wenn der Kurs über das obere Band durchbricht und umgekehrt. Mit steigender Volatilität steigen auch die Bänder an und umgekehrt. Eines der besten Langzeitsysteme, die auf dieser Methode basieren, heißt *Aberration*; es wurde von Keith Fitschen entwickelt.

Die Bollinger Bands eignen sich hervorragend, um schnell einen guten Überblick über einen Markt zu bekommen. Wir verwenden bevorzugt einen 20-Tage-Durchschnitt mit der Anzeige von einer und von zwei Standardabweichungen. Ein kurzer Blick auf den Chart informiert Sie über den Trend, die Volatilität und darüber, ob der Wert überkauft oder überverkauft ist. Liegt der Kurs über einer Standardabweichung, dann ist er überkauft. Liegt er über zwei Standardabweichungen, dann ist er stark überkauft. Bei praktisch allen Charts werden Sie feststellen, dass der Kurs auch in starken Trendzeiten dazu neigt, sich zum Durchschnitt hin zu entwickeln. So kann diese Erkenntnis angewendet werden:

1. Ist der Wert überverkauft, achten Sie im aktuellen und nächstkürzeren Zeitrahmen auf Muster, die einen günstigen Einstieg ermöglichen. Halten Sie eine Short-Position, dann sollten Sie sich bereithalten, Ihre Gewinne zu realisieren, sobald die Anzeichen eines Verkaufshöhepunktes erkennbar werden oder die Nachfrage das Angebot übersteigt.
2. Ist der Wert überkauft, verhalten Sie sich genau umgekehrt.
3. Bei nahe beieinander liegenden Bändern sollten Sie Puts und Calls kaufen.
4. Gehen die Bänder wieder auseinander, verkaufen Sie Puts und Calls.

Handeln Sie immer mit dem Trend, außer an wichtigen Umkehrpunkten des Kurses. Einige Kursmuster wie der Knick oder der Sprung sind gegen den Trend gerichtete Signale und führen oft zu den Gewinn bringenden Trades.

Abbildung 6.27 zeigt einige der Muster, die anhand der Anzeige von einer und zwei Standardabweichungen gut erkennbar sind.

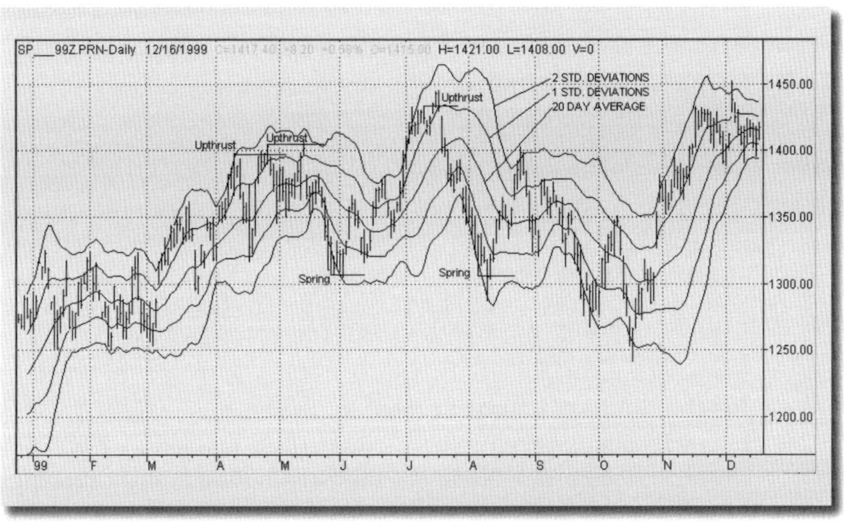

Abb. 6.27: *Bollinger Bands S&P-Tageschart (Dezember 1999). Erstellt mit TradeStation 2000i von Omega Research© 1999*

Korrektur

Der Kauf während einer Korrektur nach einem Zeichen der Stärke erlaubt es Ihnen, auf einen fahrenden Zug aufzuspringen und dabei das Risiko gering zu halten, ausgestoppt zu werden. Beim Kauf in einer Korrektur während einer kurzfristigen Schwäche sollte ein Stopp von einer durchschnittlichen Spanne verwendet werden. Kaufen Sie bei Stärke, dann ist ein größerer Stopp erforderlich.

Die meisten Schübe korrigieren um ungefähr 50 %. In Abbildung 6.28 sehen Sie verschiedene Korrekturen. Sie kaufen bei einer kurzfristigen Schwäche in Erwartung eines Umkehrpunktes. Ein Trade wird sicherer, wenn sie Ihre Position während einer Korrektur und nicht während eines Ausbruches eröffnen. Sie werden zwar einige große Kursbewegungen verpassen, aber Sie können Ihre Stopps mit geringerem Risiko platzieren. Die Korrekturen informieren Sie darüber, ob es sich um einen Erschöpfungsausbruch oder um den Anfang eines großen Kursanstiegs handelt.

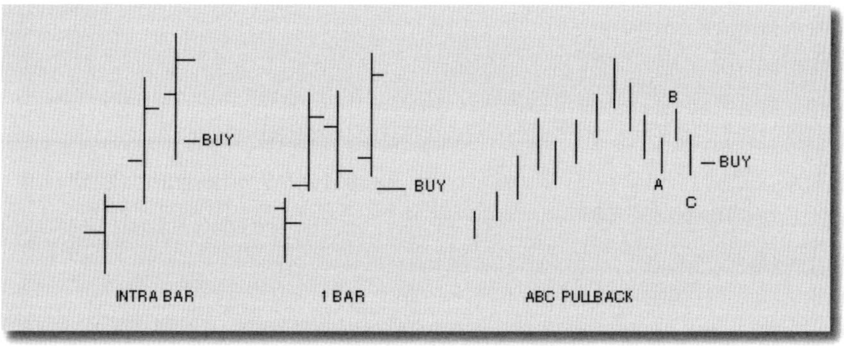

***Abb. 6.28:** Verschiedene Korrekturen*

Die Nachteile sind:

- Sie werden einige große Kursbewegungen verpassen, wenn Sie auf die Korrektur warten, um Ihre Position zu eröffnen.
- Sie wissen nicht, auf welchem Kursniveau während der Korrektur Sie Ihre Position eröffnen sollen. In diesem Buch wurden schon einige Einstiegstechniken beschrieben. Eine mögliche Lösung des Problems ist es, sich am nächstkürzeren Zeitrahmen zu orientieren. Kleine Umkehrmuster im kürzeren Zeitrahmen sollten den Einstieg erleichtern. Zudem zeigt der längere Zeitrahmen die Bereiche der Unterstützung und des Widerstandes an. So können Sie die Anzahl der Fehlsignale einschränken.

- Die Korrektur könnte sich als Trendwende herausstellen und so zu einem Verlust führen.

Der Chart von Yahoo (Abbildung 6.29) zeigt einige offensichtliche Schübe mit folgenden Korrekturen. Die fehlgeschlagenen Korrekturen sind ebenfalls eingetragen.

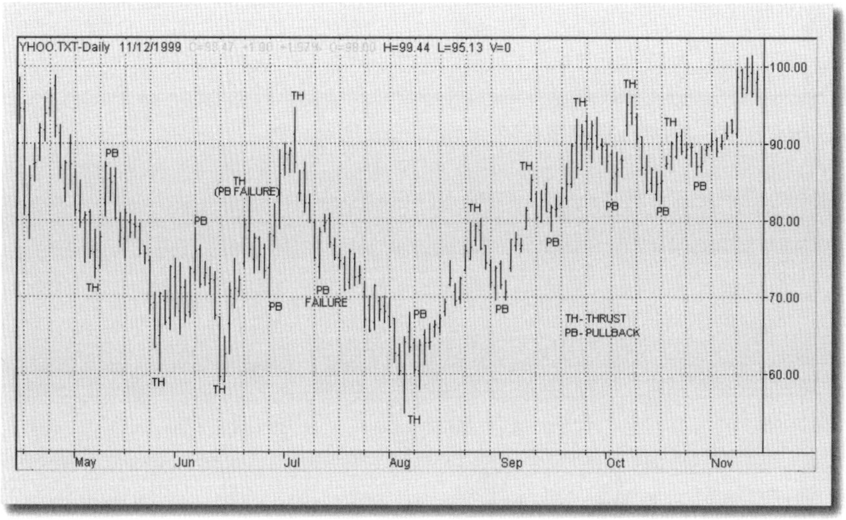

Abb. 6.29: *Yahoo – Die Korrekturen. Erstellt mit TradeStation 2000i von Omega Research© 1999*

Hoch des tiefsten Balkens beim Kauf / Tief des höchsten Balkens beim Verkauf

Abbildung 6.30 zeigt den Kauf- und den Verkaufsbereich. Die einfachste Methode, anhand dieses Musters zu handeln, ist, beim Eintritt des Kurses in den Kaufbereich zu kaufen und umgekehrt. Sie können in diesen Bereichen Orders mit den entsprechenden Stopps platzieren oder im nächstkürzeren Zeitrahmen auf Anzeichen des Verhältnisses von Angebot und Nachfrage achten.

Durchbricht der Kurs mit Bestimmtheit eine dieser Zonen, dann verliert sie ihre Bedeutung als Unterstützungs- oder Widerstandsbereich. Der Chart von Royal Dutch (Abbildung 6.31) illustriert diese Methode. Die einzelnen Kauf- und Verkaufspunkte wurden nicht eingezeichnet, aber der grundlegende Ansatz ist klar ersichtlich.

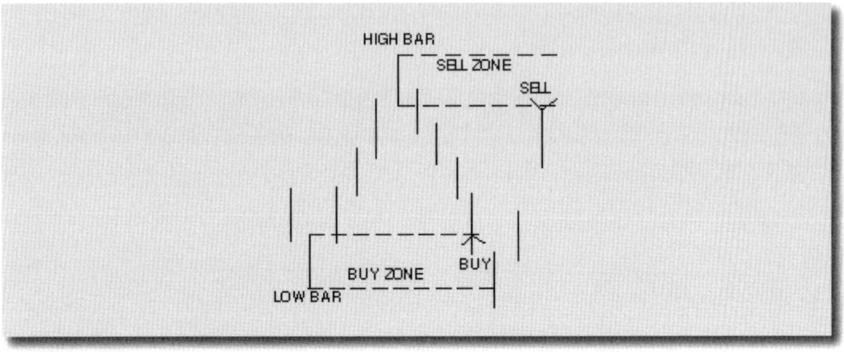

***Abb. 6.30:** Kauf beim Tief, Verkauf beim Hoch*

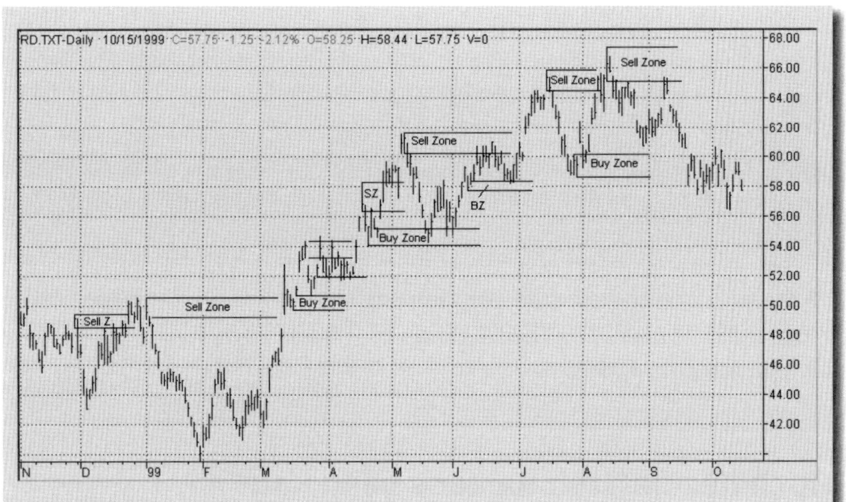

***Abb. 6.31:** Royal Dutch Petroleum; hohe/tiefe Balken zum Einstieg in den Markt. Erstellt mit TradeStation 2000i von Omega Research© 1999*

Drei ansteigende bzw. absinkende Balken

Eine Bewegung über zwei oder drei Tage mit kontinuierlich ansteigenden Hochs bietet häufig eine gute Gelegenheit zum Trading (Abbildung 6.32). In einem solchen Bereich ist der Kurs schnell überdehnt und schon leicht erschöpft. Oft führen bereits wenige Verkäufe zu einem Kurseinbruch oder zur Wiederaufnahme eines Abwärtstrends (und umgekehrt). In den meisten Fällen führt ein solches Kursverhalten zumindest zu einem kurzen Einbruch.

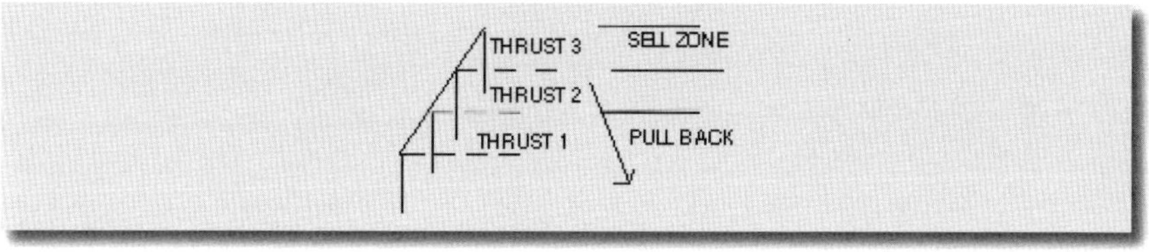

Abb. 6.32: *Ansteigendes Drei-Balken-Muster*

Die Grundannahme ist, dass die Anstiege 2 und 3 gleich stark sind wie Anstieg 1. Inside Days werden nicht berücksichtigt. Dies sind die Regeln (nur für Verkäufe):

1. Bei drei relativ starken aufeinander folgenden positiven Balken sollten Sie Ihre Position schließen oder sogar umkehren. Ignorieren Sie Inside Days. Platzieren Sie Ihre Orders im Zielbereich oder bei einem Schlusskurs unterhalb des Eröffnungskurses am dritten Tag.
2. Die Ziele für den dritten Balken sind (a) Fortführung des Schubes, wie oben gezeigt, und (b) die halbe bis ganze Spanne des ersten Balkens über dem Hoch des ersten Balkens.
3. Setzen Sie den Stopp um eine Spanne über dem Einstiegspunkt. Ziehen Sie den Stopp auf das Hoch des dritten Tages nach, sobald das Tief des Einstiegsbalkens durchbrochen wurde.
4. Für kurzfristig orientierte Trader erfolgt die Gewinnmitnahme (bei Short-Positionen) im unteren Viertel des ersten Balkens des dreitägigen Schubes.

Dies ist kein eigenständiges Handelssystem. Es ermöglicht Ihnen lediglich den Ein- oder Ausstieg aus einer Position unter überbeanspruchten Bedingungen. Der Chart von Yahoo (Abbildung 6.33) zeigt diese Methode.

Schützen Sie Ihren Gewinn

Bewegt sich der Kurs über drei Tage zu Ihren Gunsten, dann sollten Sie Ihre Gewinne folgendermaßen schützen:

- Schließen Sie die Position nach dem dritten positiven Tag.
- Wird das Hoch des dritten Tages überschritten, platzieren Sie einen Stopp einen Tick unter dem Tief des dritten Tages.
- Schließt der Kurs unterhalb der Balkenmitte des dritten Tages, schließen Sie Ihre Position. Ignorieren Sie Inside Days.
- Platzieren Sie einen Stopp unter dem Tief jedes Tages.

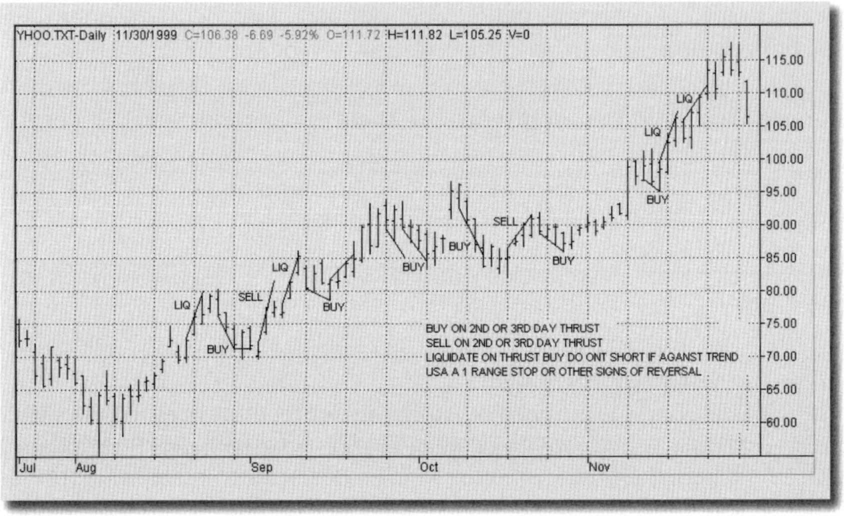

Abb. 6.33: *Yahoo – zwei- oder dreitägige Schübe. Erstellt mit TradeStation 2000i von Omega Research© 1999*

Dynamitdreieck

Das Dynamitdreieck ist ein leistungsfähiges Werkzeug in Ihrem Arsenal. Sie können damit in einen schnellen Markt einsteigen und mit einem eng gesetzten Stopp wieder aussteigen, wenn Sie falsch liegen (Abbildung 6.34).

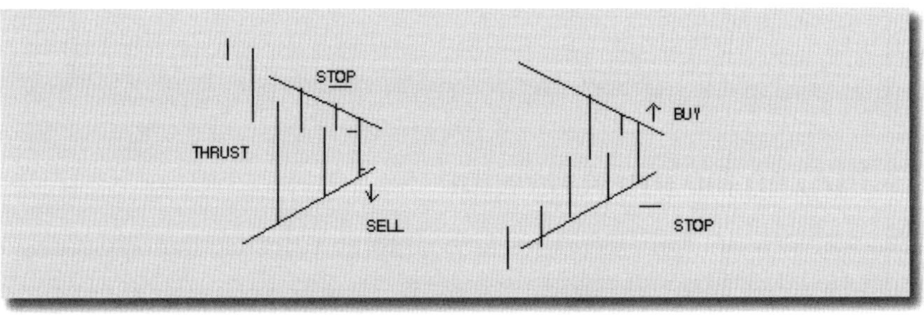

Abb. 6.34: *Das Dynamitdreieck*

Das Muster besteht aus mehreren Balken in einer relativ engen Formation. Der letzte Balken vor dem Ausbruch schließt normalerweise in der Richtung des Ausbruches. Der weitere Kursverlauf nach diesem Muster kann in beide Richtungen gehen, aber normalerweise wird die ursprüngliche Richtung beibehalten. Der Einstieg erfolgt entweder, während der Balken vor dem Ausbruch gebildet wird, oder beim Durchbrechen der engen Trendlinie. Der Stopp wird sofort auf der anderen Seite der Formation platziert. Ein sofortiges Scheitern kann vorkommen, deshalb muss der Stopp schnell gesetzt werden. Die Bedingungen lauten folgendermaßen:

1. Der Kurs bewegt sich kraftvoll aus einer Kongestionsphase heraus.
2. Der Kurs bleibt über zwei bis vier Balken in einer engen Formation mit geringen Spannen.
3. Der Kurs führt seine Bewegung in der Richtung des Schubes fort, indem er die enge Trendlinie durchbricht oder in der Richtung des Schubes schließt.
4. Der Einstiegspunkt ergibt sich nach Erfüllung der obigen Bedingungen.

Betrachten Sie Abbildung 6.35 eingehend und suchen Sie dann nach weiteren solchen Mustern in anderen Charts. Die Einfachheit und Schönheit dieser unkomplizierten Formation wird Sie überraschen.

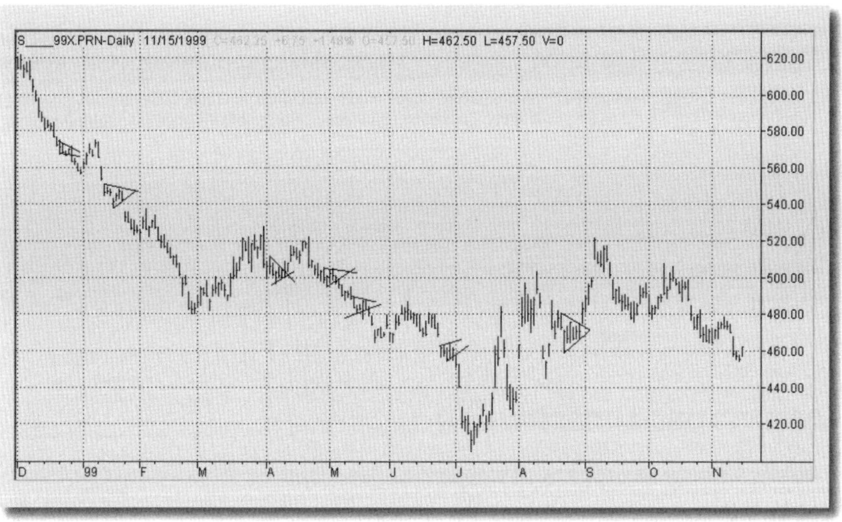

***Abb. 6.35:** Sojabohnen (November 1999). Erstellt mit TradeStation 2000i von Omega Research© 1999*

Kurze / lange Balken

Ein kurzer Balken, auf den ein langer Balken folgt, ist oft ein Anzeichen eines Wendepunktes. Es weist auf eine Bewegung nach einer Erholungsphase hin. Ein Einstieg in diesem Bereich führt oft zu schnellen Gewinnen oder bietet sich als früher Einstieg in einer größere Kursbewegung an.

Die Ausgangslage für den Kauf (umgekehrt beim Verkauf):

1. Einstieg beim Schluss des langen Balkens
2. Einstieg bei der Korrektur zum mittleren Bereich des langen Balkens oder zum Hoch des kurzen Balkens

Der Stopp sollte auf der gegenüberliegenden Seite des kurzen Balkens platziert werden.

Dieses Muster bietet keinen eigenständigen Handelsansatz, aber es eignet sich hervorragend zum Einsatz mit anderen Filtern, wenn diese einen möglichen Wendepunkt anzeigen. In Abbildung 6.36 sehen Sie mehrere Signale, die durch kurze und lange Balken angezeigt werden. Die Ausstiegspunkte sind zwar nicht eingezeichnet, aber sie sind mindestens so wichtig wie die Einstiegspunkte.

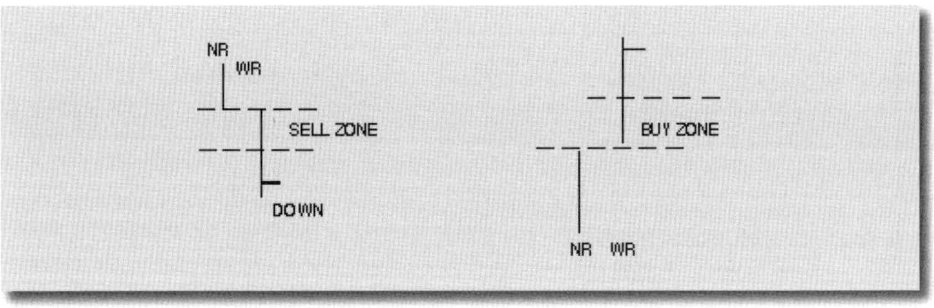

Abb. 6.36: *Kurze und lange Balken*

Zwei-Tages-Umschwung

Dieses Muster kommt nach einem Balken mit starkem Schub in eine Richtung vor, der den Anschein großer Nachfrage erweckt (wenn der Schub positiv ist), aber am nächsten Tag eröffnet der Kurs tiefer und bricht während des ganzen Tages weiter ein (Abbildung 6.37). Die überwältigende Nachfrage wurde befriedigt, und das Angebot bestimmt jetzt wieder die Richtung. Zwei-Tages-Umschwünge erscheinen oft bei Tops und Bottoms. Die Spanne beider Balken sollte über dem Durchschnitt liegen. Abbildung 3.38 zeigt einige Zwei-Tages-Umschwünge von Cisco Systems.

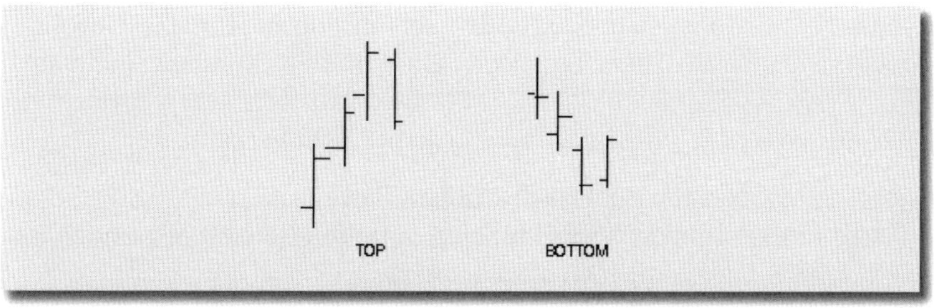

Abb. 6.37: *Zwei-Tage-Umschwung*

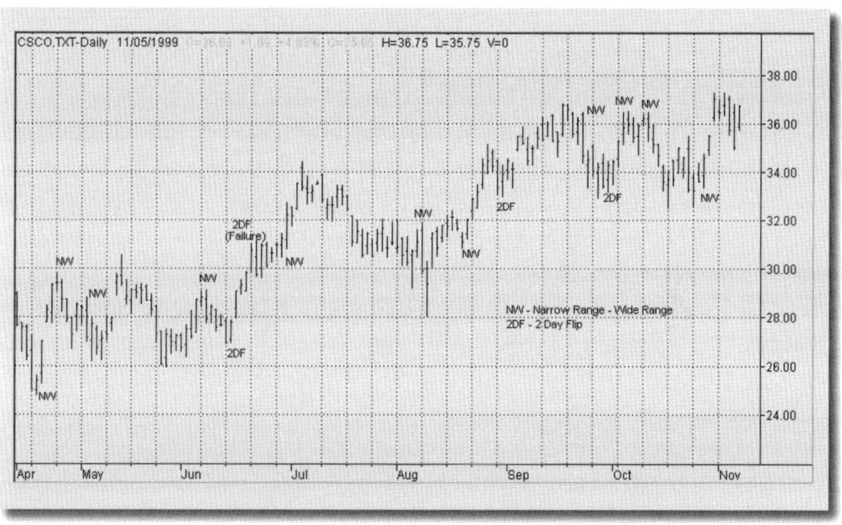

Abb. 6.38: *Cisco Systems; Zwei-Tage-Umschwung. Erstellt mit Trade Station 2000i von Omega Research© 1999*

Ausbruch aus einer engen Formation

Ein Ausbruch aus einer engen Formation, wobei der Ausbruchsbalken eine größere Spanne hat als mehrere vorherige Balken, gibt im Allgemeinen ein gültiges Signal. Handeln Sie in die Richtung des Ausbruches, vorausgesetzt, der Ausbruch erfolgt in der Richtung des Trends. Die vorherigen Tage sollten sich überlappen oder innerhalb eines engen Bereiches liegen. Die Anzahl der Balken kann zwischen zehn und zwei liegen, wobei

Letzteres eher als Formation mit einem kurzen und einem langen Balken gesehen wird (Abbildung 6.39).

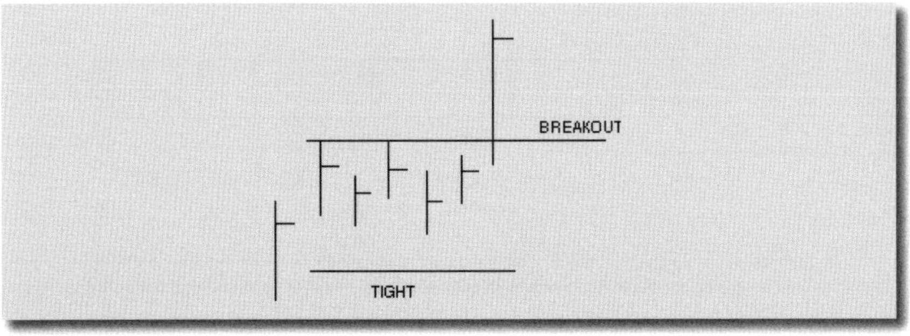

Abb. 6.39: *Ausbruch aus einer engen Formation*

Bedeutung des Ausstiegs

Der Einstieg in einen Trade ist bei weitem einfacher als der Ausstieg, da Ihr Kopf zu diesem Zeitpunkt noch relativ frei ist. Während Sie eine Position halten, werden Sie stark von Ihren Gefühlen beeinflusst. Daher sollten Sie die Regeln für den Ausstieg aus einer Position schon vor dem Einstieg festlegen.

Der Einstieg in eine Position wird immer mit besonderer Sorgfalt behandelt. Der Ausstieg aus der Position ist aber nicht weniger wichtig. Ein- und Ausstieg sollten in harmonischem Einklang stehen, da sie zusammengehören. So passen ein Einstieg bei einem 80-Tage-Ausbruch und ein Ausstieg bei einer Vier-Tage-Bewegung nicht gut zusammen.

Tabelle 6.1 beschreibt eine Einstiegstechnik und dazu sechs Ausstiegstechniken. Damit wird die Bedeutung der Ausstiegsmethode deutlich. Die Tests wurden auf 24 verschiedene Futures zwischen Januar 1984 und Juni 1999 angewandt. Pro Signal wurde ein Kontrakt gehandelt. Die Gebühren und die Slippage wurden nicht berücksichtigt.

- *Einstieg*: Opening Range Break-out, zwei Muster, ein Trendfilter. (Eine Einstiegsmethode für alle Tests)
- *Ausstieg*: Sechs verschieden Ausstiegsmethoden werden gezeigt, darunter eine Umkehrmethode, vier Filtermethoden und ein Day Trade.

Tabelle 6.1: *Ausstiegsmethoden bei gleich bleibender Einstiegsmethode in sechs Fällen*

Sechs Ausstiegsmethoden, dieselbe Einstiegsmethode
Test mit 24 Futures, 1/1/84 – 6/30/99
Derselbe Ein- und Ausstieg für jeden Future, ein Kontrakt pro Signal
Gebühren und Slippage nicht berücksichtigt

Ausstieg	1	2	3	4	5	6
Filter	Umkehr*					Day Trade
ORBO	X	X	X	X	X	
Muster 1	X					
Muster 2	X	X	X			
Muster 3				X		
Trend	X	X				
Ergebnisse						
Gewinn /Jahr ($)	38.422	50.353	58.163	59.941	60.958	29.641
Max. Drawdown ($)	150.068	107.346	39.128	31.421	24.599	20.803
Rendite (%)	5,00	9,4	29,4	38,2	49,6	28,5
Erforderliches Kapital ($)**	750.340	536.730	195.640	157.105	122.995	104.015
Trades pro Jahr	205	205	377	421	431	545

Anmerkungen: Muster 1 – Spanne von vier Schlusskursen < durchschnittliche Spanne von 30 Tagen; Muster 2 – Höchster Schluss der letzten vier Tage für den Kauf und umgekehrt; ORBO – Opening Range Break-out um 62% der Spanne der Vortage; Trend – Vortagesschluss > Schlusskurs vor 50 Tagen beim Kauf und umgekehrt.

* Dieselben Signale, die zum Einsteig verwendet werden.

** Das erforderliche Kapital entspricht dem Betrag, der erforderlich ist, um den maximalen Drawdown auf 20 % zu beschränken.

Die Gewinne schwanken zwischen $30.000 und $60.000 pro Jahr. Der maximale Drawdown liegt zwischen $20.000 und $150.000. Das erforderliche Kapital schwankt zwischen 5 % und 49 %. Diese Beispiele werden nicht zur Nachahmung empfohlen und sollen lediglich die Bedeutung der Ausstiegsmethode für Ihren Tradingerfolg unterstreichen.

Die Rückschlüsse aus den Ergebnissen legen auch den Schutz einmal erwirtschafteter Gewinne nahe, indem recht enge Stopps gesetzt werden, anstatt auf ein Umkehrsignal zu warten. Als Beispiele dafür, wie diese Hilfsmittel eingesetzt werden können, zeigen die Abbildungen 6.40 bis 6.43 das Trading-Verhalten zweier unterschiedlicher Trader. In Abbildung 6.40 sehen Sie einen Jahreschart von Yahoo mit verschiedenen Marktgegebenheiten.

Anleger Bob hat 300 Aktien von Yahoo zu 58 gekauft, als sein Broker ihm gesagt hat, dass neue Hochstände erreicht werden. Er ist ein langfristig orientierter Investor und glaubt nicht an diesen ganzen Hokuspokus der Chartanalysten. Seine Investitionssumme betrug $17.400. Er hält nach wie vor seine 300 Aktien, die jetzt bei 178 stehen. Somit hat er einen Gewinn von $120 pro Aktie erzielt oder einen Nettogewinn von $36.000 im

Verlauf eines Jahres, also einen Kapitalzuwachs von ungefähr 200 %. Nicht schlecht!

Trader Bill ist ein begeisterter Chartist und glaubt, dass die Kräfte von Angebot und Nachfrage im Chart ersichtlich sind. Seine Philosophie ist das Handeln von 300 Aktien, ohne diese Position nachträglich zu erhöhen. Er machte die folgenden Trades (siehe Abbildung 6.41):

Punkt 1: Der Kurs steigt auf 50, und der langfristige Trend ist positiv, als er beginnt, nach einem Einstiegspunkt zu suchen. Bei 45 kauft er 300 Aktien, da die Trendindikatoren weiter nach oben weisen, der Aufwärtstrend bestätigt und die 0-4-Linie durchbrochen wird.

Punkt 2: Am Punkt 2 ergab sich eine weitere Gelegenheit zum Kauf, aber da er schon 300 Aktien hatte, kaufte er nicht (Abbildung 6.41).

Ziel 1: Verkauf von 100 Aktien zu 84, ein Gewinn von 39 Punkten pro Aktie oder $3.900 netto (Abbildung 6.41).

Ziel 2: Verkauf der restlichen 200 Aktien, da das zweite Kursziel erreicht und das Drei-Tage-Tief durchbrochen wurde. Ein Gewinn von 55 Punkten pro Aktie oder $11.000 netto, ein Gesamtgewinn von $14.900 (Abbildung 6.41).

Punkt 3: Kauf von 300 Aktien zu 102, da der langfristige Trend weiterhin positiv war, die kurzfristigen Trendfilter in dieselbe Richtung zeigten, der Trend bestätigt wurde, keine überlappenden Balken erschienen und die 0-4-Linie durchbrochen wurde. Der Stopp-Loss lag bei $88. Verkauf von 100 Aktien bei 145 mit einem Gewinn von 43 Punkten pro Aktie oder $4.300 netto (Abbildung 6.42).

Ziel 2: Verkauf der restlichen 200 Aktien bei 180 auf Grund des negativen Durchbruchs des zweiten Kurszieles. Ein Gewinn von 78 Punkten pro Aktie oder $15.600 netto. Ein Gesamtgewinn von nunmehr $34.800 (Abbildung 6.42).

Punkt 4: Kauf von 300 Aktien am Umkehrtag bei 143, um von einer möglichen Kurssteigerung zurück zum Hoch zu profitieren.

Punkt 5: Verkauf der gesamten Position, da das Tief des höchsten Balkens erreicht wurde. Die Anzeichen ließen darauf schließen, dass das Hoch nicht übertroffen werden würde. Ein Gewinn von 41 Punkten pro Aktie oder $12.300 netto. Ein Gesamtgewinn von $47.100. Er ging nicht short, da der übergeordnete Trend weiterhin positiv blieb (Abbildung 6.42).

Punkt 6: Kauf nach dem Knick bei 136, um vom möglichen Kursanstieg auf 170 bis 180 zu profitieren. Stopp bei 116 (Abbildung 6.42).

Punkt 7: Verkauf der gesamten Position bei 169 im Verkaufsbereich. Ein Gewinn von 36 Punkten pro Aktie oder $10.800 netto, ein Gesamtgewinn von mittlerweile $57.900 (Abbildung 6.42).

Punkt 8: Kauf von 300 Aktien zu 180, da der langfristige Trend weiterhin positiv war, der Trend bestätigt wurde, keine überlappenden Balken erschienen und es nach dem Einbruch zu einer scharfen Kurserholung kam, was auf große Nachfrage und ein mögliches neues Hoch schließen ließ (Abbildung 6.42).

Punkt 9: Ausbruch. Verkauf bei 210 zum Schluss. Die scharfe Wende nach Erreichen des neuen Hochs deutet auf großes Angebot hin. Ein Gewinn von 30 Punkten pro Aktie oder $9.000 netto, ein Gesamtgewinn von $66.900 (Abbildung 6.42).

Punkt 10: Kauf von 300 Aktien zu 160 mit einem Stopp bei 139, beim Hoch des tiefsten Balkens eines vorherigen Einbruchs, bei dem sich aggressive Nachfrage einstellte. Kursziel 200 bis 210.

Punkt 11: Verkauf der gesamten Position bei 182 an diesem scharfen Umkehrtag und Eröffnung einer Short-Position von 200 Aktien, da der versuchte Anstieg unter 50 % blieb. Dies ließ auf einen weiteren Kurseinbruch auf ein mögliches neues Tief oder in den Bereich von 120 bis 140 schließen. Das Kursziel ist 110. Die Short-Position wurde bei 130 glattgestellt, da der untere Drehpunkt bei 145 nach oben durchbrochen wurde und sich der Kurs im vorherigen Kaufbereich befand. Ein Gewinn von 52 Punkten pro Aktie oder $10.400 netto, ein Gesamtgewinn von $77.300 (Abbildung 6.42).

Punkt 12: Eröffnung einer Short-Position bei 172 am scharfen Umkehrtag im Verkaufsbereich. Stopp bei 201. Das Kursziel liegt im Bereich des Tiefs von ungefähr 120. 100 Aktien bei 144 auf Grund des negativen ABC mit einem Gewinn von 28 Punkten pro Aktie glattgestellt.

Punkt 13: Die restlichen 200 Aktien wurden bei 130 glattgestellt (das Hoch des tiefsten Balkens). Gleichzeitiges Eröffnen einer Long-Position mit einem Stopp bei 110. Aus diesem Trade ausgestoppt mit einem Verlust von 20 Punkten pro Aktie. Trotzdem ein Nettogewinn von $5.600. Der Gesamtgewinn beträgt nun $82.900. Bei ansteigendem Trend, bestätigtem ansteigendem Trend und einem kleinen Doppel-Bottom Kauf von 300 Aktien bei 130, um von einer möglichen Rückkehr in den Verkaufsbereich zu profitieren.

Punkt 14: Verkauf von 100 Aktien bei 158 wegen des positiven ABC. Verkauf der restlichen 200 Aktien bei 170 (Tief des höchsten Balkens im Verkaufsbereich) mit einem Gewinn von $10.800. Der Gesamtgewinn beträgt zu diesem Zeitpunkt $93.700.

Damit erzielt Trader Bob einen Gewinn von über 600 % seines ursprünglich eingesetzten Kapitals von $13.500 (Abbildung 6.43). Lässt sich dieses hypothetische Beispiel nachvollziehen? Wahrscheinlich schon. Aber dafür müsste man seine Gefühle jederzeit total unter Kontrolle halten und bereit sein, sehr kurzfristig drastische Maßnahmen zu setzen. Die gehandelte Aktie muss sich stark bewegen. Die Prinzipien, nach denen gehandelt werden soll, sind klar und deutlich. Hätte man zudem noch die Möglichkeiten des Reinvestierens ausgeschöpft, dann wären die Erträge deutlich höher gewesen. Dieses Beispiel sollte zeigen, dass es mit klar definierten Vorgaben sicherlich gute Möglichkeiten zum Handeln gibt.

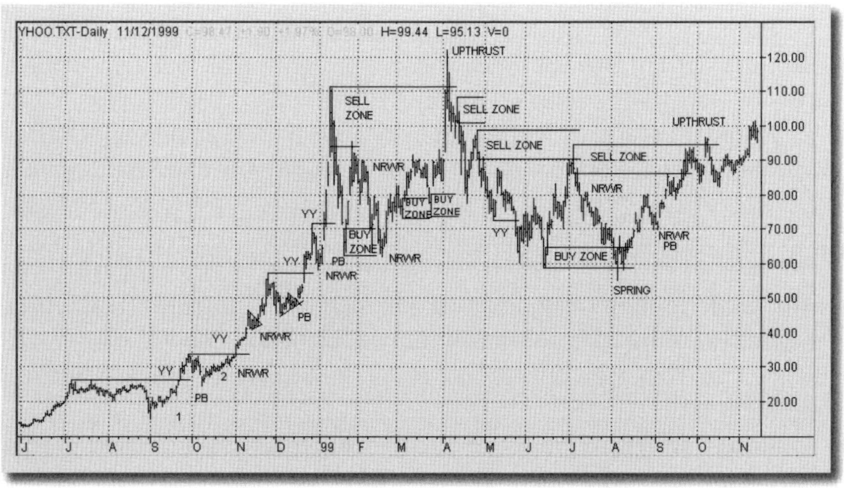

Abb. 6.40: *Yahoo – Demonstration von Marktgegebenheiten (12.11.1999). Erstellt mit TradeStation 2000i von Omega Research© 1999*

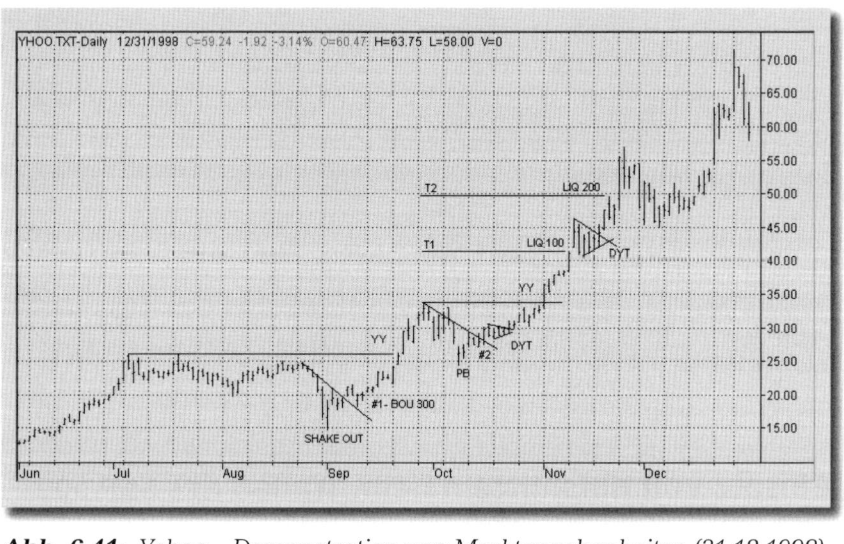

Abb. 6.41: *Yahoo – Demonstration von Marktgegebenheiten (31.12.1998). Erstellt mit TradeStation 2000i von Omega Research© 1999*

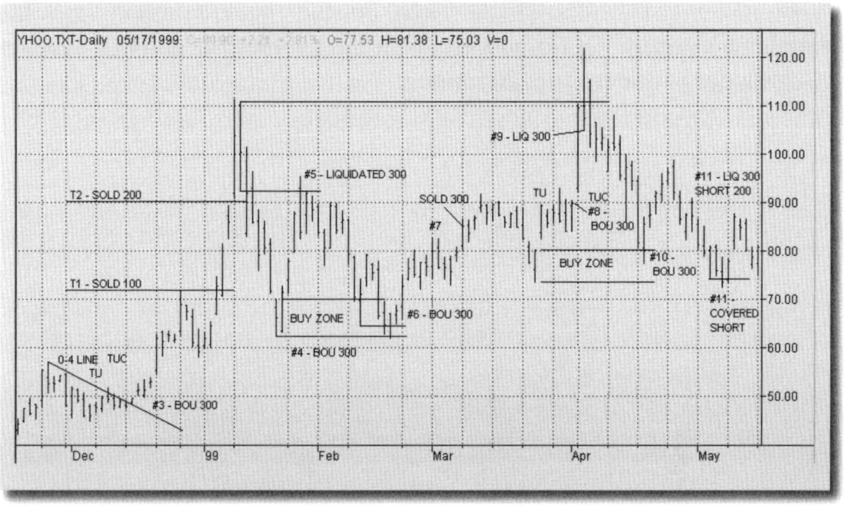

Abb. 6.42: *Yahoo – Demonstration von Marktgegebenheiten (17.05.1999). Erstellt mit TradeStation 2000i von Omega Research© 1999*

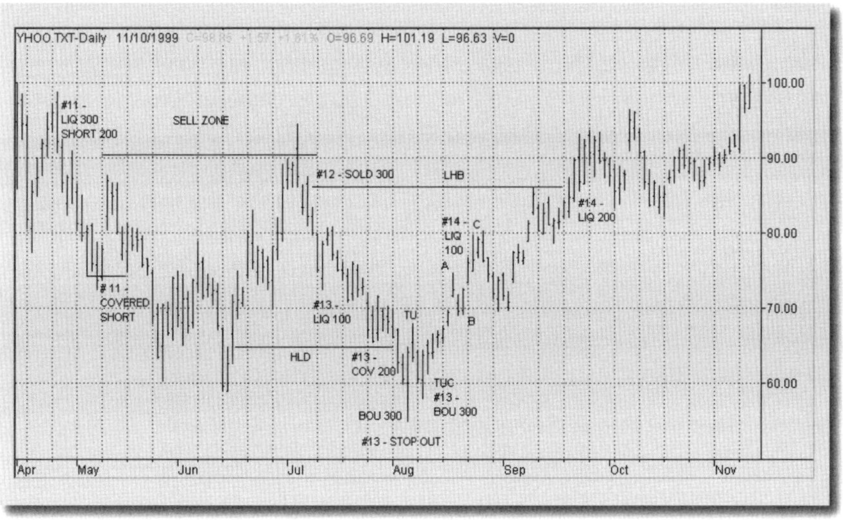

Abb. 6.43: *Yahoo – Demonstration von Marktgegebenheiten (10.11.1999). Erstellt mit TradeStation 2000i von Omega Research© 1999*

Einsatz von Hilfsmitteln beim Traden des S&P 500

Dieser Abschnitt zeigt, wie einige der beschriebenen technischen Hilfsmittel beim Traden des S&P 500 sinnvoll und Gewinn bringend eingesetzt werden können (Abbildung 6.44). Diese Beispiele sind hypothetischer Natur und wurden im Nachhinein erstellt. Bitte nehmen Sie den Hinweis am Anfang dieses Buches zur Kenntnis.

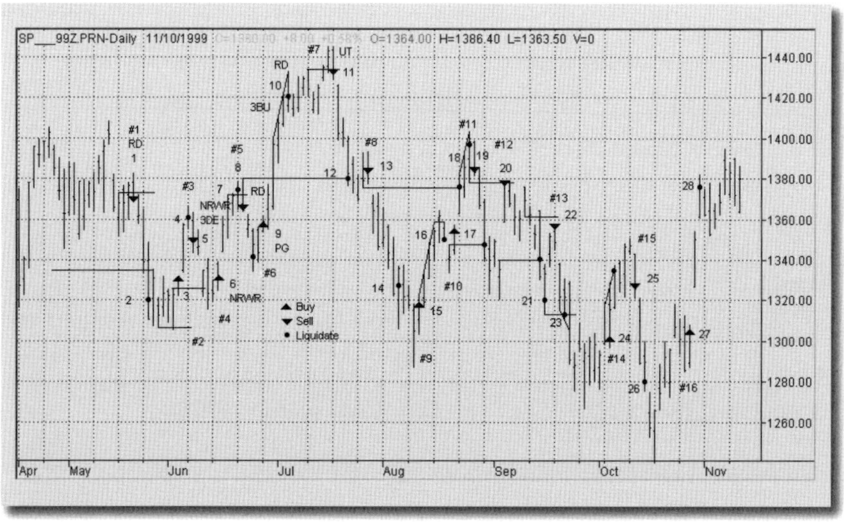

***Abb. 6.44:** S&P-Future. Erstellt mit TradeStation 2000i von Omega Research© 1999*

Die grundlegende Ausgangsposition ist die Suche nach Kaufsignalen, wenn sich der Kurs im Unterstützungsbereich befindet, und nach Verkaufssignalen, wenn sich der Kurs im Widerstandsbereich befindet. Der Einstieg kann beim Schlusskurs oder bei einem Opening Range Break-out erfolgen. Der Ausstieg findet bei einer Dehnung des Marktes statt. Die folgenden Hilfsmittel und Abkürzungen werden verwendet:

- Opening Range Break-out (BO)
- Ein Tag mit kleiner Spanne, gefolgt von einem Tag mit großer Spanne (KSGS)
- Sprung (S)
- Knick (K)
- Drei-Tage- oder Drei-Balken-Gleichgewicht und Umkehr (3TG)
- Korrektur nach einem Schub (KS)
- Nicht überlagerter Balken (NÜB)
- Hoch eines tiefen Balkens am vorherigen tiefen Drehpunkt (HTB)
- Tief eines hohen Balkens am vorherigen hohen Drehpunkt (THB)
- Ziel (Z)

Trade 1

1. Leerverkauf am Umkehrtag bei 1.370 mit Ziel 1.320. Stopp über 1.405. Anstieg bis auf 1.385 nach dem Durchbruch durch das Tief des Verkaufstages. Weitere Faktoren:
   - Distributionsbereich – zwei Rallyes in einen Bereich der Akkumulation.
   - Drei-Balken-Anstieg – durch die Kursbewegung wurden alle Stopps über den drei Balken eingesammelt.
   - Kurslücke vier Balken vorher.
2. Glattstellen der Position bei 1.320 beim Tief des vorherigen Drehpunktes. Zudem drei negative Balken in Folge. Gewinn: 50 Punkte.

Trade 2

3. Kauf zum Schluss bei 1.330, um von einem möglichen Anstieg auf 1.360 zu profitieren. Der Stopp unter dem Tief der letzten fünf Balken wird unter den Kaufbalken nachgezogen, nachdem der Kurs das Hoch des Kauftages durchbrochen hat.
4. Position bei 1.380 auf Grund des kurzen Balkens unterhalb des Eröffnungskurses geschlossen. Gewinn: 50 Punkte.

Trade 3

5. Verkauf bei 1.350 zum Schlusskurs für den Einbruch bis zum HTB auf 1.325. Stopp über dem kurzen Balken. Gewinn: 25 Punkte.

Trade 4

6. Kauf bei 1.332 zum Schlusskurs im Kaufbereich und über dem Hoch des kurzen Balkens. Stopp unter dem Vier-Tage-Tief. Kursziel 1.360 bis 1.380.
7. Schließen der Position bei 1.372 mit einem Gewinn von 40 Punkten am vierten ansteigenden Tag in Folge im Verkaufsbereich.

Trade 5

8. Verkauf nach dem Anstieg im Verkaufsbereich bei 1.365. Achten Sie auf den möglichen schnellen Anstieg zum Hoch des tiefen Balkens oder auf 1.340. Bei 1.340 glattgestellt mit einem schnellen Gewinn von 25 Punkten.

Trade 6

9. Kauf zum Schlusskurs bei 1.359 für den möglichen Anstieg zum Hoch um 1.400. Beachten Sie die Kurslücke im Kaufbereich, drittes Eintauchen in einen möglichen Akkumulationsbereich, 3TG und nicht überlappende Balken.

10. Position am Umkehrtag bei 1.420 geschlossen. Der Stopp wurde in Erwartung eines Schubes sehr eng nachgezogen. Beachten Sie den Umkehrbalken nach dem vierten positiven Balken.

Trade 7

11. Verkauf beim Sprung zu 1.435 für einen möglichen Kurseinbruch zum Unterstützungsbereich um 1.380. Beachten Sie die Inselumkehr am Tag nach dem Einstieg – sehr bearish.
12. Short-Position am vierten negativen Tag bei 1.380 mit einem Gewinn von 55 Punkten glattgestellt. Allem Anschein nach wird der Kurs weiter fallen, aber wenn sich so ein schneller, ansehnlicher Gewinn anbietet, dann sollte man unbedingt zugreifen. Man weiß nie, was die nächste Rallye bringen wird.

Trade 8

13. Verkauf zum Schlusskurs bei 1.385. Beachten Sie die zwei Schweife und das Unvermögen, in vier Tagen eine Rallye zu starten. Das Kursziel liegt beim Tief von 1.310, das im letzten Juni erreicht wurde. Beachten Sie auch die Kurslücke nach dem Einstiegstag – sehr bearish.
14. Short-Position am Umkehrtag bei 1.330 mit 55 Punkten Gewinn glattgestellt.

Trade 9

15. Kauf bei 1.318 für den möglichen Anstieg zum Widerstandsbereich bei 1.360 bis 1.380. Beachten Sie den K, den BO und den Schlusskurs über dem Vortageshoch im Kaufbereich.
16. Position zum Schlusskurs bei 1.350 unter dem Eröffnungskurs nach einem Anstieg über fünf Tage mit einem Gewinn von 32 Punkten geschlossen.

Trade 10

17. Kauf bei 1.355 für einen Schwung von 50 % über das Hoch des Drehpunktes. Eine 3TG- und K-Aktion, da sich unter dem Tief von vor zwei und drei Tagen kaum Angebot zeigte.
18. Position entweder beim THB zu 1.378 oder beim Kursziel des Drei-Balken-Schubes zu 1.396 geschlossen. Gewinn: 23 oder 41 Punkte.

Trade 11

19. Verkauf bei 1.383 am negativen Umkehrtag, der die beiden vorhergehenden Schlusskurse umkehrte. Der Kurs befand sich im Verkaufsbereich. Das Kursziel lag bei 1.350, beim Hoch des tiefen Balkens. Der

Stopp liegt über dem Drei-Tage-Hoch. Zwei Tage später wird das Kursziel mit einem Gewinn von 33 Punkten erreicht.

Trade 12

20. Verkauf zu 1.378 beim Tief des hohen Balkens für ein Kursziel von 1.320 bis 1.340. Ein positiver 3TG vier Tage nach dem Einstieg, aber der Trade wurde nicht durchgeführt, da sich der Kurs im Verkaufsbereich befand. Der Stopp wurde über dem Einstiegstag gehalten.
21. Short-Position im Bereich von 1.320 bis 1.340 geschlossen. 1.320 war das Ziel des Drei-Tage-Schubes und ein früherer Unterstützungspunkt. Der Gewinn betrug 38 bis 58 Punkte.

Trade13

22. Leerverkauf zu 1.356 beim THB. Kursziel beim Drei-Tage-Tief. Kursziel wurde nach drei Tagen mit einem Gewinn von 20 Punkten erreicht.

Trade 14

23. Kauf zu 1.305 bei der Korrektur auf das HTB mit einem Kursziel von 1.340 bis 1.350, dem THB. Position geschlossen zu 1.336 mit einem Gewinn von 31 Punkten.

Trade 15

25. Leerverkauf zu 1.325 beim 3TG im Verkaufsbereich für ein Kursziel von 1.305 bis 1.270.
26. Short-Position zu 1.280 auf früherem Unterstützungsniveau und unter dem Tief eines Tages mit großer Spanne geschlossen.

Trade 16

27. Kauf zu 1.306 zum Schlusskurs eines Umkehrbalkens mit großer Spanne. Kursziel 1.340. Der Kurs schoss an einem Tag mit großer Spanne durch diesen Wert. Position zu 1.373 geschlossen über diesem Balken mit großer Spanne mit einem Gewinn von 67 Punkten.

Ist der eben beschriebene hypothetische Handelsablauf in Echtzeit mit echtem Kapital möglich? Das bezweifeln wir ernsthaft. Wenn sich aber auch nur die Hälfte davon realisieren lässt, sind die Ergebnisse spektakulär. Der Schlüssel zum erfolgreichen Trading auf diese Weise liegt darin, vor dem Kauf auf mehrere Signale im Kaufbereich zu achten und umgekehrt. Das Schließen einer bestehenden Position sollte Ihnen leichter fallen als das Eröffnen einer neuen Position. Sie sollten sich nie mit einem Wert verheiraten und auch nicht sauer sein, wenn Sie nur mit 10 % von einer möglichen Kursbewegung profitieren, weil Sie zu früh ausgestiegen sind. Versuchen Sie, das Trading so mechanisch wie möglich zu halten. Und natürlich führt kein Weg an harter Arbeit beim Lernen und Üben vorbei.

Wir wünschen gute Trades, und vergessen Sie nicht:

„Ein Trader, der reich stirbt, stirbt zu früh."
John Hill

7) Drummond-Geometrie und der PLdot: eine Einführung in die Grundlagen

Die kurzfristigen Kursbewegungen haben die Phantasie der Trader seit jeher beflügelt. In bestimmten Kreisen glaubt man, dass das größte Gewinnpotenzial im Trading von Drei-Balken-Bewegungen steckt, egal ob im stündlichen, täglichen oder wöchentlichen Zeitrahmen. Viele haben versucht, diese Muster in einem schlüssigen und systematischen Ansatz zusammenzufassen. Die führenden Köpfe bei diesen Bestrebungen sind Ted Hearne und Charles Drummond, die das folgende Kapitel verfasst haben.[2]

Was ist Drummond-Geometrie?

Die Drummond-Geometrie ist eine einzigartige Möglichkeit der Marktanalyse, die im Verlauf von 30 Jahren von Charles Drummond, einem ka-

2) Der Trader Ted Hearne stammt aus Chicago. Der Text in diesem Kapitel wurde aus *30 Lessons of the P&L School of Drummond Geometry© 1999* von Ted Hearne und Charles Drummond adaptiert. Ted Hearne kann über seine Websites www.tedtick.com und www.pldot.com kontaktiert werden.

nadischen Trader, entwickelt wurde. Sie ist eine trendfolgende und kongestionsaktive Methode, die der Marktentwicklung eher vorauseilt, als ihr zu folgen, und projektierte Charts verwendet, um die zukünftige Kursentwicklung vorherzusagen. Dabei wird der wahrscheinlichste Kursverlauf für die nächste Zukunft angezeigt, der an die Persönlichkeit des Traders und seinen Trading-Stil angepasst werden kann.

Die zentralen Elemente der Drummond-Geometrie umfassen eine Kombination der folgenden drei grundlegenden Kategorien von Trading-Hilfsmitteln und -Techniken:

1. Eine Abfolge kurzfristiger Gleitender Durchschnitte
2. Kurzfristige Trendlinien
3. Mehrfache Überlagerungen verschiedener Zeitrahmen

Diese grundlegenden Ideen sind zwar relativ einfach, aber sie wurden zu einer äußerst ausgefeilten Methode ausgearbeitet. In dieser Einführung werden wir uns mit dem PLdot beschäftigen, dem ersten wichtigen Baustein der Drummond-Geometrie. PL steht für Punkt und Linie, zwei der hauptsächlich verwendeten Techniken der Drummond-Geometrie.

Das Konzept des Flusses spielt in der Drummond-Geometrie eine große Rolle. In dieser Methode spiegelt sich die Tatsache wider, dass sich alles Leben von einem Extrem zum anderen entwickelt und dabei in wellenförmigen Bewegungen hin und her fließt. Auch die Kurse bewegen sich in einem rhythmischen Fluss, den ein Trader erkennen kann. Anhand der Entdeckung der grundlegenden Form dieses Flusses durch Visualisierung können Trader die Bewegungen des Kurses beobachten und diese Informationen Gewinn bringend einsetzen. Dies ist eine der wichtigsten Funktionen des PLdot.

Der PLdot lässt sich auf jeden Rohstoff, jeden Future und jede Aktie anwenden. Er ist ein kurzfristiger Gleitender Durchschnitt, der auf den Informationen von drei Balken basiert, die den Zustand von Trend oder Nicht-Trend im beobachteten Zeitraum aufzeigen. Der PLdot der letzten drei Balken wird beim nächsten erscheinenden Balken als gepunktete oder durchgehende Linie eingetragen. Der PLdot wird aus Hoch, Tief und Schluss der letzten drei Balken berechnet.

$$\text{PLdot: } \frac{\{\text{Durchschnitt } [H(1),T(1),S(1)] + \text{Durchschnitt } [H(2),T(2),S(2)] + \text{Durchschnitt } [H(3),T(3),S(3)]\}}{3}$$

Der PLdot ist eine Abfolge von Punkten, die den Konsens der Kursbewegung mathematisch beschreibt. Der erste wichtige Punkt ist die Tatsache, dass der PLdot in ständiger enger Beziehung zur jüngsten Vergangenheit steht – er fängt die noch anhaltende Energie der Stunde, des Tages oder jedes anderen beliebigen Zeitrahmens ein.

Denken Sie kurz über die Aktionen und Absichten der vielen verschiedenen Menschen nach, die den Eintragungen auf einem Chart zugrunde liegen. Der PLdot ist ein kurzfristiger Durchschnitt, der die Aktivität der letzten drei Balken (oder Zeitperioden) zusammenfasst. Man könnte sagen, er ist das Zentrum, die Nabe, der Solarplexus oder das Herz der gesamten Marktaktivität. Mit anderen Worten: Er repräsentiert die kollektive Meinung der relevanten Zielgruppe, der Masse. Das ist sehr wichtig, denn das Konzept der Masse ist eines der Schlüsselelemente des Tradings, der Marktpsychologie und der Kursbewegung.

Wir alle wissen, wie mächtig die Masse sein kann. Wenn sie sich bewegt, dann soll sich alles um sie und mit ihr bewegen. Wenn sie stehen bleibt, dann soll auch alles andere stillstehen. Die Masse ist kollektive Energie; manifestiert sich mit mitreißender Energie. Die Grundsubstanz ist das Bedürfnis, zu etwas oder jemandem zu gehören, Teil von etwas zu sein; das Bedürfnis nach Schutz; das Bedürfnis nach Sicherheit; und das Bedürfnis nach Nahrung, Fortpflanzung und Sicherung der Existenz. Die Masse hat eine beträchtliche Eigendynamik und viel Macht. Wenn ein Trader mit der Masse handelt oder „mit dem Fluss fließt", dann wird ihm nichts geschehen, denn es liegt in der Natur der Masse, ihre Mitglieder zu schützen.

Die Masse geht aber nicht immer in dieselbe Richtung – manchmal bleibt sie stehen und kehrt einfach um. Aber immer schießt die Masse über das Ziel hinaus, denn in ihrem wilden Ansturm erkennt sie nicht, dass sie schon über die Ziellinie gelaufen ist.

Das Schlüsselelement in der Drummond-Geometrie ist, dass die Eigendynamik der Masse nicht an irgendeinem beliebigen räumlichen und zeitlichen Punkt stehen bleibt – diese Haltepunkte liegen in bestimmten Bereichen, die von größeren oder kleineren Energieflüssen bestimmt werden. Alle energetischen Kräfte wirken von Natur aus wellenförmig; Energieflüsse sind die grundlegendsten Ursachen der Wirtschaft, der Gefühlszustände und aller kollektiven und der meisten persönlichen Handlungen.

Diese Energieflüsse bei den meisten menschlichen Unternehmungen, und natürlich auch beim Trading, lassen sich beobachten, und man kann sich dann entsprechend verhalten. Aber die Energieflüsse, die sich in den Charts niederschlagen, kommen nicht nur beim Wertpapierhandel vor. Im gesamten Universum finden wir ähnliche wellenförmige Energieflüsse, die sich in vielen natürlichen Phänomenen manifestieren, von den Wellen des Ozeans bis hin zu den Mustern der Sonnenflecken oder den wellenartigen Zyklen der Geschichte.

Der Gleitende Durchschnitt des PLdot wurde empirisch erarbeitet und hat seinen berechtigten Wert in vielen verschiedenen Märkten bewiesen. Der PLdot pflanzt sich in einer geraden Linie fort, solange sich der Kurs in einer Trendphase befindet. Während Kongestionsphasen verläuft der PLdot in einer horizontalen Linie. Er reagiert auf Trendphasen extrem sensibel und stellt einen Wechsel zwischen Kongestion und Trend sehr schnell fest. Ebenso wird das nahe Ende eines Trends schnell ersichtlich.

Abbildung 7.1 zeigt einen Wochenchart des S&P-500-Index. Der PLdot bewegt sich in einer relativ geraden Linie über die Balken 3, 4, 5, 6, 7 und 8. Darauf folgt ein kurzer Abwärtstrend, gefolgt von einer Aufwärtsbewegung der Punkte über die letzten fünf Balken des Charts. Die Tendenz des PLdot, sich in einer geraden Linie fortzubewegen, kann bei der Beobachtung eines Trends sehr nützlich sein.

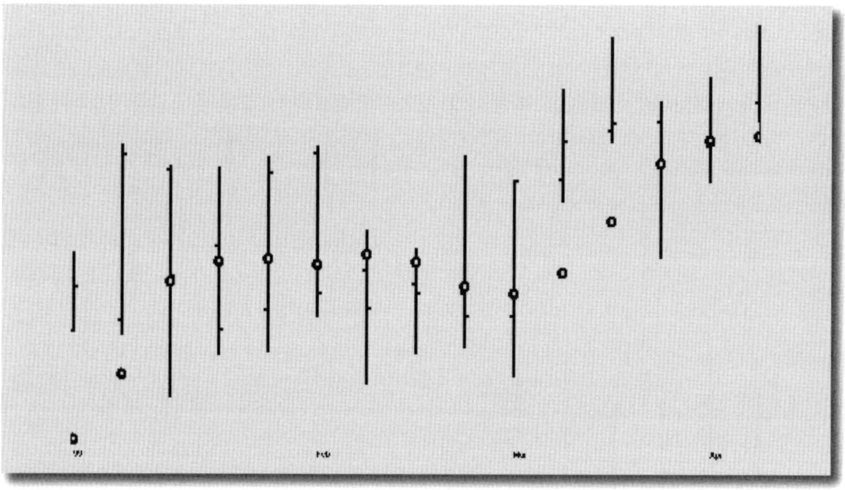

***Abb. 7.1:** Der PLdot als Schlüsselelement der Drummond-Geometrie. Erstellt mit Omega Research ProSuite 2000i© 1999*

Viele Trader finden, dass eine einfache Beobachtung – Handle mit dem Trend, wenn der Kurs auf einer Seite des PLdot ist, und nicht, wenn er während der Kongestionsphase auf beiden Seiten des PLdot schließt – schon ausreicht, um sich erfolgreich am Marktgeschehen zu beteiligen. In Abbildung 7.1 liegt der Schlusskurs zuerst auf einer Seite des PLdot und bei den Balken 4, 5 und 6 auf der anderen. Dies deutet auf eine Kongestionsphase hin. Bei den Balken 6, 7, 8 und 9 liegt der Schlusskurs unter dem PLdot, woraus wir auf einen Abwärtstrend schließen können. Und bei den Balken 10 bis 14 schließt jeder Balken über dem PLdot; daher vermuten wir einen Aufwärtstrend.

In Abbildung 7.2, die einen Tageschart des T-Bond-Future zeigt, erkennen wir zwei Trendwenden. Vom 29. März bis zum 1. April befand sich der Kurs in einem Abwärtstrend, und der PLdot lag über dem Schlusskurs dieser Balken. Der Handelsansatz wäre hier das Verkaufen bei Erreichen des Widerstandsbereiches. Aber am 2. April schloss der Kurs über dem Pldot, und dies bezeichnete das Ende des Abwärtstrends. Beim Übergang zum Aufwärtstrend wechselte der PLdot die Seiten, und der Schlusskurs lag erst wieder am 13. April unter dem PLdot, womit das Ende des Aufwärtstrends angezeigt wurde. Zwischen dem 2. und dem 12. April bestand die Strategie darin, bei Anzeichen von Unterstützung zu kaufen. Beachten Sie, dass die Punkte in einer geraden Linie verlaufen, bis der Trend zu Ende ist. An diesem Punkt bricht die gerade Linie unvermittelt ab. Mit dem Beginn des neuen Abwärtstrends verlaufen die Punkte am 14., 15. und 16. April wieder in einer geraden Linie.

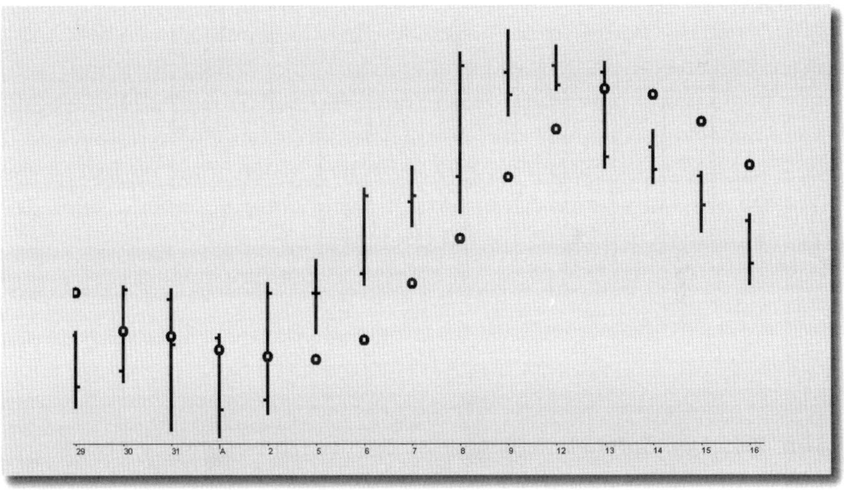

Abb. 7.2: *Der PLdot ist ein sensibler Indikator für Trends und Kongestionen. Erstellt mit Omega Research ProSuite 2000i© 1999*

Betrachten wir die Kursbewegungen durch die Linse des PLdot, dann stellen wir fest, dass sich der Kurs oft zuerst vom PLdot weg bewegt, nur um dann zum PLdot zurückzukehren. Das Muster in Abbildung 7.2 heißt „Die Rückkehr zum PLdot“, und es ist ein sehr einfaches, gut handelbares Muster. Entfernt sich der Kurs sehr weit vom PLdot, dann ist die Wahrscheinlichkeit sehr groß, dass er schnell zur Mitte des PLdot zurückkehrt, um die Wärme, die Sicherheit und die Akzeptanz der Masse wieder zu verspüren. Der Trick ist, genau zu wissen, wann und wo der Kurs „sehr weit vom PLdot" entfernt ist. Die Position des PLdot, zusammen mit kurzfristigen Trendlinien, der Analyse verschiedener Zeitrahmen und anderen Hilfsmitteln und Techniken der Drummond-Geometrie, unterstützt den Trader bei der Feststellung, wie wahrscheinlich es ist, dass dieser Punkt erreicht wird. Die Kunst der Drummond-Geometrie als Methode der Technischen Analyse besteht in der Anwendung dieser Hilfsmittel in verschiedener Zusammenstellung unter unterschiedlichsten Marktbedingungen.

In Abbildung 7.3 sehen wir mehrere Balken, die mit dem genannten „Rückkehr zum PLdot"-Muster gekennzeichnet sind. Bewegt sich der Kurs weit vom PLdot weg, dann achtet der Trader auf alle Anzeichen dafür, dass sich der Kurs dreht und zum PLdot zurückgeht. So erkennen wir am vierten Balken, dass sich der Kurs weit vom PLdot entfernt hat und sich jetzt zum PLdot zurückbewegt. Der Kurs verläuft durch den Pldot, und in den nächsten neun Balken erkennen wir gute Beispiele für die Tendenz des Kurses, sich in der Nähe des PLdot aufzuhalten. In jeder dieser Situationen würde ein Trader gegen den Trend handeln und an der Spitze dieser Balken eine Short-Position eingehen. Andere Hilfsmittel der Drummond-Geometrie unterstützen den Trader bei der genaueren Festlegung des Einstiegspunktes, wie zum Beispiel die kurzfristigen Trendlinien und die Überlagerung verschiedener Zeitrahmen. Aber in jedem Fall ist die Tendenz des Kurses zum PLdot hin äußerst wichtig für einen Trader, der die zukünftige Kursrichtung vorwegnehmen möchte.

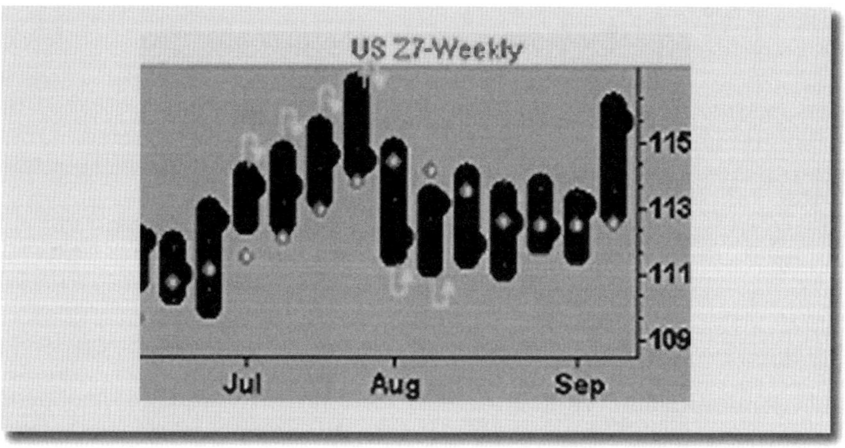

***Abb. 7.3:** „Das Auftanken des PLdot." Hat sich der Kurs deutlich vom PLdot entfernt, dann besagt die Drummond-Geometrie, dass er zum PLdot zurückkehrt, um „neue Energie zu tanken". Erstellt mit Omega Research ProSuite 2000i© 1999*

Eine weitere Beobachtung auf der Basis des PLdot ist der PLdot-Stoß. Bei diesem Muster scheint der PLdot während eines anhaltenden Trends die Balken in der Richtung des Trends zu stoßen, je nach Trendrichtung nach oben oder nach unten. Stellen Sie sich vor, dass die Punkte die Arbeit erledigen, dass sie den Kurs nach oben stoßen. Tatsächlich stellt sich ein Anhänger der Drummond-Geometrie vor, dass die Punkte große Energie besitzen, die den Umständen entsprechend anwächst oder sich verringert. Stoßen die Punkte mit viel Kraft, dann erzeugen sie einen starken Trend; wenn sie Energie verlieren, dann wird der Trend schwächer. Aus dieser Methode entstand die Metapher der Energie des Marktes, die bei weiterer Entwicklung dieser Ansätze zu großen Gewinnen führen kann.

In Abbildung 7.4, die einen Quartalschart des S&P zeigt, sehen wir einen PLdot-Stoß in Aktion bei einem Aufwärtstrend. Der PLdot stellt den Tradern eine bedeutende Unterstützung in einem Trendmarkt zur Seite. Fällt ein Kurs in einem Aufwärtstrend auf das Niveau des PLdot zurück (den „echten PLdot", der „der PLdot von morgen schon heute" ist), dann eröffnet oder vergrößert der Trader eine Long-Position. In derselben Situation während eines Abwärtstrends eröffnet oder vergrößert der Trader eine Short-Position. Entfernt sich der Kurs stark vom PLdot, dann realisiert der Trader seine Gewinne zumindest teilweise oder kehrt seine Positionen gar um, abhängig vom jeweiligen Trading-Stil. In Abbildung 7.4 sehen wir, dass der Trader jedes Mal, wenn der Kurs den PLdot erreichte, seine Position eröffnen oder vergrößern konnte. Dieser Ansatz funktioniert ebenso für den echten PLdot, wie sich an den letzten beiden Balken

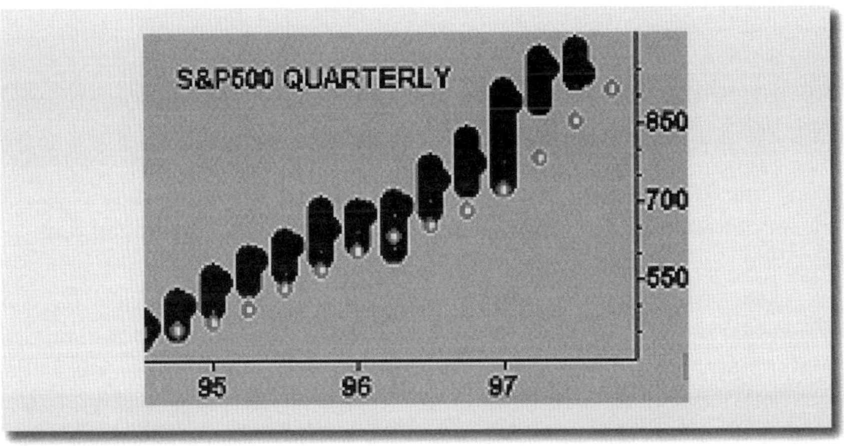

Abb. 7.4: *Der PLdot-Stoß. In einem Trendmarkt besagt die Drummond-Geometrie, dass die PLdots dazu neigen, die Balken in die Richtung des Trends zu stoßen. Erstellt mit Omega Research ProSuite 2000i© 1999*

im Chart erkennen lässt. (Der echte PLdot ist ein fortgeschrittenes Thema der Drummond-Geometrie, der einen Punkt auf dem gegenwärtigen Balken anzeigt, an dem sich gerade der PLdot für den nächsten Balken bildet.)

Nachdem diese Grundlagen verstanden wurden, wendet der Trader sie auf multiple Zeitrahmen an – ein weiteres großes Konzept in der Drummond-Geometrie.

Unterbrechen wir hier kurz und verschaffen uns einen Überblick. Wir haben gesehen, dass die Drummond-Geometrie aus drei grundlegenden Elementen besteht. Das erste ist die Verwendung kurzfristiger Gleitender Durchschnitte wie zum Beispiel des PLdot. Das zweite grundlegende Element ist die Verwendung kurzfristiger Zwei-Balken-Trendlinien. Wie der PLdot zeigen diese Trendlinien auf zukünftige interessante Punkte auf dem nächsten Balken, der aber erst noch gebildet werden muss. Die Drummond-Linien weisen auf Bereiche der Energieerschöpfung hin, an denen der Kurs wahrscheinlich seine Bewegung abbricht. Es gibt viele dieser Linien, und in der Welt der Drummond-Geometrie werden sie anhand verschiedener Vorgaben abhängig von den Marktgegebenheiten konstruiert.

Wenn sie von einem in der Drummond-Geometrie erfahrenen Trader eingesetzt werden, dann können die beiden Werkzeuge – die kurzfristigen Gleitenden Durchschnitte und die kurzfristigen Trendlinien – in der näheren Zukunft liegende Bereiche des Widerstandes und der Unterstützung mit überraschender Genauigkeit voraussagen.

In Abbildung 7.5 sehen Sie die beiden Werkzeuge im Einsatz. Der Trend wird von den PLdots definiert und unterstützt, und die Drummond-Erschöpfungslinien bestimmen die Extrempunkte der Balken im Voraus. Die grünen Bereiche über und unter dem letzten rechten Balken zeigen die Bereiche von Widerstand und Unterstützung. Diese Bereiche werden von den Drummond-Linien definiert.

Obwohl es natürlich sehr hilfreich ist, die Bereiche von Unterstützung und Widerstand des nächsten Balkens zu kennen, der ja noch nicht gehandelt wurde, so genügt diese Information alleine noch nicht, um erfolgreich zu traden.

Der Erfolg beim Trading beruht nicht nur darauf, die Bereiche von Widerstand und Unterstützung zu erkennen, sondern auch darauf, ob der Widerstand oder die Unterstützung stark oder schwach sein wird. Ein starker Widerstand wird halten und den Kurs wieder nach unten fallen lassen, aber ein schwacher Widerstand wird brechen und dem Kurs den weiteren Anstieg erlauben. Entsprechend wird eine starke Unterstützung halten und den Kurs wieder ansteigen lassen, aber eine schwache Unterstützung wird brechen und den Kurs weiter nach unten sinken las-

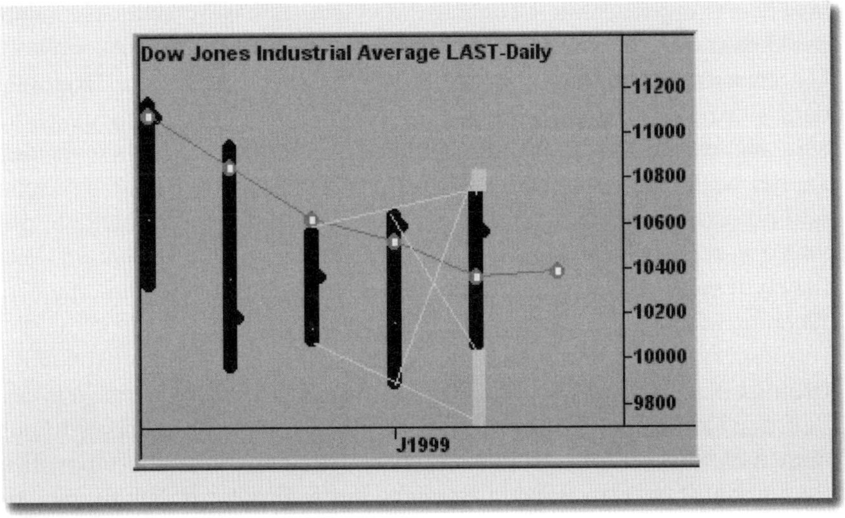

Abb. 7.5: *Dow Jones Industrial Average, Tageschart. Erstellt mit Omega Research ProSuite 2000i© 1999*

sen. Zu wissen, ob der Widerstand oder die Unterstützung stark oder schwach ist, ist das Geheimnis beim Trading. Sobald ein Trader diesen Unterschied mit Sicherheit feststellen kann, wird er auch mit Vertrauen traden können.

Über mehrere Jahrzehnte hinweg hat diese Herausforderung vielen Tradern einiges Kopfzerbrechen bereitet. Die Problematik wird noch verschärft durch die Tatsache, dass es in einem Chart, wenn überhaupt, nicht sehr viele Anhaltspunkte dafür gibt, ob ein Widerstand oder eine Unterstützung halten wird oder nicht. Und doch ist die zentrale Frage des Trading zweifellos: Wird der Widerstand oder die Unterstützung halten oder nicht?

Der Trader, der auf Fortschritte bei der Lösung dieses Problems hofft, muss lernen, den Markt in einem größeren Zusammenhang zu sehen. Den Kurs in einem Kontext zu sehen und zu zeigen, wie dieser Kontext bei der Frage hilft, ob der Widerstand oder die Unterstützung stark oder schwach ist, wird durch die Koordination der verschiedenen Zeitrahmen erreicht. Die Koordination von Unterstützung und Widerstand in verschiedenen Zeitrahmen ist das dritte grundlegende Element der Drummond-Geometrie.

Das Prinzip der Koordination von Zeitrahmen ist einfach und klar: Decken sich die Bereiche von Unterstützung und Widerstand in mehreren verschiedenen Zeitrahmen? An einem solchen Schnittpunkt soll gehandelt werden. Aber wenn sie sich nicht gegenseitig bekräftigen, dann wird jede Handlung vermieden. Dadurch wird Ihre Erfolgsquote im Vergleich zur Verwendung eines einzelnen Zeitrahmens deutlich steigen.

Charles Drummond erlangte dieses Verständnis der Überlagerung der Zeitrahmen vor ungefähr 30 Jahren auf empirischem Weg, als er zu eigenen Zwecken das Verhalten verschiedener Kursmuster in bestimmten Zeitrahmen untersuchte. Als er einige der kurzfristigen Gleitenden Durchschnitte und der kurzfristigen Zwei-Balken-Trendlinien betrachtete, die die Basis seiner Methode bilden, stellte er fest, dass diese Muster auf allen Charts vorkamen, unabhängig davon, ob es sich um Stunden-, Tages-, Wochen, Monats- oder Jahrescharts handelte.

Bei näherer Betrachtung dieser einfachen Beobachtung erkannte Drummond, dass das Übereinanderlegen verschiedener Charts zu interessanten Ergebnissen führte. Zudem vermutete er, dass die Überprüfung, ob sich die Unterstützungslinien verschiedener Zeitrahmen bei Überlagerung verstärkten, von Bedeutung sein könnte. Daher verglich er die Unterstützungen und Widerstände auf Tagescharts mit denen auf Wochencharts, verglich die Wochencharts mit den Monatscharts und so weiter. Als er damit fertig war: Voilà!

Die Verwendung mehrerer Zeitrahmen stellte sich als grundlegender Fortschritt in der Technischen Analyse heraus, der die Ergebnisse beim Trading stark verbessern kann.

Heute beobachten viele Trader mehr als nur einen Zeitrahmen während der Marktanalyse. Aber nur wenige haben diese Idee zu einer umfassenden, effizienten Trading-Methode weiterentwickelt, die analytische Raffinesse mit praktikablen Regeln und Prinzipien vereint. Manche Markttechniker haben mit verschiedenen Zeitrahmen experimentiert, andere nicht. Aber trotzdem ist dieses Gebiet höchstwahrscheinlich eines der wichtigsten in der zeitgenössischen Technischen Analyse und wird in den nächsten Jahren voraussichtlich die schönsten Früchte tragen. Die derzeit populären Ansätze auf der Basis von Fraktalen, Chaostheorie und Ähnlichem beschäftigen sich alle mit der grundlegenden Idee der Zeitrahmenanalyse.

Betrachten wir dieses Konzept etwas genauer. Was bedeutet der Begriff *Zeitrahmen* eigentlich? Ein Zeitrahmen ist eine regelmäßige Auswahl von Kursen in einer zeitlichen Abfolge, angefangen von einzelnen Ticks und Minuten bis hin zu Jahren, aber natürlich gibt es theoretisch nach oben keine Begrenzung. Ein gebräuchlicher Chart basiert normalerweise auf Stunden, Tagen, Wochen oder Monaten.

Einen bestimmten Zeitrahmen als Ausgangspunkt zu wählen ist keine Hexerei. Alle Zeitrahmen sind eigentlich frei wählbar und werden eher aus Gewohnheit als auf Grund wissenschaftlicher Erkenntnisse festgelegt. In Hinblick auf die Entwicklung des weltweiten 24-Stunden-Handels erscheint auch die eigentlich nahe liegende Einteilung in Tage und Wochen sehr willkürlich. Theoretisch besteht zwischen einem Wochenchart und einem Neun-Tage-Chart kein wirklicher Unterschied, ebenso wenig wie der Tageschart dem 16-Stunden-Chart überlegen ist. Praktischerweise halten sich die Anwender der Drummond-Geometrie im Allgemeinen an die gebräuchlichen Einteilungen in Stunden, Tage, Wochen und so fort.

Der essenzielle Ausgangspunkt der Koordination verschiedener Zeitrahmen ist die Erkenntnis, dass die Hilfsmittel zur Erkennung von Unterstützung und Widerstand in der Drummond-Geometrie für jeden Chart und jeden Zeitrahmen gelten. Minute, Stunde, Tag, Woche – ganz egal, es macht keinen Unterschied, die gebildeten Muster, die angezeigten Erschöpfungspunkte und die Drummond-Linien sind auf allen Balkencharts unabhängig von der gewählten Zeiteinstellung sichtbar und einsetzbar. Beachten Sie:

- Der Drummond-Punkt und die Drummond-Linien zur Feststellung von Unterstützung und Widerstand erscheinen in jedem Zeitrahmen.
- Wird bei der Marktanalyse das Zusammenspiel der verschiedenen Zeitrahmen gezeigt, dann kann der Trader beobachten, was passiert, wenn sich die Linien der Unterstützung und des Widerstandes der verschiedenen Zeitrahmen überlagern. Dieser Ansatz ist von großer Bedeutung, da eine Unterstützung oder ein Widerstand in einem Zeitrahmen mit viel größerer Wahrscheinlichkeit hält, wenn die Bestätigung durch dieselbe Unterstützung oder denselben Widerstand in einem anderen Zeitrahmen gegeben ist.

Wie wird die Koordination der verschiedenen Zeitrahmen in der Drummond-Geometrie erreicht? Zunächst muss der Trader festlegen, welches Ziel er erreichen möchte, denn davon hängt die Anordnung der Zeitrahmen ab. Will der Trader möglichst viel aus dem Wochenbalken herausholen (d. h. beim Wochenhoch verkaufen und beim Wochentief kaufen), dann fokussiert er auf die Woche, und der Wochenchart zeigt den fokussierten Zeitrahmen. Auf dem fokussierten Zeitrahmen basiert der Balkenchart, anhand dessen der Trader seine Trades durchführen wird.

Versucht der Trader, von Tageshochs und Tagestiefs zu profitieren, dann fokussiert er auf den einzelnen Tag. Möchte er auf dem Monatshoch verkaufen und auf dem Monatstief kaufen, dann fokussiert er auf den Monat.

Zweitens wählt der Trader den nächstlängeren Zeitrahmen, um den Kurs im Zusammenhang zu sehen. Ist der fokussierte Zeitrahmen der Tag, dann wird die Woche als längerer Zeitrahmen gewählt. Ist der fokussierte Zeitrahmen die Woche, dann wird der Monat als längerer Zeitrahmen gewählt.

Drittens wählt der Trader einen kürzeren Zeitrahmen. In diesem Zeitrahmen wird der Kurs an Schlüsselpunkten beobachtet. Zudem lässt sich hier früh feststellen, was genau geschieht, wenn der Kurs auf bedeutende Bereiche von Unterstützung und Widerstand trifft.

Nehmen wir an, Sie fokussieren auf eine Woche. Um festzustellen, ob die Einbindung verschiedener Zeitrahmen Potenzial hat, betrachten Sie auch den längeren und den kürzeren Zeitrahmen. Der nächstlängere Zeitrahmen ist der Monat, und der nächstkürzere Zeitrahmen ist der Tag.

Abbildung 7.6 zeigt einen koordinierten Überblick über drei Zeitrahmen. Was erkennen wir hier? Auf dem Monatschart sehen wir, dass der PLdot den Trend nach oben stößt und dabei dem Kurs Unterstützung bietet. Auf dem Wochenchart der ersten Woche im Juni (der rechte Balken) sehen wir, dass eine Drummond-Linie dem Balken Unterstützung bietet. Auf dem Tageschart für den 2. Juni (der rechte Balken) sehen wir, wie die Drummond-Linien für weitere Unterstützung sorgen. Die Koordination des Monatscharts, des Wochencharts und des Tagescharts zeigt uns, dass diese Unterstützung sehr wahrscheinlich stark sein wird.

Beachten Sie, dass die Anwendung der Koordination von Zeitrahmen in Verbindung mit der Projektion von Unterstützung und Widerstand dem Trader eine genaue und zuverlässige Annahme darüber ermöglicht, wo der Kurs auf voraussichtlichen Widerstand stoßen wird. Die Möglichkeit, ein Ereignis vorherzusagen und dann zu beobachten, wie es tatsächlich stattfindet, ist eine tolle Sache.

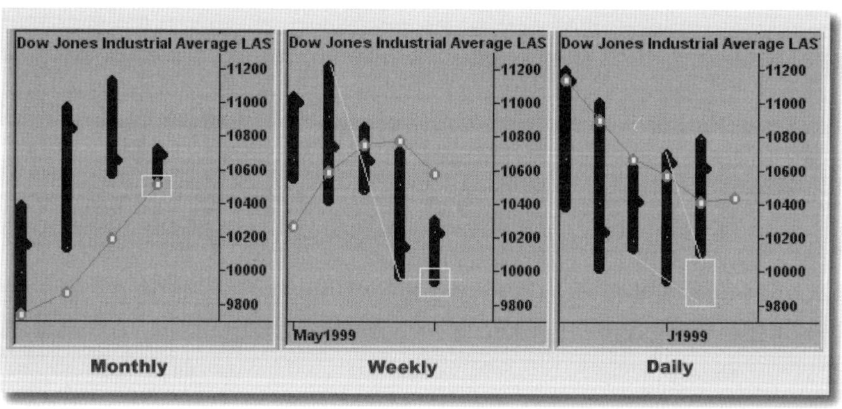

Abb. 7.6: *Dow Jones: Monatschart – Wochenchart – Tageschart. Erstellt mit Omega Research ProSuite 2000i© 1999*

Abbildung 7.7 zeigt ein weiteres Beispiel. Hier wirkt dasselbe Prinzip, aber die Darstellung erfolgt in kürzeren Zeitrahmen. Der Fokus liegt auf dem Tag, der längere Zeitrahmen ist die Woche, der kürzere Zeitrahmen die Stunde.

Die Situation ist der vorherigen sehr ähnlich, obwohl sich die Zeitrahmen unterscheiden. Die Unterstützung zeigt sich auf dem Wochenchart und auf dem Tageschart an derselben Stelle. Im 60-Minuten-Chart sehen wir die Unterstützung des Tagescharts sowie die des Wochencharts als großes Rechteck. Diese Koordination unterschiedlicher Zeitrahmen zeigt dem Trader gute Einstiegsmöglichkeiten.

Beachten Sie, dass bei diesen Beispielen die Methode unabhängig von den gewählten Zeiteinstellungen funktioniert.

Im nächsten Beispiel (Abbildung 7.8) wird ein Chart mit Jahresbalken verwendet. Ja, Sie haben richtig gelesen: Jahresbalken. Diese längeren Zeitrahmen können sehr nützlich sein. Stellen Sie sich vor, wie profitabel Ihr Trading werden könnte, wenn Sie feststellen könnten, dass sich der Kurs gerade auf dem Jahreshoch befindet!

In Abbildung 7.8 zeigt der Jahreschart dieselbe Unterstützung wie der Quartalschart, in dem diese als Rechteck eingezeichnet ist. Dementsprechend wird diese Unterstützung auf dem Monatschart ebenfalls als Rechteck eingezeichnet. Die Unterstützung wird mehrfach bestätigt und wird sehr wahrscheinlich stark sein und halten.

Diese Betrachtung mehrerer Zeitrahmen ist äußerst nützlich. In Verbindung mit anderen Elementen der Drummond-Geometrie oder weiteren Hilfsmitteln der Technischen Analyse entwickeln die Trader ein Verständnis für die gegenseitige Verstärkung von Unterstützung und Wider-

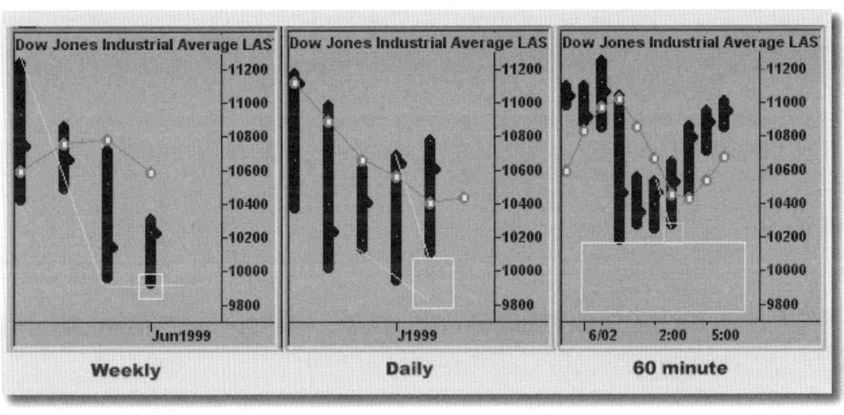

Abb. 7.7: *Dow Jones: Wochenchart – Tageschart – 60-Minuten-Chart. Erstellt mit Omega Research ProSuite 2000i© 1999*

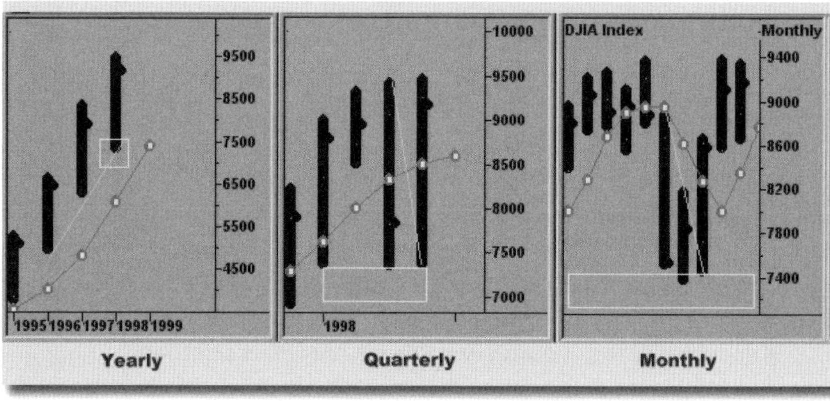

Abb. 7.8: *Dow Jones: Jahreschart – Quartalschart – Monatschart. Erstellt mit Omega Research ProSuite 2000i© 1999.*

stand, der sich zu einem geordneten Analyseansatz entwickeln soll, anhand dessen am Markt mit Zuversicht gehandelt werden kann.

Nun folgt natürlich die Frage: Wie viele Zeitrahmen sollte ein Trader beobachten? Wenn drei Zeitrahmen besser sind als einer, sind dann nicht zwölf Zeitrahmen vier Mal besser?

Theoretisch gibt es unzählige Zeitrahmen, angefangen vom Tickchart bis hin zur Unendlichkeit. Natürlich können wir niemals alle beobachten. Und glücklicherweise müssen wir das auch nicht.

Vergessen Sie nicht, dass zwei Zeitrahmen, die sehr nahe beieinander liegen, auch fast identische Resultate zeigen. Obwohl ein Trader vielleicht nicht genau weiß, welcher Zeitrahmen genau der richtige ist, so wird er doch erkennen, dass sich die Informationen zweier sehr eng beieinander liegender Zeitrahmen fast genau gleichen und somit für diese Zwecke nur von geringem Wert sind.

Sollte man einen 60-Tick-Chart verwenden? Oder ist vielleicht der 65-Tick-Chart besser? Warum nicht gleich ein 67-Tick-Chart? Wenn nun jeder den 60-Tick-Chart verwendet, wäre dann nicht ein anderer Zeitrahmen besser? Die Spekulationen nehmen kein Ende, und all diese Fragen haben ihre Berechtigung. Aber eines ist sicher: Ein deutlicher zeitlicher Unterschied zwischen den verschiedenen Charts ist äußerst hilfreich. Die nützliche Information entsteht aus den groben Unterschieden und den allgemeinen Übereinstimmungen von Unterstützung und Widerstand bei der Beobachtung der verschiedenen Zeitrahmen.

Die Fünffach-Regel hilft bei der Festlegung der gewählten Zeitrahmen für diese Art der Analyse. Diese Regel besagt, dass der nächstlängere Zeitrahmen ungefähr fünf Mal länger sein soll als der fokussierte Zeitrahmen. Der zweite längere Zeitrahmen soll wiederum fünf Mal länger sein als der erste Zeitrahmen und so fort. Dementsprechend soll der kürzere Zeitrahmen ungefähr fünf Mal kürzer sein als der fokussierte Zeitrahmen und so weiter.

Dies ist natürlich eine Faustregel; an dem Verhältnis von 5:1 ist nichts Magisches. Steht dieses Verhältnis aber bei 1:1, dann sieht der Trader nur die Information einer einzelnen Bewegung, und steht es 10:1 oder gar 25:1, dann läuft der Trader Gefahr, wichtige Informationen zu übersehen.

Das Minimum für taggleiche Beobachtungen kann 2:1 betragen, und bei der Betrachtung langer Zeiträume anhand eines Jahrescharts wird der Zusammenhang oft gut durch den 2,5-Jahres-Chart sichtbar.

Die folgenden Zeitrahmen haben sich im Lauf der Zeit als recht brauchbar herausgestellt:

5 Minuten	Quartal
30 Minuten	Jahr
60 Minuten	Zweieinhalb Jahre
Tag	Fünf Jahre
Woche	Zehn Jahre
Monat	

Viele aktuelle Chartprogramme erlauben es dem Trader, die Kursanzeige anhand der Ticks zu erstellen anstatt auf der Basis von Zeiteinheiten. Dabei wird jeder Balken nach einer festgelegten Anzahl von Ticks oder durch eine bestimmte Mindestveränderung des Kurses gebildet. Diese Tickbalken sind sehr nützlich, da sie Zeiten langsamer Kursbewegungen ausgleichen und einen Chart bilden, der die gesamte Energie des Marktes zeigt. Ein 60-Tick-Chart der T-Bonds entspricht normalerweise ungefähr einem 15-Minuten-Chart; ein 360-Tick-Chart der T-Bonds entspricht normalerweise ungefähr einem 60-Minuten-Chart. Besonders geeignet sind die Tickcharts dafür, die grundlegende Struktur von Märkten mit zumindest zeitweilig geringer Handelsaktivität aufzuzeichnen, wie zum Beispiel während der Nachtstunden. Ein Zehn-Minuten-Chart zeigt vielleicht lange Perioden ohne Handelsaktivität, aber ein 100-Tick-Chart sammelt die gesamte Information in einem einzelnen Balken, der die ganze tatsächliche Handelsaktivität unabhängig von der Zeit beinhaltet.

Sofern Sie über eine Chartsoftware verfügen, die diese Art der Datendarstellung erlaubt, dann stellen Sie damit Versuche an und finden Sie heraus, ob sie zu Ihrem Trading-Stil passt. Um eine ungefähre Ahnung zu bekommen, wie viele Ticks Sie einstellen sollten, wählen Sie zuerst einen Ein-Tick-Chart und zählen Sie die Anzahl aller Ticks in einer Stunde. Bonds haben meist ungefähr 260 Ticks pro Stunde, Sojabohnen nur 60 und so weiter.

Fazit

Trader, die Unterstützung und Widerstand analysieren, werden viel erfolgreicher sein, wenn diese Bereiche der Unterstützung und des Widerstandes in verschiedenen Zeitrahmen koordiniert werden. Ein Tageswiderstand, der vom Wochenchart und/oder vom Monatschart bekräftigt wird, wird bis zu drei Mal stärker sein und besser halten als einer, der ohne diese Bestätigung alleine steht. Durch die Beobachtung eines kürzeren Zeitrahmens lässt sich feststellen, ob ein Widerstand oder eine Unterstützung stark oder schwach ist. Ein Trader, der den größeren Zusammenhang kennt und versteht, wird immer erfolgreicher sein als ein Trader, der nur einen Zeitrahmen betrachtet. Die Drummond-Geometrie bietet einen umfassenden Ansatz der Feststellung von Unterstützung und Widerstand in mehreren Zeitrahmen, die dann zur Überprüfung von Stärke oder Schwäche koordiniert werden.

8) Einführung in die mechanischen Handelssysteme

Die Technische Analyse bildet das Fundament aller mechanischen Handelssysteme. Die Lehre der Technischen Analyse beruht darauf, dass sich die Geschichte bis zu einem gewissen Grad wiederholt. Die System-Trader und die Markttechniker sind sich in diesem Punkt einig.

Viele Menschen lehnen die Vorstellung ab, dass das Marktverhalten sich wiederholt oder nach bestimmten Mustern verläuft, da sie der Meinung sind, dass sich alle auftretenden Muster nur zufällig bilden und ohne Bezug zur Vorgeschichte sind. Sie glauben, dass die gegenwärtigen Gegebenheiten sich zu sehr von allem bisher Dagewesenen unterscheiden, als dass man sinnvolle Vergleiche anstellen könnte. Der Markt hat kein Gedächtnis, und jede Situation ist einzigartig. Aber die Anhänger dieser Sichtweise unterliegen einem Trugschluss. Sicherlich sind jeder Tag und jede Situation einzigartig, aber es gibt wiederholt auftretende Muster, die verallgemeinert werden können; dies verhält sich genau so, wie jeder Mensch einzigartig ist, aber es trotzdem bestimmte Merkmale gibt, die im Allgemeinen auf alle Menschen zutreffen. Zwar hat nicht jeder dieselben Vorlieben oder Abneigungen, jeder Mensch hat welche (Robert Rotella, *The Elements of Successful Trading*, New York Institute of Finance 1992).

Ein mechanisches Handelssystem ist ein mathematisch definierter Algorithmus (eine schrittweise Anweisung), die dem Anwender dabei helfen soll, eine objektive Handelsentscheidung zu treffen. Diese Anweisungen basieren auf Ereignissen, die sich mehrfach wiederholen. Mit einem Handelssystems, ein wenig Kapital und einem PC mit Internetanschluss kann man ein Konto eröffnen und sofort mit dem Handeln von Aktien oder Rohstoffen an der Börse beginnen. Der Erfolg bei diesem Unternehmen hängt von mehreren Faktoren ab:

- Höhe des Startkapitals
- Trading-Psychologie der Person
- Gültigkeit und Robustheit des Handelssystems

Die meisten Anfänger im Rohstoffhandel scheitern. Die hohe Zahl an Fehlschlägen kann auf das Anfangskapital der Trader zurückgeführt werden. Alle Systeme, auch die guten, können und werden Verlustphasen durchlaufen. Fängt ein Einsteiger mit wenig Kapital an und erleidet gleich am Anfang schmerzhafte Verluste, dann wird er wahrscheinlich gleich wieder mit dem Trading aufhören. Leider hören die meisten Trader mit dem Handeln auf, bevor das System erfolgreich wird. Wenn ein anderer Trader über mehr Anfangskapital verfügt und Verluste in derselben Höhe erleidet, dann wird er wahrscheinlich eher mit dem Trading weitermachen.

	Trader A	Trader B
Anfangskapital ($)	5.000	10.000
Verlust ($)	5.000	5.000
Verlust in %	100	50
Auswirkung	Hört auf	Macht weiter

Die Psychologie eines Traders kann über Erfolg oder Misserfolg eines Trading-Plans entscheiden. Ein Vorteil eines Trading-Systems ist das Ausschalten der menschlichen Emotionen. Der Computer trifft alle Entscheidungen, und der Trader sieht dabei zu. Setzt sich ein Trader über einen System-Trade hinweg, dann verliert er diesen Vorteil. Aber wie viele Trader werden sich an die Vorschläge eines Systems halten, das schon tur fünf Verluste hintereinander gesorgt hat? Um von den Vorteilen eines Handelssystems zu profitieren, sollten alle auch den sechsten und den siebten Trade machen.

Das Wichtigste für einen System-Trader ist die Gültigkeit des Systems, um das er seinen Trading-Plan konstruiert hat. Ist das System wertlos, dann wird auch der Trading-Plan keinen Erfolg bringen. Der Rest dieses Buches soll dem Leser dabei behilflich sein, die Fallstricke und Hindernisse der Handelssysteme unbeschadet zu überwinden. Wir wissen nicht, mit welchem Trading-Kapital Sie anfangen werden, und wir können auch Ihre psychologischen Merkmale nicht verändern, aber wir können Ihnen dabei helfen, Handelssysteme zu entwickeln oder zu kaufen, die gute Chancen haben, in Zukunft Gewinne abzuwerfen.

Ein Beispiel für ein mechanisches Handelssystem: Kaufe, wenn der Neun-Tage-Durchschnitt über den 13-Tage-Durchschnitt steigt. Verkaufe, wenn der Neun-Tage-Durchschnitt unter den 13-Tage-Durchschnitt fällt. Wird die Kauf- oder Verkaufsorder ausgeführt, platziere einen $1.500-Stopp. Steigt der Gewinn über $2.000, dann mache daraus einen $500-Trailing-Stopp. Dies ist ein genau definierter Algorithmus. Würden zwei verschiedene Trader sich an dieses System halten, dann wären ihre Ergebnisse ziemlich ähnlich.

Ein Beispiel für ein Handelshilfsmitel: Wenn die Stochastik in den überkauften Bereich steigt und dann anfängt, einen Haken nach unten zu bilden, und die Ausbildung einer Kopf-Schulter-Formation beendet wird, dann gehe zur Markteröffnung short. Platziere einen Stopp auf der nächsten Unterstützung. Dieser Algorithmus ist ungenau beschrieben; es gibt keine exakten Parameter. Im Gegensatz zum Handelssystem würden zwei Trader, die diesen Ansatz verfolgen, wahrscheinlich recht unterschiedliche Ergebnisse erzielen. Viele Trader glauben, dass man nicht auf der Basis eines mechanischen Ansatzes traden kann, und sie verwenden deshalb Hilfsmittel, die sie bei ihren Handelsentscheidungen unterstützen sollen. Diese Trader sind der Meinung, dass die Märkte zu komplex sind, als dass eine einfache mathematische Formel alle Parameter und Nuancen der Kursbewegung interpretieren könnte.

Mechanische Handelssysteme und Technische Analyse wurden nachweislich Gewinn bringend beim Wertpapierhandel eingesetzt. Nicht mit allen Systemen wurde Geld verdient, aber mit einigen sehr wohl, und dies war der Grundstein eines riesigen Industriezweiges. Wie bei allen Vorhaben, deren Grundaussage lautet: „Tue, was ich dir sage, und du wirst reich", entwickelte sich auch in diesem Fall schnell ein schlechter Ruf der gesamten Industrie. Es gibt unzählige selbst ernannte Experten und Gurus, die ihre Systeme für $3.000 oder mehr an Menschen verkaufen, die in ihrem ganzen Leben noch nie etwas von Technischer Analyse gehört haben. Schalten Sie Ihren Fernseher spät nachts ein, und Sie erfahren, dass Sie für $95 lernen können, wie man zum erfolgreichen Trader wird. Dafür sei keine Erfahrung nötig, kein Geld (außer natürlich den $95), keine Zeit und auch keine Ausbildung in Technischer Analyse. Wer glaubt denn so etwas? Anscheinend sehr viele Menschen, Anwälte, Ärzte, Wissenschaftler, Vermögensverwalter, Firmeninhaber und vielleicht sogar auch Sie. Die Commodities Futures Trade Commission (CFTC) versucht, bei diesen Schaumschlägern (so nennen wir die Anbieter von Systemen, die ein so hübsches und buntes Bild des Trading vermitteln wollen) hart durchzugreifen, indem sie sich als Terminhandelsberater eintragen lassen müssen. Wenn ein Systemanbieter registriert ist, dann muss er mit den Unterlagen, die verteilt werden, vorsichtig und gewissenhaft umgehen. Doch nicht alle Systemanbieter sind Scharlatane, wir hatten selbst mit einigen der verantwortungsbewusstesten, intelligentesten und gewissenhaftesten Leuten in diesem Bereich zu tun. Manche dieser Anbieter traden mit den angebotenen Systemen auch ihr eigenes Kapital oder haben Kunden, die damit positive Ergebnisse erzielt haben.

Warum sollte man ein Handelssystem verwenden?

Es gibt mehrere Gründe, warum ein Trader ein Handelssystem verwenden sollte:

- Kontinuierliche und gleichzeitige Analyse mehrerer Märkte
- Ausschalten der menschlichen Gefühle
- Möglichkeit der historischen Überprüfung und Verifizierung

Die Trader, die ein mechanisches Handelssystem verwenden, glauben, dass das Trendverhalten der Märkte anhand von mathematischen Formeln erklärt werden kann. Mit den richtigen Filtern lässt sich der Lärm (die Kongestion) von der Musik (dem Trend) trennen. Wir glauben, dass alle Märke, egal ob Sojabohnen oder Währungen, sich in einem ständigen Wandel befinden: Trend oder Kongestion. Wir akzeptieren diese Voraussetzung und haben erkannt, dass man mit nur einem einzigen System in allen Märkten Gewinn bringend handeln kann. Dies stellt einen enormen Vorteil dar, da man alle möglichen Märkte handeln kann, ohne die jeweiligen Unterschiede genau zu kennen und zu verstehen. Durch die Verwendung eines Systems profitiert der Trader auch von der fehlenden Emotionalität: Wenn der Computer alle Entscheidungen trifft, dann werden sie nicht von menschlichen Gefühlen getrübt. Ein Mensch steht vielleicht mit dem falschen Fuß auf oder leidet unter einer Grippe, und solche Faktoren haben oft einen gewaltigen Einfluss auf die Handelsentscheidungen. Ein Handelssystem hingegen kümmert sich nicht darum, wie wir Menschen uns fühlen, es beobachtet einfach den Markt und trifft objektive Entscheidungen.

Mechanische Handelssysteme (MHS) lassen sich genau analysieren und verifizieren. Mit genügend Daten und einem Computer (oder einem Bleistift, einem Blatt Papier und einem Taschenrechner) kann ein solches System historisch auf seine Gültigkeit über Jahrzehnte hinweg überprüft werden. Die Möglichkeiten der Überprüfung und Verifizierung der MHS sind wahrscheinlich der Hauptgrund für ihre große Beliebtheit. Die historische Überprüfung ermöglicht es dem Trader, ein Gefühl dafür zu bekommen, wie brauchbar ein Handelsansatz wirklich ist. Leider kann ein historischer Überblick über ein MHS in vielen Fällen auch irreführend sein. Manche Anbieter überoptimieren die Einstellungen ihrer Systeme, damit sie bei den historischen Tests gut abschneiden. (Diese Überoptimierung bezeichnet man als Kurvenanpassung, die auf den nächsten Seiten genauer beschrieben wird.) Die historische Überprüfung erfolgt natürlich im Nachhinein, und das spätere bessere Wissen wird oft verwertet; deshalb sollte man solche Tests mit einer gesunden Portion Skepsis betrachten. Positiv zu vermerken ist allerdings, dass eine vorausschauende Projektion zukünftiger Kurse anhand eines MHS äußerst lehrreich sein kann. Eine solche vorausschauende Projektion ist ein Test anhand historischer Daten, die zum Zeitpunkt der Festlegung der Parameter des MHS noch nicht verfügbar waren. Diese Methode ist bei weitem die aussagekräftigste bei der Evaluierung der Leistungsfähigkeit eines Systems. Je weiter die vorausschauende Projektion in die Zukunft reicht, desto besser.

80 % allen Kapitals, das Terminhandelsberater (THBs) verwalten, wird mit Hilfe von Systemen gehandelt. THBs verwenden Systeme, weil sie leicht zu bedienen sind, weil sie die Emotionen ausschließen und weil sie die Grundlage für eine umfassende Handelsplattform bilden können. Das Handelssystem ist nur ein Anfang, die Spitze des Eisbergs, für einen seriösen Vermögensverwalter. Mit mechanischen Handelssystemen, Money Management und Portfolio-Analyse verwalten THBs heute systematisch mehrere Milliarden Dollar. Da alles mathematisch definiert ist, kann ein THB eine hypothetische Erfolgsquote von Systemen zeigen, die an die speziellen Bedürfnisse einzelner Klienten angepasst werden können. Dadurch lässt sich ein bestimmter Handelsplan erstellen. Ohne einen mechanischen Handelsansatz wäre dies nicht möglich: Er könnte nicht auf die gesammelten Daten mehrerer Jahrzehnte zurückblicken und seine subjektive Analyse demonstrieren.

Ein MHS kann jemandem, der vom Handel mit Sojabohnen nicht die geringste Ahnung hat, die Möglichkeit geben, an diesem Markt und gleichzeitig an vielen anderen Märkten zu handeln.

Achten Sie nicht auf die Werbung

Die MHS scheinen also eine tolle Erfindung zu sein. Warum kauft sich dann nicht jeder ein solches System, wird schnell reich und geht dann in Rente? Leider ist es nicht so einfach. Ein funktionierendes System gibt einem Trader nichts außer einem geringen technischen Vorteil. Langfristig wird dieser Vorteil hoffentlich beim Geldverdienen helfen. Viele erfahrene Trader haben schon angemerkt, dass dies einer der schwierigsten Berufe ist, wenn man nur auf das schnelle Geld aus ist. Trotzdem gibt es für den ausgebildeten Trader einen „Heiligen Gral“: Dieser Gral ist das Wissen, dass es keinen Heiligen Gral gibt. Darum sollten alle potenziellen Käufer von Systemen die Werbeunterlagen, Verkaufsprospekte und das ganze Propagandamaterial wegwerfen, das vieles verspricht, was die Systeme nicht halten können. Und dasselbe sollten die Entwickler dieser Systeme tun, wenn sie ein System entwickeln, das zu gut aussieht, um wahr zu sein. Abbildung 8.1 zeigt einen fiktiven Chart, aber ähnliche Werbedarstellungen findet man in verschiedenen Zeitschriften und im World Wide Web.

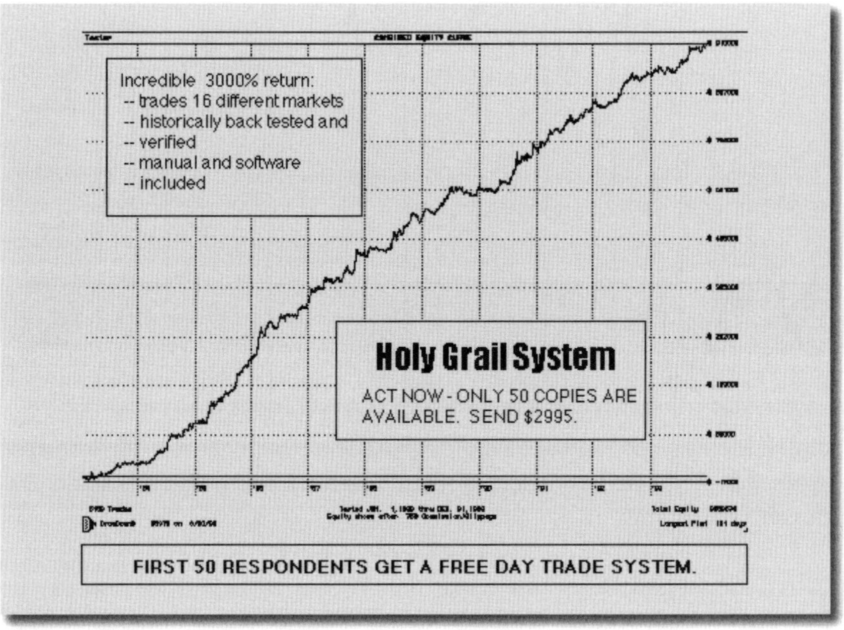

Abb. 8.1: *Typische Werbung für den Heiligen Gral. Im Beispiel die Performance eines kurvenangepassten Systems*

Der Chart in Abbildung 8.1 sieht einfach zu gut aus, um wahr zu sein, und er ist es auch, denn er wurde mit einem extrem kurvenangepassten MHS erstellt. Die Erfolgsgeschichte umfasst 16 verschiedene Märkte über einen Zeitraum von elf Jahren. Viele Menschen würden angesichts der Dauer und der Anzahl der Märkte bei diesem Test behaupten, dass sich so viele verschieden Daten nicht anpassen lassen. Und genau hier tappen sie in die Falle. Mit der Rechenleistung der Computer und der Anzahl an Daten, die heutzutage verfügbar sind, lässt sich jeder beliebige Chart erstellen. Der Chart in Abbildung 8.1 beruht auf Daten der Jahre von 1983 bis 1993.

Der Grund dafür, so eine große Anzahl an Daten zu verwenden, war die Möglichkeit, einige Daten für einen passenden zusätzlichen Test zu reservieren. Abbildung 8.2 zeigt eine vorausschauende Projektion von Januar 1994 bis August 1999

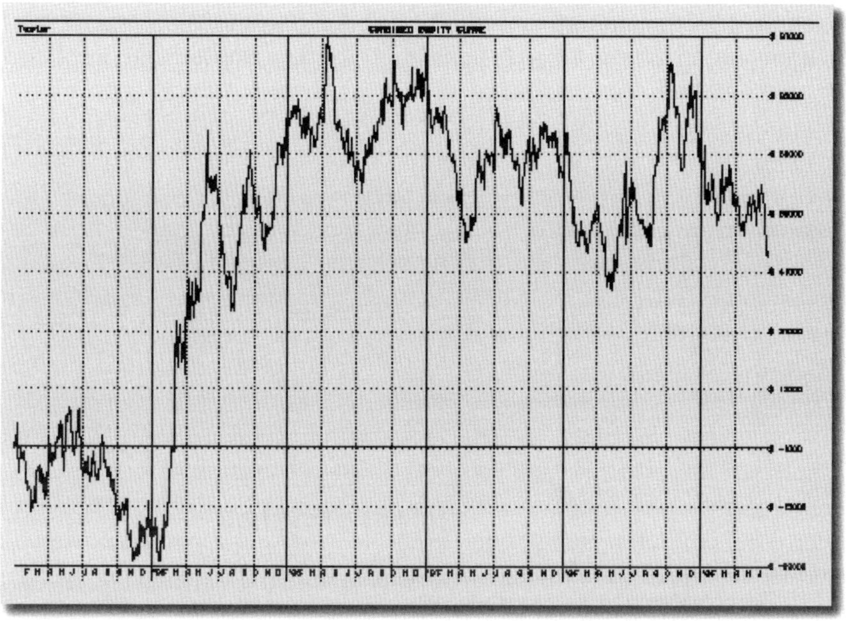

Abb. 8.2: *Erfolgsbilanz einer vorausschauenden Projektion anhand desselben Systems*

Der unwissende Käufer dieses Systems erwartet einen ungefähren Gewinn von $82.000 jährlich bei einem maximalen Verlust von $25.970, aber durchschnittlich erzielte er nur einen Gewinn von $6.245 und erlitt einen maximalen Verlust von $62.808. Das bedeutet eine Verringerung des Gewinnes um 76% und eine Steigerung von 151% beim maximalen Verlust.

Ist der Verkäufer, der mit der hypothetischen Performance dieses Systems wirbt, also ein Lügner? Nein, das ist er nicht. Macht er irreführende Angaben? Ja, denn er sollte es eigentlich besser wissen. Der Anbieter dieses Systems muss sich bewusst sein, dass sich die Geschichte praktisch exakt wiederholen müsste, damit das System weiterhin so gute Ergebnisse liefert.

Sollte man ein Handelssystem kaufen?

Wir haben bisher ein eher düsteres Bild der MHS-Industrie gezeichnet. Aber wir glauben auch, dass zu erschwinglichen Preisen fundierte Systeme gekauft und erfolgreich eingesetzt werden können. Interessenten müssen vor dem Kauf ihre Hausaufgaben machen, ansonsten fallen sie leicht Blendern zum Opfer. Wenn Sie sich für ein solches System interessieren, dann müssen Sie sich absolut im Klaren darüber sein, dass eine hypothetische Erfolgsbilanz immer nur das bestmögliche Ergebnis zeigt. Hypothetische oder simulierte Ergebnisse unterliegen bestimmten eingebauten Beschränkungen. Im Gegensatz zu tatsächlichen Ergebnissen bilden simulierte Ergebnisse nicht das tatsächlich erfolgte Trading ab. Und da die Trades nicht wirklich ausgeführt wurden, kann der Einfluss bestimmter Marktfaktoren, wie zum Beispiel der Liquidität, auf die Resultate leicht über- oder unterbewertet werden. Die simulierten Handelsprogramme werden im Nachhinein konstruiert, und so sollten Sie als Faustregel mit nicht mehr als dem halben Profit und mit mindestens dem doppelten maximalen Verlust der beworbenen Erfolgsaufzeichnung rechnen. Diese Faustregel sollten Sie aber nur dann anwenden, wenn Sie sicher sind, dass das getestete System über robuste Parameter verfügt (also solche Parameter, die nicht anhand der historischen Daten angepasst wurden – auf die Robustheit werden wir später noch zu sprechen kommen). Leider liegt die einzige Möglichkeit, die Robustheit eines Systems zu überprüfen, im Erlangen des vollen Verständnisses der Logik und Mathematik des Systems, und dafür müssen Sie das System normalerweise kaufen. In manchen Fällen, bei so genannten Black-Box-Systemen, werden Sie die zugrunde liegende Logik nie zu sehen bekommen; seien Sie hier also besonders vorsichtig. Wenn Sie ein System kaufen wollen, ohne sich dabei die Finger zu verbrennen, stellen Sie dem Anbieter die folgenden Fragen. Wenn die meisten dieser Fragen nicht eindeutig mit Ja beantwortet werden können, dann sollten sie sich besser ein anderes System suchen.

Fragen vor dem Kauf eines Systems:

1. Sieht die hypothetische Überprüfung anhand der historischen Daten von zehn Jahren gut aus?
   Sie werden sich wundern, wie oft Systeme angeboten werden, die nur über kürzere Zeiträume getestet wurden. Die Rechtfertigung dafür ist, dass sich die Märkte verändert hätten und die Daten von vor zehn Jahren unter den heutigen Bedingungen nicht relevant seien. Oft zeigen Anbieter nur die Ergebnisse der jüngsten Vergangenheit, vor allem bei Märkten, die einen starken Trend aufweisen.

2. Sieht die hypothetische Überprüfung anhand der historischen Daten realistisch aus? Der durchschnittliche jährliche Gewinn liegt bei weniger als 150 % des dreifachen Margin. (Der Margin ist das hinterlegte Kapital, das zum Handeln bestimmter Werte erforderlich ist.)
   Systeme, die einen konstanten Gewinn aufweisen, der über diesem Wert liegt, sind normalerweise optimiert und werden in der Zukunft mit großer Wahrscheinlichkeit scheitern. Bleiben Sie realistisch! Wenn es ein so erfolgreiches System gäbe, dann hätten wir schon lange keine Börsen mehr.

3. Wenn es sich um ein System für mehrere Märkte handelt, sind die Parameter für alle Märkte dieselben?
   Ein weiteres Anzeichen der Überoptimierung und Kurvenanpassung: Wenn der Parameter A für den Japanischen Yen 25 beträgt, für den Schweizer Franken 102 und für das Britische Pfund 56, dann ist es sehr wahrscheinlich, dass das System angepasst wurde. Die Parameter für verschiedene Märkte sollten ähnlich sein, zumindest für Märkte in ähnlichen Sektoren.

4. Gibt es eine tatsächliche Erfolgsaufzeichnung für die letzten 18 Monate? Wenn ja, ist sie zuverlässig?
   Nur die Zeit zeigt den wahren Wert eines Systems. Bringt ein System Erfolg, nachdem es zum Verkauf freigegeben wurde (oder nachdem der Anbieter aufgehört hat, die Einstellungen anzupassen), dann bestätigt sich die Anwendbarkeit auf unbekannte Daten. Das System muss nicht unbedingt die historische Performance erreichen, um gut abzuschneiden. Ist der Erfolg auch nur halb so groß wie beim Test mit historischen Daten, dann wird es sich in Zukunft wahrscheinlich auch bewähren.

5. Erscheint das System logisch konstruiert und nicht übermäßig komplex?
   Systeme sollten möglichst einfach sein und auf Kursveränderungen basieren. Ich habe noch nie ein bewährtes System gesehen, das auf Astrologie, Numerologie, bestimmten Datumsangaben, Astronomie etc. basiert. Sehr komplexe Systeme sind oft überladen und verwirrend.

6. Scheint der Anbieter eher ein Techniker als ein Verkäufer zu sein? Nachdem Sie mit dem Anbieter Kontakt aufgenommen haben, ruft er Sie ständig an und drängt Sie zum Kauf? Betont er dauernd die überragenden Gewinne seines Systems, oder lässt er seine tatsächliche Erfolgsaufzeichnung für sich sprechen?

7. Wurde das System von einem Dritten überprüft?
   Die Überprüfung durch Dritte ist die beste objektive Beurteilung, die Sie bekommen können. Jemand, der mit dem Anbieter in keiner Beziehung steht, kann Ihnen seine Erfahrungen mit dem System mitteilen und so Ihre Kaufentscheidung untermauern.

Mythen und Fakten zu Handelssystemen

Seit der Entstehung von Handelssystemen Mitte der 70er-Jahre ranken sich viele Mythen darum. Die folgende Liste zählt einige der falschen Ansichten auf, die in diesem Segment ihr Unwesen treiben. Im Verlauf der restlichen Kapitel dieses Buches werden wir uns mit diesen Themen noch näher befassen.

Mythos: Nur gute Handelssysteme kosten sehr viel Geld.

Fakt: Wir haben Systeme für $100 getestet, die erfolgreicher waren als bestimmte Systeme für $10.000. Es gibt keinen Heiligen Gral. Wir sind der Meinung, dass man für ein gutes Handelssystem nicht mehr als $3.000 bezahlen sollte.

Mythos: Die Märkte sind zu chaotisch, als dass ein einfacher Ansatz funktionieren könnte.

Fakt: Die Märkte sind gar nicht so komplex. Entweder besteht ein Trend, oder es besteht keiner. Wenn ein System zu intelligent konstruiert ist, dann versucht es, von jeder Kursbewegung zu profitieren. Wir haben einfache Systeme gesehen, die einen Trend erkennen und in diese Richtung gehen, während komplexere Systeme oft auf jede kleine Schwankung reagieren, aber dafür den vorherrschenden Trend verpassen.

Mythos: Die Märkte sind zu verschieden, als dass ein einfacher Ansatz funktionieren könnte.

Fakt: Wir haben noch keinen einzigen Ansatz gesehen, der in jedem Markt funktioniert hat. Aber es gibt mehrere Systeme, die in den wichtigsten Märkten einsetzbar sind. Lässt sich ein System gut zum Handel mit dem Schweizer Franken einsetzen, dann sollte es sich auch ohne Modifikationen für den Handel mit anderen Währungen eignen. Ein System, das sich gut zum Handel mit Währungen eignet, kann normalerweise auch für den Handel mit den Finanzmärkten eingesetzt werden (mit Ausnahme der Aktienindizes), ebenfalls ohne Veränderungen. Viele Systeme, die sich in diesen Bereichen gut behaupten, finden auch bei Rohstoffen Anwendung, mit Ausnahme der Metalle.

Mythos: Wird ein System auf verschiedene Märkte angewendet, dann müssen die Parameter für jeden Markt eigens angepasst werden.

Fakt: Beruht ein System auf korrekten Marktprinzipien, dann sollte es auch ausreichend robust sein, um bei ähnlichen Parametern in verschiedenen Märkten zu bestehen. Natürlich wird es immer einige Einstellungen geben, die angepasst werden müssen. Ein $1.500-Stopp im S&P unterscheidet sich gewaltig von einem $1.500-Stopp bei Mais. An Stelle von fixierten Parametern sollten Parameter verwendet werden, die sich dem Markt anpassen (wie zum Beispiel die Verwendung eines prozentualen Stopps an Stelle eines $1.500-Stopps). So kann die marktspezifische Optimierung umgangen werden.

Mythos: Alle guten Systeme werden von millionenschweren THBs kontrolliert.

Fakt: Die meisten guten THBs verwenden Handelssysteme, die auch von jedem anderen Interessenten gekauft werden können. Viele bekannte THBs arbeiten mit der ganz einfachen Kanal-Ausbruch-Methode. Die Gründe für den oft bedeutend größeren Erfolg der THBs sind: (a) Hinter ihren Trades steht viel mehr Kapital, und (b) sie handeln so große Stückzahlen, dass sie von den Vorzügen der Portfolio-Analyse und des Money Managements profitieren können.

Mythos: Die Märkte verändern sich ständig; daher müssen die Systeme regelmäßig aktualisiert werden.

Fakt: Ist ein System gut konstruiert und basiert es auf korrekten Marktprinzipien, dann sollte es jede Marktentwicklung überdauern. Vergessen Sie nicht: Der Markt ist in einem Trend oder nicht. Kein System wird immer nur Gewinne erzielen. Es wird Zeiten geben, in denen der Kurs keine eindeutige Richtung hat, und dann kommt es bei allen Systemen zu Verlusten. Die Neuanpassung eines Systems führt zur Kurvenanpassung an die jüngsten Marktdaten. Wer weiß schon, wie lange sich der Kurs noch auf dieselbe Weise verhalten wird?

Mythos: Ich erwarte denselben Gewinn und Verlust, den das System während der Tests mit historischen Daten erzielt hat.

Fakt: Wenn das nur wahr wäre! Meiner Erfahrung nach können Sie mit dem halben Gewinn und dem doppelten Verlust rechnen. Dafür gibt es zwei Gründe: (1) Eine Computersimulation kann die Gegebenheiten eines Marktes nicht genau reproduzieren, und (2) jede Überprüfung anhand historischer Daten unterliegt in gewisser Weise einer Optimierung. Sehen wir uns diese beiden Gründe etwas näher an:

1. Eine Computersimulation kann die Gegebenheiten eines Marktes nicht genau reproduzieren:
   Beim Test eines Systems behalten wir normalerweise $100 pro Trade als Ausgleich für Slippage und Gebühren ein. Auf der Basis

eines Kontraktes verlieren Trader dadurch aber je nach Situation bis zu $1.000.

2. Jede Überprüfung anhand historischer Daten unterliegt in gewisser Weise einer Optimierung:
Überprüft ein Trader einen Ansatz anhand historischer Daten und analysiert die Erfolgsquote, dann wird er danach unter Garantie immer einige Einstellungen verändern und den Test noch einmal durchführen. Kein Trader wird sein Geld mit einem System riskieren, das sich mit historischen Daten nicht bewährt hat. Diese nachträgliche Anpassung ist in Ordnung, wenn der Trader damit nicht übertreibt. Werden zu viele Verbesserungen durchgeführt, dann wurde das System perfekt auf die historischen Gegebenheiten angepasst. Aber dann ist die einzige Möglichkeit, wie sich dieses System bewähren kann, die genaue Wiederholung der Kursverläufe. Leider ist die Anpassung ein notwendiges Übel, ohne das niemand ein System entwickeln und überprüfen kann.

Mythos: Mit dem Handel von Futures gewinne ich 100 % pro Jahr.

Fakt: Wenn jemand kontinuierlich ein solches Ergebnis erzielen könnte, dann gäbe es keine Börsen mehr. In meiner zehnjährigen Erfahrung habe ich kein System gesehen, das diesen Erfolg erzielen konnte. Ich kenne Systeme, die manchmal so gut sind, aber keines schafft das dauernd. Die meisten großen THBs setzen sich 20 % oder 25% zum Ziel, mit einem maximalen Verlust von 10 % bis 15%. Man sollte den Handel mit Futures als weiteren Aktivposten sehen, um das Portfolio zu diversifizieren.

Mythos: Ich brauche auf meinem Konto nur ausreichend Kapital, um den Marginanforderungen zu entsprechen.

Fakt: Damit steuern Sie geradewegs auf die Katastrophe zu. Ihr schlimmster Verlust liegt wahrscheinlich noch vor Ihnen. Ohne eine Knautschzone können Sie innerhalb kürzester Zeit aus dem Rennen fliegen. Nehmen wir an, Sie wollen den Japanischen Yen handeln und dotieren Ihr Konto mit dem erforderlichen Minimalbetrag von $3.000. Am nächsten Tag nutzen Sie ein Signal zum Einstieg, kaufen einen Yen-Kontrakt und freuen sich am Tagesende über einen Gewinn von $250. Sie platzen vor Stolz auf sich selbst und ihr System. Aber leider eröffnet der Markt am nächsten Morgen aus irgendeinem Grund um 250 Punkte tiefer (16. 2. 1999 und 3. 4. 2000). Ihr Konto verliert mit einem Schlag $3.125. Ihr Broker ruft sofort an, verlangt einen Nachschuss und droht mit der Schließung des Kontos.

Fazit

In diesem Kapitel wurden einige äußerst wichtige Punkte angesprochen. Die wichtigsten davon waren:

- Traden Sie nicht mit Rohstoff-Handelssystemen, wenn Sie nicht über genügend Kapital verfügen.
- Um von den Vorteilen eines Handelssystems zu profitieren, müssen Sie seine Regeln mit geradezu religiöser Hingabe befolgen.
- Erkennen Sie die Grenzen der historischen Ergebnisse.
- Glauben Sie nicht alles, was in den Werbeblättern und Broschüren der Anbieter steht.
- Stellen Sie dem Anbieter die „richtigen" Fragen.
- Bilden Sie sich selbst auf den Gebieten der Handelssysteme und der Technischen Analyse fort.

Lesen Sie die restlichen Kapitel dieses Buches. Wir hoffen, dass Ihnen dieses Kapitel keine Angst vor mechanischen Handelssystemen gemacht hat. Manchmal ist die Wahrheit anfangs schmerzhaft, aber letztlich macht sie sich hundertfach bezahlt. Tatsächlich erfüllen nur die wenigsten Systeme die hohen Erwartungen, die durch die Werbung geweckt werden. Wenn die Käufer dies wissen und verstehen, dann wird sich die 90%ige Ausfallquote bei Einsteigern ins Trading hoffentlich deutlich verringern.

9) Der Anfang

Nachdem Sie sich entschlossen haben, mit einem mechanischen Ansatz an der Börse zu traden, gilt es, vor Ihrem ersten Trade einige Entscheidungen zu treffen. Alle mechanischen Systeme benötigen tägliche, wöchentliche oder monatliche Dateneingaben, um eine Entscheidung zu treffen. Manche Systeme benötigen größere Datenmengen als andere. Einige grundlegende Hilfsmittel sind notwendig, um diese Daten zu verarbeiten und tatsächliche Handelssignale zu erzeugen.

Hardware

Ein Computer ist ein Muss für jeden System-Trader. Das liegt nicht so sehr daran, dass gute Handelssysteme so rechenaufwändig sind oder Millionen von Operationen in der Sekunde durchgeführt werden müssen, sondern daran, dass ein Computer in wenigen Minuten viele Aufgaben erledigen kann, für die der Trader alleine mehrere Stunden brauchen würde. Ein Computer mit den folgenden Merkmalen wird sicher genügen: 1.000-MHz-Prozessor, 10-GB-Festplatte, 128 MB RAM, ein 17-Zoll-Monitor und ein adäquater Internetanschluss. Handelssoftware wird für Apple-Macintosh- und IBM-Rechner gleichermaßen angeboten, aber wie auf den meisten Gebieten steht für die PC-Plattform eine größere Anzahl an Programmen zur Auswahl.

Software

Chartprogramme, das automatische Testen und Datenbanken erleichtern das Leben aller System-Trader. Die tägliche Erhaltung eines mechanischen Systems lässt sich nur mit einem Computer und passender Software effizient durchführen. Die folgenden Aufgaben fallen beim System-Trading an: Sammeln und Aktualisieren der Daten, Signalberechnung und Kontoführung. Diese Aufgaben multiplizieren sich mit der Anzahl der gehandelten Märkte. Der Computer und die Software lassen dem Trader auch noch genügend Zeit, um sich um andere Dinge zu kümmern. Heute wird den Tradern eine breite Palette an Softwarepaketen zur Unterstützung beim Trading angeboten. Die Entscheidung für einen bestimmten Computer fällt viel leichter als die Entscheidung für eine bestimmte Software. Die Preise liegen zwischen wenigen Dollars und mehreren tausend. Normalerweise hängt der Preis einer Software davon ab, welche Möglichkeiten das Paket bietet. Die TradeStation™ von Omega Research bietet so ziemlich alle Funktionen, die man sich beim Handeln eines mechanischen Systems wünschen kann: Die Daten aller Märkte können geladen werden, die Datenbank wird automatisch aktualisiert, Ihr Handelssystem kann erstellt und einprogrammiert werden, der Fortschritt Ihres Systems lässt sich beobachten, verschiedene Indikatoren können angezeigt werden, Echtzeitquoten werden eingespielt. Eine solche Software ist relativ teuer (über $2.000) und nicht unbedingt notwendig. Mit ein wenig Anstrengung können Sie ein mechanisches System mit einer viel günstigeren Software handeln. Tatsächlich lassen sich viele der erhältlichen Systeme in eine einfache Tabelle programmieren. Die Entscheidung liegt bei Ihnen: mehr Aufwand und weniger Kosten, oder mehr Kosten und weniger Aufwand. Unabhängig davon, für welche Software Sie sich letztendlich entscheiden, folgende Mindestanforderungen sollten erfüllt werden:

- Anzeige von Balkencharts über verschiedene Zeiträume (Tag, Woche, Monat)
- Datenbankverwaltung (Aktualisierung und Speicherung von Kursdaten)
- Anzeige verschiedener Indikatoren
- Anzeige von Daten in tabellarischer Form

Weitere Optionen sind:

- Anzeige von Intraday-Charts
- Eintragen von Linien in den Chart (Trendlinien, Fibonacci-Retracements etc.)
- Testen anhand von historischen Daten
- Überwachung des Systems in Echtzeit

Weitere Informationen finden Sie im *Futures Magazine's Guide to Computerized Trading*. Dieses Handbuch beschreibt verschiedene Softwarepakete und gibt die jeweiligen Kontaktinformationen an.

Die beiden größten Anbieter von Software für Apple-Macintosh-Rechner und die PC-Plattform sind:

Apple Macintosh	PC-Plattform
ProTa Gold BeeSoft 311 Summerdale Lane Algonquin, IL 60102 support@beesoft.net 001.874.854-3960	TradeStation™ Omega Research 8700 W.Flagler Street, Suite 250 Miami, FL 33174 www.omegaresearch.com 001.305.485-7000
Trendsetter Software 2024 N. Broadway, Suite 310 Santa Anna, CA 92706 01.800.825-1852	Metastock Equis International Inc. 3950 South 700 East, Suite 100 Salt Lake City, UT 84107 www.equis.com 001.800.882-3040

Daten

Unabhängig davon, wie schnell Ihr Computer rechnet oder wie robust Ihr Handelssystem ist – ohne gute Daten wird aus dem Trading nichts. Daten sind der Treibstoff für Ihr System, so wie Benzin ein Auto antreibt. Daten sind grundsätzlich in zwei Varianten erhältlich: in Echtzeit oder historisch. Sie können Echtzeitdaten bekommen, die innerhalb von Sekunden vom Börsenparkett auf Ihren Bildschirm übertragen werden. Historische Daten sind solche, die nicht in Echtzeit angezeigt werden – um 15 Minuten verzögert, am Tagesende, am Ende der Woche etc. Wie gewohnt muss man für hohe Geschwindigkeiten und kurze Wartezeiten tiefer in die Tasche greifen. Tagesende-Daten sind schon für ungefähr $30 monatlich erhältlich, wohingegen Echtzeitdaten bis zu $800 pro Monat kosten können. Tagesende-Daten reichen aus, um ein System Gewinn bringend traden zu können. In vielen Fällen kann die Anzeige von Echtzeitdaten zu einer Informationsflut führen. Manche Trader mit Echtzeitdaten führen einen guten und logischen Trade durch, aber sie steigen aus der Position zu schnell wieder aus, weil sich der Kurs schnell gegen sie richtet. Letztendlich wäre die ursprüngliche Kaufentscheidung aber richtig und Gewinn bringend gewesen. Der Trader mit den Tagesende-Daten hätte von der Gegenbewegung gar nichts mitbekommen und die Position gehalten. Abbildung 9.1 zeigt den Unterschied zwischen dem, was der Trader mit den Tagesende-Daten sieht, und dem, was er mit den Echtzeitdaten sieht.

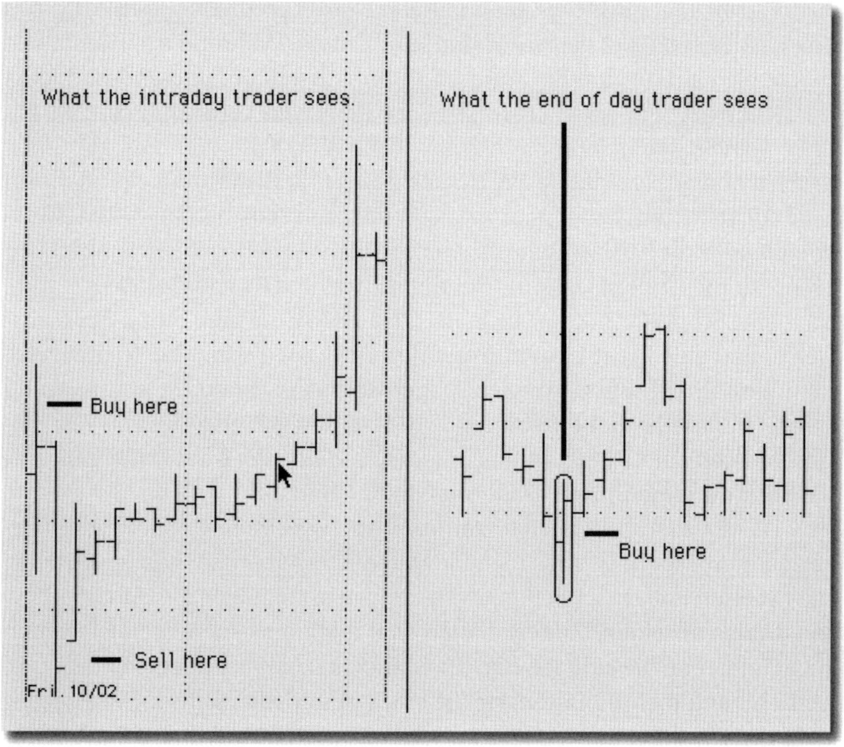

Abb. 9.1: *Unterschiedliche Ansichten – Echtzeitdaten gegen Tagesende-Daten*

Wenn Sie Day Trading betreiben möchten (Ein- und Ausstieg bei derselben Position am selben Tag), dann brauchen Sie unbedingt Echtzeitdaten. Beim Day Trading bestimmter Märkte wie zum Beispiel des S&P 500 ergeben sich immer nur vereinzelt Gelegenheiten zur Eröffnung einer Position. Nur mit Hilfe von Echtzeitdaten können Sie diese Gelegenheiten wahrnehmen und sich vor ungünstigen Kursentwicklungen schützen.

Die Suche nach guten Daten kann so schwierig sein wie die Suche nach einem guten Handelssystem. Zwei Trader, die am selben Markt mit demselben System handeln, aber die Daten von unterschiedlichen Anbietern beziehen, können völlig verschiedene Ergebnisse erzielen. Wie ist das möglich, wenn die Daten doch von ein und derselben Börse kommen? Sheldon Knight analysierte verschiedene Datenanbieter ausführlich in der Ausgabe des *Futures Magazine* vom September 1999. In seinem Artikel gab Knight die Antwort auf diese Frage: „Um zu verstehen, wie es zu unterschiedlichen Daten kommen kann, müssen wir zuerst überprüfen, wie verschiedene Anbieter das Handelsgeschehen auf dem Parkett verarbeiten, um am Ende des Handelstages die Kurse der Eröffnung, des Hochs, des Tiefs und des Schlusses zu ermitteln. Während des Handelstages wollen einige Händler Futures-Kontrakte kaufen, und andere bieten ihre Kontrakte um einen etwas höheren Preis zum Verkauf an. Ein wirklicher Handel findet nur dann statt, wenn sich zwei Händler auf einen Transaktionspreis einigen. Die Börsen ziehen zur Ermittlung des höchsten und tiefsten Kurses an einem Tag den höchsten Ask (den höchsten Nachfragekurs) und den tiefsten Bid (den tiefsten Angebotskurs) heran, auch wenn zu diesen Preisen kein Handel stattgefunden hat. Das liegt daran, dass eine Stopp-Order durch einen Bid oder Ask auf dem Stopp-Preis ausgelöst und eine Limit-Order ausgeführt wird, sobald ein Bid oder ein Ask zum Limit-Preis angezeigt wird. Daher wird ein Systemtest zwangsläufig einige Trades übergehen, sofern die Bid- und Ask-Preise nicht im Test eingeschlossen sind. Andererseits untersuchen private Trader gerne die tatsächlich durchgeführten Trades auf ihren Charts.

Diese widersprüchlichen Anforderungen verschiedener Trader führen zu dem Ergebnis, dass manche Datenlieferanten die Bids und Asks in die Datenmenge einschließen und andere ausschließlich die durchgeführten Trades anzeigen. Zudem halten sich auch einzelne Datenlieferanten nicht immer an die eigenen Regeln. Manchmal übermittelt ein und derselbe Datenanbieter die Daten auf die eine Art und am nächsten Tag wieder auf die andere."

Ähnliche Probleme wie die von Knight beschriebenen finden sich auch bei den Eröffnungs- und Schlusskursen. Tabelle 9.1 zeigt Informationen über zehn der bekanntesten Datenlieferanten und deren Genauigkeit bei der Datenübermittlung.

Tabelle 9.1: *Wie gut sind Ihre Daten?*

	Bridge/ CRB*	CSI	Dial/ Data	Omega	Reuters/ Equis	MJL	Genesis	Glance	Pinnacle	Prophet
Sojabohnen										
Getestete Tage	748	748	748	723	748	748	706	746	748	748
Fehlende Tage in der Datenbank	0	0	0	25	0	0	0	2	0	0
Anzahl der Fehler (Eröffnung, Hoch oder Tief)	26	18	64	68	67	24	38	23	24	24
S&P 500										
Getestete Tage	759	758	759	758	758	758	750	755	758	758
Fehlende Tage in der Datenbank	0	0	0	0	0	0	0	0	0	0
Anzahl der Fehler (Eröffnung, Hoch oder Tief)	86	9	257	38	9	42	44	199	45	42

* Die Vergleiche von Bridge/CRB, Dial/Data und Reuters/Equis gelten für die kombinierten Tages- und Über-Nacht-Handelszeiten. Alle anderen gelten nur für die Tageshandelszeiten. Daten von 1996 bis 1998. Mit freundlicher Erlaubnis des *Futures Magazine*, September 1997.

Bridge/CBR
30 S. Wacker Dr., Suite 1810
Chicago, Il 60606
(312) 454-1801

Commodity Systems Inc. (CSI)
200 W. Palmetto Park Rd.
Boca Ratton, Fl 334432
(561) 392-8663

Dial/Data division of Tract Data Corp.
95 Rockwell Place
Brooklyn, NY 11217
(212) 422-4300

Omega Research Inc.
8700 W. Flagler St., Suite 250
Miami, FL 33174
(305) 485-7000

MJK Associates
1289 Park Victoria Dr., Suite 205
Milipitas, CA 95035
(408) 941-3400

Reuters DataLink
(Marketed by Erquis in Glance Market Data Service, Inc.)
3950 South 700 East, Suite 100
Salt Lake City, UT 84107
(801) 265-8886

340 Brooksbank Ave., Suite 208
North Vancouver, B.C.
Canada V7T 2C1
(604) 983-0200

Genesis Financial Data Services
425 E. Woodmen Rd.
Colorado Springs, CO 80919
(719) 260-6111

Pinnacle Data Corp.
1016 Plank Rd.
Webster, NY 14580
(716) 872-0845

Prophet Financial Systems, Inc.
430 Cammbridge Ave.
Palo Alto, CA 94306
(650) 322-4183

Durchgehende oder echte Kontrakte?

Fehlerhafte oder uneinheitliche Datenübermittlung ist nicht das einzige Problem mit den Daten. Die Daten von Futures gelten im Gegensatz zu Währungen oder Aktien nur für die Laufzeit der Kontrakte, normalerweise einige Monate, was zu Problemen bei den meisten Tests führt. Die am weitesten verbreitete Testsoftware kann nicht damit umgehen, dass man eine Position in einem Futures-Kontrakt eröffnet und diese Position später auf einen anderen Kontrakt übernimmt. Darum bieten Datenlieferanten ihren Kunden durchgehende Kontrakte an. Ein solcher Kontrakt besteht aus einem langen Datenfluss, der sich aus den Daten einzelner Kontrakte zusammensetzt. Es liegt in der Natur der Futures, dass es zwischen den neuen Kontrakten und den Kontrakten, die sich nahe am Ablaufdatum befinden, oft zu großen Kursunterschieden kommt. Da man Daten mit großen Kurslücken nicht sinnvoll testen kann, bieten einige Datenlieferanten ihren Kunden auch Software an, mittels derer diese Kursunterschiede geglättet werden können. Das Endergebnis ist ein künstlicher durchgehender Kontrakt, der unter Umständen Kurse anzeigt, die es nie gab. Die Debatten über durchgehende und echte Kontrakte ziehen sich schon über Jahre hin. Einerseits können die meisten Softwarepakete ausschließlich durchgehende Kontrakte testen. Andererseits handeln die meisten Trader echte Kontrakte. Was soll ein Trader in so einem Fall tun? Für dieses Problem gibt es drei Lösungen.

Die erste Lösung ist das Testen mit durchgehenden Kontrakten und das Handeln mit echten Kontrakten. Die meisten System-Trader handeln so (nicht unbedingt die beste Art), weil sie nicht glauben, dass es einen großen Unterschied macht. Sie glauben, die Überprüfung anhand von historischen Daten gibt ihnen nur einen Überblick über die Möglichkeiten des Systems. Wenn ein paar Trades nicht stimmen, dann ist das eben so. Letztlich gleicht sich sowieso alles aus.

Die zweite Lösung ist es, durchgehende Kontrakte zu testen und zu handeln. Eine zunehmende Zahl von Tradern (vor allem langfristig orientierte) wählt diesen Weg aus zwei Gründen.

Das Testen langfristiger Systeme anhand von echten Kontrakten kann oft zu fehlerhaften Informationen führen. Möchten Sie ein System auf der Basis eines 100-Tage-Durchschnitts mit einem Value-Line-Kontrakt testen, dann werden Sie schnell herausfinden, dass es keine Daten über 100 Tage gibt. Der aktivste Futures-Kontrakt wird als *„front month"* bezeichnet. Ein Futures-Kontrakt ist nur für ungefähr 60 Tage *front month*. Daher wird es für die meisten Kontrakte keine oder nur sehr wenige Daten für 100 Tage geben, die überprüfbar sind, da die Daten am Beginn der Laufzeit so dünn sind, dass das Ergebnis keinen Bezug zum tatsächlichen Handel hat. Das Erzeugen von Handelssignalen anhand eines durchgehenden Kontraktes führt meist zu viel genaueren Ergebnissen.

Der zweite Grund, so zu testen und zu traden, ist die Sicherheit zu wissen, dass Sie ein System genau so traden, wie Sie es getestet haben. Wenn Sie sich für diese Lösung entscheiden, dann stellt sich Ihnen schon das nächste Hindernis in den Weg: Nicht alle durchgehenden Kontrakte sind gleich konstruiert. Die verschiedenen Datenlieferanten verwenden unterschiedliche Formeln und Algorithmen, um die Kurssprünge zwischen den Kontrakten zu glätten. Knight untersuchte für seinen Artikel ein einfaches System anhand von drei durchgehenden Kontrakten des S&P 500 von unterschiedlichen Anbietern. Die Daten wurden zwar von verschiedenen Anbietern geliefert, aber da dasselbe System und derselbe Markt getestet wurden, sollte man annehmen, dass es zu ähnlichen Resultaten kommen würde. Die Ergebnisse des Tests waren aber überraschend:

	Gesamter Gewinn ($)	Maximaler Verlust ($)
Test 1	127.500	25.375
Test 2	95.275	27.000
Test 3	95.500	45.475

Jetzt glauben Sie vielleicht, dies bringe die ganze Sache zum Kippen, aber das stimmt nicht. Die Konsistenz ist der Schlüssel. Testen Sie mit den Daten eines bestimmten Anbieters, dann traden Sie auch mit den Daten dieses Anbieters. Damit werden Sie hoffentlich unerfreuliche Überraschungen vermeiden können.

Die dritte und letzte Lösung ist das Testen und Handeln von echten Kontrakten. Wir sind der Meinung, dass dies die beste Lösung ist. Das Problem der Tests mit künstlichen Daten ist gelöst, und Sie handeln genau das, was Sie getestet und entwickelt haben. Wir wissen sehr wohl, dass es so aussieht, als ob wir uns hier selbst in Bezug auf die Diskussion der Erzeugung langfristiger Handelssignale anhand der Daten von echten Kontrakten widersprechen, aber die meisten Handelssysteme sind nicht so langfristig ausgerichtet. Benötigt Ihr Handelssystem historische Daten von weniger als 40 Tagen, dann sollte zwischen den verschiedenen Signalen der durchgehenden und der echten Kontrakte kein großer Unterschied bestehen. Wenn Ihr System aber mehr Daten benötigt, dann verwenden Sie durchgehende Kontrakte. In Bezug auf die Genauigkeit ist das Testen von echten Kontrakten äußerst schwierig. Bisher ist uns nur ein Programm bekannt, das so testen kann, und zwar unser eigene Software Excalibur™. Excalibur kann während langer Testperioden von einem Kontrakt zum anderen übergehen. Diese Art zu testen ist sehr genau, da wie beim richtigen Trading die Umstiegskosten im Gesamtergebnis berücksichtigt werden. Wenn Sie Excalibur nicht verwenden, dann können Sie trotzdem echte Kontrakte mit Ihrem System testen; es ist nur viel aufwändiger. An Stelle eines einzigen großen Tests über die gesamte Laufzeit müssen Sie jeden Kontrakt einzeln testen. Zudem müssen Sie selbst die Ergebnisse wie zum Beispiel Gesamtgewinn, maximaler Verlust, prozentualer Gewinn, durchschnittlicher Gewinn etc. notieren und aktualisieren. Alle Tests in diesem Buch wurden mit echten Kontrakten und der Excalibur-Software durchgeführt.

Wenn Sie sich für einen Datenlieferanten und eine Software entscheiden, dann sollten Sie sehr genau darüber Bescheid wissen, was Sie bekommen werden. Zeigt Ihr Anbieter Bid und Ask bei den Hochs und Tiefs an? Mit welcher Glättungsformel gleicht er die Übergänge zwischen den Kontrakten aus? Sammeln Sie alle verfügbare Information über Ihre Daten, dann ersparen Sie sich unliebsame Überraschungen beim wirklichen Trading.

Indikatoren

Jedes mechanische System braucht eine konsistente Methode zum Ein- und Ausstieg. In den meisten Fällen basiert diese Methode oder dieser

Auslöser auf einem Indikator oder einer mathematischen Statistik, die Vorhersagen über zukünftige Kurse zulässt. Alles, was eine Aussage über die Zukunft machen kann, ist ein Indikator. Einige der heute gebräuchlichen Indikatoren umfassen Gleitende Durchschnitte, Rate of Change, Momentum, Stochastik, RSI, Donchian Break-out, Bollinger Bands und Keltner Bands. Die meisten Chartprogramme bieten über 50 Indikatoren. Von den unzähligen Indikatoren, die es gibt, ist nur eine Hand voll wirklich etwas wert. Indikatoren können nicht alleine stehen; sie sollten immer im Zusammenspiel mit zusätzlichen Ideen und mit der Logik eingesetzt werden. Um die Einsatzfähigkeit von ausschließlich auf Indikatoren basierenden Systemen zu zeigen, haben wir einige der beliebtesten Indikatoren getestet. Die Ergebnisse finden Sie auf den folgenden Seiten.

Stochastik

Dieser oszillierende Indikator wurde in den 50er-Jahren von George Lane entwickelt; er vergleicht die gegenwärtigen Schlusskurse mit dem Kursbereich eines Vergleichszeitraumes. Die Stochastik soll anzeigen, ob ein Wert überkauft oder überverkauft ist. Die Ausgangsposition ist, dass während eines Aufwärtstrends/Abwärtstrends, der auf einen Wendepunkt zusteuert, die Schlusskurse anfangen, sich vom Hoch/Tief des jeweiligen Kursbereiches wegzubewegen.

Der stochastische Oszillator soll davor warnen, dass in einem Aufwärtstrend das Angebot die Nachfrage übersteigt und dass in einem Abwärtstrend die Nachfrage das Angebot übersteigt. Die von diesem Indikator generierte Kennziffer wird als Prozentwert angegeben, der zwischen 0 und 100 schwankt. Eine Anzeige von 70 oder mehr bedeutet, dass der Kurs nahe dem Hoch der Spanne liegt. Am unteren Ende der Skala zeigt ein Wert von 30 oder weniger an, dass der Schlusskurs nahe am Tief der Spanne liegt. Die stochastischen Rohdaten oszillieren so hektisch, dass sie nicht zu gebrauchen sind; deshalb werden sie im Allgemeinen durch einen Gleitenden Durchschnitt geglättet. In vielen Fällen nehmen Trader diese geglätteten Daten und glätten sie ein zweites Mal mit einem weiteren Gleitenden Durchschnitt. Dieses Endprodukt nennt sich dann langsame Stochastik.

Die gebräuchlichste Anwendung der Stochastik in einem System besagt, dass man kauft, wenn die 14-Tage-Stochastik in den überverkauften Bereich geht (30 % oder weniger) und sich dann nach oben richtet, und dass man verkauft, wenn die 14-Tage-Stochastik den überkauften Bereich (70 % oder mehr) erreicht und sich dann nach unten wendet (siehe Tabelle 9.2).

Tabelle 9.2: *Test der Stochastik*

Ein Kontrakt pro Trade
Testzeitraum 01/01/83 – 08/31/99
$75 für Gebühren und Slippage berücksichtigt

Future	Gesamt GV ($)	Durch. PL ($)/ Jahr	Max. DrDn ($)	Trades/Jahr	Win %	G:V	Gewinn/Mr +DD(%)
Sojabohnen	-7.455	-447	41.475	13	45	0,9	-1
Schweinebäuche	-832	-50	43.524	13	48,1	1	-0,1
EURO $	-6.950	-417	16.125	11	43,8	0,9	-2,5
Rohöl	-58.300	-3.644	61.070	12	39,1	0,6	-5,8
Baumwolle	-47.625	-2.858	64.700	12	45,6	0,7	-4,4
Gold	-3.600	-216	19.530	12	44,2	1	-1
Bundesschatzbrief	-58.340	-3.500	72.600	11	44,3	0,6	-4,7
Japanischer Yen	-22.775	-1..367	74.475	10	51,5	0,9	-1,8
Schweizer Franken	-44.575	-2.675	57.713	11	46,3	0,8	-4,5
Muni Bonds	2.480	177	35.550	12	49,1	1	0,5
Erdgas	9.370	1.004	27.140	11	43,8	1,1	3,2
Heizöl	-50.513	-3.031	58.724	12	46,5	0,7	-5
Bleifreies Benzin	5.590	379	26.258	13	52,7	1	1,3
Deutsche Mark	-24.375	-1.463	31.275	10	44,5	0,8	-4,5
Britisches Pfund	856	51	55.356	10	47,9	1	0,1
US Bonds	-51.350	-3.081	87.960	11	45,1	0,8	-3,4

Gesamtergebnis	
Nettogewinn ($)	-359.203
Maximaler Verlust ($)	393.753

Relative Strength Index oder Index der Relativen Stärke (RSI)

Welles Wilder führte diesen Indikator 1978 in seinem Buch *New Concepts in Technical Trading Systems* (Greensboro, NC: Trend Research) erstmals ein. Wie der stochastische Oszillator schwankt auch der RSI zwischen 0 und 100 und versucht, überkaufte und überverkaufte Zustände festzustellen. Der RSI berechnet das Verhältnis von gestiegenen zu gesunkenen Schlusskursen über einen bestimmten Zeitraum. Mehr gestiegene Schlusskurse oder deutlich gestiegene Schlusskurse bewirken einen höheren RSI und umgekehrt. Normalerweise zeigt ein Wert von 70 oder mehr an, dass der Markt überkauft ist, und ein Wert von 30 oder weniger besagt, dass der Markt überverkauft ist.

Die meisten Trader kaufen, wenn der RSI in den überverkauften Bereich gefallen ist und gerade wieder ansteigt, und sie verkaufen, wenn der RSI in den überkauften Bereich gestiegen ist und gerade wieder sinkt. Tabelle 9.3 zeigt, ob der RSI mehr Erfolg hatte als die Stochastik.

Tabelle 9.3: *Relative Strength Index*

Ein Kontrakt pro Trade
Testzeitraum 01/01/83 – 08/31/99
$75 für Gebühren und Slippage berücksichtigt

Future	Gesamt GV ($)	Durch. PL ($)/ Jahr	Max. DrDn ($)	Trades/Jahr	Win %	G:V	Gewinn/Mr +DD(%)
Sojabohnen	-17.555	-1.053	24.420	12	53,8	0,9	-4,1
Schweinebäuche	-4.592	-276	39.700	11	57,1	1	-0,7
EURO $	-72.800	-4.368	77.450	35	31,1	0,4	-5,6
Rohöl	-57.880	-3.618	61.720	15	50,9	0,6	-5,7
Baumwolle	-100.875	-6.053	108.285	10	48,5	0,5	-5,5
Gold	-1.510	-91	22.900	17	46,3	1	-0,4
Bundesschatzbrief	-79.450	-4.767	86.850	11	50,8	0,6	-5,4
Japanischer Yen	-116.375	-6.983	131.675	11	49,2	0,5	-5,2
Schweizer Franken	-78.738	-4.724	104.925	10	51,8	0,7	-4,4
Muni Bonds	-26.910	-1.922	41.720	11	53,5	0,8	-4,4
Erdgas	-51.800	-5.550	60.670	13	46,3	0,6	-8,6
Heizöl	-33.285	-1.997	41.639	11	53,2	0,8	-4,6
Bleifreies Benzin	-44.541	-3.020	50.534	12	52,3	0,7	-5,7
Deutsche Mark	-22.200	-1.332	38.038	11	53,3	0,9	-3,4
Britisches Pfund	-71.488	-4.289	105.813	10	59,1	0,7	-4
US Bonds	-84.470	-5.068	105.670	10	49,1	0,6	-4,7

Gesamtergebnis	
Nettogewinn ($)	-865.218
Maximaler Verlust ($)	908.516

MACD

Der Moving Average Convergence Divergence (MACD) wurde 1979 von Gerald Appel entwickelt. Der MACD, ein weiterer Oszillator, leitet sich von verschiedenen exponentiell geglätteten Gleitenden Durchschnitten ab. Dieser Indikator wird normalerweise durch zwei Linien abgebildet. Die erste Linie (die MACD-Linie) beschreibt den Unterschied zwischen den beiden Gleitenden Durchschnitten (ein langfristiger und ein kurzfristiger), und die zweite Linie, die Signallinie, ist ein exponentiell geglätteter Gleitender Durchschnitt der MACD-Linie.

Der MACD soll die Verzögerung eliminieren, die üblicherweise mit Systemen einhergeht, die auf Gleitenden Durchschnitten basieren. Dies wird dadurch erreicht, dass die Überschneidung der Gleitenden Durchschnitte vorweggenommen wird und vor der tatsächlichen Überschneidung gehandelt werden kann. Im Gegensatz zur Stochastik und zum RSI gibt es bei diesem Oszillator keine festgelegten oberen und unteren Begrenzungen.

Das typische MACD-System kauft, wenn die MACD-Linie die Signallinie von unten nach oben kreuzt, und es verkauft, wenn die MACD-Linie die Signallinie von oben nach unten kreuzt. Bisher hatten wir mit den rein auf Indikatoren basierenden Systemen nicht viel Glück, aber sehen wir uns in Tabelle 9.4 an, wie der MACD abschneidet.

Tabelle 9.4: *MACD*

Ein Kontrakt pro Trade
Testzeitraum 01/01/83 – 08/31/99
$75 für Gebühren und Slippage berücksichtigt

Future	Gesamt GV ($)	Durch. PL ($)/ Jahr	Max. DrDn ($)	Trades/Jahr	Win %	G:V	Gewinn/Mr +DD(%)
US Bonds	-45.560	-2.734	71.910	25	38,3	0,9	-3,7
Bundesschatzbrief	-61.080	-3.665	73.730	25	37,1	0,8	-4,9
Muni Bonds	-47.790	-3.414	61.360	25	33,8	0,8	-5,4
Britisches Pfund	24.731	1.484	34.763	24	39,3	1,1	4,1
Deutsche Mark	14.675	881	18.388	23	38,8	1,1	4,5
Japanischer Yen	35.113	2.107	34.850	23	37,6	1,1	5,6
Schweizer Franken	-10.500	-630	32.150	24	37,7	1	-1,9
Rohöl	-38.970	-2.436	45.960	26	38,5	0,8	-5,1
Heizöl	-23.755	-1.425	54.230	26	38,4	0,9	-2,5
Erdgas	39.590	4.242	14.260	22	42,6	1,4	23,2
Baumwolle	-40.505	-2.430	56.075	25	32,9	0,8	-4,3
Kaffee	98.888	5.933	50.738	24	39,2	1,2	10,7
Zucker	-25.435	-1.526	29.770	24	34	0,8	-5
Sojabohnen	13.860	832	33.145	25	41,1	1,1	2,4
Mais	88	5	12.475	24	33,4	1	0
Weizen	-8.538	-512	22.688	24	37,7	0,9	-2,2
Silber	45.490	2.729	63.985	25	36,1	1,2	4,1
Gold	-9.970	-598	23.900	25	34,7	0,9	-2,4
Rinder	-37.444	-2.247	44.568	25	35,1	0,7	-5
Schweinebäuche	-6.880	-413	29.740	24	39,4	1	-1,3
Schweine	19.268	1.156	13.868	23	40,6	1,2	7,7

Gesamtergebnis	
Nettogewinn ($)	-67.471
Maximaler Verlust ($)	290.555

Commodity Channel Index (CCI)

Donald Lambert stellte diesen Oszillator 1980 vor. Im Gegensatz zum RSI und zur Stochastik ist der CCI ein trendfolgender Indikator. Neben diesem bedeutenden Unterschied ist auch die Formel zur Berechnung des CCI viel komplexer. Der CCI drückt aus, wie weit sich der gegenwärtige Kurs von einem Gleitenden Durchschnitt entfernt hat. Weichen die aktuellen Kurse deutlich ab, dann lässt dies darauf schließen, dass sich ein neuer Trend gebildet hat. Teilweise mutet dieser Indikator wie die auf Standardabweichungen beruhenden Bollinger Bands an, aber er unterscheidet sich sehr davon. Erstens wird anstelle des Schlusskurses der typische Kurs [(Hoch+Tief+Schluss)/3] für die Gleitenden Durchschnitte verwendet. Zweitens fügte der Urheber einen konstanten Multiplikator (0,015) in die Berechnung ein, damit 70 bis 80 % aller Kurse in den Bereich zwischen +100 % und –100 % fallen.

Donald Lambert schlug vor, dass man Long-Positionen eröffnen sollte, wenn der CCI die Marke von +100 übersteigt, und diese wieder schließen sollte, wenn er auf diesen Punkt zurückfällt. Bei Short-Positionen wird entsprechend gleich verfahren, nur dass der Signalpunkt bei –100 liegt.

Wie die anderen Indikatoren haben wir auch diesen getestet. In Tabelle 9.5 erkennen Sie, dass sich langsam ein Muster bildet.

Tabelle 9.5: *Commodity Channel Index*

Ein Kontrakt pro Trade
Testzeitraum 01/01/83 – 08/31/99
$75 für Gebühren und Slippage berücksichtigt

Future	Gesamt GV ($)	Durch. PL ($)/ Jahr	Max. DrDn ($)	Trades/Jahr	Win %	G:V	Gewinn/Mr +DD(%)
US Bonds	-99.980	-5.999	104.310	34	32,8	0,6	-5,6
Bundesschatzbrief	-67.030	-4.022	70.280	32	35,9	0,6	-5,6
Muni Bonds	-50.610	-3.615	58.610	32	35	0,7	-6
Britisches Pfund	-15.756	-945	25.513	31	37,6	0,9	-3,5
Deutsche Mark	-12.400	-744	24.563	31	39,4	0,9	-2,9
Japanischer Yen	3.525	212	36.600	32	38,7	1	0,5
Schweizer Franken	-27.850	-1.671	33.688	33	38,8	0,9	-4,7
Rohöl	-51.240	-3.203	54.930	31	33,8	0,6	-5,6
Heizöl	-61.312	-3.679	66.692	33	34,7	0,7	-5,4
Erdgas	-37.420	-4.009	38.490	34	34,8	0,7	-9,4
Baumwolle	-78.980	-4.739	82.840	34	28,8	0,6	-5,7
Kaffee	-36.019	-2.161	50.569	31	36,1	0,9	-3,9
Zucker	-49.526	-2.972	53.245	31	27,6	0,5	-5,5
Sojabohnen	-47.615	-2.857	56.605	33	32,8	0,7	-4,9
Mais	-41.188	-2.471	42.225	33	24,7	0,5	-5,8
Weizen	-52.125	-3.128	54.175	33	27,4	0,5	-5,7
Silber	-28.845	-1.731	68.530	33	29	0,8	-2,4
Gold	-45.020	-2.701	52.850	32	31,8	0,7	-5
Rinder	-53.792	-3.228	54.388	34	27,8	0,5	-5,9
Schweinebäuche	-100.936	-6.056	106.308	33	32,8	0,6	-5,6
Schweine	-63.892	-3.834	68.236	34	30,6	0,5	-5,5

Gesamtergebnis	
Nettogewinn ($)	-1.021.684
Maximaler Verlust ($)	1.057.508

In ihrem Buch *The New Technical Trader* (New York: John Wiley & Sons) erklären Tushar Chande und Stanley Kroll, wie die meisten Trader versuchen, die Fehlerquoten der Indikatoren zu senken:

Auch der beste Indikator funktioniert nicht immer; daher ist der Einsatz von Indikatoren eine Frage der Prozentanteile. Da jeder Indikator eine bedeutende Fehlerquote hat, wurden viele Indikatoren zur Analyse der Kurse von Tradern entwickelt, denn die zufällige Verteilung der Kurse ist ein Grund, warum die Indikatoren so fehlerhaft arbeiten. Deshalb verwenden die Trader mehrere Indikatoren, damit einer das Signal des anderen bestätigt. Sie gehen davon aus, dass ein übereinstimmendes Ergebnis wahrscheinlich eher zum Erfolg führt.

Chande und Kroll erklären weiter, dass dies kein guter Ansatz ist, da sich alle preisbasierten Momentum-Indikatoren stark ähneln und daher die Verwendung mehrerer solcher Indikatoren nur zu einer Verdichtung redundanter Informationen führt (Abbildung 9.2). Ein Trader kann keine Diversifikation oder Bestätigung durch den Einsatz von Indikatoren erzielen, die eigentlich Cousins ersten Grades sind.

Bisher haben wir uns auf Indikatoren beschränkt, die auf dem Momentum basieren. Wir haben bewiesen, dass diese Indikatoren als selbst-

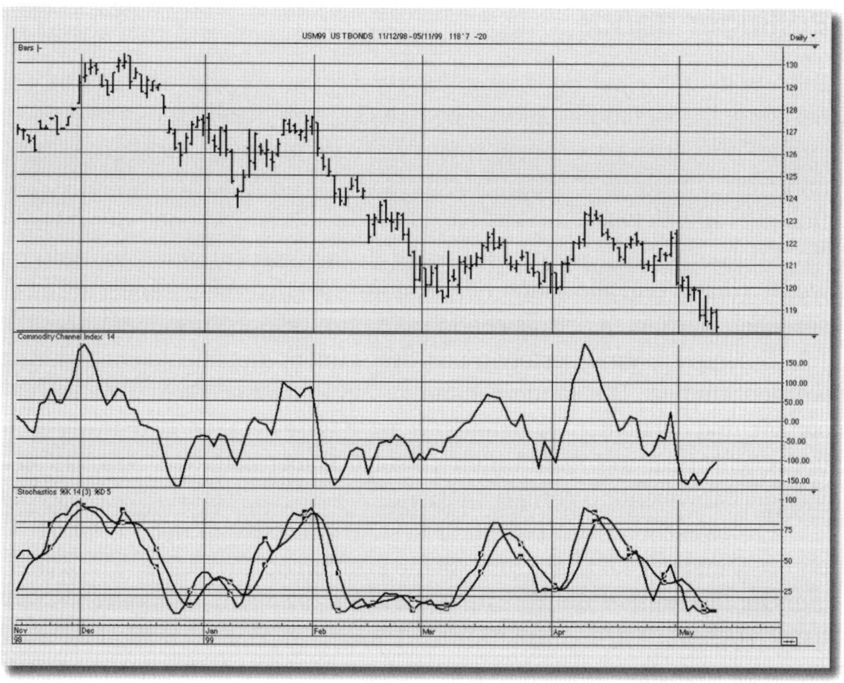

Abb. 9.2: *Cousins ersten Grades. Der Chart wurde mit der Software ProTA Gold™ auf www.beesoft.net erstellt*

ständige Systeme größtenteils scheitern. Sie beruhen auf schlüssigen Marktprinzipien, warum bleibt dann der Erfolg aus? Ich glaube, dass die beste Antwort darauf Chande und Kroll in ihrem Buch *The New Technical Trader* gaben:

- Keiner dieser Indikatoren ist ein reiner Momentum-Oszillator, der das Momentum direkt misst.
- Der Berechnungszeitraum ist festgelegt und bildet so die Kursverläufe zu verschiedenen Zeiten unterschiedlich ab.
- Sie alle spiegeln den Kursverlauf wider; daher ist es vielleicht einfacher, direkt anhand des Kurses zu traden.
- Extreme Kurse werden nicht immer angezeigt, da ein festgelegter Berechnungszeitraum verwendet wird.
- Die Glättung führt zu Verzögerungen und verschleiert kurzfristige Kursausbrüche, die beim Trading sehr lukrativ sein können.

Bis jetzt sieht es also so aus, als seien die Indikatoren nur eine Zeitverschwendung. Aber bevor wir die Indikatoren für immer begraben, werfen wir einen Blick auf die längerfristigen, nicht oszillierenden Momentum-Indikatoren.

Bollinger Bands

John Bollinger, einer der führenden Analysten, machte diesen Indikator berühmt. Die Bollinger Bands sind auch als Alpha-Beta-Bänder bekannt. Dieser Indikator verwendet normalerweise 20 Tage oder mehr als Berechnungsgrundlage, und er oszilliert nicht um einen festgelegten Punkt. Die Bollinger Bands bestehen aus Kanallinien, die über und unter dem aktuellen Kursverlauf liegen. Im Gegensatz zu den oszillierenden Indikatoren werden dieser und alle anderen Indikatoren, die in diesem Kapitel noch besprochen werden, in der gleichen Skalierung wie der Kurs eingetragen.

Bollinger Bands bestehen aus drei Linien, die sehr leicht ermittelt werden können: Die mittlere Linie ist ein einfacher Gleitender Durchschnitt, und die beiden Kanallinien werden um zwei Standardabweichungen nach oben und nach unten versetzt. Dabei kann das Ausmaß der Standardabweichung variiert werden.

Ein typisches Bollinger-Band-System kauft, wenn der Kurs auf die untere Kanallinie fällt, und schließt die Position bei Erreichen des Gleitenden Durchschnittes. Bei Verkäufen verhält es sich genau umgekehrt. Statistisch gesehen wird sich der Kurs, wenn er sich um zwei Standardabweichungen vom Durchschnitt entfernt hat, wieder zum Durchschnitt zurückbewegen. Bei unserem Test haben wir diese einfache Regel überprüft und zusätzlich einen Stopp-Loss von $1.500 gesetzt. Außerdem wurde die

Position bei Erreichen des Durchschnitts nicht einfach geschlossen, sondern der Kurs musste über die mittlere Linie steigen und danach zum Durchschnitt zurückgehen. Tabelle 9.6 zeigt die Ergebnisse dieser Untersuchung.

Tabelle 9.6: *Bollinger Bands (Test A)*

Ein Kontrakt pro Trade
Testzeitraum 01/01/83 – 08/31/99
$75 für Gebühren und Slippage berücksichtigt

Future	Gesamt GV ($)	Durch. PL ($)/ Jahr	Max. DrDn ($)	Trades/Jahr	Win %	G:V	Gewinn/Mr +DD(%)
US Bonds	-29.940	-1.796	44.010	10	37,4	0,8	-3,8
Bundesschatzbrief	-59.340	-3.560	66.210	9	35,8	0,5	-5,3
Muni Bonds	-27.960	-1.997	39.920	9	40	0,8	-4,8
Britisches Pfund	-26.994	-1.620	43.500	9	38,7	0,8	-3,6
Deutsche Mark	-12.925	-776	25.438	9	44,3	0,9	-2,9
Japanischer Yen	-76.038	-4.562	79.388	10	34,6	0,6	-5,6
Schweizer Franken	-60.588	-3.635	74.838	10	30,9	0,6	-4,7
Rohöl	-43.730	-2.733	44.100	10	42,4	0,6	-5,9
Heizöl	-47.006	-2.820	54.541	9	42,6	0,6	-5
Erdgas	-43.460	-4.656	49.240	12	38	0,5	-8,7
Baumwolle	-41.330	-2.480	49.930	10	43,3	0,7	-4,9
Kaffee	-78.150	-4.689	97.463	10	31,7	0,6	-4,6
Zucker	-14.470	-868	19.174	9	52,7	0,8	-4,4
Sojabohnen	-16.510	-991	24.590	9	50	0,8	-3,8
Mais	-26.350	-1.581	27.125	9	44,9	0,5	-5,7
Weizen	8.713	523	10.013	8	63,3	1,2	4,9
Silber	-26.680	-1.601	33.370	8	44,5	0,7	-4,5
Gold	1.980	119	16.510	9	53,7	1	0,7
Rinder	-13.500	-810	18.892	11	52,5	0,8	-4,2
Schweinebäuche	14.252	855	20.112	10	50,9	1,1	3,8
Schweine	-8.916	-535	17.640	10	47,3	0,9	-2,9

Gesamtergebnis	
Nettogewinn ($)	-630.043
Maximaler Verlust ($)	640.540

Im Überblick führte dieser Test zu ähnlichen Ergebnissen wie bei den Oszillatoren, aber trotzdem sah die Situation nicht ganz so schlecht aus. Das System machte zwar in den meisten Fällen kontinuierliche Verluste und handelte im Durchschnitt nur zehn Mal pro Jahr, doch manchmal hat ein Trader eine sehr gute Idee, die aber nicht gleich von Anfang an so funktioniert, wie er sich das vorgestellt hat. Im Falle des Bollinger-Band-Tests deutete die Performance darauf hin, dass es sich hier um einen guten Ansatz handelte, aber die praktische Ausführung war mangelhaft. Ein System, das auf offensichtlich richtigen Prinzipien beruht und trotzdem nur selten und erfolglos tradet, wird manchmal zu einem guten Kandidaten für eine logische Umkehr. Anstatt zu kaufen, wenn der Kurs das untere Band berührte, verkauften wir, und umgekehrt. Derselbe Stopp-Loss wurde beim Money Management eingesetzt, aber die Gewinnziele wurden entfernt. Wie die Umkehr eines Systems sich positiv auswirken kann, zeigt Tabelle 9.7.

Tabelle 9.7: *Bollinger Bands (Test B)*

Ein Kontrakt pro Trade
Testzeitraum 01/01/83 – 08/31/99
$75 für Gebühren und Slippage berücksichtigt

Future	Gesamt GV ($)	Durch. PL ($)/ Jahr	Max. DrDn ($)	Trades/Jahr	Win %	G:V	Gewinn/Mr +DD(%)
US Bonds	61.780	3.707	19.130	6	44,4	1,5	17
Bundesschatzbrief	44.630	2.678	15.830	7	45	1,5	15,5
Muni Bonds	9.730	695	20.700	7	44,4	1,1	3,1
Britisches Pfund	11.669	700	47.113	7	33,1	1,1	1,4
Deutsche Mark	47.075	2.825	13.725	6	49,5	1,5	18,7
Japanischer Yen	135.525	8.132	21.225	6	51,4	2,6	34,2
Schweizer Franken	72.763	4.366	13.825	7	50,9	1,6	28,1
Rohöl	35.450	2.216	17.220	9	50	1,4	11,5
Heizöl	-14.360	-862	30.517	9	39,2	0,9	-2,6
Erdgas	25.870	2.772	16.610	9	46	1,4	13,4
Baumwolle	51.660	3.100	17.255	8	44,7	1,5	17
Kaffee	86.850	5.211	63.094	8	34,6	1,5	7,7
Zucker	7.874	472	15.949	7	47	1,1	2,8
Sojabohnen	-9.640	-578	37.045	9	38,7	0,9	-1,5
Mais	8.513	511	13.825	8	41,8	1,2	3,6
Weizen	-20.325	-1.220	26.913	8	36,9	0,7	-4,4
Silber	-26.835	-1.610	50.895	8	38,1	0,8	-3
Gold	-39.010	-2.341	45.010	8	37,6	0,7	-5
Rinder	-6.268	-376	19.612	10	39,6	0,9	-1,9
Schweinebäuche	-31.264	-1.876	41.096	8	33,3	0,8	-4,3
Schweine	-27.320	-1.639	34.864	10	32,9	0,7	-4,6

Gesamtergebnis	
Nettogewinn ($)	423.396
Maximaler Verlust ($)	78.195

Jetzt kontern Sie natürlich: Warum kehren wir dann die Regeln bei den vorhergehenden Tests nicht auch um? Das könnte man vielleicht, aber uns fehlte das richtige Rezept. Systeme, die häufig traden und ständig verlieren, sind keine guten Umkehrkandidaten. Das Problem solcher Systeme ist, dass sie an den Gebühren und der Slippage scheitern, die jedem Gewinn gegenüberstehen. Vielleicht bringen sie vor Abzug des Aufwandes noch einen Gewinn, aber sobald man die Gebühren und die Slippage abzieht, endet fast jeder Trade im Verlust.

Anstatt die Bollinger Bands zur Feststellung von überkauften und überverkauften Bereichen heranzuziehen, setzen wir sie zur Feststellung eines Trends ein. Längerfristig werden die trendfolgenden Systeme besser abschneiden als die dem Trend entgegengesetzten und die kurzfristigen oszillierenden Systeme. Die nächsten beiden Tests befassen sich mit trendfolgenden Indikatoren.

Überschneidung Gleitender Durchschnitte

Dies ist wahrscheinlich der meistverwendete Indikator. Wie Sie gleich feststellen werden, ist er sehr einfach und sehr effizient. Der einfache Gleitende Durchschnitt wird berechnet, indem man die Schlusskurse (oder die Eröffnungskurse, die Hochs, die Tiefs oder die Mittelkurse) der letzten x Tage addiert und diese Summe durch x dividiert. Berechnen Sie einen Wert für jeden Tag, verbinden Sie die einzelnen Punkte, und Sie erhalten eine Linie, die den Gleitenden Durchschnitt zeigt. Ein Überschneidungssystem besteht aus zwei oder mehr Gleitenden Durchschnitten, von denen einer ein längerfristiger und der andere ein kürzerfristiger Durchschnitt ist. Kreuzt der kurzfristige den langfristigen Durchschnitt von unten nach oben, dann deutet dies auf eine Gelegenheit zum Kauf hin. Verkaufsgelegenheiten ergeben sich, wenn der kurzfristige den langfristigen Durchschnitt von oben nach unten überschneidet. Es gibt drei grundlegende Berechnungsarten für Gleitende Durchschnitte: einfach (wie eben beschrieben), exponentiell und gewichtet. Bei den exponentiellen und gewichteten Durchschnitten wird den jüngsten Kursen eine größere Bedeutung beigemessen. Unsere Tests werden einerseits die Effizienz von Überschneidungssystemen belegen und andererseits zeigen, dass zwischen den verschiedenen Arten von Durchschnitten keine wirklich großen Unterschiede bestehen (Tabellen 9.8, 9.9 und 9.10).

Tabelle 9.8: *Einfacher Gleitender Durchschnitt*

Ein Kontrakt pro Trade
Testzeitraum 01/01/83 – 08/31/99
$75 für Gebühren und Slippage berücksichtigt

Future	Gesamt GV ($)	Durch. PL ($)/ Jahr	Max. DrDn ($)	Trades/ Jahr	Win %	G:V	Gewinn/ Mr+DD(%)
US Bonds	55.940	3.356	14.950	5	53,9	1,6	19
Bundesschatzbrief	18.760	1.126	17.540	5	42,1	1,3	5,9
Muni Bonds	44.330	3.166	14.910	6	46,8	1,7	18,9
Britisches Pfund	281	17	22.244	5	39,8	1	0,1
Deutsche Mark	52.200	3.132	15.938	6	50	1,6	18,1
Japanischer Yen	73.913	4.435	26.913	5	53,9	2	15
Schweizer Franken	40.363	2.422	18.513	5	52,3	1,4	12
Rohöl	19.530	1.221	8.370	6	41,5	1,4	11,7

Future	Gesamt GV ($)	Durch. PL ($)/ Jahr	Max. DrDn ($)	Trades/ Jahr	Win %	G:V	Gewinn/ Mr+DD(%)
Heizöl	10.828	650	22.411	7	42,7	1,1	2,7
Erdgas	41.500	4.446	13.990	7	53,6	1,9	24,7
Baumwolle	12.170	730	33.520	7	41,3	1,1	2,1
Kaffee	32.944	1.977	81.338	6	36,7	1,2	2,3
Zucker	7.269	436	12.925	6	43,5	1,2	3,2
Sojabohnen	-19.995	-1.200	43.970	8	36,4	0,8	-2,6
Mais	4.363	262	10.100	6	42,6	1,1	2,5
Weizen	-15.163	-910	18.025	6	29,6	0,7	-4,8
Silber	-595	-36	24.575	7	40,4	1	-0,1
Gold	-3.820	-229	18.220	6	43,8	0,9	-1,2
Rinder	8.984	539	16.108	8	41,9	1,2	3,2
Schweinebäuche	-17.740	-1.064	34.636	6	40,4	0,8	-2,9
Schweine	-9.680	-581	31.524	7	38,2	0,9	-1,8

Gesamtergebnis	
Nettogewinn ($)	355.638
Maximaler Verlust ($)	61.425

Tabelle 9.9: *Exponentieller Gleitender Durchschnitt*

Ein Kontrakt pro Trade
Testzeitraum 01/01/83 – 08/31/99
$75 für Gebühren und Slippage berücksichtigt

Future	Gesamt GV ($)	Durch. PL ($)/ Jahr	Max. DrDn ($)	Trades/ Jahr	Win %	G:V	Gewinn/ Mr+DD(%)
US Bonds	28.750	1.725	35.250	10	39,3	1,2	4,5
Bundesschatzbrief	39.160	2.350	13.850	10	41,2	1,3	15,3
Muni Bonds	-18.460	-1.319	49.940	11	31,2	0,9	-2,5
Britisches Pfund	15.050	903	58.763	11	34,3	1,1	1,5
Deutsche Mark	58.638	3.518	14.763	10	45,5	1,5	21,8
Japanischer Yen	133.475	8.009	28.550	9	48,4	2,1	25,7
Schweizer Franken	71.038	4.262	23.663	10	44,8	1,4	16,8
Rohöl	44.910	2.807	11.500	12	41,4	1,5	20,8
Heizöl	7.568	454	22.562	13	40,7	1,1	1,8
Erdgas	33.330	3.571	19.410	12	44	1,4	15,3
Baumwolle	34.325	2.060	44.300	12	38,2	1,2	4,5
Kaffee	34.819	2.089	107.813	13	33,3	1,1	1,9
Zucker	10.685	641	10.819	10	40,6	1,2	5,6
Sojabohnen	-25.605	-1.536	57.805	12	33,5	0,8	-2,6
Mais	6.838	410	14.125	12	34,9	1,1	2,8
Weizen	1.888	113	24.225	12	33,8	1	0,5
Silber	-30.795	-1.848	34.595	12	33,8	0,8	-5
Gold	-18.430	-1.106	21.160	13	35,7	0,8	-4,9
Rinder	-16.380	-983	25.752	13	42,5	0,8	-3,7
Schweinebäuche	-44.160	-2.650	58.536	12	36,1	0,8	-4,3
Schweine	9.316	559	24.080	12	39,9	1,1	2,2

Gesamtergebnis	
Nettogewinn ($)	374.641
Maximaler Verlust ($)	119.598

Tabelle 9.10: *Gewichteter Gleitender Durchschnitt*

Ein Kontrakt pro Trade
Testzeitraum 01/01/83 – 08/31/99
$75 für Gebühren und Slippage berücksichtigt

Future	Gesamt GV ($)	Durch. PL ($)/ Jahr	Max. DrDn ($)	Trades/Jahr	Win %	G:V	Gewinn/Mr +DD(%)
US Bonds	45.340	2.720	26.120	-15.050	40,2	1,2	9,4
Bundesschatzbrief	49.410	2.965	11.980	-4.530	46,1	1,4	22
Muni Bonds	15.140	1.081	20.900	-6.360	40,1	1,1	4,8
Britisches Pfund	24.175	1.451	49.650	-8.638	36,6	1,1	2,8
Deutsche Mark	40.563	2.434	22.825	5.100	40,6	1,3	10,1
Japanischer Yen	149.175	8.951	17.275	9.513	48,5	2,1	45,1
Schweizer Franken	43.325	2.600	27.200	5.413	43,1	1,2	9
Rohöl	15.540	971	20.830	7.300	37,6	1,1	4,2
Heizöl	-24.196	-1.452	52.387	7.090	37,3	0,9	-2,7
Erdgas	44.030	4.718	17.310	-9.670	44,8	1,6	22,1
Baumwolle	10.165	610	30.175	1.590	36,3	1,1	2
Kaffee	-11.063	-664	95.756	-5.625	33,3	1	-0,7
Zucker	-5.275	-317	21.862	-470	33,2	0,9	-1,4
Sojabohnen	-20.020	-1.201	43.960	-1.755	35,6	0,9	-2,7
Mais	-988	-59	13.613	-5.263	34	1	-0,4
Weizen	-7.563	-454	26.100	-2.600	33,5	0,9	-1,7
Silber	-33.445	-2.007	42.090	-9.965	36,6	0,8	-4,5
Gold	-1.740	-104	21.010	-4.960	37,9	1	-0,5
Rinder	-14.608	-876	19.592	-1.512	35,6	0,8	-4,4
Schweinebäuche	-28.508	-1.710	47.464	-4.664	38,2	0,9	-3,4
Schweine	1.452	87	26.588	5.604	39,4	1	0,3

Gesamtergebnis	
Nettogewinn ($)	289.256
Maximaler Verlust ($)	87.515

Die Ergebnisse aller drei Tests waren ziemlich ähnlich. Jeder der Gleitenden Durchschnitte schnitt in einem Bereich besser ab und in einem anderen schlechter. Somit ist ein Durchschnitt so gut wie ein anderer, und man sollte nicht zu viel Zeit damit verschwenden, weitere Untersuchungen anzustellen. Aber eine Tatsache soll an dieser Stelle betont werden: Dies ist der zweite Gewinn bringende Test, und er basiert auf trendfolgenden Regeln. Ein weiteres Muster entwickelt sich hier.

Donchian Break-out

Wenn Sie den Markt von einem langfristigen Standpunkt aus betrachten, dann wird Ihnen dieser Indikator gefallen. Richard Donchian machte diese Methode in den 60er-Jahren populär. Dieser Indikator besteht aus zwei Linien, die ähnlich wie bei den Bollinger Bands über und unter dem Kurs eingezeichnet werden. Die obere Linie zeigt das höchste Hoch der letzten n Tage oder Wochen, und die untere Linie zeigt das tiefste Tief der letzten n Tage oder Wochen. Richard Donchian war der Ansicht, dass das Durchbrechen einer dieser Kanallinien auf einen vorherrschenden Trend schließen lässt; deshalb wird bei Stärke gekauft und bei Schwäche verkauft.

Wir überprüften den Vorschlag, zu kaufen, wenn das Tageshoch über das höchste Hoch der letzten vier Wochen steigt, und zu verkaufen, wenn das Tagestief unter das tiefste Tief der letzten vier Wochen fällt (Tabelle 9.11).

Tabelle 9.11: *Donchian Break-out*

Ein Kontrakt pro Trade
Testzeitraum 01/01/83 – 08/31/99
$75 für Gebühren und Slippage berücksichtigt

Future	Gesamt GV ($)	Durch. PL ($)/ Jahr	Max. DrDn ($)	Trades/Jahr	Win %	G:V	Gewinn/Mr +DD(%)
US Bonds	50.130	3.008	25.610	11	44	1,3	10,6
Bundesschatzbrief	37.910	2.275	14.200	11	46,3	1,3	14,5
Muni Bonds	-15.010	-1.072	39.820	12	38,1	0,9	-2,6
Britisches Pfund	44.906	2.694	47.475	11	41,1	1,2	5,5
Deutsche Mark	48.350	2.901	26.500	10	44,3	1,4	10,4
Japanischer Yen	130.988	7.859	30.563	10	47,9	1,8	23,7
Schweizer Franken	59.188	3.551	21.613	11	42,9	1,3	15,2
Rohöl	49.910	3.119	14.910	12	44,7	1,5	18,4
Heizöl	25.532	1.532	25.393	13	40,9	1,2	5,6
Erdgas	44.990	4.820	16.080	13	45,6	1,6	24
Baumwolle	13.180	791	47.650	13	37,4	1,1	1,6
Kaffee	33.581	2.015	50.850	13	38,4	1,1	3,6
Zucker	-12.163	-730	21.627	12	37,6	0,9	-3,3
Sojabohnen	-7.175	-431	37.225	13	37,5	1	-1,1
Mais	5.138	308	7.538	12	36,9	1,1	3,8
Weizen	850	51	26.563	13	33,3	1	0,2
Silber	-60.140	-3.608	76.385	13	36,1	0,7	-4,6
Gold	-13.450	-807	25.190	13	37,7	0,9	-3
Rinder	-2.164	-130	14.964	14	38,4	1	-0,8
Schweinebäuche	-15.208	-912	36.496	13	39,9	0,9	-2,3
Schweine	688	41	28.512	15	38,8	1	0,1

Gesamtergebnis	
Nettogewinn ($)	418.545
Maximaler Verlust ($)	85.970

Und wieder haben wir einen Gewinn bringenden Ansatz gefunden. Es sieht so aus, als ob die trendfolgenden Indikatoren den Indikatoren, die die überkauften und überverkauften Bereiche feststellen sollen, bei weitem überlegen sind. Da beim System-Trading jede Subjektivität fehl am Platze ist, sind wir der Ansicht, dass die trendfolgenden Systeme kaum zu schlagen sind. Die Vorteile eines trendfolgenden Systems sind: (1) Hundertprozentige Objektivität. (2) Die geringe Häufigkeit der Trades reduziert die Trading-Kosten. (3) Sie profitieren von den großen Schwüngen, bei denen sich die höchsten Gewinne erzielen lassen. Die Nachteile sind: (1) Fehlsignale sind unumgänglich. Bei den meisten trendfolgenden Systemen liegt der Anteil der Trades, die mit Gewinn abgeschlossen werden, unter 50 %. (2) Die Signale werden meist sehr spät erzeugt, weil sie erst dann entstehen, wenn der Trend schon begonnen hat. (3) Wenn sich der Kurs in einer Seitwärtsbewegung befindet, dann kommt es oft zu mehreren Verlust-Trades, bevor sich ein Trend entwickelt.

Nach sorgfältiger Betrachtung der Vor- und Nachteile sind wir weiterhin der Ansicht, dass ein System-Trader mit einem trendfolgenden System besser beraten ist. Wir haben die Indikatoren nur sehr oberflächlich betrachtet, da wir glauben, dass wir mit einer tiefer gehenden Untersuchung der unzähligen Indikatoren (überkauft/überverkauft und trendfolgend) nur Ihre und unsere Zeit verschwenden würden. Die gezeigten Tests verdeutlichen unsere Erfahrungen der zurückliegenden 15 Jahre.

Fünf Ansätze als Grundlage der besten Systeme

Die besten der Gewinn bringenden Handelssysteme, die wir beobachten, fallen grundsätzlich in eine der folgenden Kategorien. Nicht mehr! Alle erfolgreichen Handelssysteme, die wir je analysiert haben, leiten sich von nur fünf Ansätzen ab:

1. Donchian Channel
2. Überschneidung Gleitender Durchschnitte
3. Kurzfristige Volatilität auf der Basis eines Opening Range Breakout
4. S&P Day Trade
5. Mustererkennung

In diesem Abschnitt werden wir komplette, einsatzbereite Handelssysteme auf der Basis dieser fünf Ansätze zeigen. Die Regeln dieser Systeme und ihre Erfolgsquoten werden detailliert beschrieben.

Anatomie eines Handelssystems

Alle Handelssysteme sind praktisch identisch, wenn es um die einfachsten Grundlagen und das angestrebte Ziel geht: Sie steigen in den Markt ein, steigen aus dem Markt wieder aus und möchten dabei Gewinne erzielen. Die meisten System-Trader und Systementwickler verbringen 90 % ihrer Zeit damit, Einstiegstechniken zu entwickeln, und die restliche Zeit wird dazu verwendet, die Rentabilität zu erhöhen. Es scheint nicht sehr rational zu sein, dass Trader so viel mehr Zeit für die Einstiegstechnik aufwenden, wenn es doch der Ausstieg ist, der die Effizienz des Einstieges bestimmt. Wir sind der Meinung, dass die Zeit zu gleichen Teilen auf diese beiden Bereiche verwendet werden sollte.

Einer der besten Aspekte beim Handeln mit Aktien und Futures ist, dass man immer Gewinne erzielen kann, ob die Kurse nun steigen oder fallen. Alle Systeme sollten über eine Einstiegstechnik für Long- und Short-Positionen verfügen und damit die einzigen beiden Richtungen abdecken, in die der Kurs gehen kann. Bei Gesprächen mit Tradern über diese Einstiegstechniken stoßen wir immer wieder auf die gleiche Frage: Sollte das Signal für eine Short-Position das genaue Gegenteil des Signals für die Long-Position sein? Auf den ersten Blick scheint die Antwort auf diese Frage leicht zu sein: Wenn der Kurs immer nach oben oder nach unten geht, dann sollte man auf Grund der gleichen Prämisse eine Long- oder eine Short-Position eröffnen. Letztendlich glauben wir, dass dies die richtige Antwort ist, aber in Wirklichkeit bewegen sich die Kurse nicht auf dieselbe Weise nach oben und nach unten. Wir haben z. B. bisher noch keinen anhaltenden Bärenmarkt beim S&P erlebt. Warum sollte man sich also den Kopf einrennen, indem man in einem Bullenmarkt Short-Positionen eröffnet? Und auch jedes System, das anhand historischer S&P-Daten erstellt und getestet wird, zeigt eine bullishe Tendenz. Wenn Sie die Gewinnverteilung zwischen Long- und Short-Positionen bei einem S&P-System betrachten, dann werden Sie entdecken, dass dieses Verhältnis 2:1 für die Long-Positionen lautet. Wenn ein Markt also eine bestimmte Tendenz hat, warum sollten wir dann eine Long-Position anders eröffnen als eine Short-Position? Auf diese Frage gibt es zwei Antworten: (1) Die meisten Märkte haben keine bestimmte Tendenz. Diejenigen, die eine Tendenz haben, können die Richtung schnell wechseln; damit sollte ein System umgehen können. Die meisten Systeme haben nur ein sehr kurzes Gedächtnis (sie beobachten also nur die Daten aus einem kurzen Zeitraum) und kennen den übergeordneten Trend nicht. (2) Das Einrichten verschiedener Einstiegstechniken für Long- und Short-Positionen führt zu einer größeren Anzahl an Parametern und somit zu einer höheren Wahrscheinlichkeit, dass das System optimiert wird. Als allgemeine Faustregel gilt daher, dass die Einstiegstechnik für Short-Positionen das genaue Gegenteil der Technik für Long-Positionen sein sollte. Alle sehr guten Systeme, die wir beobachten, folgen dieser Richtlinie.

Nachdem eine Position eröffnet wurde, gibt es drei Möglichkeiten, wie ein System diese Position wieder schließen kann: eine Umkehr, also das Schließen der Position mit Gewinn oder Verlust und das gleichzeitige Eröffnen einer entgegengesetzten Position; das Schließen einer Position mit Verlust; das Schließen einer Position mit Gewinn (Trades ohne Gewinn oder Verlust werden als Gewinne betrachtet). Ein System kann nur eine oder auch alle diese Ausstiegsmöglichkeiten bieten.

Ausstiegsmöglichkeiten

Umkehr: Dieser Ausstieg erfolgt, wenn das System festgestellt hat, dass der Kurs in die andere Richtung als die ursprünglich festgelegte geht. Das System schließt dann die offene Position und korrigiert sich selbst, indem es eine neue Position in der entgegengesetzten Richtung eröffnet. Dieser Umstieg kann Gewinn bringend verlaufen oder auch nicht. Das Problem dabei sind die Fehlsignale, die auftauchen, wenn das System dem Kurs nachläuft. Das System eröffnet eine Position, und der Kurs ändert die Richtung, also kehrt das System die Position um und korrigiert den Fehler, aber gleich dreht sich der Kurs wieder und verläuft weiter in der ursprünglichen Richtung. Systeme, die auf einem solchen Umkehr-Stopp basieren, sind permanent im Markt und warten auf den langfristig anhaltenden Trend. Es gibt keine Stopp-Loss-Grenzen oder Kursziele; der Kurs bestimmt die Ein- und Ausstiege.

Schützender Stopp: Das System hat sich geirrt und schließt die Position mit einem geringen Verlust. Dieser Stopp bedeutet immer einen Verlust. Das Problem der schützenden Stopps liegt im frühzeitigen Ausstieg aus einem Trade. Nehmen wir an, wir riskieren bei einem Trade maximal $1.000 und eröffnen eine Long-Position. Sofort dreht der Kurs um, und wir werden mit einem Verlust von $1.000 ausgestoppt. Am nächsten Tag fällt der Kurs um weitere $500, und wir fühlen uns in der Entscheidung bestätigt, aus diesem Verlust-Trade ausgestiegen zu sein. Während der nächsten fünf Tage steigt der Kurs wieder um insgesamt $8.000. Hätten wir zu Beginn einen größeren Stopp verwendet, wären wir nicht ausgestoppt worden und hätten einen schönen Gewinn erzielt. Die Grenze für den besten schützenden Stopp festzulegen ist extrem schwierig.

Kursziel: Das System hat eine im Voraus festgelegte Gewinnzone erreicht, und die Wahrscheinlichkeit, dass der Gewinn weiter ansteigt, ist äußerst gering. Dieser Stopp schließt die Position immer mit Gewinn, deshalb liebt ihn jeder Trader. Nehmen wir an, mit unserem System erzielen wir einen durchschnittlichen Gewinn von $2.000, und wir eröffnen eine Long-Position. Nach einigen Tagen stellen wir erfreut fest, dass wir bereits einen Gewinn von $2.000 verbuchen können. Auf der Basis unserer Statistik entspricht dies dem optimalen Gewinn, den unser System erzielt. Warum sollten wir also eine Position weiter halten, wenn die Wahrscheinlichkeit, den Gewinn zu vergrößern, viel geringer ist als die Wahrscheinlichkeit, einen Teil der Gewinnes wieder zu verlieren? Wie beim schützenden Stopp liegt auch hier die Gefahr im frühzeitigen Ausstieg aus einer Position. Unter bestimmten Umständen wird ein solcher Ausstieg zwar $2.000 realisieren, aber weitere $3.000 verpassen Sie. Die meisten Systeme erwirtschaften fast ihren ganzen Profit mit einigen wenigen großen Gewinnpositionen. Wenn Sie diese Gewinne beschränken, dann werden Sie nicht genug Profit machen, um die häufigen kleinen Verluste auszugleichen.

Zusammenfassend möchten wir feststellen, dass die Ausstiegsmethode, egal ob Umkehr, schützender Stopp oder Kursziel, intensive Überlegungen und Überprüfungen erfordert. Deshalb werden wir diesen Aspekt besonders betonen, wenn wir uns nun den fünf schlüsselfertigen Lösungen widmen.

Donchian Channel

Drei Systeme unter unseren Top Ten basieren auf einer Variante der Donchian Channels. Wie schon bei den Indikatoren erwähnt, handelt es sich dabei um ein langfristiges trendfolgendes System, das bei Stärke kauft und bei Schwäche verkauft. Beginnen wir mit der einfachen Einstiegsmethode: Kaufe, wenn das heutige Hoch über dem höchsten Hoch der letzten 30 Tage liegt, und verkaufe, wenn das heutige Tief unter dem tiefsten Tief der letzten 30 Tage liegt. Diese einfache Methode kauft bei Stärke und verkauft bei Schwäche, handelt nicht sehr oft und erwischt hoffentlich einige ausgedehnte Trends.

Wie steigen wir aus dem Markt aus? Wir verwenden einen Money-Management-Stopp und eine Art Kursziel zusätzlich zum Umkehrsignal des Systems (wir wenden also die ganze Palette der Ausstiegsmethoden an). Wir sind der Meinung, dass längerfristige Systeme ausreichend Spielraum brauchen, nachdem die Position eröffnet wurde, und zumeist lässt sich der schützende Stopp nicht verallgemeinern. Eine Kursveränderung um $2.000 beim Japanischen Yen unterscheidet sich deutlich von einer Veränderung von $2.000 beim Zucker. Alle Märkte befinden sich entweder in einer Trendphase oder in einer Kongestionsphase, aber die jeweiligen Kongestionen und Trends unterscheiden sich in Ausmaß und Art. Wir neigen dazu, die schützenden Stopps zu normieren, indem wir sie in Abhängigkeit zum Kurs stellen. Dadurch wird der Stopp oder auch jeder andere Parameter zu einem Merkmal dieses bestimmten Marktes. Unser Stopp wird in der Mitte zwischen dem höchsten Hoch und dem tiefsten Tief der letzten 30 Tage liegen. Ein solcher Stopp ist im Voraus festgelegt, dynamisch und passt sich der jeweiligen Marktsituation an. Durch unsere Erfahrungen haben wir herausgefunden, dass das bloße Setzen von Kurszielen bei langfristigen Systemen nicht funktioniert, außer sie werden extrem weit gesetzt. Wir realisieren die Gewinne bei längerfristigen Systemen gerne mit einem Trailing-Stopp. Ein Trailing-Stopp ist ein Stopp, der dem Kurs automatisch folgt, solange er in die gewünschte Richtung tendiert. Wendet sich der Kurs dann gegen Ihre Position, dann bleibt der Trailing-Stopp stehen und wartet darauf, ausgelöst zu werden und so Ihren Gewinn zu realisieren. Trailing-Stoppps funktionieren besser als Kursziele, da sie einem vorherrschenden Trend den nötigen Spielraum geben. Sehr oft erschöpft sich ein langfristiger Trend, fällt teilweise wieder zurück und setzt dann seine Bewegung in die ursprüngliche Richtung fort. Wir haben schon erlebt, dass ein System aufgrund des Kurszieles mit einem Gewinn von $4.000 frühzeitig aus einem Trade ausgestiegen ist, während dasselbe System mit einem Trailing-Stopp einen Gewinn von $10.000 erzielt hätte. Analog zum schützenden Stopp funktioniert ein Trailing-Stopp offensichtlich besser. Unser Trailing-Stopp hängt davon ab, wie häufig das System im Markt engagiert ist. Unser anfänglicher Trailing-Stopp liegt für eine Long-Position einfach auf dem höchsten Hoch der letzten 30 Tage und für eine Short Position auf dem tiefsten Tief der letzten 30 Tage. Für jeweils fünf Tage, während denen die Position gehalten wird, verringern wir die Anzahl der Tage, die wir zur Feststellung des höchsten Hochs und des tiefsten Tiefs heranziehen, um zwei. (Wenn wir zum Beispiel seit fünf Tagen eine Long-Position halten, dann wechselt unser Trailing-Stopp vom tiefsten Tief der letzten 30 Tage zum tiefsten Tief der letzten 28 Tage.) Wie Sie sehen, haben wir uns über unseren Ausstieg mindestens so viele Gedanken gemacht wie über unseren Einstieg (Tabelle 9.12).

Tabelle 9.12: *Donchian Break-out*

Ein Kontrakt pro Trade
Testzeitraum 01/01/83 – 08/31/99
$75 für Gebühren und Slippage berücksichtigt

Future	Gesamt GV ($)	Durch. PL ($)/ Jahr	Max. DrDn ($)	Trades/Jahr	Win %	G:V	Gewinn/Mr +DD(%)
US Bonds	45.720	2.743	25.940	10	43,6	1,3	9,6
Bundesschatzbrief	35.810	2.149	12.220	10	43,6	1,3	15,7
Muni Bonds	4.260	304	25.210	10	38,3	1	1,1
Britisches Pfund	75.975	4.559	26.200	9	41,3	1,5	16,5
Deutsche Mark	27.025	1.622	17.700	10	43,4	1,2	8,5
Japanischer Yen	98.188	5.891	20.800	9	49	1,8	25,2
Schweizer Franken	88.975	5.339	11.400	9	49,4	1,8	40,7
Rohöl	27.270	1.704	15.850	12	44,3	1,3	9,5
Heizöl	-6.976	-419	45.364	12	39,1	1	-0,9
Erdgas	39.690	4.253	15.910	12	47,3	1,7	21,4
Baumwolle	16.915	1.015	33.555	12	34,3	1,1	2,9
Kaffee	118.894	7.134	49.369	11	40,6	1,5	13,1
Zucker	14.179	851	8.366	10	42,9	1,3	9,4
Sojabohnen	-4.035	-242	33.740	11	34	1	-0,7

Future	Gesamt GV ($)	Durch. PL ($)/ Jahr	Max. DrDn ($)	Trades/Jahr	Win %	G:V	Gewinn/Mr +DD(%)
Mais	8.500	510	9.250	10	36,8	1,2	5,2
Weizen	-10.738	-644	21.100	11	33,2	0,9	-2,9
Silber	-35.010	-2.101	62.150	12	35,8	0,8	-3,3
Gold	-28.090	-1.685	36.040	12	33,2	0,8	-4,5
Rinder	-10.604	-636	20.872	13	36,7	0,9	-3
Schweinebäuche	-19.948	-1.197	34.432	12	38,4	0,9	-3,2
Schweine	-1.096	-66	23.040	12	40,4	1	-0,3

Gesamtergebnis	
Nettogewinn ($)	483.604
Maximaler Verlust ($)	67.200

Nachdem wir die Ein- und Ausstiegsmethoden unseres Systems festgelegt haben, sehen wir uns an, wie das Ergebnis mit einer Auswahl an verschiedenen Märkten ausfällt. Die genauen Regeln sind:

- Eröffne eine Long-Position, wenn das höchste Hoch der letzten 30 Tage überschritten wird.
- Eröffne eine Short-Position, wenn das tiefste Tief der letzten 30 Tage unterschritten wird.
- Platziere einen schützenden Stopp in der Mitte zwischen dem höchsten Hoch und dem tiefsten Tief der letzten 30 Tage.
- Setze einen Trailing-Stopp auf das tiefste Tief der letzten 30 Tage bei Short-Positionen und auf das höchste Hoch der letzten 30 Tage bei Long-Positionen.
- Verringere alle fünf Tage, während denen die Position gehalten wird, die Anzahl der Tage, auf deren Basis der Trailing-Stopp berechnet wird, um zwei Tage.
- Vergleiche den Trailing-Stopp und den schützenden Stopp und wende immer den Stopp an, der momentan näher am Kurs ist.

Überschneidung Gleitender Durchschnitte und zurück zu den Klassikern

Einige der besten Systeme wenden für die Ein- und/oder Ausstiegsmethoden Gleitende Durchschnitte an. Wir sind der Meinung, dass sich die Überschneidungsmethode gut zur Bestätigung eines Trends eignet. Gleitende Durchschnitte wurden lächerlich gemacht und kritisiert, seit die ersten Handelssysteme entstanden. Warum? Ein Grund dafür ist, dass sie oft als zu stark vereinfachter Ansatz gesehen werden. Ein weiterer ist die Tatsache, dass sie dem Kurs und den Gegebenheiten des Marktes immer hinterher hinken. Die unglaublich hoch entwickelte Technologie und die praktisch sofortige Verbreitung der Informationen ließen die Trader die traditionellen Marktansätze vergessen. Hat ein System oder eine Strategie nichts mit Chaostheorie, neuronalen Netzen, genetischen Algorithmen oder Spieltheorie zu tun, dann interessieren sich die Trader heute nicht mehr dafür. Für viele Trader ist es absolut unverständlich, dass ein System, das auf einfachen Gleitenden Durchschnitten basiert, besser abschneidet als die meisten topaktuellen Methoden. Wir wissen von einigen der größten Banken und THBs der Welt, die Millionenbeträge in die Erforschung dieser New-Age-Methoden investiert haben, nur um sich dann davon abzuwenden und wieder die einfachen klassischen Ansätze anzuwenden. Verstehen Sie uns bitte nicht falsch, wir begrüßen mit der größten Begeisterung jede neue Idee, wenn sie sich bewährt. Wir haben nur leider bis jetzt noch nichts gefunden, das bessere Ergebnisse als die Gleitenden Durchschnitte und das Donchian-System erzielt. Aber wenden wir uns wieder unserem zweiten System zu. Wieder haben wir durch unsere Erfahrung festgestellt, dass ein mittelfristiger Gleitender Durchschnitt, der einen langfristigen Gleitenden Durchschnitt kreuzt, sich am besten für eine große Anzahl verschiedener Märkte eignet. Wie eröffnen unsere Long-Position, sobald der 13-Tage-Durchschnitt der Schlusskurse den 39-Tage-Durchschnitt von unten nach oben kreuzt und der gestrige Schlusskurs über dem Schlusskurs von vor 40 Tagen liegt. Bei einer Short-Position läuft es genau umgekehrt: Der 13-Tage-Durchschnitt kreuzt den 39-Tage-Durchschnitt von oben nach unten, und der gestrige Schlusskurs liegt unter dem Schlusskurs von vor 40 Tagen.

Und wieder verwenden wir alle Ausstiegstechniken, die uns zur Verfügung stehen. Da unsere Einstiegssignale auf längerfristige Trends hindeuten, brauchen wir einen ausreichend dimensionierten schützenden Stopp, damit die Position nicht vorzeitig geschlossen wird. Zudem sollte der Stopp wie die Einstiegsmethode in Relation zum Kurs stehen. Die durchschnittliche wahre Spanne der letzten x Tage wird berechnet, indem man die Summe der wahren Spannen bildet (nicht die tatsächlichen Spannen – die wahren Spannen unterscheiden sich von den tatsächlichen Spannen insofern, als der Vortagesschluss bei der Berechnung mit einbezogen wird – Wahre Spanne = max (Schluss [1] oder Hoch) – min(Schluss [1] oder Tief)) und diese Summe dann durch x dividiert. Diese Berechnung sagt aus, dass sich der Kurs während der letzten x Tage pro Tag durchschnittlich um den Faktor y verändert hat. Das Tagesrisiko wird durch das Ausmaß definiert, um das der Kurs an einem Tag gegen Ihre Richtung verlaufen kann. Wir wissen, dass das Risiko unter bestimmten Umständen unbegrenzt hoch ist, aber für den Großteil der Zeit lässt sich so zumindest ungefähr feststellen, wie stark sich der Kurs gegen Sie wenden kann. Wenn wir die Überschneidungsmethode mit längeren Durchschnitten einsetzen, dann müssen wir uns bewusst sein, dass der Kurs sehr wahrscheinlich mehr als um die wahre Spanne gegen unsere Position gehen kann. Obwohl wir ein wenig Risiko sicher in Kauf nehmen werden, müssen wir doch unsere Schmerzgrenze festlegen. Nehmen wir in diesem Beispiel an, dass wir einen schützenden Stopp bei der fünffachen wahren Spanne der letzten 20 Tage platzieren. Warum fünffach und 20 Tage? Erstens wissen wir, dass der Kurs sich für mehr als eine oder zwei wahre Spannen gegen uns wenden wird; also platzieren wir den Stopp so, dass wir nicht dauernd aus dem Trade geworfen werden – aber ohne dabei extreme Verluste zu riskieren. Zweitens geben die letzten 20 Tage im Allgemeinen einen guten Überblick über die gegenwärtige Marktpsychologie. Wir könnten natürlich anhand historischer Daten Tests durchführen und hätten nach dieser Optimierung unterschiedliche Einstellungen für verschiedene Märkte zur Verfügung, aber warum sollten wir uns etwas vormachen? Die Gefahren der Optimierung werden wir im nächsten Kapitel behandeln. Um Gewinne zu realisieren, setzen wir einen Trailing-Stopp bei einem Gewinn von fünf wahren Spannen. Anders ausgedrückt: Wenn sich der Kurs um den fünffachen Wert der durchschnittlichen wahren Spanne der letzten 20 Tage in unsere Richtung bewegt hat, dann platzieren wir den Stopp um die fünffache durchschnittliche wahre Spanne unterhalb des Hochs des Tages, an dem dieser Punkt überschritten wird. Zusätzlich zu unserem schützenden Stopp und dem Trailing-Stopp können wir aus dem Trade aussteigen und die Position umkehren, wenn das entsprechende Signal dafür erfolgt (Tabelle 9.13). Die genauen Regeln für das Überschneidungssystem lauten:

- Kaufe, wenn der 13-Tage-Durchschnitt der Schlusskurse den 39-Tage-Durchschnitt von unten nach oben kreuzt und der gestrige Schlusskurs über dem Schlusskurs von vor 40 Tagen liegt.
- Verkaufe, wenn der 13-Tage-Durchschnitt der Schlusskurse den 39-Tage-Durchschnitt von oben nach unten kreuzt und der gestrige Schlusskurs unter dem Schlusskurs von vor 40 Tagen liegt.
- Berechne die durchschnittliche wahre Spanne der letzten 20 Tage.
- Verwende die fünffache durchschnittliche wahre Spanne als anfänglichen schützenden Stopp.
- Jedes Mal, wenn sich der Kurs um die fünffache durchschnittliche wahre Spanne in die gewünschte Richtung bewegt, platziere einen Trailing-Stopp um die fünffache durchschnittliche wahre Spanne unterhalb des Hochs des Tages, an dem dieser Punkt überschritten wird.
- Vergleiche den Trailing-Stopp, den schützenden Stopp und den Umkehrstopp und wende immer den Stopp an, der momentan dem Kurs am nächsten liegt.

Tabelle 9.13: *Überschneidungssystem mit einfachem Gleitendem Durchschnitt*

Ein Kontrakt pro Trade
Testzeitraum 01/01/83 – 08/31/99
$75 für Gebühren und Slippage berücksichtigt

Future	Gesamt GV ($)	Durch. PL ($)/ Jahr	Max. DrDn ($)	Trades/Jahr	Win %	G:V	Gewinn/Mr +DD(%)
US Bonds	55.940	3.356	14.950	5	53,9	1,6	19
Bundesschatzbrief	18.760	1.126	17.540	5	42,1	1,3	5,9
Muni Bonds	44.330	3.166	14.910	6	46,8	1,7	18,9
Britisches Pfund	281	17	22.244	5	39,8	1	0,1
Deutsche Mark	52.200	3.132	15.938	6	50	1,6	18,1
Japanischer Yen	73.913	4.435	26.913	5	53,9	2	15
Schweizer Franken	40.363	2.422	18.513	5	52,3	1,4	12
Rohöl	19.530	1.221	8.370	6	41,5	1,4	11,7
Heizöl	10.828	650	22.411	7	42,7	1,1	2,7
Erdgas	41.500	4.446	13.990	7	53,6	1,9	24,7
Baumwolle	12.170	730	33.520	7	41,3	1,1	2,1
Kaffee	32.944	1.977	81.338	6	36,7	1,2	2,3
Zucker	7.269	436	12.925	6	43,5	1,2	3,2
Sojabohnen	-19.995	-1.200	43.970	8	36,4	0,8	-2,6
Mais	4.363	262	10.100	6	42,6	1,1	2,5
Weizen	-15.163	-910	18.025	6	29,6	0,7	-4,8
Silber	-595	-36	24.575	7	40,4	1	-0,1
Gold	-3.820	-229	18.220	6	43,8	0,9	-1,2
Rinder	8.984	539	16.108	8	41,9	1,2	3,2
Schweinebäuche	-17.740	-1.064	34.636	6	40,4	0,8	-2,9
Schweine	-9.680	-581	31.524	7	38,2	0,9	-1,8

Gesamtergebnis	
Nettogewinn ($)	355.638
Maximaler Verlust ($)	61.425

Open Range Break-out auf der Basis kurzfristiger Volatilität

Der Titel dieser Methode hört sich kompliziert an, aber die Idee und die Berechnung sind recht einfach. Diese kleine System wurde von Larry Williams verbreitet; wird heute zur Verwaltung von Millionenbeträgen verwendet. Das Einschließen der Eröffnung macht dieses System so erfolgreich. Der Eröffnungskurs gibt meist Hinweise auf den wahrscheinlichen Kursverlauf während des Tages und oft auch für die nächsten paar Tage. Der Aspekt der Volatilität bei diesem System lässt auf das mögliche Ausmaß der Kursbewegung schließen.

Wie bei den anderen gezeigten Systemen werden wir einen Trailing-Stopp verwenden. Da wir hier ein System haben, das eine Position im Durchschnitt für weniger als zwölf Tage hält und wahrscheinlich oft tradet, sollte sich der Trailing-Stopp nach diesen Vorgaben richten. Die Ein- und Ausstiegstechniken stehen ebenfalls damit in Zusammenhang und sollten entsprechend eingerichtet werden. Sie wollen nicht mit einem System handeln, das nach drei Tagen aus einer Position aussteigt, wenn der Einstieg auf Grund eines 80-Tage-Ausbruchssignals erfolgte. Die Erfolgsquote unseres Ausbruchssystems wird unter 50 % liegen, da ein Trade in Kongestionsphasen leicht ausgelöst werden kann und es oft zu Fehlsignalen kommt. Darum müssen wir unsere Gewinne so lange wie möglich laufen lassen und unsere Verluste frühzeitig begrenzen. Der schützende Stopp beträgt die dreifache durchschnittliche wahre Spanne der letzten zehn Tage. Er wird auf den Kostendeckungspunkt nachgezogen, sobald wir einen Gewinn von der dreifachen durchschnittlichen wahren Spanne der letzten zehn Tage erzielt haben. Für einen schützenden Stopp bei einem so kurzfristigen System scheint dies eine große Entfernung zu sein, aber es ist ein notwendiges Übel. Wir werden im nächsten Kapitel auf die mangelnde Effizienz zu enger Stopps beim System-Trading zurückkommen. Ein kostendeckender Trailing-Stopp ermöglicht uns den Ausstieg aus einem Trade ohne Verluste, nachdem wir schon einen gewissen Gewinn erzielt hatten. In den Fällen, in denen ein Trade nur kurze Zeit dauert, erscheint uns ein solcher Stopp besser als einer, der den Gewinn zu maximieren versucht.

Opening-Range-Ausbruchssysteme kaufen oder verkaufen, wenn sich der Kurs nach der Eröffnung um ein bestimmtes Ausmaß verändert. Mit ein wenig Glück wird der Kurs gleich nach der Eröffnung in eine Richtung gehen und diese über mehrere Tage beibehalten. Aber die meiste Zeit wird der Kurs sich etwas von der Eröffnung wegbewegen, wieder zurückkommen und dann in eine Seitwärtsbewegung übergehen oder sich in der anderen Richtung weiterentwickeln. Das Problem bei einem solchen System liegt in der Feststellung, wie weit der Kurs sich von der Eröffnung wegbewegen muss, damit eine weitere Entwicklung in dieselbe Richtung wahrscheinlich wird. Ist dieser Abstand zu gering, dann werden Sie unter vielen Fehlsignalen zu leiden haben. Ist er zu groß, dann werden Sie jedes Mal einen bedeutenden Teil der gesamten Bewegung verpassen.

Anhand dieses Systems werden wir kaufen/verkaufen, wenn sich der Kurs nach der Eröffnung um einen bestimmten Prozentsatz der Differenz zwischen dem höchsten Hoch und dem tiefsten Tief der letzten drei Tage bewegt. Die Differenz zwischen dem höchsten Hoch und dem tiefsten Tief der letzten drei Tage gibt uns einen Überblick über die kurzfristige Volatilität. Die Volatilität ist ein guter Maßstab für die Unentschlossenheit des Marktes. Eine hohe Volatilität lässt normalerweise darauf schließen, dass sich der Markt nicht in einem Trend befindet, da der Kurs zwischen hohen und niedrigen Niveaus schwankt. Bei der Arbeit mit Opening-Range-Ausbruchssystemen stießen wir auf bestimmte Chartmuster, die uns bei der Feststellung der kurzfristigen Kursrichtung unterstützten. Anhand dieser Muster konnten wir Tage feststellen, an denen ein Trade schneller als sonst eingegangen werden sollte. Dies führte zur Idee des Leichter-Kaufen-Tages und des Leichter-Verkaufen-Tages. Auf der Basis der Mustererkennung stellte sich Folgendes heraus: Wenn ein Kurs tiefer als am Vortag schließt, dann neigen der folgende Tag oder die folgenden Tage zu einem Aufwärtstrend; wenn ein Kurs höher als am Vortag schließt, dann neigen der folgende Tag oder die folgenden Tage zu einem Abwärtstrend. Schließt der Kurs also tiefer als am Vortag, dann haben wir einen Leichter-Kaufen-Tag. Und schließt der Kurs höher als am Vortag, dann haben wir einen Leichter-Verkaufen-Tag. An Leichter-Kaufen-Tagen kaufen wir, wenn der Kurs nach der Eröffnung um über 50 % der Differenz zwischen dem höchsten Hoch und dem tiefsten Tief der letzten drei Tage steigt, und wir verkaufen, wenn der Kurs nach der Eröffnung um 100 % derselben Spanne fällt. An Leichter-Verkaufen-Tagen verkaufen wir, wenn der Kurs nach der Eröffnung um über 50 % der Differenz zwischen dem höchsten Hoch und dem tiefsten Tief der letzten drei Tage fällt, und wir kaufen, wenn der Kurs nach der Eröffnung um 100 % derselben Spanne steigt (Tabelle 9.14). Die folgenden Regeln fassen dieses Ausbruchssystem zusammen:

- Berechne das höchste Hoch und das tiefste Tief der letzten drei Tage und lege den Unterschied zwischen den beiden Punkten als Maß der Volatilität fest.
- Stelle fest, ob morgen ein Leichter-Kaufen-Tag oder ein Leichter-Verkaufen-Tag ist. Ist der heutige Schlusskurs gleich oder höher als der gestrige Schlusskurs, dann ist morgen ein Leichter-Verkaufen-Tag. Ist der heutige Schlusskurs tiefer als der gestrige Schlusskurs, dann ist morgen ein Leichter-Kaufen-Tag.
- Ist heute ein Leichter-Kaufen-Tag, dann wird die Stopp-Order zum Kauf folgendermaßen berechnet: Teile das Maß der Volatilität durch zwei und addiere das Ergebnis zum Eröffnungskurs. Die Stopp-Order zum Verkauf an einem Leichter-Kaufen-Tag wird ermittelt, indem das Maß der Volatilität vom Eröffnungskurs abgezogen wird.
- Ist heute ein Leichter-Verkaufen-Tag, dann wird die Stopp-Order zum Verkauf folgendermaßen berechnet: Teile das Maß der Volatilität durch zwei und ziehe das Ergebnis vom Eröffnungskurs ab. Die Stopp-Order zum Kauf an einem Leichter-Verkaufen-Tag wird ermittelt, indem das Maß der Volatilität zum Eröffnungskurs addiert wird.

- Berechne die durchschnittliche wahre Spanne der letzten zehn Tage.
- Setze die dreifache durchschnittliche wahre Spanne als anfänglichen schützenden Stopp.
- Ist die Position um die dreifache durchschnittliche wahre Spanne in der Gewinnzone, ziehe den schützenden Stopp auf den Kostendeckungspunkt nach.
- Vergleiche den Trailing-Stopp, den schützenden Stopp und den Umkehrstopp und wende immer den Stopp an, der momentan dem Kurs am nächsten liegt.

Tabelle 9.14: *Open Range Break-out auf der Basis kurzfristiger Volatilität*

Ein Kontrakt pro Trade
Testzeitraum 01/01/83 – 08/31/99
$75 für Gebühren und Slippage berücksichtigt

Future	Gesamt GV ($)	Durch. PL ($)/ Jahr	Max. DrDn ($)	Trades/Jahr	Win %	G:V	Gewinn/Mr +DD(%)
US Bonds	68.560	4.114	23.270	32	42,9	1,2	15,8
Bundesschatzbrief	32.620	1.957	24.880	31	42,7	1,2	7,4
Muni Bonds	68.110	4.865	31.490	31	43,2	1,4	14,6
Britisches Pfund	16.538	992	33.069	28	39,7	1,1	2,9
Deutsche Mark	39.313	2.359	36.925	29	41,4	1,2	6,2
Japanischer Yen	55.900	3.354	25.813	26	41,1	1,2	11,8
Schweizer Franken	49.688	2.981	22.675	29	42,4	1,2	12,2
US$ Index	20.210	1.470	35.860	35	39,1	1,1	4
Rohöl	41.210	2.576	9.590	32	43,9	1,3	22,2
Heizöl	-41.332	-2.480	47.657	32	37,5	0,8	-5
Erdgas	44.780	4.798	12.660	36	41,2	1,4	28,8
Baumwolle	-9.250	-555	55.185	35	37	1	-1
Kaffee	178.350	10.701	51.525	36	40,3	1,4	19
Zucker	-11.962	-718	33.163	38	35,9	0,9	-2,1
Sojabohnen	30.400	1.824	29.435	35	38,7	1,2	5,9
Mais	16.875	1.013	8.288	29	39,4	1,2	11,5
Weizen	-14.088	-845	21.538	34	39,1	0,9	-3,8
Silber	39.900	2.394	40.145	38	38,1	1,2	5,6
Gold	-28.150	-1.689	44.460	36	36,5	0,8	-3,7
Rinder	-16.100	-966	22.636	38	38	0,9	-4,2
Schweinebäuche	5.100	306	27.984	36	42,1	1	1
Schweine	5.544	333	16.516	34	40,9	1	1,9

Gesamtergebnis	
Nettogewinn ($)	588.204
Maximaler Verlust ($)	84.129

Wie wichtig ist diese Idee mit den Leichter-Kaufen-Tagen und den Leichter-Verkaufen-Tagen? Die Tabellen 9.15 und 9.16 zeigen die Ergebnisse des obigen Systems ohne Berücksichtigung dieser besonderen Tage. Tabelle 9.15 listet die Käufe und Verkäufe bei 50 % nach Eröffnung auf, Tabelle 9.16 die Käufe und Verkäufe bei 100 % nach Eröffnung.

Tabelle 9.15: *Open Range Break-out auf der Basis kurzfristiger Volatilität (Test A)*

Ein Kontrakt pro Trade
Testzeitraum 01/01/83 – 08/31/99
$75 für Gebühren und Slippage berücksichtigt

Future	Gesamt GV ($)	Durch. PL ($)/ Jahr	Max. DrDn ($)	Trades/Jahr	Win %	G:V	Gewinn/Mr +DD(%)
US Bonds	81.890	4.913	19.380	44	43,2	1,2	22,3
Bundesschatzbrief	23.530	1.412	20.080	43	43	1,1	6,5
Muni Bonds	77.620	5.544	18.030	44	44,9	1,3	28
Britisches Pfund	40.838	2.450	37.575	40	38,6	1,1	6,3
Deutsche Mark	33.425	2.006	24.363	41	40,6	1,1	7,8
Japanischer Yen	15.138	908	46.163	36	37,3	1	1,9
Schweizer Franken	31.688	1.901	31.725	41	41,2	1,1	5,7
US$ Index	-13.030	-948	34.200	47	39	1	-2,7
Rohöl	26.650	1.666	22.990	46	40,2	1,1	6,7
Heizöl	-57.204	-3.432	71.371	47	36,4	0,8	-4,7
Erdgas	74.110	7.940	10.060	47	43,3	1,6	56,5
Baumwolle	-22.010	-1.321	51.290	49	35,1	0,9	-2,5
Kaffee	192.094	11.526	47.063	50	39,5	1,3	22,2
Zucker	-15.994	-960	28.594	50	33,6	0,9	-3,3
Sojabohnen	38.565	2.314	19.630	48	37,9	1,2	11
Mais	2.288	137	11.775	41	34,6	1	1,1
Weizen	9.025	542	8.988	48	38,1	1,1	5,6
Silber	49.120	2.947	41.775	50	35,6	1,2	6,7
Gold	-29.670	-1.780	43.650	46	36	0,9	-4
Rinder	-7.580	-455	16.964	51	38,1	1	-2,6
Schweinebäuche	-12.520	-751	44.796	49	40,2	1	-1,6
Schweine	8.560	514	22.072	46	38,6	1,1	2,2

Gesamtergebnis	
Nettogewinn ($)	541.105
Maximaler Verlust ($)	129.233

Tabelle 9.16: *Open Range Break-out auf der Basis kurzfristiger Volatilität (Test B)*

Ein Kontrakt pro Trade
Testzeitraum 01/01/83 – 08/31/99
$75 für Gebühren und Slippage berücksichtigt

Future	Gesamt GV ($)	Durch. PL ($)/ Jahr	Max. DrDn ($)	Trades/Jahr	Win %	G:V	Gewinn/Mr +DD(%)
US Bonds	6.990	419	37.880	13	39,8	1	1
Bundesschatzbrief	14.690	881	26.810	12	39,3	1,1	3,1
Muni Bonds	-400	-29	22.400	12	39,9	1	-0,1

Future	Gesamt GV ($)	Durch. PL ($)/ Jahr	Max. DrDn ($)	Trades/Jahr	Win %	G:V	Gewinn/Mr +DD(%)
Britisches Pfund	39.663	2.380	22.225	12	41,7	1,2	10
Deutsche Mark	29.150	1.749	28.325	11	41,1	1,2	5,9
Japanischer Yen	91.838	5.510	24.163	11	45,5	1,6	20,6
Schweizer Franken	39.950	2.397	23.550	11	43,2	1,2	9,5
US$ Index	11.480	835	33.220	14	44	1,1	2,4
Rohöl	53.690	3.356	11.600	12	44,1	1,7	24,6
Heizöl	25.129	1.508	28.505	11	41,3	1,2	4,9
Erdgas	45.240	4.847	18.140	13	51,3	1,7	21,9
Baumwolle	-8.825	-530	26.370	13	34,6	0,9	-1,9
Kaffee	104.494	6.270	72.206	13	44,1	1,4	8,1
Zucker	-5.947	-357	21.291	16	37,6	0,9	-1,6
Sojabohnen	30.450	1.827	18.890	14	44,1	1,3	9
Mais	-12.213	-733	17.838	12	33	0,8	-4
Weizen	-7.300	-438	17.650	13	34,9	0,9	-2,4
Silber	-31.815	-1.909	65.240	17	34,4	0,8	-2,8
Gold	-8.680	-521	27.580	17	36,8	0,9	-1,8
Rinder	964	58	12.576	13	35,3	1	0,4
Schweinebäuche	-2.876	-173	25.312	11	38,4	1	-0,6
Schweine	-17.040	-1.022	31.376	13	35,9	0,8	-3,1

Gesamtergebnis	
Nettogewinn ($)	397.126
Maximaler Verlust ($)	114.267

S&P Day Trade

Der S&P Day Trade ist bei weitem das bekannteste System. In praktisch jeder Top-Ten-Liste, die wir jemals herausgegeben haben, findet sich ein S&P-Day-Trade-System. Die Idee des Day Trading übt eine starke Anziehungskraft aus. Die Vorstellung, alle Positionen spätestens am Tagesende zu schließen und sich nicht mit Positionen, die über Nacht gehalten werden, einem Risiko auszusetzen, ist besonders attraktiv. Zum Börsenschluss weiß der Trader genau, wie hoch sein Gewinn oder sein Verlust ist, und er muss sich keine Gedanken über mögliche ungünstige Neuigkeiten oder Nachrichten machen, die den Markt beeinflussen könnten. Das hört sich nach einem interessanten Weg an, aber leider gibt es wie bei den meisten utopischen Vorhaben auch beim Day Trading große Nachteile und Hindernisse.

Nur eine Hand voll Märkte verfügt über eine für das Day Trading ausreichende Tagesspanne. Day Trader profitieren nur von einem kleinen Teil der Tagesspanne, und wenn diese nicht groß genug ist, dann übersteigen die Gebühren bald die Gewinne. Die einzigen Titel, deren Spanne für das Day Trading ausreicht, sind die Aktienindex-Futures und die neuen Technologie-Aktien. An allen anderen Märkten ist das Positions-Trading Gewinn bringender und deshalb vorzuziehen. Abbildung 9.3 zeigt einen 30-Tage-Durchschnitt der Tagesspannen verschiedener Märkte.

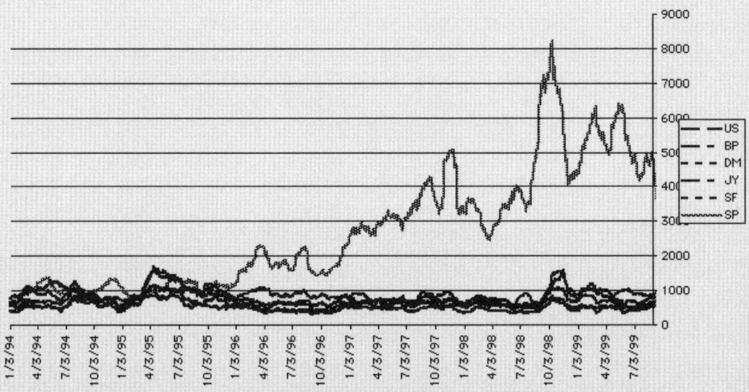

	1/3/94	5/18/94	10/3/94	2/17/95	7/6/95	11/17/95	4/4/96	8/19/96	1/6/97	5/22/97	10/7/97	2/26/98	7/14/98	11/30/98	4/16/99
US	766.7	1222	781.3	739.3	987.3	848.3	1019	881.3	832	732.3	788	753.3	565	1130	890
BP	588.8	481.3	626.7	615	757.5	466.7	338.8	342.5	657.5	561.3	564.2	588.3	492.1	575	517.5
DM	393.3	502.1	627.9	592.1	943.8	697.5	416.3	420.8	504.6	462.1	490.4	500.4	337.5	522.1	499.2
JY	531.3	890.4	737.9	776.7	1300	971.7	513.3	571.3	575	654.6	724.2	820.8	860	1162	770
SF	645.4	655	837.9	825	1254	954.2	574.2	679.6	742.5	682.1	641.7	704.6	472.5	835.8	674.2
SP	653.3	1163	923.8	821.3	1301	1155	2104	2163	2606	3205	3504	3018	3627	4755	5042

Abb. 9.3: *Wo ist die Volatilität? (Kurse vertikal dargestellt, Zeit horizontal)*

Der S&P 500 bietet im Vergleich zu anderen Märkten das größte Gewinnpotenzial. Die Aktienindex-Futures spiegeln die Wirtschaft der USA wider und reagieren äußerst empfindlich auf Gerüchte und Nachrichten. Diese Märkte können sich leicht um $10.000 an einem Tag verschieben und weisen längere Perioden schwacher Liquidität auf. Uns sind Trader bekannt, die bis zu $2.000 durch Slippage verloren haben. Auf Grund dieser Risiken sind die Margin-Anforderungen der meisten Broker für Aktienindex-Futures sehr hoch. Normalerweise liegen diese Märkte außerhalb der Reichweite eines durchschnittlichen Traders, oder sagen wir besser, sie sollten außerhalb seiner Reichweite liegen. Ein Trader, der über nur $20.000 verfügt, kann sich entweder ein kleines Portfolio mit diversen Titeln zusammenstellen oder einen einzigen Kontrakt des S&P 500 traden. Viele Trader riskieren dummerweise ihr gesamtes Kapital beim Day Trading mit Aktienindex-Futures. Sie beachten den möglichen Profit mehr als das Risiko, und dies ist das beste Rezept für die schnelle Selbstzerstörung.

In den letzten Jahren haben mehrere Systemanbieter dieses neue Bedürfnis nach Day-Trading-Systemen bemerkt und versucht, einen erfolgreichen Zugang zum Day Trading des S&P 500 zu finden. Die meisten Vorhaben sind gescheitert, aber es gibt einen Ansatz, der kontinuierlich gute Ergebnisse zeigt und unter die fünf besten S&P-Day-Trading-Systeme einzureihen ist. Die Idee ist eigentlich eine Kombination zweier verschiedener Einstiegstechniken: Open Range Break-out und Gegentrend. Alle erfolgreichen S&P-Day-Trading-Systeme verwenden einen Open-Range-Breakout-Einstieg wie den im vorherigen Abschnitt ausführlich besprochenen. Zusätzlich werden auch Positionen mit einem Gegentrendeinstieg oder Retracement eröffnet. Wie wir schon beim vorigen System gesehen haben, ist das Fehlsignal, der falsche Ausbruch, der größte Feind der Ausbruchssysteme. Er tritt dann auf, wenn der Kurs in eine Richtung geht, ein Signal auslöst und sich dann in die entgegengesetzte Richtung dreht. Der Retracement-Einstieg versucht, von dieser Marktsituation zu profitieren, wenn der ursprüngliche Ausbruch scheitert. Während der letzten drei Jahre zeigte die Kombination dieser beiden Methoden außerordentlich gute Ergebnisse. Der Ausbruchseinstieg profitiert von den Tagen mit starkem Trend, und der Retracement-Einstieg nutzt die falschen Ausbrüche.

Das S&P-Day-Trading-System, das wir hier vorstellen, verwendet denselben Marktansatz wie andere Systeme, die mehrere tausend Dollar kosten. Es enthält andere wichtige Komponenten neben dem Ausbruchseinstieg und dem Retracement-Einstieg. Erstens wird das System alle Trades ablehnen, die nicht genug Gewinnpotenzial aufweisen. Dies geschieht durch die Berechnung der durchschnittlichen Spanne der letzten zehn Tage sowie der durchschnittlichen Spanne zwischen Eröffnung und Schluss der letzten zehn Tage. Das zweite Ergebnis wird durch das erste dividiert. Liegt der Quotient nicht über 0,5, dann kommt es nicht zu einem Trade. Da der Großteil der Trades und der Gewinne wahrscheinlich durch Ausbrüche nach der Eröffnung ermöglicht wird, nimmt das System keine Trades an, deren Spannen zwischen der Eröffnung und dem Schluss weniger als die Hälfte der Tagesspanne ausmachen. An Tagen, an denen die Spanne zwischen Eröffnung und Schluss unter der Hälfte der Tagesspanne liegt, geschieht der Großteil der Kursbewegung zwischen der Eröffnung und dem Tief und zwischen dem Hoch und dem Schluss. Diese Bereiche sind als tote Zonen für Ausbruchssysteme bekannt.

Die zweite interessante Komponente dieses Systems ist das Konzept der Leichter-Kaufen-Tage und der Leichter-Verkaufen-Tage. Ähnlich wie beim schon zuvor beschriebenen System gibt es hier besondere Tage, an denen das Kaufen oder das Verkaufen leichter ist. Wieder basiert die Entscheidung, ob es sich um einen solchen Tag handelt oder nicht, auf Chartmustern. Diese Muster beinhalten den „Tagesschlüssel", der berechnet wird, indem man das Hoch, das Tief und den Schluss addiert und das Ergebnis durch drei dividiert. Dieser Tagesschlüssel fasst die drei wichtigsten Kennzahlen eines Tages zusammen. Liegt der Schlusskurs über dem Tagesschlüssel, dann deutet dies für gewöhnlich auf ein positives Momentum hin, und umgekehrt. Demnach definieren wir einen Leichter-Kaufen-Tag als einen Tag, an dem der Schlusskurs über dem Tagesschlüssel liegt, und einen Leichter-Verkaufen-Tag als einen Tag, an dem der Schlusskurs unter dem Tagesschlüssel liegt.

Die Orders für die Käufe und Verkäufe bei Ausbrüchen werden durch die Volatilität des Kurses bedingt und ähnlich berechnet wie bei dem schon erwähnten Opening-Range-Ausbruchssystem. Bei dem vorliegenden System wird das Maß der Volatilität festgelegt als die durchschnittliche tatsächliche Spanne (die berechnet wird, indem man vom Hoch des Tages das Tief des Tages abzieht) der letzten zehn Tage. An Leichter-Kaufen-Tagen wird die Stopp-Order zum Kauf festgelegt, indem 30 % des Maßes der Volatilität zum Eröffnungskurs addiert werden. Die Stopp-Order zum Verkauf wird festgelegt, indem 60 % des Maßes der Volatilität vom Eröffnungskurs abgezogen werden. An Leichter-Verkaufen-Tagen verfährt man ebenso, nur dass die Prozentzahlen vertauscht werden.

Die Gegentrend- oder Retracement-Einstiege ergeben sich aus der tatsächlichen Spanne des Vortages und dem Tagesschlüssel des Vortages, wobei die Idee der Leichter-Kaufen-Tage und Leichter-Verkaufen-Tage nicht berücksichtigt wird. Die Stopp-Order zum Gegentrend-Kauf wird platziert, wenn der Kurs nach der Eröffnung auf den Signalpunkt fällt. Dieser Signalpunkt wird berechnet, indem man 75 % der tatsächlichen Spanne des Vortages vom gestrigen Tagesschlüssel (der berechnet wird, indem man das Hoch, das Tief und den Schluss addiert und das Ergebnis durch drei teilt) abzieht. Wird dieser Punkt durchbrochen, dann wird die Kauforder beim gestrigen Tagesschlüssel abzüglich 25 % der tatsächlichen Spanne des Vortages platziert. Der Gegentrend-Verkauf funktioniert ähnlich: Zuerst muss der Kurs steigen, bis er den gestrigen Tagesschlüssel plus 75 % der tatsächlichen Spanne des Vortages erreicht oder überschreitet. Danach muss er wieder auf den gestrigen Tagesschlüssel plus 25 % der tatsächlichen Spanne des Vortages fallen. Wie Sie feststellen können, versuchen diese Gegentrend-Orders aus den Fehlsignalen Profit zu schlagen.

Außer in der Zeit von 10:00 Uhr (EST) bis 15:30 Uhr (EST) dürfen keine Trades durchgeführt werden. Pro Tag ist nur ein Trade in einer Richtung erlaubt. Ein Kauf und ein Verkauf am selben Tag sind möglich, nicht aber zwei Käufe oder zwei Verkäufe; es können sich zwei Handelssignale pro Tag ergeben, die in entgegengesetzte Richtungen weisen müssen.

Damit die Sache zumindest etwas weniger verwirrend wird, verwenden wir einen einfachen Stopp von 300 Punkten. Es gibt hier keine Trailing-Stopps oder Ähnliches. Alle Positionen werden am Tagesende geschlossen. Hier gibt es sicher noch viele Möglichkeiten zur Optimierung.

Dies ist das komplizierteste System, das Sie im vorliegenden Buch finden werden, also fassen wir die Regeln noch einmal zusammen (Tabelle 9.17):

- Berechne die durchschnittliche tatsächliche Spanne der letzten zehn Tage und lege diesen Wert als das Maß der Volatilität fest.
- Berechne die durchschnittliche Spanne zwischen Eröffnung und Schluss der letzten zehn Tage.
- Dividiere die durchschnittliche Spanne zwischen Eröffnung und Schluss durch die durchschnittliche tatsächliche Spanne. Wenn der Quotient unter 0,5 liegt, dann werden keine Trades durchgeführt.
- Berechne den heutigen Tagesschlüssel. Bilde die Summe von Hoch, Tief und Schluss und dividiere diese durch drei.
- Stelle fest, ob morgen ein Leichter-Kaufen-Tag oder ein Leichter-Verkaufen-Tag sein wird. Liegt der heutige Schluss über dem Tagesschlüssel, dann ist morgen ein Leichter-Kaufen-Tag. Liegt der heutige Schluss unter dem Tagesschlüssel, dann ist morgen ein Leichter-Verkaufen-Tag.
- Ist morgen ein Leichter-Kaufen-Tag, dann wird die Stopp-Order für den Kauf folgendermaßen berechnet: Zähle 30 % des Maßes der Volatilität und den Eröffnungskurs zusammen. Die Stopp-Order für den Verkauf wird folgendermaßen berechnet: Ziehe 60 % des Maßes der Volatilität vom Eröffnungskurs ab.
- Ist morgen ein Leichter-Verkaufen-Tag, dann wird die Stopp-Order für den Verkauf folgendermaßen berechnet: Ziehe 30 % des Maßes der Volatilität vom Eröffnungskurs ab. Die Stopp-Order für den Kauf wird folgendermaßen berechnet: Zähle 60 % des Maßes der Volatilität und den Eröffnungskurs zusammen.
- Stelle das Signal für einen Retracement-Kauf für morgen fest. Ziehe dazu 75 % der heutigen tatsächlichen Spanne vom heutigen Tagesschlüssel ab. Ermittle den Kurs, bei dem der Retracement-Kauf erfolgt: Ziehe 25 % der heutigen tatsächlichen Spanne vom heutigen Tagesschlüssel ab. Fällt der Kurs unter das Niveau des Signales für den Retracement-Kauf, dann wird bei Erreichen des Kurses für den Retracement-Kauf eine Long-Position eröffnet.
- Stelle das Signal für einen Retracement-Verkauf für morgen fest. Addiere dazu 75 % der heutigen tatsächlichen Spanne zum heutigen Tagesschlüssel. Ermittle den Kurs, bei dem der Retracement-Verkauf erfolgt: Addiere 25 % der heutigen tatsächlichen Spanne zum heutigen Tagesschlüssel. Steigt der Kurs über das Niveau des Signales für den Retracement-Verkauf, dann wird bei Erreichen des Kurses für den Retracement-Verkauf eine Short-Position eröffnet.

- Keine Trades finden vor 10:00 Uhr (EST) und nach 15:30 Uhr (EST) statt.
- Pro Tag sind maximal zwei Trades erlaubt. Diese zwei Trades müssen in unterschiedliche Richtungen gehen. An einem Tag darf es einen Kauf und einen Verlauf geben, aber nie zwei Käufe oder zwei Verkäufe.
- Platziere einen einfachen schützenden Stopp bei 300 Punkten.
- Schließe alle offenen Positionen am Tagesschluss.

Tabelle 9.17: *S&P-Day-Trading-System*

Total Net P/L ($)	90,075	Avg. Net/Year ($)	8,860
Winning Months (%)	47	Avg. Ret. MaxDD/Yr (%)	30
		Avg. Ret. with Time (%)	127
Max DrawDn ClsTrd ($)	23,895		
Max DrawDn w/OTE ($)	23,895		
Best Trade ($)	18,650	Worst Trade ($)	-2,150
Average Trade ($)	71	Net Prof:Loss Ratio	1.2
Average Win ($)	998	Average Loss ($)	-568
Long Net P/L ($)	48,815	Short Net P/L ($)	41,260
No. of Trades	1,269	Avg. Trades/Year	125
No. of Winning Trades	518	Percent Winners (%)	40.80
No. of Losing Trades	751	Most Cons. Losses	17
Avg. Days Per Trade	0.5	Longest Flat Time (Days)	1,092
Time in the Market (%)	23	Sharpe Ratio	0.16

	Net P/L ($)	Hax ClsTrd ($)	No. of Trades	Win (%)	Avg Win	Cons Loss	Flat No. of Days
Last 6 months	11.985	12.723	68	25,0	3.401	11	47
Last 12 months	22.945	12.723	107	27,1	3.163	11	83
This year	13.638	6.358	30	26,9	3.840	19	12
Last year	-4.458	19.608	106	29,5	2.849	10	215
Total	90.075	23.895	1.269	40,8	998	17	1.092

Mustererkennung

Ein Muster wird definiert als eine vorhersehbare Bewegung. Alle Handelssysteme versuchen auf die eine oder andere Weise, Muster zu erkennen. Ein langfristig orientiertes Überschneidungssystem trifft die Entscheidungen zum Kauf oder Verkauf auf Grund von Mustern. In diesem Fall ist die Überkreuzung selbst das Muster. Ein Open Range Break-out basiert auf dem Muster, dass sich der Kurs nach der Eröffnung bis zu einem bestimmten Punkt bewegt. Alle Systeme suchen nach bestimmten Ereignissen, die öfters auftreten und sich Gewinn bringend verwerten lassen. Diese öfters auftretenden Ereignisse sind die Muster.

Die Anbieter von Systemen haben schon immer Software zur Mustererkennung verkauft. Diese Software sucht nach wiederholt auftretenden visuellen Mustern im Chart und analysiert die darauf folgende Kursentwicklung. Ebenso gibt es diese visuelle Mustererkennung bei den japanischen Candlestick-Charts. Die Informationen eines Handelstages können mit einem Candlestick-Chart besser und schneller erfasst werden als mit einem Balkenchart. Bei diesen Charts besteht eine Kerze aus einem Docht und einem Körper. Der Docht reicht vom Tageshoch zum Tagestief, und der Körper ist ein Rechteck, das vom Eröffnungskurs und vom Schlusskurs begrenzt wird und über dem Docht liegt. Ein heller Körper bedeutet, dass der Schluss über der Eröffnung lag, und ein dunkler Körper bedeutet, dass der Schluss unter der Eröffnung lag. Die Candlesticks und andere Arten der visuellen Muster sind meist recht einfach gehalten und können mit bloßem Auge leicht erkannt werden. In Abbildung 9.4 sehen Sie drei Candlestick-Muster: den Doji, die große bullishe Kerze und den Hammer.

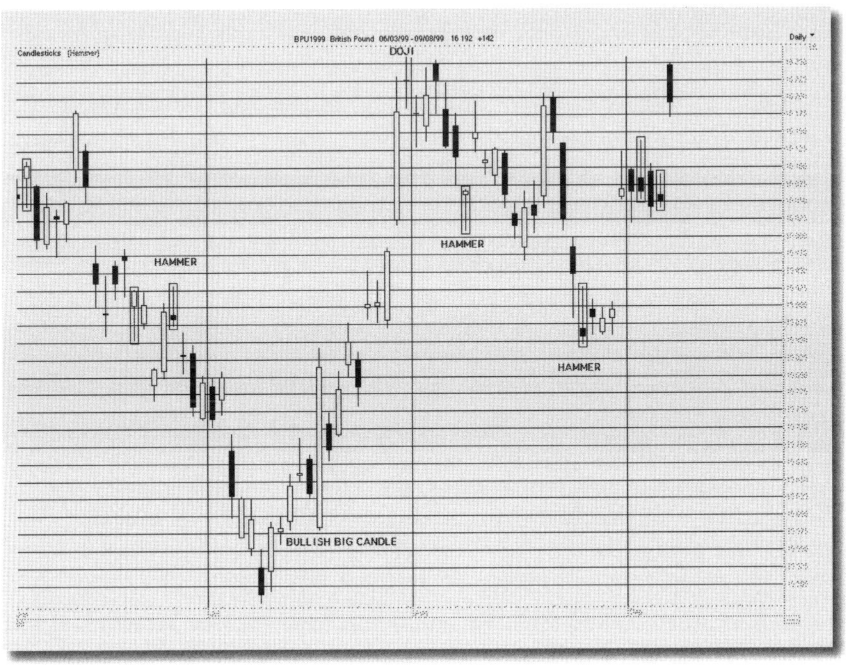

Abb. 9.4: *Einige Candlestick-Muster*

- Große Kerze – Ein ungewöhnlich langer Körper mit einer großen Spanne zwischen Hoch und Tief
- Doji – Die Eröffnung und der Schluss sind gleich
- Hammer (bullish) – Ein kleiner Körper (hell oder dunkel) nahe dem Hoch mit einem langen unteren Docht und einem kurzen oder fehlenden oberen Docht
- Hammer (bearish) – Ein kleiner dunkler Körper nahe dem Tief mit einem langen oberen Docht und einem kurzen oder fehlenden unteren Docht

Andere visuelle Chartmuster lassen sich auch folgendermaßen beschreiben:

- Wenn Hoch(1)>Hoch(2) und Eröffnung<Hoch(1), dann kaufe bei Hoch(1)

Einige Systemanbieter haben die Mustererkennung missbraucht und ihre Kunden fälschlicherweise glauben lassen, dass öfters auftretende visuelle Muster selbst die zukünftige Kursentwicklung vorhersagen können. Manche Anbieter haben in den historischen Daten visuelle Muster gefunden, die den Eindruck wahrsagerischer Fähigkeiten erweckten. Dann verpackten sie diese Muster in einem Programm, das sie als Handelssystem verkauften. Daran gibt es nichts auszusetzen, solange alle Ergebnisse frei zugänglich sind. In den meisten Fällen hat der Anbieter ein paar unterschiedliche Muster gefunden, die eine tolle Erfolgskurve ergeben, wenn man sie richtig zusammensetzt. Das Problem dabei ist, dass die meisten dieser Muster nicht öfter als 30 Mal aufgetreten sind, seit es Kursaufzeichnungen gibt. Eine Kontrollgruppe von unter 30 Trades ist statistisch nicht signifikant. Das ganze System kann über 30 Trades beinhalten, aber das Wichtige dabei ist die Häufigkeit des Auftretens jedes einzelnen Musters. Wir haben von einem anderen Anbieter gehört, der die historischen Daten durchsucht und ein Kalendersystem (eine weitere Art von Mustererkennungssystem) erstellt hat, das auf der Wahrscheinlichkeit des Erfolges basiert. Seine Untersuchungen zeigten, dass alle Käufe und Verkäufe, die an bestimmten Tagen durchgeführt werden, eine hohe historisch belegte Erfolgswahrscheinlichkeit haben. Bei der historischen Analyse schneiden diese Kalendersysteme äußerst gut ab, aber ein solches System berücksichtigt weder die aktuellen Marktgegebenheiten noch die jüngste Marktentwicklung noch die Ereignisse, die zur gegenwärtigen Marktsituation geführt haben. Würden Sie den S&P an jedem 14. März kaufen, nur weil eine historische Wahrscheinlichkeit von 75 % besteht, dass Sie damit einen Gewinn machen? Wir ganz sicher nicht, außer wenn wir wüssten, was an den Tagen vor diesem Handelstag passiert ist. Diese Art der Mustererkennung ist ein anschauliches Beispiel für die Kurvenanpassung eines Systems anhand historischer Daten.

Die richtige Art der Mustererkennung besteht in der Integration der Mustererkennung in ein System, das andere Einstiegsmethoden einsetzt. Bestimmte visuelle Muster geben einen kurzen Blick auf die Zukunft frei, und in Verbindung mit anderen Methoden kann ein erfolgreiches System konstruiert werden. Das hier gezeigte System wurde von John Hill erstellt und zeigt den Erfolg der Mustererkennung, wenn sie als Filter (eine Berechnung oder ein Muster, das entscheidet, ob ein Trade durchgeführt wird oder nicht) eingesetzt wird. Dieses System geht von einem Muster aus, das auf den Schlusskursen der letzten vier Tage beruht. Ein Kauf- oder Verkaufssignal wird erst dann erzeugt, wenn die Spanne der Schlusskurse der letzten vier Tage geringer ist als die durchschnittliche wahre Spanne der letzten 30 Tage. Dieses Muster deutet darauf hin, dass der Kurs gerade etwas zur Ruhe kommt und jede Bewegung des Kurses nach oben oder nach unten wahrscheinlich zu einer bedeutenden Kursveränderung führen wird. Wenn es von unserem Muster erlaubt wird, dann erfolgt der Einstieg in eine Long-Position beim Eröffnungskurs plus 62 % der gestrigen wahren Spanne. Der Einstieg in eine Short-Position erfolgt beim Eröffnungskurs minus 62 % der gestrigen wahren Spanne. Der schützende Stopp der Long-Position liegt beim Eröffnungskurs minus 62 % der gestrigen wahren Spanne und wird täglich neu berechnet. Dieser Stopp schließt die Position einfach, oder er ist ein Umkehrstopp, sofern der Neueinstieg erlaubt ist. Bei einer Short-Position wird der schützende Stopp auf den Eröffnungskurs plus 62 % der gestrigen wahren Spanne gelegt, und auch er wird täglich neu berechnet. Und wieder schließt dieser Stopp die Position einfach oder wird zum Umkehrstopp, sofern der Neueinstieg erlaubt ist. Um die Bedeutung des Vier-Tage-Schlusskurs-Musters zu zeigen, haben wir das System einmal mit und einmal ohne diesen Filter getestet. Bevor wir uns den Tabellen mit den Ergebnissen zuwenden, fassen wir die Regeln noch einmal zusammen:

- Berechne die durchschnittliche tatsächliche Spanne der letzten 30 Tage und lege diesen Wert als Maß der Volatilität fest.
- Berechne den höchsten und den tiefsten Schlusskurs der letzten vier Tage.
- Stelle fest, ob morgen ein Trade stattfinden darf. Der Abstand zwischen dem höchsten und dem tiefsten Schlusskurs der letzten vier Tage muss geringer sein als die durchschnittliche tatsächliche Spanne der letzten 30 Tage.
- Wenn morgen ein Trade stattfinden darf, berechne die Stopp-Order für den Kauf und den Verkauf. Die Stopp-Order für den Kauf wird folgendermaßen berechnet: Addiere 62 % der gestrigen

wahren Spanne zum Eröffnungskurs. Die Stopp-Order für den Verkauf wird folgendermaßen berechnet: Ziehe 62 % der gestrigen wahren Spanne vom Eröffnungskurs ab.

- Wird eine Long-Position eröffnet, platziere einen schützenden Stopp. Lege den schützenden Stopp auf den Eröffnungskurs minus 62 % der gestrigen wahren Spanne und berechne ihn täglich neu. Dieser Stopp schließt die Position und kann bei erlaubtem Neueinstieg die Position umkehren.
- Wird eine Short-Position eröffnet, platziere einen schützenden Stopp. Lege den schützenden Stopp auf den Eröffnungskurs plus 62 % der gestrigen wahren Spanne und berechne ihn täglich neu. Dieser Stopp schließt die Position und kann bei erlaubtem Neueinstieg die Position umkehren.

Tabelle 9.18 zeigt das System mit dem Musterfilter, und Tabelle 9.19 zeigt das System ohne den Musterfilter.

***Tabelle 9.18:** Auf Volatilität basierender Ausbruch mit Mustererkennung*

Ein Kontrakt pro Trade
Testzeitraum 01/01/83 – 08/31/99
$75 für Gebühren und Slippage berücksichtigt

Future	Gesamt GV ($)	Durch. PL ($)/ Jahr	Max. DrDn ($)	Trades/Jahr	Win %	G:V	Gewinn/Mr +DD(%)
US Bonds	103.330	6.200	13.330	49	47,2	1,4	38,7
Bundesschatzbrief	50.020	3.001	10.840	49	44,3	1,3	24,3
Muni Bonds	86.030	6.145	15.740	44	46,2	1,5	35
Britisches Pfund	44.200	2.652	24.688	44	40,5	1,2	10,1
Deutsche Mark	1.813	109	32.475	42	39,3	1	0,3
Japanischer Yen	-26.913	-1.615	44.850	40	36,1	0,9	-3,4
Schweizer Franken	46.438	2.786	22.900	45	40	1,2	11,3
US$ Index	5.430	395	38.840	47	38,5	1	1
Rohöl	34.370	2.148	10.660	41	44,5	1,3	16,9
Heizöl	12.734	764	22.982	44	42,2	1,1	3,1
Erdgas	50.080	5.366	5.550	41	43,8	1,6	56,2
Baumwolle	24.085	1.445	17.300	45	40,5	1,1	7,9
Kaffee	187.294	11.238	51.806	50	45,4	1,5	19,8
Zucker	-2.834	-170	16.498	49	37,1	1	1
Sojabohnen	42.610	2.557	11.740	50	43,1	1,3	19,5
Mais	-9.763	-586	14.963	44	33,4	0,9	-3,8
Weizen	-338	-20	10.538	47	38,9	1	-0,2
Silber	49.915	2.995	46.325	57	38,2	1,2	6,1
Gold	-11.270	-676	32.260	55	34,9	0,9	-2
Rinder	-10.652	-639	15.752	46	38,8	0,9	-3,9
Schweinebäuche	36.376	2.183	19.788	42	44,9	1,2	9,8
Schweine	-692	-42	17.220	49	38,5	1	-0,2

Gesamtergebnis	
Nettogewinn ($)	707.044
Maximaler Verlust ($)	75.293

***Tabelle 9.19:** Auf Volatilität basierender Ausbruch ohne Mustererkennung*

Ein Kontrakt pro Trade
Testzeitraum 01/01/83 – 08/31/99
$75 für Gebühren und Slippage berücksichtigt

Future	Gesamt GV ($)	Durch. PL ($)/ Jahr	Max. DrDn ($)	Trades/Jahr	Win %	G:V	Gewinn/Mr +DD(%)
US Bonds	146.980	8.819	24.130	80	45,6	1,3	32,9
Bundesschatzbrief	54.880	3.293	27.830	80	43,9	1,2	11,2
Muni Bonds	169.300	12.093	10.750	79	46,2	1,6	96,4
Britisches Pfund	52.606	3.156	39.100	71	41,1	1,1	7,8
Deutsche Mark	-15.938	-956	67.488	75	37,2	1	-1,4
Japanischer Yen	-37.788	-2.267	67.588	71	37,9	0,9	-3,2
Schweizer Franken	44.000	2.640	34.650	75	40	1,1	7,3
US$ Index	620	45	49.410	78	38,2	1	0,1
Rohöl	24.000	1.500	22.120	81	40,7	1,1	6,2
Heizöl	32.655	1.959	36.767	80	41,9	1,1	5,1
Erdgas	104.750	11.223	8.860	79	44,9	1,7	87,3
Baumwolle	12.620	757	23.805	82	39,8	1	3,1
Kaffee	281.100	16.866	43.463	84	44,4	1,4	34,9
Zucker	-17.987	-1.079	23.766	84	35,6	0,9	-4,4
Sojabohnen	30.845	1.851	21.635	81	40,3	1,1	8,1
Mais	-21.338	-1.280	29.663	77	31,5	0,9	-4,2
Weizen	-20.075	-1.205	32.275	86	38,4	0,9	-3,6
Silber	23.225	1.394	86.745	84	36,5	1,1	1,6
Gold	-33.800	-2.028	48.690	81	35,5	0,9	-4,1
Rinder	-24.056	-1.443	32.636	87	37,8	0,9	-4,3
Schweinebäuche	14.400	864	29.940	87	42,2	1	2,7
Schweine	-37.440	-2.246	51.920	86	35,9	0,8	-4,2

Gesamtergebnis	
Nettogewinn ($)	774.142
Maximaler Verlust ($)	168.930

Wirkt sich dieser Filter wirklich positiv aus? Ja, da sind wir uns ganz sicher. Der maximale Verlust wurde um über die Hälfte reduziert, und Kaffee machte nicht 36,6 % des gesamten Portfolios aus, sondern nur noch 26,8 %.

Zusammenfassung

Wir haben in diesem Kapitel viele Themen angesprochen. Machen Sie sich aber keine Gedanken darüber, wenn Sie sich nicht alles davon merken konnten. Hier sind die wichtigsten Punkte kurz zusammengefasst:

- Besorgen Sie sich einen Computer, wenn Sie noch keinen haben.
- Ihre Nachforschungen und Ihr Trading sollten auf sauberen historischen Daten beruhen.

- Wenn Ihre wirklichen Trades die Ergebnisse Ihrer hypothetischen Trades widerspiegeln sollen, dann verwenden Sie dieselben Daten von demselben Anbieter in demselben Format. Es gibt verschiedene Datenformate, die auf verschiedene Weise erstellt werden können.
- Die meisten Systeme, die nur auf bekannten Indikatoren beruhen, scheitern.
- Trader sind immer begeistert von aktuellster Technik, aber sie kommen immer wieder auf die klassischen Ansätze zurück. Die meisten Trader sind keine Nobelpreisträger (zum Glück) und beschäftigen sich vielleicht mit einigen New-Age-Ideen, aber letztlich werden sie mit Methoden traden, die sie verstehen können.
- Die bekanntesten und erfolgreichsten Handelsansätze sind:
  - Donchian Break-out
  - Überschneidung Gleitender Durchschnitte
  - Open Range Break-out auf der Basis kurzfristiger Volatilität
  - Day Trading des S&P und von Einzelaktien
  - Mustererkennung
- Die Ausstiegsmethoden bestimmen den Erfolg der Einstiegsmethoden, und Sie sollten gleich viel Zeit zur Erforschung beider Methoden aufwenden.

10) Überprüfung anhand historischer Daten – Fluch oder Segen?

Schnelle Computer, historische Daten und Software zum Testen sind die wichtigsten Hilfsmittel für System-Trader, mit deren Hilfe jede vorstellbare und mathematisch definierbare Idee evaluiert werden kann. Vor der Verbreitung der Computer verbrachten Trader Stunden damit, einfache Systeme mit den Daten weniger Monate zu überprüfen. Die damaligen Werkzeuge waren Taschenrechner, die ausgedruckten Kursdaten der Eröffnung, des Hochs, des Tiefs und des Schlusses, ein Bleistift und viel Papier. Heute können die Daten aus 20 Jahren von 50 verschiedenen Märkten innerhalb von Sekunden getestet werden. Das ist wahre Macht. Leider kann diese Macht auch missbraucht werden. Eingeweihte Trader verwenden sie, um praktikable Handelsansätze und Handelssysteme mit robusten Parametern zu entwickeln und die Zusammensetzung von Portfolios auszuwählen. Unerfahrene Einsteiger in dieses Geschäft missbrauchen sie, um sich selbst zum Narren zu halten, und skrupellose Systemanbieter missbrauchen sie, um andere zum Narren zu halten, indem sie Handelssysteme verkaufen, die nur in der Vergangenheit funktioniert hätten.

Nehmen wir an, Sie möchten ein System kaufen oder selbst entwickeln. Wie können Sie zwischen einer echten, robusten Erfolgsgeschichte und einer optimierten Aufzeichnung unterscheiden, die nur in der Vergangenheit funktioniert hätte? Der einzige Maßstab für die Praktikabilität und Gewinnträchtigkeit eines Handelssystems ist in den Ergebnissen mit historischen Daten zu finden. Die Antwort finden Sie durch eigene Nachforschungen und Untersuchungen. Dieses Kapitel versucht, die Fallstricke aufzuzeigen und einige der Fragen zu beantworten, die durch die Überprüfung anhand historischer Daten aufgeworfen werden.

Simulierte Analyse

Der Großteil der Informationen über die historische Performance von Handelssystemen wird aus simulierten Analysen gewonnen. Es gibt einige Fallstricke bei den simulierten Analysen, von denen die beiden wichtigsten die unzureichende Berücksichtigung der Slippage aufgrund unsichtbarer Marktgegebenheiten der historischen Tageskurse und die Analyse im Nachhinein sind. Bei den Tests anhand historischer Daten bekommen Sie praktisch immer den Preis, zu dem Sie kaufen oder verkaufen wollen. Die meisten Testprogramme erheben dann eine Gebühr für die Transaktion und die Slippage für jeden einzelnen Trade, wobei ein Preisbereich von $75 bis $100 allgemein akzeptiert wird. In den letzten Jahren haben wir bei einigen Märkten, besonders beim S&P und beim Kaffee, an einzelnen Tagen Trades beobachtet, bei denen die Slippage aber tatsächlich $500 und mehr ausmachte. Zur Slippage kommt es, wenn der Kurs sich so schnell bewegt, dass eine Order nicht ausgeführt werden kann, weil zum gewünschten Kurs keine Käufer/Verkäufer zur Verfügung stehen. Zwar wird die Order ausgeführt, aber zu einem nicht so guten Kurs. Beim Test anhand von Tagesbalken können diese hohen Slippage-Beträge vom Tester oder vom Computer nicht berücksichtigt werden. Wenn anhand von Tickdaten getestet würde, könnte dieses Problem behoben werden, aber leider sind diese Daten sehr teuer, benötigen sehr viel Speicherplatz und werden von den heute verfügbaren Testprogrammen nicht richtig erkannt. Ein hypothetischer simulierter Test mit Tagesdaten ist eine Überprüfung von Best-Case-Szenarien. Vergessen Sie das nie bei der Durchführung der Analyse Ihres Handelssystems. Im nächsten Abschnitt wenden wir uns der Gefahr der nachträglichen Kurvenanpassung zu.

Kurvenanpassung

Wie schon erwähnt, ergibt eine hypothetische Erfolgsaufzeichnung keine sinnvollen Informationen, wenn das zugrunde liegende System nicht ausreichend robust ist. Im Nachhinein kann jede beliebige Erfolgskurve erstellt werden; die Systemeinstellungen lassen sich so lange verändern, bis die besten Trades in der Vergangenheit genutzt werden. Im Nachhinein die Einstellungen zu optimieren und ein System dazu zu zwingen, nur die besten Trades durchzuführen, nennt man Kurvenanpassung. Die Überoptimierung und die Kurvenanpassung garantieren zwei Dinge: eine unglaubliche historische Performance und eine extrem hohe Wahrscheinlichkeit, dass das System in Zukunft überhaupt nicht funktionieren wird. Wie lässt sich aber feststellen, ob ein System übermäßig kurvenangepasst wurde oder nicht? Auf diese Frage gibt es keine Antwort, wenn nicht die gesamten Regeln und Abläufe des Systems umfassend offen gelegt werden. Die Robustheit (die Unempfindlichkeit der Performance eines Systems gegenüber Veränderungen der Parameter) eines Black-Box-Systems lässt sich nie feststellen. Wenn Sie ein Black-Box-System kaufen, dann sollten Sie dem Anbieter voll und ganz vertrauen können. Und leider wird die Logik hinter einem White-Box-System normalerweise erst dann enthüllt, wenn der Preis dafür bezahlt wurde. Oft wird ein Anbieter die Zahl der Parameter angeben, bevor er ein System verkauft. Als Käufer eines Systems müssen Sie unbedingt nachfragen, ob die Parameter für alle Märkte die gleichen sind oder ob es zwischen den verschiedenen Märkten Unterschiede gibt. Gibt es weniger als fünf Parameter, und gelten diese für alle Märkte, dann stehen die Chancen sehr gut, dass das System nicht kurvenangepasst wurde. Das Gegenteil ist der Fall, wenn es viele Parameter gibt, die je nach Markt unterschiedlich eingestellt werden müssen. Diese Faustregel ist der erste Schritt auf der Suche nach einem robusten Handelssystem. Der zweite Schritt erfolgt, nachdem das White-Box-System gekauft und einprogrammiert wurde. Vielleicht meinen Sie, wir zäumen das Pferd von hinten auf, aber ein umfassender Test kann erst dann durchgeführt werden, wenn die Logik des Systems komplett transparent gemacht wurde. Der Preis des Handelssystems wird vermutlich lächerlich erscheinen im Vergleich zu den möglichen Verlusten, die Ihnen ein überoptimiertes System bescheren könnte. In manchen Fällen können Sie vielleicht auch den Anbieter dazu bewegen, die Robustheit seines Systems zu demonstrieren, indem er es mit verschiedenen Einstellungen auf unterschiedliche Märkte anwendet. Wenn das System schon kurvenangepasst wurde, dann verfügt der Anbieter wahrscheinlich über Ergebnisse mit verschiedenen Einstellungen.

Nachdem Sie nun das System oder einen Optimierungsbericht vom Anbieter erhalten haben, überprüfen Sie die Robustheit. Tabelle 10.1 zeigt einen typischen Optimierungsbericht. Ein solcher Optimierungsbericht listet die verschiedenen Parameter und die unterschiedlichen Ergebnisse dieser Parameter im selben Zeitrahmen und im selben Markt auf. Ein robuster Parameter ist einer, der bei schrittweiser Veränderung (nach oben oder unten) nicht zu drastischen Veränderungen des gesamten Ergebnisses führt.

Tabelle 10.1: *Typischer Optimierungsbericht*

Ein Kontrakt pro Trade
$75 für Gebühren und Slippage berücksichtigt

Parameter 1	Parameter 2	Gesamt GV ($)	Durch. PL ($)/ Jahr	Max. DrDn ($)	Trades/Jahr	Win %	G:V	Gewinn/Mr +DD(%)
20	20	-43.506	-5.675	63.569	130	37,6	0,9	-8,7
30	20	-46.738	-6.096	79.194	109	36,1	0,8	-7,6
40	20	-29.875	-3.897	70.813	85	34,5	0,9	-5,4
50	20	-27.106	-3.536	58.150	69	33,5	0,9	-5,9
60	20	-25.588	-3.338	50.431	56	31,5	0,9	-6,4
70	20	-11.806	-1.540	34.725	45	33	0,9	-4,3
80	20	-5.906	-770	35.863	38	33,7	1,0	-2,1
90	20	-8.675	-1.132	37.369	33	33,7	0,9	-2,9
100	20	-11.675	-1.523	36.294	31	32,1	0,9	-4,0
110	20	-13.106	-1.709	41.188	26	33,5	0,9	-4,0
120	20	-9.900	-1.291	35.750	23	33,5	0,9	-3,5
130	20	-5.506	-718	35.988	21	35	1,0	-1,9
140	20	-2.644	-345	36.956	18	35	1,0	-0,9
150	20	-4.569	-596	36.538	17	31,5	1,0	-1,6
20	30	-18.538	-2.418	41.238	101	37,6	0,9	-5,7
30	30	-32.513	-4.241	57.481	88	34,7	0,9	-7,2
40	30	-20.050	-2.615	51.563	70	33,1	0,9	-4,9
50	30	-18.525	-2.416	43.313	59	33,6	0,9	-5,4
60	30	-29.788	-3.885	44.975	50	33,4	0,8	-8,4

Abb. 10.1 zeigt ein dreidimensionales Flächendiagramm des Gewinnes, der sich aus der Kombination zweier Parameter ergibt. Es gibt Spitzen, Täler und Ebenen. Offensichtlich wählen Sie nicht die Kombinationen, die als Täler angezeigt werden. Entgegen des intuitiven Gedankens entscheiden Sie sich aber auch nicht für die Kombinationen, die zu Spitzen im Diagramm führen. Die robusteste Kombination von Parametern ist eine, die auf einer hohen, aber ebenen Fläche liegt. Wenn diese Parameter verändert werden, dann ändert sich dadurch das Gesamtergebnis wenig. Diese Parameter werden gewählt, weil wir wissen, dass sich die Geschichte nicht exakt wiederholt und dass der Parameter, der heute optimal ist, vielleicht morgen der falsche ist. Wir haben ein einfaches Ausbruchssystem für das Britische Pfund von 1983 bis 1991 optimiert. Die Regeln besagen, dass bei einem bestimmten Prozentsatz zwischen dem höchsten Hoch und dem tiefsten Tief der letzten drei Tage nach Eröffnung gekauft wird. Beim Verkauf verhält es sich genau umgekehrt. Zudem verwendeten wir einen einfachen $1.000-Stopp. Bei unserer Optimierung versuchten wir, die beste Kombination von Prozentsätzen zu finden. Abbildung 10.2 zeigt das dreidimensionale Flächendiagramm unserer Tests. Die X-Achse steht für den Parameter 1, die Y-Achse für den Parameter 2 und die Z-Achse für den Gewinn.

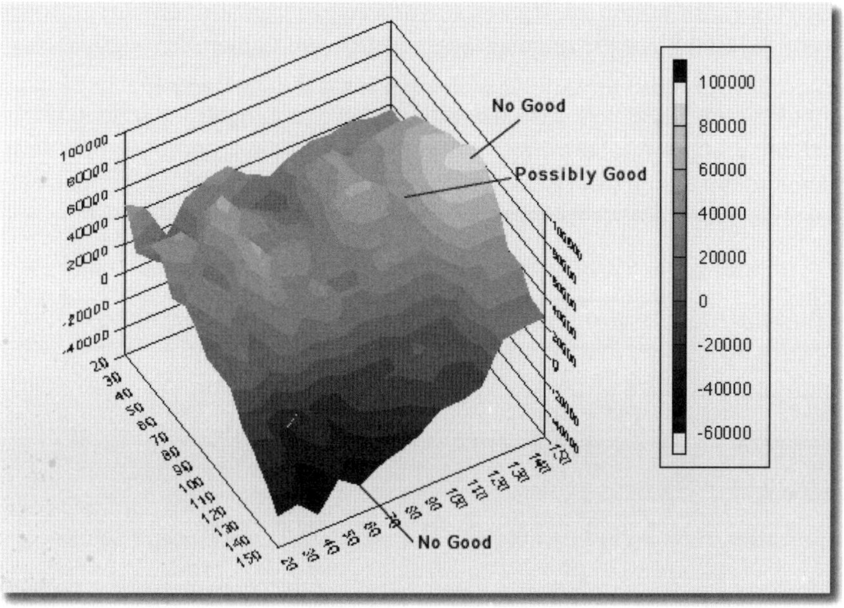

Abb. 10.1: *Dreidimensionales Flächendiagramm der Optimierung für das Britische Pfund (1983–1991). X-Achse = Parameter 1; Y-Achse = Parameter 2; Z-Achse = Gewinn*

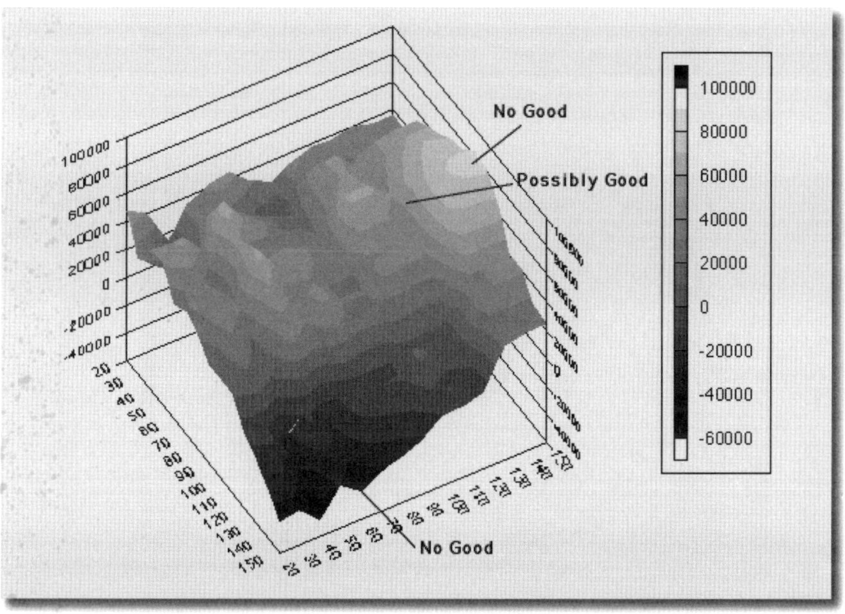

Abb. 10.2: *Dasselbe dreidimensionale Flächendiagramm wie in Abbildung 10.1*

In dieser Abbildung verwendeten wir drei Kombinationen von Parametern: zwei, die wir für unzuverlässig hielten, und einen, der viel versprechend war. Die gute Kombination wurde gewählt, weil sie auf einer hohen und flachen Ebene lag. Die unzuverlässigen Kombinationen fanden wir in einem Tal und auf einer Spitze. Diese drei Kombinationen wurden dann anhand der Daten des Britischen Pfunds von Januar 1992 bis August 1999 getestet. Tabelle 10.2 zeigt das Ergebnis dieser Überprüfung.

Tabelle 10.2: *Performance dreier Kombinationen von Parametern*

Ein Kontrakt pro Trade
Januar 1992 bis August 1999
$75 für Gebühren und Slippage berücksichtigt

Kombination	Gesamtgewinn ($)	Max. Verlust ($)	
Tal	–1.131	40.031	Am besten hinsichtlich des Profits
Ebene	–4.738	19.588	Am besten hinsichtlich des Verlustes
Spitze	–18.175	38.838	Am schlechtesten

Bei dieser Analyse schnitt die Tal-Kombination in Bezug auf den Gewinn besser ab als die Spitzen- und die Ebenen-Kombination. Vom Gesichts-

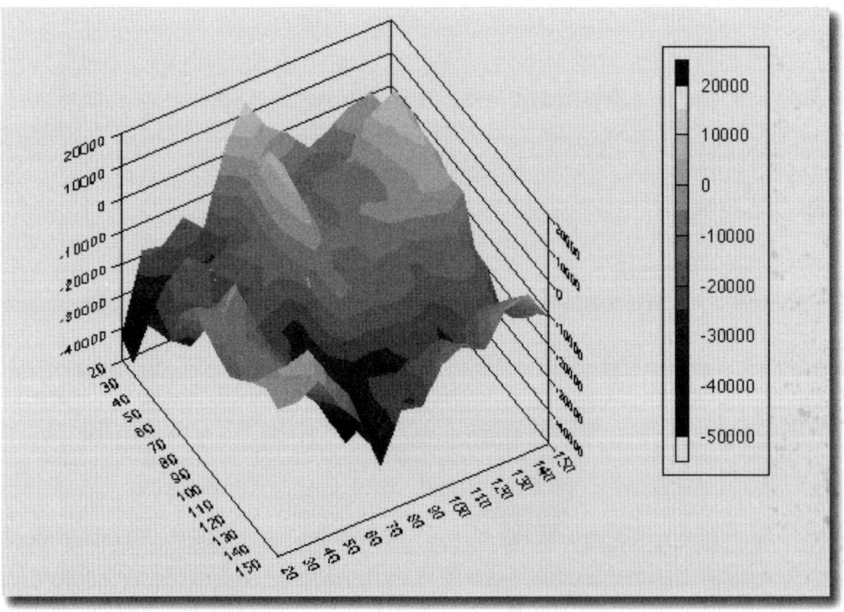

Abb. 10.3: *Dreidimensionales Flächendiagramm der Optimierung für das Britische Pfund (1992–1999). X-Achse = Parameter 1; Y-Achse = Parameter 2; Z-Achse = Gewinn.*

punkt des maximalen Verlustes schnitt die Ebenen-Kombination am besten ab. Abbildung 10.3 zeigt, wie sich die Parameter im Lauf der Zeit ändern können. Dieses dreidimensionale Flächendiagramm beschreibt die Gewinne, die mit derselben Kombination von Parametern erzielt werden, allerdings in der Zeit von Januar 1992 bis August 1999. Interessant ist die Feststellung, dass sich einige Spitzen in Täler verwandelten, und wie sich die optimalen Parameter verschoben haben.

Die ursprünglich besten Parameter waren beim zweiten Test nicht die optimalen. Kein Markt wiederholt seine Geschichte exakt, und wenn Sie nicht Parameter auswählen, die unter den meisten unterschiedlichen Marktgegebenheiten funktionieren, dann werden Sie bei den meisten Trades auf der Verliererseite stehen. Diese Analyse führt uns zur nächsten interessanten Frage: Hilft die Optimierung wirklich?

Es gibt nur eine sinnvolle Anwendung für die Optimierung, und zwar das Finden allgemein gültiger Einstellungen. Wenn Sie mit der Entwicklung eines Handelssystems beginnen, dann wissen Sie noch nicht, welche Einstellungen die richtigen sind. Durch den Vorgang der Optimierung können Sie bestimmte Bereiche der Parameter ausschließen, die nicht in Frage kommen, und verschaffen sich damit einen Überblick über die allgemeine Effizienz des Systems. Wenn die Optimierung der Parameter eines Systems nicht zu einem guten Ergebnis führt, dann wissen Sie, dass Sie sich einem anderen Ansatz zuwenden sollten.

Periodische Re-Optimierung – funktioniert das?

Durch unsere Untersuchungen und Nachforschungen haben wir herausgefunden, dass die Optimierung nicht unbedingt der beste Weg zur Feineinstellung eines Handelssystems ist. Die optimalen Parameter verschieben sich mit der Zeit, und diese Verschiebung lässt sich nicht vorhersehen. Viele Trader und Systementwickler sind der Ansicht, dass die Parameter eines Handelssystems auf Grund der sich ständig verändernden Märkte regelmäßig re-optimiert werden sollten. Sie glauben auch, dass diese Re-Optimierung anhand der jüngsten Daten vorzunehmen sei. Aber die Re-Optimierung ist nicht die richtige Lösung. Die Märkte entwickeln sich und sehen vielleicht anders aus als vor fünf oder zehn Jahren, aber ein logisches System, das auf einwandfreien Prinzipien aufbaut, sollte mit allen Hindernissen, die diese Veränderungen mit sich bringen, ohne große Schwierigkeiten fertig werden. Manchmal geht es vielleicht das eine oder andere Mal in die Knie, aber langfristig sollte es auf der Gewinnerseite sein. Ich behaupte nicht, dass man ein System nicht verändern soll; ein $500-Stopp beim S&P vor fünf Jahren ist sicherlich nicht dasselbe wie heute. Zeichnet ein Markt ein gänzlich anderes Bild, als es die historischen Daten vermuten lassen, dann müssen die festen Parameter des Systems vielleicht geändert werden. Eine Möglichkeit, das Ändern von festen Parametern zu vermeiden, ist das Einbinden aller Parameter als Funktionen des Kurses (wenn Sie zum Beispiel an Stelle eines $500-Stopps einen 10-%-Stopp der durchschnittlichen Spanne verwenden). Wir sind der Ansicht, dass die Re-Optimierung nur eine Reparatur eines beschädigten Systems ist.

Wir haben unsere Meinung überprüft und ein einfaches Donchian-System getestet, das alle zwei Jahre re-optimiert wird. (Sie erinnern sich: Ein Donchian-System kauft, wenn das höchste Hoch der letzten x Tage durchbrochen wird, und verkauft, wenn das tiefste Tief der letzten x Tage unterschritten wird.) Wir optimierten die Kanallänge zum Einstieg in eine Long-Position und dann in eine Short-Position. Alle zwei Jahre wurden die Parameter auf der Basis der Daten der vorhergehenden zwei Jahre re-optimiert. Die optimalen Parameter der vergangenen zwei Jahre wurden also auf die kommenden zwei Jahre angewandt. Tabelle 10.3 zeigt die Zeiträume und die jeweiligen optimalen Parameter für sieben verschiedene Märkte.

Die Tabelle 10.4 zeigt einen Überblick über die Performance der sieben Märkte mit den im Zwei-Jahres-Rhythmus re-optimierten Parametern. Die Tabelle 10.5 ist der Tabelle 10.4 sehr ähnlich, nur dass hier an Stelle der re-optimierten Parameter für alle Märkte und alle Zeiträume feste Parameter verwendet wurden.

Die Tests mit den festen Parametern schnitten deutlich besser ab als die re-optimierten Parameter. Die Ergebnisse zeigen, dass Überoptimierung und Re-Optimierung schlicht und einfach nicht funktionieren.

Tabelle 10.3: *Die optimalen Parameter für mehrere Zeiträume und Märkte*

	Britisches Pfund L / S	Deutsche Mark L / S	Japanische Yen L / S	Kaffee L / S	Sojabohnen L / S	Schweizer Franken L / S	US Bonds L / S
1983 – 1984	42 30	30 6	22 10	6 34	30 34	38 6	14 18
1985 – 1986	10 46	6 46	18 50	46 6	50 14	6 34	10 14
1987 – 1988	46 26	14 46	18 50	34 22	38 26	34 46	10 22
1989 – 1990	14 38	18 22	6 38	26 6	42 10	14 30	26 38
1991 – 1992	50 18	26 6	30 22	34 38	6 30	38 26	22 46
1993 – 1994	30 30	39 26	10 42	14 18	14 26	6 26	46 38
1995 – 1996	42 42	46 30	34 10	10 18	10 14	10 30	22 36

Beispiel: 1983 und 1984 testeten wir das Britische Pfund mit einem 42-Tage-Kaufkanal und einem 30-Tage-Verkaufskanal.

***Tabelle 10.4:** Performance mit re-optimierten Parametern*

Ein Kontrakt pro Trade
Testzeitraum 01/01/86 – 04/30/99
$75 für Gebühren und Slippage berücksichtigt

Markt	Gesamt GV ($)	Durch. PL ($)/ Jahr	Max. DrDn ($)	Trades/Jahr	Win %	G:V	Gewinn/Mr +DD(%)
US Bonds	58.370	4.169	18.610	11	44,7	1,4	19,6
Britisches Pfund	2.813	201	46.725	9	33,6	1,0	0,4
Deutsche Mark	9.638	688	22.200	12	38,2	1,1	2,9
Japanischer Yen	57.988	4.142	35.163	11	42,7	1,4	11,0
Schweizer Franken	48.550	3.468	33.750	13	42,8	1,3	9,8
Kaffee	129.866	9.276	53.554	13	45,3	1,5	15,9
Sojabohnen	–21.425	–1,530	26.560	15	35,1	0,8	–5,5

Gesamtergebnis	
Nettogewinn ($):	285.799
Maximaler Verlust ($):	65.423

***Tabelle 10.5:** Performance mit festen Parametern*

Ein Kontrakt pro Trade
Testzeitraum 01/01/86 – 04/30/99
$75 für Gebühren und Slippage berücksichtigt

Markt	Gesamt GV ($)	Durch. PL ($)/ Jahr	Max. DrDn ($)	Trades/Jahr	Win %	G:V	Gewinn/Mr +DD(%)
US Bonds	45.720	3.266	18.420	10	41,6	1,3	15,5
Britisches Pfund	40.663	2.905	26.588	10	40,0	1,2	10,3
Deutsche Mark	16.513	1.180	29.238	10	43,7	1,1	3,9
Japanischer Yen	128.588	9.185	18.213	9	52,5	2,2	44,2
Schweizer Franken	91.100	6.507	20.275	9	50,0	1,7	29,6
Kaffee	103.478	7.391	66.540	11	40,8	1,4	10,3
Sojabohnen	–26.745	–1.910	35.210	13	32,4	0,8	–5,2

Gesamtergebnis	
Nettogewinn ($):	399.310
Maximaler Verlust ($):	50.526

Die Alternative zur Optimierung – Adaptive Parameter

Wir haben gesehen, dass die Optimierung (einmalig oder regelmäßig) das Problem der Parameterverschiebung nicht lösen kann. Ein optimaler Parameter beginnt vielleicht bei einem bestimmten Wert, aber dieser Wert kann sich mit der Zeit verändern; 1983 kann die optimale Einstellung einen Wert von fünf haben und 1987 vielleicht schon einen Wert von zehn. Wie kann ein Trader mit den sich ständig verändernden optimalen Parametern Schritt halten? Entweder ignorieren Sie die Veränderung einfach und hoffen, dass die Auswahl Ihrer Parameter und das grundlegende System ausreichend robust sind, um die wechselnden Marktgegebenheiten zu verkraften, oder Sie sorgen dafür, dass sich Ihre Parameter an die Marktkonditionen anpassen.

Adaptive Parameter verändern sich dynamisch als Funktion des Kurses. 1996 entwickelten wir das dynamische Break-out-System. Am Anfang stand ein einfaches Kanal-Ausbruch-System, dessen Kanallängen anhand der Daten mehrerer Jahre und verschiedener Märkte optimiert wurden. Dabei wurde die Stärke der Optimierung richtig eingesetzt; wir wollten nur diejenigen Kombinationen von Parametern eliminieren, die mit Sicherheit nicht brauchbar waren. Wir fanden heraus, dass eine Kanallänge zwischen 20 und 60 für die meisten der getesteten Märkte gut funktionierte.

Damit sich ein Parameter dynamisch verändern kann, muss er eine Funktion des Kurses sein. Der Kurs bestimmt den Wert des Parameters und das Ausmaß seiner Veränderung. Da wir es hier mit mechanischen Handelssystemen zu tun haben, brauchen wir eine mathematische Formel, die den aktuellen Zustand des Marktes beschreiben kann. Das Ausmaß der Bewegung des Kurses nach oben oder nach unten lässt normalerweise recht gut auf den gegenwärtigen Charakter des Marktes schließen. Diese Bewegung wird *Volatilität* genannt. Bewegt sich der Kurs über mehrere Tage hinweg in großen Schwüngen, dann ist die Volatilität hoch. Ein ruhiger Markt zeigt geringe Volatilität. Beim dynamischen Break-out-System dienen die Volatilität als Anzeiger für den aktuellen Zustand des Marktes und die Standardabweichung als Maß der Volatilität. Die Standardabweichung vergrößert sich, wenn die Spanne der Kursschwünge steigt, und sie verringert sich, wenn die Kursschwünge flacher werden.

Der erste Schritt bei der Konstruktion eines dynamischen Parameters ist die Ableitung einer Formel, die einen bestimmten Aspekt des Kurses beschreibt. Der zweite Schritt ist die tatsächliche Anwendung der Formel, die einen statischen Parameter in einen dynamischen verwandelt. Durch Beobachtung und Analyse fanden wir heraus, dass Kanal-Ausbruch-Systeme in Zeiten hoher Volatilität gänzlich unbrauchbar waren, aber bei geringer Volatilität sehr gut funktionierten. Wir schlossen daraus, dass die Kanallänge (die Anzahl der Tage, die zur Feststellung des höchsten Hochs und des tiefsten Tiefs herangezogen werden) in Zeiten hoher Volatilität vergrößert und bei geringer Volatilität verkleinert werden sollte. Das Endergebnis der Formel und ihrer Anwendung nennen wir *Anpassungsmodul*. Ein Anpassungsmodul kann modifiziert und in andere Handelssysteme eingebaut werden.

Das dynamische Break-out-System fängt an, nach günstigen Gelegenheiten zum Kauf oder Verkauf Ausschau zu halten, wenn das höchste

Hoch oder das tiefste Tief der letzten 20 Tage durchbrochen wird. Die Länge der Kanallinien beruht auf der Volatilität des Kurses. Das Ausmaß der Volatilität wird definiert als die Standardabweichung der Schlusskurse der letzten 30 Tage. Die Kanallänge verändert sich im selben Verhältnis wie die tägliche Volatilität. Betrug die Kanallänge gestern noch 20, und steigert sich die Volatilität heute um 5 %, dann steigt auch die heutige Kanallänge um 5 % auf 21. Verringert sich heute die Volatilität, dann wird auch die Kanallänge kürzer. Da die dynamischen Parameter die Kursentwicklung widerspiegeln, kann es auch dazu kommen, dass die Kurse kurzfristig verrückt spielen und die Parameter dadurch in astronomische Höhen schnellen oder auf mikroskopische Größe schrumpfen. In solchen Situationen muss es bestimmte übergeordnete Regeln geben, die die Parameter innerhalb sinnvoller Grenzen halten. Als oberen Grenzwert verwenden wir 60 und als unteren Grenzwert 20. Der Parameter kann nicht über 60 steigen oder unter 20 fallen.

Um die Gültigkeit dynamischer Parameter festzustellen, testeten wir eine Auswahl an Werten über mehr als neun Jahre mit unserem dynamischen Break-out-System. Zum Vergleich testeten wir dieselben Werte im selben Zeitraum auch mit einem ähnlichen System, dessen Parameter sich nicht dynamisch anpassen. Die nicht adaptiven Parameter wurden zuerst für den Zeitraum von 1983 bis 1989 optimiert und kamen dann ab Januar 1990 zum Einsatz. Tabelle 10.6 zeigt die optimierten Ergebnisse der Performance des nicht adaptiven Systems von Januar 1983 bis Dezember 1989.

Tabelle 10.7 zeigt den Test der optimierten Parameter von Januar 1990 bis August 1999. Tabelle 10.8 zeigt die Performance des dynamischen Break-out-Systems mit den dynamischen Parametern, das auf dieselben Werte während derselben Zeit angewendet wurde. Die adaptiven Parameter haben problemlos gewonnen.

Tabelle 10.6: *Performance des nicht adaptiven Systems (im Nachhinein betrachtet)*

Ein Kontrakt pro Trade
Testzeitraum 01/01/83 – 12/31/89
$75 für Gebühren und Slippage berücksichtigt

Markt	Gesamt GV ($)	Durch, PL ($)/ Jahr	Max, DrDn ($)	Trades/ Jahr	Win %	G:V	Gewinn/Mr +DD(%)
US Bonds	39.670	5.667	13.650	14	43,9	1,5	34,7
Britisches Pfund	51.569	7.367	18.356	7	52,2	1,8	37,1
Deutsche Mark	31.875	4.554	9.350	13	46,2	1,6	42,6
Japanischer Yen	56.263	8.038	11.488	6	52,4	2,8	57,2
Schweizer Franken	44.713	6.388	14.038	7	51,1	2,0	40,5
Schatzbrief	30.570	4.367	9.370	14	45,8	1,5	40,2
Euro $	13.575	1.939	8.675	15	36,8	1,4	21,2

Markt	Gesamt GV ($)	Durch, PL ($)/ Jahr	Max, DrDn ($)	Trades/ Jahr	Win %	G:V	Gewinn/Mr +DD(%)
Rohöl	23.500	3.711	5.780	13	48,2	1,8	47,5
Baumwolle	24.020	3.431	15.550	8	52,7	1,8	20,7
Gold	5.410	773	16.190	14	39,8	1,1	4,4
Sojabohnen	21.340	3.049	13.475	18	45,0	1,3	20,6

Gesamtergebnis	
Nettogewinn ($):	285,799
Maximaler Verlust ($):	65,243

Tabelle 10.7: *Performance des nicht adaptiven Systems*

Ein Kontrakt pro Trade
Testzeitraum 01/01/90 – 08/31/99
$75 für Gebühren und Slippage berücksichtigt

Markt	Gesamt GV ($)	Durch, PL ($)/ Jahr	Max, DrDn ($)	Trades/ Jahr	Win %	G:V	Gewinn/Mr +DD(%)
US Bonds	–18.850	-1.950	35.880	15	38,9	0,9	-5,1
Britisches Pfund	11.438	1.183	37.688	7	33,3	1,1	3
Deutsche Mark	–463	-48	38.363	14	40,4	1	-0,1
Japanischer Yen	92.063	9.524	22.025	6	55	2,4	38,7
Schweizer Franken	50.413	5.215	24.750	7	56,5	1,6	19,7
Schatzbrief	–8.970	-928	24.020	14	37,1	0,9	-3,6
Euro $	9.600	993	5.600	13	41	1,5	16,3
Rohöl	28.380	2.936	12.670	14	39,4	1,4	20
Baumwolle	35.360	3.658	33.630	8	46,8	1,4	10,6
Gold	–5.240	-542	11.010	14	38,5	0,9	-4,4
Sojabohnen	–13.080	-1.353	22.235	19	37,8	0,9	-5,7

Gesamtergebnis	
Nettogewinn ($):	180.645
Maximaler Verlust ($):	79.080

Tabelle 10.8: *Performance des adaptiven Systems*

Ein Kontrakt pro Trade
Testzeitraum 01/01/90 – 08/31/99
$75 für Gebühren und Slippage berücksichtigt

Markt	Gesamt GV ($)	Durch, PL ($)/ Jahr	Max, DrDn ($)	Trades/ Jahr	Win %	G:V	Gewinn/Mr +DD(%)
US Bonds	37.160	3.844	27.760	13	39,3	1,4	12,6
Britisches Pfund	18.638	1.928	46.475	14	35,6	1,2	4,0
Deutsche Mark	–5.063	–524	37.138	13	39,8	1,0	–1,4
Japanischer Yen	134.43,8	13.907	24.688	12	53,6	2,8	51,0
Schweizer Franken	56.375	5.832	13.300	13	45,5	1,5	38,8
Schatzbrief	34.650	3.584	11.380	11	43,5	1,6	27,9
Euro $	8.775	908	7.025	11	42,9	1,5	12,1
Rohöl	25.200	2.607	13.070	15	37,8	1,4	17,3
Baumwolle	30.855	3.192	24.530	16	33,8	1,3	12,5

Markt	Gesamt GV ($)	Durch, PL ($)/ Jahr	Max, DrDn ($)	Trades/ Jahr	Win %	G:V	Gewinn/Mr +DD(%)
Gold	–12.870	–1.331	20.370	16	31,8	0,8	–6,1
Sojabohnen	–15.120	–1.564	23.180	15	32,2	0,8	–6,4

Gesamtergebnis	
Nettogewinn ($):	313.033
Maximaler Verlust ($):	38.683

Das Handelssystem erstellen Sie, nicht Ihr Computer

Mit all den Daten, der Software und den Supercomputern, die es heute gibt, werden immer mehr Systeme von Maschinen anstatt von Menschen entwickelt. Trading-Ideen, die eigentlich in den Restmüll gehören, werden durch die Computer und die Überoptimierung wieder zum Leben erweckt. Nur weil ein Computer Parameter bis zum Exzess optimieren kann und Kombinationen für verschiedene Märkte findet, heißt das noch lange nicht, dass er einen sinnvollen Handelsansatz gefunden hat. Viele Systemtester und Trader fangen mit einer Idee an, die zu ihrer Trading-Psychologie passt, aber nach vielen durchwachten Nächten des Testens, Optimierens und Kurvenanpassens kommen sie meist zu einem Endergebnis, das ihnen total fremd ist.

Jeder beginnt bei der Entwicklung eines Handelssystems mit einer zentralen Idee. Dann wird diese Idee überprüft, und wenn die Ergebnisse viel versprechend aussehen, dann wird diese Idee weiterentwickelt. Diese Weiterentwicklung geschieht normalerweise auf zwei Arten: Hinzufügen von Regeln und Optimierung. Beide Wege können zur Erleuchtung, aber auch zur Vernichtung führen, wenn sie nicht auf alle Märkte und alle Marktgegebenheiten anwendbar sind. Wir haben die Überoptimierung und die Kurvenanpassung schon besprochen, aber es lauern noch weitere Gefahren auf den Systementwickler. Nehmen wir zum Beispiel an, Sie haben ein System entwickelt und getestet. Ihre Tests haben ergeben, dass Sojabohnen an Dienstagen nicht gehandelt werden sollten, und an Freitagen sollte man die Finger von Schweinebäuchen lassen. Für die anderen getesteten Märkte gelten keine solchen Einschränkungen. Diese Art der Kurvenanpassung ergibt sich aus einer Regel, die nicht für alle Märkte und Marktgegebenheiten gilt. Wenn Sie aber festgestellt hätten, dass bei allen Märkten die Trades gestrichen werden müssen, wenn am gestrigen Tag die Volatilität zu hoch war, dann wäre das eine gültige Erweiterung der Regeln, da sie sich auf alle Märkte und Marktgegebenheiten bezieht.

Wie man die Performance eines Handelssystems evaluiert

Die Evaluierung eines Handelssystems bedeutet viel mehr, als nur auf das Ergebnis unter dem Strich zu blicken – auf den Gewinn. Es gibt weitere Kennzahlen und Werte, die dazu herangezogen werden sollten. Neben dem Gewinn interessieren wir uns für die folgenden Informationen:

- *Maximaler Rückgang*: Der Abstand zwischen dem höchsten Kapitalstand und dem niedrigsten Kapitalstand. Der größte Verlust des Systems vor einer Erholung.
- *Längste gewinnlose Zeit*: Die längste Zeit, in der das System keinen Gewinn erzielen konnte. Kann gleich zu Beginn vorkommen oder nach einer Reihe von erfolgreichen Trades.
- *Durchschnittlicher Rückgang:* Den maximalen Rückgang gibt es nur einmal, aber der durchschnittliche Rückgang berücksichtigt alle Rückgänge eines Jahres.
- *Gewinn-Verlust-Verhältnis*: Diese Kennzahl vergleicht die Beträge der erzielten Gewinne mit den erlittenen Verlusten. Je höher, desto besser. Einsteiger ins Trading beschäftigen sich zu sehr mit dem prozentualen Anteil der erfolgreich abgeschlossenen Trades. Diese Zahl ist aber viel informativer, weil sie uns das Verhältnis der Gewinner zu den Verlieren zeigt. Ein System mit einem hohen Prozentsatz an Gewinnern muss nicht unbedingt auch ein gutes Gewinn-Verlust-Verhältnis haben. Systeme, die den Gewinn zu schnell realisieren, können einen Gewinneranteil von bis zu 90 % haben, aber pro Trade erzielen sie nur einen sehr kleinen Gewinn. Welches System würden Sie wählen: eines, das zu 90 % Gewinner-Trades macht, dabei jeweils einen Gewinn von $50 erzielt und bei den Verlierer-Trades jedes Mal $25 verliert, oder eines, das nur 33 % Gewinner-Trades macht, aber dabei jedes Mal $2.000 erzielt und bei Verlierer-Trades nur $200 verliert?
- *Durchschnittlicher Trade*: Der erzielte Gewinn oder Verlust, der bei jedem Trade zu erwarten ist. Wieder eine Kennzahl, die wichtiger ist als der prozentuale Gewinneranteil.
- *Gewinn-Rückgang-Verhältnis*: Die meisten Trader lieben das Risiko nicht; sie schätzen das Risiko ein, noch bevor der mögliche Gewinn betrachtet wird. Welches Szenario wäre Ihnen lieber? Mit einem Einsatz von $100 haben Sie eine Chance von 10 %, dass Sie daraus $1.000 machen, oder mit einem Einsatz von $1.000 haben Sie eine Chance von 10 %, dass Sie daraus $10.000 machen? Auf Grund ihres beschränkten Kapitals entscheiden sich die meisten

Trader für das Szenario mit dem geringeren Risiko, obwohl das Gewinn-Rückgang-Verhältnis exakt dasselbe ist.

- *Gewinn unter Berücksichtigung von Ausreißern*: Bei jedem Handelssystem kann es zu ein, zwei gewaltigen Gewinnen und/oder Verlusten kommen. Die Chancen, dass sich diese Sonderfälle wiederholen, sind äußerst gering. Deshalb sollten sie in der Performance nicht berücksichtigt werden. Es gibt erfolgreiche S&P-Systeme, die die gesamten Gewinne mit nur einer Hand voll guter Trades erzielen und bei praktisch allen anderen verlieren.
- *Höchstzahl aufeinander folgender Verluste*: Die Anzahl aller Verluste, die hintereinander aufgetreten sind. Diese Kennzahl gibt dem Trader eine ungefähre Ahnung, wie lange er unter Umständen noch auf einen Gewinner-Trade warten muss.
- *Sharpe Ratio*: Zeigt die Glätte der Kapitalkurve an. Je höher die Zahl, desto gleichmäßiger verläuft der Kapitalzuwachs oder der Kapitalschwund. Dieses Verhältnis wird berechnet, indem man das durchschnittliche monatliche oder jährliche Ergebnis durch die Standardabweichung dieses Ergebnisses dividiert.
- *Nettogewinn bei Long- und Short-Positionen*: In den meisten Fällen wird ein robustes Handelssystem die Gewinne zu ungefähr gleichen Teilen mit Long- und mit Short-Positionen erzielen. Wahrscheinlich wären Sie mit einem System, das die meisten Gewinne nur mit einer Seite des Marktes erzielt, nicht gut beraten. Natürlich gibt es hier aber auch Ausnahmen, die eine deutlich bullishe Ausrichtung haben, wie der S&P Future und die meisten Aktien, und somit eher zu Long-Positionen neigen.
- *Prozentanteil positiver Monate*: Ein System, das nur in einem Monat im Jahr Gewinn bringend funktioniert, ist wenig wünschenswert. Ein gutes System sollte in mindestens fünf Monaten im Jahr Gewinne erzielen.
- *Visuelle Anzeige des Marktwertes*: Ein Bild sagt mehr als tausend Worte. Eine Abbildung der Kapitalentwicklung zeigt Informationen viel schneller und übersichtlicher als eine Tabelle. Wir haben Systeme getestet, deren tabellarische Daten nicht schlecht aussehen, aber der Chart der Kapitalentwicklung ist eine Katastrophe. Der Rückgang, die längste gewinnlose Zeit, die Volatilität der Kapitalentwicklung und das Kapitalwachstum lassen sich anhand einer bildlichen Darstellung leichter interpretieren.

Zu Demonstrationszwecken werden wir ein System aus dem vorherigen Kapitel analysieren und die aufgezählten Statistiken darauf anwenden. Das Mustererkennungssystem am Ende des Kapitels eignet sich dafür sehr gut. Tabelle 10.9 zeigt alle Statistiken unseres Systems, das mit US-Bonds von Januar 1983 bis August 1999 getestet wurde. Für die Gebühren und die Slippage wurde jeweils ein Betrag von $75 berücksichtigt.

Tabelle 10.9: *Performance des Mustererkennungssystems mit US-Bonds*

Ein Kontrakt pro Trade
Testzeitraum 01/01/83 – 08/31/99
$75 für Gebühren und Slippage berücksichtigt

Total Net P/L ($)	103,330	Avg. Net/Year ($)	6,200
Winning Months (%)	62	Avg. Ret. MaxDD/Yr (%)	39
Max DrawDn ClsTrd ($)	12,410		
Max DrawDn w/OTE ($)	13,330		
Best Trade ($)	7,155	Worst Trade ($)	–3,705
Average Trade ($)	126	Net Prof:Loss Ratio	1.4
Average Win ($)	933	Average Loss ($)	–594
Long Net P/L ($)	89,970	Short Net P/L ($)	13,360
No. of Trades	1,231	Avg. Trades/Year	49
No. of Winning Trades	488	Percent Winners (%)	47.20
No. of Losing Trades	743	Most Cons. Losses	7
Avg. Days Per Trade	0.5	Longest Flat Time (Days)	486
Time in the Market (%)	25	Sharpe Ratio	0.25

	Net P/L ($)	Max ClsTrd ($)	No. of Trades	Win (%)	Avg Win	Cons Loss	Flat No. of Days
Last 6 months	1,700	3,730	30	50.0	703	5	70
Last 12 months	10,290	3,730	50	48.0	978	5	70
This year	2,180	3,730	37	45.9	781	5	70
Last year	17,700	1,290	46	58.7	923	4	46
Total	103,330	12,410	818	47.2	933	7	486

Der größte Rückgang in diesem Fall betrug $13.330, ein ansehnlicher Betrag, der für das Budget der meisten Trader ein harter Schlag wäre. Viele Einsteiger in das Trading-Geschäft sehen einen solchen Betrag und können nicht glauben, dass das System in diesem einen Markt $13.300 auf einmal verloren hat. Aussagekräftige Rückgangszahlen bringen die Alarmglocken der meisten unterkapitalisierten Trader zum Läuten.

In diesem Beobachtungszeitraum von über 16 Jahren gab es eine fast zwei Jahre andauernde Periode, in der das System in diesem Markt keinen Gewinn machte. Diese gewinnlose Zeit hätte am Anfang, am Ende oder in der Mitte unseres Testzeitraumes stehen können, also kann es auch jederzeit wieder dazu kommen, auch sofort, nachdem jemand anfängt, nach diesem System zu handeln. Trader müssen die Mentalität ihres Systems verstehen, damit sie in Zukunft auf solche Ereignisse vorbereitet sind. Eine so lange Zeit ohne Gewinne ist weniger bedeutend, wenn sie nach einer sehr erfolgreichen Periode eintritt; aber wenn sie sofort einsetzt, dann kann sie verheerend sein.

In vielen Fällen gibt der durchschnittliche Rückgang mehr Aufschluss über das erforderliche Mindestkapital als der maximale Rückgang, da der maximale Rückgang einen Anhaltspunkt für den Fall bietet, dass das Schlimmste eintritt. Trotzdem sind manche Trader lieber ultrakonservativ und orientieren sich bei ihrer Kapitalisierung am Worst-Case-Szenario. Der Reingewinn dieses Systems überstieg die Verluste im Verhältnis 1,4:1, und der durchschnittliche Trade lag bei $131. Das Gewinn-Rückgang-Verhältnis lag bei ansehnlichen 7,71. Die Kapitalentwicklung wird durch den Ausschluss der größten Gewinner und Verlierer nicht sonderlich verändert, was auf eine gleichmäßige Verteilung schließen lässt: Für den Erfolg dieses Systems sind nicht nur ein paar große Gewinne verantwortlich. Einmal erlitt das System sieben Verluste hintereinander. Diese Information ist sehr wertvoll, bevor man tatsächlich mit dem Handel beginnt. Eine hohe Sharpe Ratio deutet auf eine glatte Entwicklung hin, und diese Kennzahl liegt bei guten 12,2. Nur ein Ergebnis bereitete uns bezüglich der Performance dieses Systems einiges Kopfzerbrechen, und zwar das Verhältnis der Gewinne aus Long- und Short-Positionen. Fast 90 % der Gewinne wurden mit Long-Positionen erzielt. Wie sähe

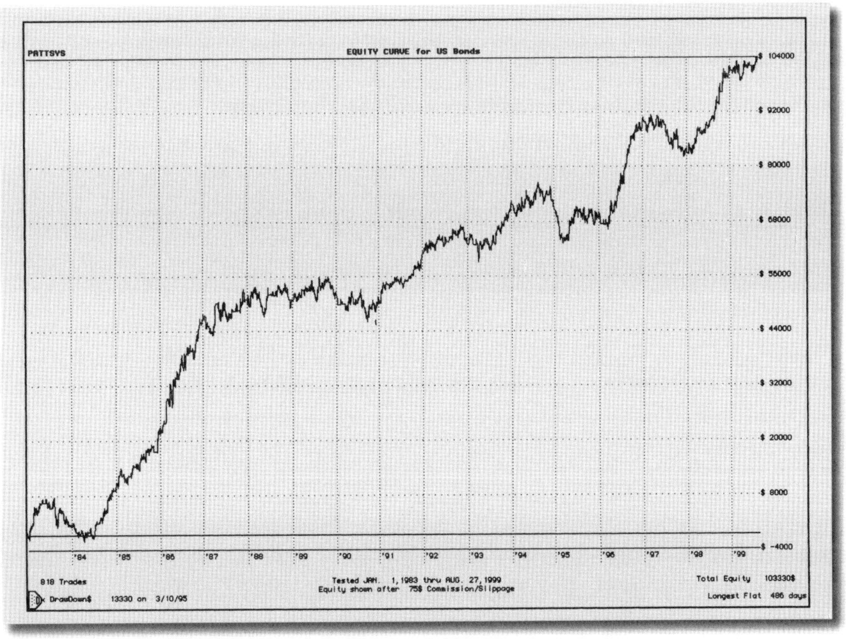

Abb. 10.4: *Kapitalentwicklung des Mustererkennungssystems*

die künftige Erfolgsbilanz aus, wenn die US-Bonds in einen anhaltenden Bärenmarkt übergehen würden? Zudem machen die Gewinnermonate über 60 % der gesamten Testzeit aus. Merken Sie sich, dass Sie Ihr System gründlich kennen müssen, damit Sie auf solche Vorkommnisse wie sieben Verluste in Folge vorbereitet sind. Die historische Kapitalentwicklungskurve in Abbildung 10.4 deutet auf reibungsloses und stetiges Wachstum hin und illustriert die hohe Sharpe Ratio. Eine solche Entwicklungskurve erwarten wir uns in der Vergangenheit und erhoffen wir für die Zukunft.

Wie man die Performance des Portfolios eines Handelssystems evaluiert

Alle diese statistischen Kennzahlen werden dazu verwendet, die Brauchbarkeit eines Handelssystems in der Zukunft vorherzubestimmen. Trotzdem darf dabei nicht übersehen werden, dass wir ein System nur anhand eines Marktes betrachten. Langfristiger Erfolg lässt sich aber nur durch Diversifikation erzielen. Zusätzlich zur mikroskopischen Marktanalyse brauchen wir also eine makroskopische Portfolio-Analyse, um die Brauchbarkeit eines Systems und eines Portfolios festzustellen. Es ist leicht, die Performance eines Systems anhand eines Marktes zu zeigen, aber mit zwei oder mehr Märkten, die gleichzeitig mit demselben System gehandelt werden, wird es schon recht schwierig, da sie sich gegenseitig und das Gesamtergebnis beeinflussen. Wir wissen, dass das Gesamtergebnis zweier Märkte, die gemeinsam gehandelt werden, einfach die Summe der einzelnen Ergebnisse ist. Aber der gesamte maximale Rückgang ist in den wenigsten Fällen die Summe der einzelnen maximalen Rückgänge. Darin liegt die Schönheit der Diversifikation: Der Gesamtgewinn steigt im Verhältnis zum Rückgang stärker an. Werden zwei sehr unterschiedliche Märkte mit demselben System gehandelt, dann ist die Wahrscheinlichkeit äußerst gering, dass beide zur selben Zeit einen Rückgang erleiden.

Abbildung 10.5 zeigt das Ziel des Tradens mehrerer Märkte. Verliert ein Markt, dann hoffen wir, dass der Verlust von einem anderen Markt wettgemacht wird. Daher ist es so wichtig, ein System auf zwei Ebenen zu analysieren: den einzelnen Markt (mikroskopisch) und das Portfolio (makroskopisch). Die beiden Analysen kommen natürlich nicht immer zu einem übereinstimmenden Ergebnis. Kommen wir auf das Mustererkennungssystem zurück: Wir haben ein Portfolio mit zwei verschiedenen Märkten. Tabelle 10.10 zeigt eine Zusammenfassung der Analyse der einzelnen Märkte. Das Ergebnis zeigt klar, dass ein Portfolio, das nur diese beiden Märkte beinhaltet, hinsichtlich des Rückganges kontraproduktiv wäre.

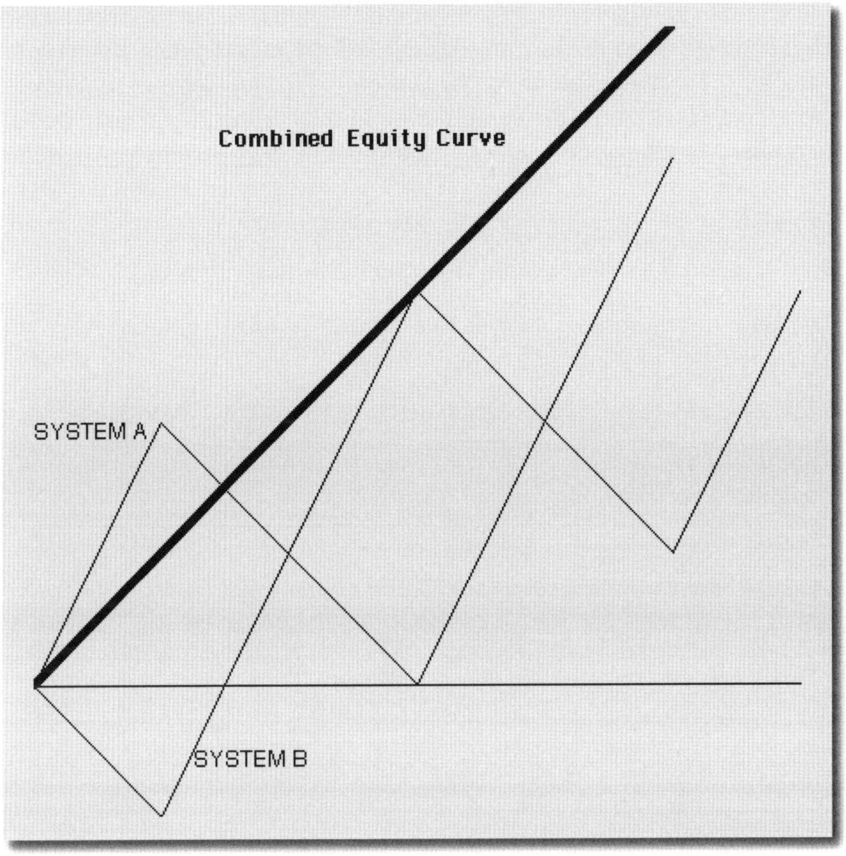

Abb. 10.5: *Das Ziel der Diversifikation (vertikal = Gewinn; horizontal = Zeit)*

Tabelle 10.10: *Performance des Britischen Pfundes und des Schweizer Franken*

Ein Kontrakt pro Trade
Testzeitraum 01/01/83 – 08/31/99
$75 für Gebühren und Slippage berücksichtigt

Markt	Gesamt GV ($)	Durch. PL ($)/ Jahr	Max. DrDn ($)	Trades/ Jahr	Win %	G:V	Gewinn/Mr +DD(%)
Britisches Pfund	44.200	2.652	24.688	44	40,5	1,2	10,1
Schweizer Franken	46.438	2.786	22.900	45	40	1,2	11,3

Gesamtergebnis	
Nettogewinn ($):	90.368
Maximaler Verlust ($):	45.531

Manchmal kann das Hinzufügen von Märkten, die bei der Marktanalyse eher schlecht abschneiden, die Gesamtperformance deutlich steigern. In Tabelle 10.11 sehen Sie eine solche Verbesserung des Gesamtergebnisses eines Portfolios. Durch die Veränderung und das Hinzufügen nicht korrelierender Märkte wurde der Gesamtgewinn um 39 % gesteigert, während der gesamte maximale Rückgang um 5 % gesenkt werden konnte. Manche Märkte, die auf Grund ihrer Ergebnisse außer Acht gelassen wurden, können ein Portfolio stark aufwerten. Bei der Erstellung eines erfolgreichen Handelsplanes ist die Portfolioanalyse unerlässlich. Ein Handelssystem kann nur dann als gut bezeichnet werden, wenn damit eine Auswahl verschiedener und auch nicht korrelierender Märkte gehandelt werden kann.

Tabelle 10.11: *Veränderte Performance durch das Hinzufügen wenig wünschenswerter Märkte*

Ein Kontrakt pro Trade
Testzeitraum 01/01/83 – 08/31/99
$75 für Gebühren und Slippage berücksichtigt

Markt	Gesamt GV ($)	Durch. PL ($)/ Jahr	Max. DrDn ($)	Trades/Jahr	Win %	G:V	Gewinn/Mr +DD(%)
Britisches Pfund	44.200	2.652	24.688	44	40,5	1,2	10,1
Schweizer Franken	46.438	2.786	22.9.0.0.	451	4,0,	1,2	11,3
Schweinebäuche	36.376	2.183	19.788	42	44,9	1,2	9,8
Weizen	-338	-20	10.538	47	38,9	1	-0,2

Gesamtergebnis	
Nettogewinn ($):	125.978
Maximaler Verlust ($):	42.998

Zusammenfassung

Wir hoffen, dass dieses Kapitel ein wenig Licht auf die Probleme bei der Interpretation der historischen Ergebnisse werfen konnte. Eine kurvenangepasste Performance ist nicht mehr wert als das Papier, auf dem sie steht, und kann dazu führen, dass man zu viel Vertrauen in ein wenig robustes System setzt. Optimierung und/oder Re-Optimierung ist keine Antwort auf die ständige Veränderung der Märkte. Auf dem Gebiet der adaptiven Parameter laufen Untersuchungen, die die Kurvenanpassung vielleicht gänzlich unnötig machen werden. Wenn Sie ein Handelssystem entwickeln und wissen, dass der Großteil der Konstruktion von Ihrem Computer stammt und im Nachhinein erstellt wurde, dann sollten Sie sich bewusst sein, dass Ihr System nur in der Vergangenheit funktioniert hat. Sobald die Kurvenanpassung aus einem Erfolgsergebnis eliminiert wurde, muss das Ergebnis detailliert analysiert werden, um die Brauchbarkeit des Systems zu überprüfen. Zudem muss festgestellt werden, ob das System und die Psychologie des Traders miteinander kompatibel sind. Sie können nicht einfach einen Blick auf die Performance eines Marktes werfen und einen Handelsplan entwickeln. Das Zusammenspiel beim Handeln verschiedener Märkte zur selben Zeit mit demselben System spielt eine große Rolle bei der Zusammenstellung des Portfolios. Der Erfolg beim Trading von Futures oder Aktien stellt sich nur mit der Diversifikation ein, daher muss immer das Gesamtbild betrachtet werden.

11) Money Management

Das Money Management ist das wichtigste Werkzeug beim erfolgreichen Traden, aber es wird nur von ungefähr einem Zehntel aller privaten Trader in ihren Trading-Plan eingeschlossen. Nur weil ein Trader über nicht sehr viel Kapital verfügt, heißt das noch lange nicht, dass er die Prinzipien des Money Managements nicht anwenden kann. Viele Trader sind der Ansicht, dass diese Ideen nur von großen Vermögensverwaltern und Institutionen eingesetzt werden können. Dieses Kapitel vertritt die gegenteilige Meinung und zeigt, wie sich die Ideen des Money Managements für jede Kapitalgröße einsetzen lassen.

Money Management schließt auch mit ein, dass das mögliche Risiko unter Berücksichtigung der Präferenzen des Traders in Relation zum erwarteten Gewinn gesetzt wird. Das Ziel ist, eine erstrebenswerte Ertragsrate festzulegen und dann das damit verbundene Risiko zu minimieren. Beim Trading sind im Allgemeinen vier Entscheidungen notwendig:

1. Kauf / Verkauf (System oder Strategie)?
2. Welches Wertpapier wird gehandelt?
3. Wie viele Kontrakte oder Aktien des Wertes werden gehandelt?
4. Wie groß ist der Anteil des Kapitals, der bei einem Trade riskiert wird?

Bei der ersten Entscheidung geht es um den Handelsablauf an sich ohne Berücksichtigung des Money Managements. Die anderen drei Entscheidungen betreffen die Maximierung des Gewinns und die Minimierung des Risikos direkt. Da sich also 75 % des Entscheidungsprozesses um Risiko und Ertrag drehen, sollten auch 75 % der Zeit auf das Money Management und die Zusammenstellung des Portfolios verwendet werden.

Die Grundlagen von Risiko und Ertrag sollten bei der Entwicklung eines Handelssystems von Anfang an berücksichtigt und zu einem wesentlichen Bestandteil des Systems gemacht werden.

Statistik – ein notwendiges Werkzeug

Die Statistik ist ein Teilbereich der Mathematik, der sich mit der Wahrscheinlichkeit des Eintretens bestimmter Ereignisse beschäftigt. Mit den Mitteln der Statistik können wir das Risiko und den Ertrag beim Handeln eines Futures, einer Aktie oder eines Portfolios aus verschiedenen Werten bestimmen. Die meisten Trader ziehen den Reingewinn als Maß für den Ertrag und den maximalen Rückgang als Maß für das Risiko heran, aber mit Hilfe der Statistik lassen sich Risiko und Ertrag im Licht aller Ereignisse betrachten. In der Welt des Money Managements wird das Risiko definiert als die Standardabweichung des Ertrages, die die Volatilität der Kapitalzuwachskurve repräsentiert. Je höher die Standardabweichung, desto weniger glatt verläuft die Kurve und damit auch die Erträge. Das Ausmaß der Abweichung zeigt, wie viel man pro Monat gewinnen oder verlieren kann. Das übergeordnete Ziel beim Einsatz der Statistik im Money Management ist es, die Standardabweichung des Ertrages im Verhältnis zum durchschnittlichen Ertrag zu minimieren. Wir möchten dieses Kapitel so einfach wie möglich halten; deshalb verwenden wir als einzige statistische Werkzeuge den Mittelwert und die Standardabweichung.

Formeln

x = Variablen oder Ereignisse
n = Anzahl der Variablen oder Ereignisse (mindestens 30)
Mittelwert = Summe aller x / Anzahl von x
Standardabweichung = Quadratwurzel aus (Summe($(x\text{-Mittelwert})^2$)/n-1)

Beispiele für die Berechnung des Mittels und die Standardabweichung von Zahlenreihen:

x1	= 400	
x2	= –90	
x3	= 200	
n	= 3	
x1 + x2 + x3	= 510	
Mittel	= (x1 +x2 +x3) / n =	510 / 3 = 170
x1 – Mittel	= 400 – 170	= 230
x2 – Mittel	= –90 – 170	= –260
x3 – Mittel	= 200 – 170	= 30

(x1 – Mittel)2	= (230)2	= 52900
(x2 – Mittel)2	= (–260)2	= 67000
(x3 – Mittel)2	= (30)2	= 900
Summe((x – Mittel)2) / n – 1		= (52900 + 67600 + 900) / 2 = 60700
Standardabweichung		= Quadratwurzel (60700) = 264,4

Ein Wert wird in 68 % der Zeit innerhalb einer Standardabweichung unter und über dem Mittelwert liegen. In unserem Beispiel liegt die Wahrscheinlichkeit, dass zukünftige Ereignisse (x) in einem Bereich zwischen –94,4 und 434,4 liegen werden, bei 68%. Die Wahrscheinlichkeit, dass zukünftige Ereignisse in den Bereich von zwei Standardabweichungen unter und über dem Mittel fallen werden, liegt bei 95 %. Zusätzlich zum übergeordneten Ziel, den Gewinn zu maximieren, während das Risiko minimiert wird, versucht das Money Management auch, die Wahrscheinlichkeit des totalen Unterganges, die Risiko des Ruins genannt wird, zu verringern.

Risiko des Ruins

Dieser statistische Begriff beschreibt die Wahrscheinlichkeit des Gesamtverlustes des Trading-Kapitals. Das Risiko des Ruins ist eine Funktion dreier verschiedener Variablen: des Betrags, der pro Trade riskiert wird, des prozentualen Anteils der Gewinner-Trades und des Gewinner-Verlierer-Verhältnisses des Systems. Der Betrag, der pro Trade riskiert wird, wird von den Regeln des Money Managements festgelegt, während die beiden anderen Variablen vom jeweiligen Handelssystem abhängig sind. Das Risiko des Ruins konzentriert sich stark auf die Anfangsphase des Handelns mit einem System. Je größer der Einsatz (das Risiko) pro Trade, desto höher ist auch das Risiko des Ruins. Wenn Sie über ein Kapital von $20.000 verfügen und bei jedem Trade $5.000 riskieren, dann sind Sie ruiniert, wenn Ihre ersten vier Trades Verlierer sind. Die Wahrscheinlichkeit, dass das passiert, wird von der Größe des Einsatzes und der Wahrscheinlichkeit des Erfolges des Handelssystems bestimmt (der Einfachheit halber nehmen wir an, dass der Betrag, den wir gewinnen oder verlieren, gleich groß ist und bleibt). Liegt die Wahrscheinlichkeit, dass wir beim ersten Trade verlieren, bei 45 %, dann liegt die Wahrscheinlichkeit, dass wir vier Mal hintereinander verlieren werden, bei (45 %)^4 (Die Wahrscheinlichkeit des Verlustes wird quadriert mit der Anzahl der Trades, die zum sofortigen Ruin führen würden) oder ungefähr 4 %. Setzen Sie weniger ein, dann sinkt die Wahrscheinlichkeit des Ruins. Wenn Sie zum Beispiel nur $2.500 statt $5.000 einsetzen, dann sinkt die Wahrscheinlichkeit des Ruins auf (45 %)^8 oder 0,17 %.

Arbeitet ein Trader von Anfang an mit Gewinn und hat so sein Tradingkapital erhöht, dann kann er durch vier Verluste nicht mehr ruiniert werden (sofern sein Einsatz gleich bleibt). Die Anzahl der aufeinander folgenden Verluste, die zum Ruin führen würde, steigt zwar mit der Zeit an, aber ebenso steigt die Wahrscheinlichkeit, dass mehrere Verluste aufeinander folgen. Die folgende Formel berechnet die Wahrscheinlichkeit des letztendlichen Ruins (WR) im Lauf der Zeit:

$$WR = (1 - VT / 1 + VT)^{AH}$$

VT steht für den Vorteil des Traders (prozentuale Gewinner – prozentuale Verlierer), und AH sind die anfänglichen Handelseinheiten. Betragen das Anfangskapital eines Traders $20.000 und sein Einsatz pro Trade $5.000, dann gilt: AH = 4. Im folgenden Beispiel wird die Wahrscheinlichkeit des letztendlichen Ruins berechnet:

Gesamtes Kapital	§ 20.000	Gesamtes Kapital	$ 20.000
Einsatz	$ 5.000	Einsatz	§ 2.500
Vorteil des Trades	10 %	Vorteil des Trades	10 %
Wahrscheinlichkeit des Ruins	44,8 %	Wahrscheinlichkeit des Ruins	20,1 %

Gesamtes Kapital	$ 20.000	Gesamtes Kapital	$ 20.000
Einsatz	$ 2.000	Einsatz	$ 1.000
Vorteil des Trades	10 %	Vorteil des Trades	10 %
Wahrscheinlichkeit des Ruins	13,4 %	Wahrscheinlichkeit des Ruins	1,8 %

Diese Zahlen gelten nur, wenn Sie mit jeweils einem Kontrakt handeln. Bei wechselnden Kontraktzahlen verändert sich auch das Risiko des Ruins dramatisch. Zudem gehen diese Berechnungen davon aus, dass der Betrag im Fall eines Gewinns immer gleich groß ist und dem Verlust im negativen Fall entspricht. Wie zuvor erwähnt, wird das Risiko des Ruins vom prozentualen Anteil der Gewinner, dem Verhältnis zwischen Gewinnern und Verlierern und der Größe des Einsatzes bestimmt. Bisher haben wir aber das Verhältnis zwischen Gewinnern und Verlierern außer Acht gelassen. Im realen Leben verzeichnen die meisten erfolgreichen Handelssysteme weniger als 50 % Gewinner und Gewinner-Verlierer-Verhältnisse von über 1,2. In seinem Buch *Portfolio Management Formulas* (New York, 1990) beschreibt Ralph Vince Gleichungen zur Berechnung des Risikos des Ruins, die diesen und andere Aspekte berücksichtigen.

Das Risiko des Ruins ist eine interessante Kennziffer, die aber nicht viel Aufschluss darüber bietet, wie man sein Kapital effizient einsetzen oder verwalten sollte. Was haben wir durch das Risiko des Ruins und die Beispiele gelernt? Für die Selbsterhaltung ist es am besten, wenn man nicht alles auf eine Karte setzt. Wenn Sie Ihre Einsätze gut wählen und einem System mit einer positiven Ausrichtung folgen, dann ist das Risiko des Ruins sehr gering.

Das Kapitalzuweisungsmodell

Jetzt kennen Sie die Werkzeuge, die Sie brauchen, um unser Kapitalzuweisungsmodell zu verstehen. Zuerst werden wir zeigen, wie Kapital bei einem Ein-Markt-Portfolio unter Verwendung einer kleinen Auswahl an Daten zugewiesen wird. Später werden wir denselben Ansatz auf ein Zwei-Märkte-Portfolio anwenden. Am Ende des Kapitels werden wir die Effizienz des Kapitalzuweisungsmodells anhand eines echten Systems mit kleinen und mittleren Konten zeigen.

Wie Sie wissen, ist unser Ziel die Maximierung des Gewinns bei gleichzeitiger Minimierung des Risikos. Dieses Ziel muss erreicht werden, ohne dabei die Grenzen des vertretbaren Risikos zu überschreiten. Um das Ziel zu erreichen, müssen wir wissen, wie viel Kapital jedem Markt zugewiesen und mit welcher Anzahl von Kontrakten gehandelt werden soll. In diesem Modell wird das Kapital aus dem Marktwert des Kontos, den mittleren monatlichen Erträgen und dem Marktrisiko berechnet. Der Marktwert ist einfach das Startkapital, mit dem wir unser Trading beginnen. In diesen Beispielen addieren sich die Erträge nicht; wir ziehen das anfängliche Kapital für alle Berechnungen heran. Die mittleren monatlichen Erträge sind das Kapital, das wir als Gewinn von unserem System erwarten können. Das Marktrisiko ist der Betrag, den wir pro Tag bei einem Trade verlieren können. Vermögensverwalter verwenden verschiedene Maßstäbe, um das Marktrisiko einzuschätzen:

- *Mittlere Spanne:* Der Durchschnitt der Spannen der letzten drei bis 50 Tage, der in einen Geldbetrag in US$ umgerechnet wird. Liegt der Durchschnitt der Spannen zum Beispiel beim Schweizer Franken in den letzten zehn Tagen bei 40 Punkten, und liegt der Punktwert des Schweizer Franken bei $12,50, dann entspricht das Marktrisiko einem Betrag von $500. Das wahrscheinliche Ausmaß der Bewegung des Marktes entspricht der durchschnittlichen Spanne der letzten x Tage. Das muss nicht immer richtig sein, aber das Kapitalzuweisungsmodell muss auf bestimmten Wahrscheinlichkeiten aufgebaut werden.
- *Mittlere Veränderung der Schlusskurse:* Die durchschnittliche Veränderung der Schlusskurse der letzten drei bis 50 Tage sagt über das Risiko mehr aus, da dieser Wert das zu erwartende Risiko angibt, wenn die Position gehalten wird.
- *Mittlere Veränderung der positiven Schlusskurse gegenüber den negativen Schlusskursen:* Die durchschnittliche Veränderung der

negativen Schlusskurse über einen Zeitraum lässt auf das Risiko beim Halten einer Long-Position schließen.

- *Standardabweichung der Schlusskurse:* Die Standardabweichung der Schlusskurse gibt ein genaueres Bild des Risikos, da das Ausmaß der täglichen Abweichung mit einer Wahrscheinlichkeit von 68 % angezeigt wird. Diese Berechnung ist etwas komplexer, was aber mit den heute verfügbaren Computern keinerlei Schwierigkeiten bereitet.

Wie auch immer das Risiko gemessen wird, es ist die wichtigste Variable, die es zu beobachten gilt, und auch die wichtigste Komponente des Kapitalzuweisungsmodells.

Ein-Markt-Portfolio

Der erste Schritt bei diesem Modell ist es, ein System zu finden, das voraussichtlich positive Erträge einbringen wird. Ob das System Futures oder Aktien handelt, macht keinen Unterschied. Bevor wir Kapital zuweisen können, müssen der durchschnittliche monatliche Ertrag und das Marktrisiko auf der Basis eines Kontraktes ermittelt werden. Außerdem müssen wir festlegen, wie viel von unserem Kapital wir pro Trade zu riskieren bereit sind. Das können wir jetzt aber noch nicht wissen, denn genau das wollen wir ja herausfinden. Wir kennen aber die annehmbaren Grenzen:

$$E = f(K,e,m)$$

wobei
E = Kapital, das eingesetzt wird, um ein annehmbares Risiko-Ertrag-Verhältnis zu erzielen
K = Beträge des Kapitals, die bei jedem Trade schrittweise riskiert werden
m = Derzeitiges Marktrisiko
e = Durchschnittlicher monatlicher Ertrag

In diesem Beispiel werden wir unser Kapital nur einem Markt zuteilen und uns erst später zwei Märkten zuwenden. Nachdem wir unser System mit einem Kontrakt getestet haben, müssen wir K, e und m am Anfang einer Periode (Monat, Woche, Tag) messen. Nehmen wir an, unser Anleihensystem habe in den letzten sechs Monaten \$6.000 Gewinn erzielt, was einen durchschnittlichen monatlichen Gewinn von \$1.000 (\$6.000 / sechs Monate) ergibt:

Januar	\$ 2.000
Februar	–\$ 1.000
März	–\$ 1.500

April	\$ 3.000
Mai	\$ 2.000
Juni	\$ 1.500
Gesamt	\$ 6.000
	m = \$1.000

Als Maß des Marktrisikos verwenden wir die durchschnittliche wahre Spanne der letzten 30 Tage. Nehmen wir zu Demonstrationszwecken an, dass die durchschnittliche wahre Spanne der letzten 30 Tage 36 Punkte beträgt. 36 Punkte bei Anleihen entsprechen \$ 1.125.

r = \$ 1.125

Wir tun so, als seien wir ein Vermögensverwalter, dem \$100.000 zur Verfügung stehen. Dieses Kapital soll einen Ertrag von 20 % bringen, aber am Ende des Monats möchten wir keinen Rückgang von mehr als 3 % verzeichnen. Wir kennen die akzeptablen Grenzen, aber wir haben keine Ahnung, wie viel Geld wir pro Trade riskieren sollten. Wenn wir die historische Performance unseres Systems und das aktuelle Marktrisiko betrachten, dann können wir verschiedene Portfolios (oder „Was wäre wenn ...“-Szenarien) erstellen, bei denen unterschiedliche Anteile des Kapitals bei verschiedenen Trades riskiert werden. Unsere Risikoeinstellungen werden wir so anpassen, dass das Verhältnis zwischen Ertrag und Risiko akzeptabel ist. In diesem Beispiel wird unser Portfolio nur aus verschiedenen Stückzahlen von Anleihenkontrakten bestehen.

GK = \$100.000 (Gesamtes Kapital)
E = Unterschiedliches Ausmaß des akzeptablen individuellen Risikos
E = (GK × erlaubtes Risiko pro Trade)
\$5.000 bei 5 % (\$100.000 × 5 %)
\$5.000 bei 4 %
\$5.000 bei 3 %
NUMK = Anzahl der Kontrakte
NUMK = E / r

Portfolio 1 E = (GK × 5 %) = \$5.000 r = \$1.125
NUMK = \$5.000 / \$1.125 = 4 (Fraktionen nicht möglich)
Portfolio 2 E = (GK × 4 %) = \$4.000 r = \$1.125
NUMK = \$4.000 / \$1.125 = 3
Portfolio 3 E = (GK × 3 %) = \$3.000 r = \$1.125
NUMK = \$3.000 / \$1.125 = 2

Dann messen wir den Ertrag der Portfolios:

ROR = Rate of Return (Ertragsrate)

ROR = (durchschn. monatlicher Ertrag × NUMK) / Gesamtkapital

ROR = (e × NUMK) / GK

Portfolio 1 ROR = ($1.000 × 4) / $100.000 = 4 % = 48 % jährlich

Portfolio 2 ROR = ($1.000 × 3) / $100.000 = 3 % = 36 % jährlich

Portfolio 3 ROR = ($1.000 × 2) / $100.000 = 2 % = 24 % jährlich

Als Nächstes messen wir das Risiko aller vorhandener Portfolios anhand unserer monatlichen Erträge:

	Ertrag
Januar	$ 2.000
Februar	–$ 1.000
März	–$ 1.500
April	$ 3.000
Mai	$ 2.000
Juni	$ 1.500
1. Juli	hier sind wir gerade

Portfolio 1 • NUMK = 4 • ROR = 48 %

	Ertrag	Basis vier Kontrakte
Januar	$ 8.000	
Februar	–$ 4.000	
März	–$ 6.000	
April	$ 12.000	
Mai	$ 4.000	
Juni	$ 6.000	

Durchschnittlicher monatlicher Ertrag = 4 %
Standardabweichung 7,26 %
In 68 % der Zeit liegt der monatliche Ertrag zwischen –3,26 % und 11,26 %.

Portfolio 2 • NUMK = 3 • ROR = 36%

	Ertrag	Basis drei Kontrakte
Januar	$ 6.000	
Februar	–$ 3.000	
März	–$ 4.500	
April	$ 9.000	
Mai	$ 6.000	
Juni	$ 4.500	

Durchschnittlicher monatlicher Ertrag = 3 %
Standardabweichung 5,5 %
In 68 % der Zeit liegt der monatliche Ertrag zwischen –2,5 % und 8,5 %.

Portfolio 3 • NUMK = 2 • ROR = 24%

	Ertrag	Basis zwei Kontrakte
Januar	$ 4.000	
Februar	–$ 2.000	
März	–$ 3.000	
April	$ 6.000	
Mai	$ 4.000	
Juni	$ 3.000	

Durchschnittlicher monatlicher Ertrag = 2 %
Standardabweichung 3,6 %
In 68 % der Zeit liegt der monatlicher Ertrag zwischen –1,6 % und 5,6 %.

Wenn Sie als Vermögensverwalter Ihre Kunden über Ihr Ziel in Kenntnis gesetzt hätten, einen Ertrag von 20 % pro Jahr bei einem maximalen monatlichen Rückgang von 3 % zu erzielen, dann wäre Portfolio 2 die beste Wahl:

E = f(K,e,m)
E = 4 % von $100.000 oder ein Risiko von $4.000 bei jedem Trade.

Zwei-Märkte-Portfolio

Wir werden dasselbe Zuteilungsmodell verwenden und es auf das gleiche System anwenden, aber diesmal handeln wir mit Anleihen und Sojabohnen. Tabelle 11.1 zeigt die Performance der Anleihen und der Bohnen während der letzten sechs Monate.

Tabelle 11.1: *Performance von Anleihen und Sojabohnen*

Monatliches Ergebnis	Anleihen ($)	Bohnen($)
Januar	2.000	(200)
Februar	(1.000)	200
März	(1.500)	300
April	3.000	(450)
Mai	2.000	700
Juni	1.500	200
Durchschnittliches monatliches Ergebnis:	1.000	125

Im ersten Schritt messen wir die aktuelle Volatilität des Marktes. Wir werden dazu dasselbe Maß der Volatilität verwenden wie beim ersten Beispiel unseres Kapitalzuteilungsmodells (durchschnittliche wahre Spanne der letzten 30 Tage). Die aktuelle Volatilität der Anleihen liegt bei $1.125 und die der Sojabohnen bei $400. Der nächste Schritt besteht darin, eine Auswahl verschiedener Portfolios zu erstellen, die unterschiedliche Risikoniveaus aufweisen.

Bevor wir diesen Schritt unternehmen, sollten wir uns kurz dem Konzept der Normalisierung zuwenden. Die Art, wie wir die Anzahl der Kontrakte für einen bestimmten Markt berechnen, beinhaltet die Idee der Normalisierung. Auf Grund der Tatsache, dass wir bei jedem Trade denselben Betrag riskieren und dass wir das Ausmaß des Risikos für jeden Markt messen, handeln wir in einem weniger riskanten Markt mehr Kontrakte als in einem riskanteren Markt. Riskieren wir $1.000 pro Trade, und das Marktrisiko der Anleihen liegt bei $500, dann handeln wir zwei Anleihenkontrakte. Wenn wir aber denselben Betrag bei Sojabohnen riskieren und das Marktrisiko hier nur $250 beträgt, dann handeln wir vier Sojakontrakte. Auf der Grundlage des Risikos haben wir also die Anzahl der Kontrakte je nach Markt normalisiert. Der Vorgang der Normalisierung erlaubt es uns, Äpfel mit Äpfeln und Birnen mit Birnen zu vergleichen. Wir handeln auf demselben Risikoniveau mit Anleihen und mit Sojabohnen.

Tabelle 11.2 zeigt die verschiedenen Portfolios und ihre Erträge auf der Basis unterschiedlicher Risikoniveaus. Tabelle 11.3 zeigt das Risiko als Standardabweichung der verschiedenen Portfolios. Die meisten Vermögensverwalter würden wohl das Portfolio 1 wählen, da die Standardabweichung gering und der Ertrag nicht gerade schlecht ist.

Tabelle 11.2: *Ergebnis für verschiedene Portfolios*

Gesamtkapital ($)	100.000
Durchschnittliches monatliches Ergebnis bei Anleihen ($)	1.000
Durchschnittliches monatliches Ergebnis bei Sojabohnen ($)	125

	Risiko (%)	Anleihen Marktrisiko ($)	Sojabohnen Marktrisiko ($)	Risiko pro Trade ($)	Anzahl der Anleihen-Kontrakte	Anzahl der Soja-Kontrakte	RdR Anleihen (%)	RdR Sojabohnen (%)	Jahresgesamt (%)
Portfolio 1	3	1.125	400	3.000	2	7	24,0	10,5	34,5
Portfolio 2	4	1.125	400	4.000	3	10	36,0	15,0	51,0
Portfolio 3	5	1.125	400	5.000	4	12	48,0	18,0	66,0

Tabelle 11.3: *Risiko für verschiedene Portfolios*

Durchschnittliches Ergebnis 1.1
Standardabweichung 1.7
Durchschnittliche Spanne des monatlichen Ergebnisses –0,6% bis 2,8%

	1 Kontrakt Anleihen ($)	1 Kontrakt Sojabohnen ($)	Gesamt ($)	Ergebnis (%)
Januar	2.000	(200)	1.800	1,8
Februar	(1.000)	200	(800)	–0,8
März	(1.500)	300	(1.200)	–1,2
April	3.000	(450)	2.550	2,6
Mai	2.000	700	2.700	2,7
Juni	1.500	200	1.700	1,7

Durchschnittliches Ergebnis 2,9
Standardabweichung 3,6
Durchschnittliche Spanne des monatlichen Ergebnisses 0,7% bis 6,5%

Portfolio 1	4 Kontrakte Anleihen ($)	10 Kontrakte Sojabohnen ($)	Gesamt ($)	Ergebnis (%)
Januar	4.000	(1.400)	2.600	2,6
Februar	(2.000)	1.400	(600)	-0,6
März	(3.000)	2.100	(900)	-0,9
April	6.000	(3.150)	2.850	2,9
Mai	4.000	4.900	8.900	8,9
Juni	3.000	1.400	4.400	4,4

Durchschnittliches Ergebnis 4,3
Standardabweichung 5,3
Durchschnittliche Spanne des monatlichen Ergebnisses –1,1% bis 9,6%

Portfotio 2	2 Kontrakte Anleihen ($)	7 Kontrakte Sojabohnen ($)	Gesamt ($)	Ergebnis (%)
Januar	6.000	(2.000)	4.000	4,0
Februar	(3.000)	2.000	(1.000)	-1,0
März	(4.500)	3.000	(1.500)	-1,5
April	9.000	(4.500)	4.500	4,5
Mai	6.000	7.000	13.000	13,0
Juni	4.500	2.000	6.500	6,5

Durchschnittliches Ergebnis 5,5
Standardabweichung 6,9
Durchschnittliche Spanne des monatlichen Ergebnisses –1,4% bis 12,4%

Portfotio 3	4 Kontrakte Anleihen ($)	12 Kontrakte Sojabohnen ($)	Gesamt ($)	Ergebnis (%)
Januar	8.000	(2.400)	5.600	5,6
Februar	(4.000)	2.400	(1.600)	-1,6
März	(6.000)	3.600	(2.400)	-2,4
April	12.000	(5.400)	6.600	6,6
Mai	8.000	8.400	16.400	16,4
Juni	6.000	2.400	8.400	8,4

Testen wir nun ein richtiges System mit diesem Kapitalzuweisungsmodell. Bei diesem Test messen wir täglich das Marktrisiko und legen die Anzahl der zu handelnden Kontrakte für den nächsten Trade so fest, wie wir es in den vorhergehenden Beispielen gezeigt haben. Wir warten auf den nächsten Trade und variieren, wenn nötig, die Anzahl der Kontrakte. Der Zeitrahmen für die erneute Zuteilung bleibt dem Trader überlassen. Wir können keinen Vorteil durch eine neuerliche Zuteilung in kürzeren Zeitabständen als von einem Trade zum nächsten erkennen. In unseren bisherigen Beispielen erfolgte die Neuverteilung aus Gründen der leichteren Verständlichkeit monatlich. Wie bisher werden wir drei verschiedene Portfolios erstellen, die die unterschiedliche Risikobereitschaft der Trader widerspiegeln. Wir haben das Donchian-System, das in Kapitel 9 vorgestellt wurde, am Japanischen Yen und an US-Anleihen mit unserem Kapitalzuweisungsmodell sowie einem Startkapital von $100.000 getestet. Tabelle 11.4 zeigt die Portfolios der Anleihen und des Yen mit ihren jeweiligen Erträgen und den Standardabweichungen. Das optimale Portfolio liegt innerhalb derjenigen Grenzen, die für den Trader oder Vermögensverwalter akzeptabel sind. Ein risikobereiter Vermögensverwalter würde ein anderes Portfolio wählen als ein eher konservativer. Für welches Portfolio würden Sie sich entscheiden?

Tabelle 11.4: *Ergebnisse eines Zuteilungsmodells bei unterschiedlichen Risikoniveaus*

	Kapital, das bei jedem Trade riskiert wird (%)	Durchschnittliches monatliches Ergebnis (%)	Monatliche Standardabweichung (%)
Portfolio 1	3	3,5	13,2
Portfolio 2	4	4,6	17,8
Portfolio 3	5	6,0	22,7

$100.000 Dollar sind eine beachtliche Summe. Aber was soll ein Trader tun, der nur $20.000 zur Verfügung hat? Kann ein kleinerer Trader diese Ansätze ebenfalls anwenden? Sicherlich! Genau das ist das Schöne am Kapitalzuweisungsmodell – in erster Linie geht es um das Risiko und erst danach um den Ertrag. Überprüfen wir dasselbe System mit demselben Portfolio, aber diesmal haben wir nur ein Startkapital von $20.000. Wir könnten die Risikoeinstellungen optimieren und eine Auswahl an anderen Portfolios treffen, aber wenn wir bei einem solchen Ausgangspunkt nicht bereit sind, ein Risiko von mindestens 5 % einzugehen, dann werden wir gar keine Trades machen können. Zudem werden wir eine alte Weisheit berücksichtigen: „Wenn es dir zu heiß ist, dann lass die Finger davon." Übersteigt das Marktrisiko $1.000, dann werden wir keine neuen Trades eingehen, bevor sich der Markt nicht ein wenig abgekühlt hat. Dies ist ein weiterer Grund, warum man so viele nicht miteinander korrelierende Märkte wie möglich handeln sollte: Wenn sich ein Markt zu sehr erhitzt, dann kann das Kapital auf diejenigen Märkte umverteilt werden, deren Risikoniveaus innerhalb des akzeptablen Bereiches liegen. Tabelle 11.5 zeigt die Performance des Yen und der Anleihen, die mit $20.000 anhand des Donchian-Systems unter Berücksichtigung der Hitzeregel gehandelt wurden. Zudem haben wir dasselbe System mit denselben Märkten, aber nur mit einem Kontrakt getestet (Tabelle 11.6).

Tabelle 11.5: *Performance des Donchian-Systems mit dem Kapitalzuweisungsmodell*

Unterschiedliche Anzahl von Kontrakten pro Trade
Testzeitraum 01/01/83 – 08/31/99
$75 für Gebühren und Slippage berücksichtigt

Markt	Gesamt GV ($)	Durch. PL ($)/ Jahr	Max. DrDn ($)	Trades/ Jahr	Win %	G:V	Gewinn/Mr +DD(%)
US Anleihen	81.790	4.907	21.340	9	46,7	1,7	20,3
Japanischer Yen	131.963	7.918	13.850	11	50.8	2.1	45,2

Gesamtergebnis	
Nettogewinn ($)	213.743
Maximaler Verlust ($)	20.938

Tabelle 11.6: *Performance des Donchian-Systems ohne das Kapitalzuweisungsmodell*

Unterschiedliche Anzahl von Kontrakten pro Trade
Testzeitraum 01/01/83 – 08/31/99
$75 für Gebühren und Slippage berücksichtigt

Markt	Gesamt GV ($)	Durch. PL ($)/ Jahr	Max. DrDn ($)	Trades/ Jahr	Win %	G:V	Gewinn/Mr +DD(%)
US Anleihen	45.720	2.743	25.940	10	43,6	1.3	9,6
Japanischer Yen	98.188	8.891	20.800	9	49	1.8	25,2

Gesamtergebnis	
Nettogewinn ($)	143.903
Maximaler Verlust ($)	22.317

Das Kapitalzuweisungsmodell steigerte den Gewinn um 49 % und reduzierte den gesamten maximalen Rückgang um 6 %. Geschieht das bei jedem System, auf das das Kapitalzuweisungsmodell angewendet wird? Nein. Manche Systeme reagieren nicht so positiv auf das Modell, und genau deshalb ist es so wichtig, bei der Entwicklung eines Handelssystems die Konzepte des Money Managements zu berücksichtigen. Es gibt so viele unterschiedliche Kapitalzuweisungsmodelle, wie es Handelssysteme gibt.

Kumulierung der Ergebnisse

Das Kumulieren meint hier den Vorgang der Kapitalzuweisung auf der Basis des gegenwärtigen Portfolio- oder Depotwertes. Der gegenwärtige Portfoliowert ergibt sich aus dem Startkapital sowie den bereits abgeschlossenen positiven und negativen Trades. Wenn es um große Summen geht, ist das Kumulieren sehr gut: Das eingesetzte Kapital steigert oder verringert sich je nach dem gegenwärtigen Depotwert. Ist ein Handelsplan erfolgreich, dann wird jedem Trade mehr Kapital zugewiesen; ist er aber schlecht, dann steht für jeden Trade weniger Kapital zur Verfügung. Beachten Sie, dass wir festgestellt haben, das Kumulieren sei sehr gut, wenn es um große Summen geht. Diese Einschränkung rührt daher, dass wir der Meinung sind, die Zuweisung sollte nicht erweitert werden, bevor das Startkapital kleinerer Konten nicht zumindest verdoppelt oder verdreifacht wurde. Auch gute Systeme können nach einer Serie von Gewinnen einen Absturz erleiden, und wenn ein kleineres Konto nicht kumuliert, dann liegt noch ein wenig Kapital für schlechte Zeiten auf der hohen Kante. Wenn das Kumulieren für Sie von Interesse ist (und das sollte es, wenn Sie über bedeutende Summen verfügen), dann können Sie es mit einer kleinen Veränderung in das Kapitalzuweisungsmodell einbauen. Verwenden Sie in der Formel nicht das Startkapital als gesamtes Kapital (GK), sondern den aktuellen Wert des Depots.

Die Platzierung von Kurszielen und schützenden Stopps

Die Grundsätze des Money Managements können direkt in ein Handelssystem eingebaut werden. In einem System besteht das Money Management aus schützenden Stopps und Kurszielen. Das Kapitalzuweisungsmodell verlegte das Money Management aus dem System hinaus, um damit verschiedene Portfolios und Szenarien zu definieren. Viele Trader verwenden schützende Stopps und Kursziele, um ein für sie ideales Verhältnis zwischen Risiko und Ertrag zu erzielen. Mit einem schützenden Stopp legt der Trader seine Risikobereitschaft für einen Trade genau fest. Mit dem Kursziel legt der Trader fest, wie groß seine Belohnung für das eingegangene Risiko sein sollte. Einige der bisher in diesem Kapitel besprochenen Ansätze drehten sich um die Normalisierung des Risikos in verschiedenen Märkten und die Zuweisung von Kapital in einem Portfolio. Dieselben Ansätze können bei Systemen eingesetzt werden, die das Money Management schon als Teil des Regelwerkes beinhalten. Der Rest dieses Kapitels zeigt, wie schützende Stopps und Kursziele die Performance eines Systems entweder verbessern oder verschlechtern.

Tabelle 11.7 zeigt die Ergebnisse eines Open-Range-Break-out-Systems ohne schützenden Stopp (einfacher Stopp und Umkehr). Tabelle 11.8 zeigt die Ergebnisse desselben Systems mit unterschiedlichen schützenden Stopps. Beachten Sie, dass für verschiedene Märkte unterschiedliche Stopps optimal sind. Ein schützender Stopp von $1.500 bei Sojabohnen ist sicher nicht dasselbe wie bei Anleihen. Tabelle 11.9 zeigt die Ergebnisse des Systems mit einem festen Stopp von $1.250. Warum verwenden wir hier nicht für jeden Markt einen anderen Stopp? Die Antwort lautet, dass wir das System nicht übermäßig kurvenanpassen wollen, indem wir einen Parameter einführen, der sich von Markt zu Markt verändert. Zudem entwickelt sich ein fester Parameter (wie zum Beispiel ein fixierter Betrag) nicht mit den Änderungen der Marktgegebenheiten. Die Performance des Systems wurde durch die Einführung eines Stopps mit einem festen Betrag verschlechtert. Tabelle 11.10 zeigt das Ergebnis des Systems mit einem schützenden Stopp, der sich den Marktgegebenheiten entsprechend verändert. An Stelle eines festen Betrags haben wir hier einen Stopp verwendet, der der dreifachen durchschnittlichen Konstante entspricht (in diesem Fall 3), und diesen Betrag vom Einstiegspreis entweder abgezogen oder hinzugefügt. Dieser Stopp schnitt besser ab als der einfache Stopp mit Umkehr und der Stopp mit dem festen Betrag. Wir sind der Überzeugung, dass jede Systemeinstellung besser funktioniert, wenn sie als dynamische Funktion des Kurses definiert wird.

Tabelle 11.7: *Open-Range-Break-out-System (Stopp und Umkehr-Einstieg/Ausstieg)*

Ein Kontrakt pro Markt und Trade
Testzeitraum 01/01/83 – 08/31/99
$75 für Gebühren und Slippage berücksichtigt

Future	Gesamt GV ($)	Durch. PL ($)/ Jahr	Max. DrDn ($)	Trades/Jahr	Win %	G:V	Gewinn/Mr +DD(%)
US Anleihen	86.540	5.192	24.340	31	43,9	1,3	19,2
Bundesschatzbrief	34.100	2.046	23.910	30	44,3	1,2	8,1
Muni Anleihen	63.840	4.560	35.460	30	45,4	1,3	12,2
Britisches Pfund	7.313	439	37.438	27	42,3	1	1,1
Deutsche Mark	45.713	2.743	34.250	29	43,2	1,2	7,7
Japanischer Yen	54.925	3.296	25.800	25	43	1,2	11,6
Schweizer Franken	44.875	2.693	26.225	28	43,9	1,2	9,6
US$ Index	22.100	1.607	34.170	35	40,4	1,1	4,5
Rohöl	46.100	2.881	9.810	31	45,6	1,4	24,3
Heizöl	-47.552	-2.853	56.326	31	39,3	0,8	-4,9

Future	Gesamt GV ($)	Durch. PL ($)/ Jahr	Max. DrDn ($)	Trades/Jahr	Win %	G:V	Gewinn/Mr +DD(%)
Erdgas	53.660	5.749	12.080	35	44	1,5	35,8
Baumwolle	-5.320	-319	49.585	34	37,8	1	-0,6
Kaffee	168.788	10.127	64.106	35	41,4	1,4	14,7
Zucker	-5.432	-326	28.370	37	37,6	1	-1,1
Sojabohnen	36.010	2.161	25.025	35	39,6	1,2	8,2
Mais	22.800	1.368	8.663	28	40	1,3	14,9
Weizen	-8.113	-487	21.263	34	39,3	0,9	-2,2
Silber	48.665	2920	33.755	38	39,4	1,2	8,1
Gold	-25.270	-1.516	41.580	35	37,7	0,9	-3,5
Rinder	-20.556	-1.233	26.684	38	38,6	0,9	-4,5
Schweinebäuche	7.796	468	25.364	35	43,1	1	1,7
Schweine	15.940	956	10.752	33	41,4	1,1	8,1

Gesamtergebnis	
Nettogewinn ($):	642.988
Maximaler Verlust ($):	86.311

Tabelle 11.8: *Open-Range-Break-out-System (mit mehreren verschiedenen schützenden Stopps optimiert)*

Ein Kontrakt pro Markt und Trade
Testzeitraum 01/01/83 – 08/31/99
$75 für Gebühren und Slippage berücksichtigt

	Stopp-Betrag in Dollar	Gesamt GV ($)	Durch. PL ($)/ Jahr	Max. DrDn ($)	Trades/ Jahr	Win %	G:V	Gewinn/ Mr +DD(%)
SF	1.250	50.638	3.038	20.525	39,4	84	1,2	13,7
SF	1.500	55.413	3.325	22.550	40,4	88	1,2	13,7
SF	1.750	57.825	3.470	22.113	41,8	90	1,2	14,6
SF	2.000	54.600	3.276	25.800	42,5	91	1,2	11,9
DX	500	15.370	1.118	33.910	31	71	1,1	3,2
DX	750	2.160	157	40.100	33,3	79	1	0,4
DX	1.000	4.560	332	43.100	34,9	86	1	0,7
DX	1.250	14.800	1.076	36.900	37,3	89	1,1	2,8
DX	1.500	18.970	1.380	33.810	38,3	93	1,1	3,9
DX	1.750	19.550	1.422	33.200	38,8	95	1,1	4,1
DX	2.000	17.390	1.265	35.630	39,3	95	1,1	3,4
CL	500	25.930	1.621	16.510	38,4	81	1,2	8,7
CL	750	23.240	1.453	13.300	40,7	87	1,2	9,5
CL	1.000	26.660	1.666	12.980	42,7	92	1,2	11,1
CL	1.250	37.230	2.327	10.930	43,6	94	1,3	18
CL	1.500	36.170	2.261	10.470	44,2	96	1,3	18,1
CL	1.750	36.870	2.304	10.430	44,5	97	1,3	18,5
CL	2.000	37.170	2.323	10.960	44,6	98	1,3	17,9
HO	500	-15.166	-910	27.531	32,6	70	0,9	-3,1
HO	750	-23.281	-1.397	32.021	35,2	80	0,9	-4,1
HO	1.000	-30.908	-1.854	37.300	36,3	84	0,9	-4,7
HO	1.250	-42.517	-2.551	46.801	36,5	87	0,8	-5,2
HO	1.500	-36.103	-2.166	47.737	37,9	91	0,8	-4,4
HO	1.750	-43.768	-2.626	54.155	38,1	92	0,8	-4,7
HO	2.000	-42.202	-2.532	51.979	38,2	93	0,8	-4,7

	Stopp-Betrag in Dollar	Gesamt GV ($)	Durch. PL ($)/ Jahr	Max. DrDn ($)	Trades/ Jahr	Win %	G:V	Gewinn/ Mr +DD(%)
NG	500	47.620	5.102	10.430	38,8	80	1,5	35,4
NG	750	57.180	6.126	10.440	41,8	88	1,5	42,4
NG	1.000	50.430	5.403	12.600	42,5	90	1,5	32,5
NG	1.250	50.170	5.375	11.930	43,4	92	1,4	33,7
NG	1.500	47.200	5.057	16.470	43,6	94	1,4	24,7
NG	1.750	46.590	4.992	15.630	43,6	95	1,4	25,4
NG	2.000	51.250	5.491	11.050	43,8	96	1,4	36,5
US	500	54.520	3.271	18.940	32,8	67	1,2	15,1
US	750	45.610	2.737	24.770	35,8	74	1,2	10
US	1.000	55.110	3.307	26.990	38,1	79	1,2	11,1
US	1.250	59.160	3.550	20.970	39,2	84	1,2	15
US	1.500	64.880	3.893	21.670	40,3	88	1,2	16
US	1.750	79.290	4.757	22.840	41,7	92	1,3	18,6
US	2.000	75.750	4.545	23.800	42,3	93	1,3	17,2
TY	500	29.820	1.789	21.470	36,7	73	1,2	7,8
TY	750	37.160	2.230	22.220	39,1	82	1,2	9,4
TY	1.000	39.060	2.344	21.650	41,2	86	1,2	10,1
TY	1.250	25.460	1.528	23.630	41,9	88	1,1	6,1
TY	1.500	20.770	1.246	24.820	42,4	90	1,1	4,7
TY	1.750	38.090	2.285	23.280	43,9	94	1,2	9,2
TY	2.000	38.260	2.296	22.590	44,2	96	1,2	9,5
MB	500	43.010	3.072	19.200	34	72	1,3	14,6
MB	750	53.330	3.809	24.100	38	79	1,3	14,7
MB	1.000	53.770	3.841	27.840	40,1	85	1,3	13
MB	1.250	61.050	4.361	26.010	42,6	89	1,3	15,7
MB	1.500	51.810	3.701	26.980	43	91	1,3	12,9
MB	1.750	62.560	4.469	31.580	44,2	92	1,3	13,4
MB	2.000	66.590	4.756	34.730	44,5	94	1,4	13
BP	500	3.556	213	42.006	25,9	56	1	0,5
BP	750	10.000	600	37.531	30,5	65	1	1,5
BP	1.000	7.931	476	35.606	34,8	72	1	1,3
BP	1.250	-44	-3	41.144	35,9	78	1	0
BP	1.500	-21.525	-1.292	56.850	36	80	0,9	-2,2
BP	1.750	-6.238	-374	48.613	37,4	85	1	-0,7
BP	2.000	8.325	500	39.563	38,7	88	1	1,2
DM	500	45.513	2.731	34.400	34,7	69	1,2	7,6
DM	750	21.113	1.267	39.288	36,5	76	1,1	3,1
DM	1.000	24.875	1.493	35.663	38,8	83	1,1	4
DM	1.250	40.213	2.413	31.188	40,7	88	1,2	7,4
DM	1.500	35.538	2.132	32.775	41,2	91	1,2	6,2
DM	1.750	40.188	2.411	29.988	41,8	93	1,2	7,7
DM	2.000	38.538	2.312	31.525	41,4	95	1,2	7
JY	500	38.050	2.283	23.813	30,3	59	1,2	8,7
JY	750	33.950	2.037	24.850	33,8	67	1,1	7,4
JY	1.000	27.325	1.640	35.263	35,9	74	1,1	4,3
JY	1.250	9.213	553	35.038	36,9	79	1	1,5
JY	1.500	1.275	77	43.388	37,9	83	1	0,2
JY	1.750	27.038	1.622	25.700	40,3	86	1,1	5,7
JY	2.000	13.350	801	33.400	40,3	87	1	2,2
SF	500	45.563	2.734	22.438	31,3	64	1,2	11,3
SF	750	42.025	2.522	27.275	35,1	73	1,2	8,7
SF	1.000	53.488	3.209	25.800	38,1	79	1,2	11,7

Tabelle 11.9: *Open-Range-Break-out-System (mit einem $1.250-Stopp)*

Ein Kontrakt pro Markt und Trade
Testzeitraum 01/01/83 – 08/31/99
$75 für Gebühren und Slippage berücksichtigt

Future	Gesamt GV ($)	Durch. PL ($)/ Jahr	Max. DrDn ($)	Trades/Jahr	Win %	G:V	Gewinn/Mr +DD(%)
US Anleihen	59.160	3.550	20.970	33	39,2	1,2	15
Bundesschatzbrief	25.460	1.528	23.630	31	41,9	1,1	6,1
Muni Anleihen	61.050	4.361	26.010	32	42,6	1,3	15,7
Britisches Pfund	-44	-3	41.144	29	35,9	1	0
Deutsche Mark	40.213	2.413	31.188	29	40,7	1,2	7,4
Japanischer Yen	9.213	553	35.038	27	36,9	1	1,5
Schweizer Franken	50.638	3.038	20.525	30	39,4	1,2	13,7
US$ Index	14.800	1.076	36.900	36	37,3	1,1	2,8
Rohöl	37.230	2.327	10.930	32	43,6	1,3	18
Heizöl	-42.365	-2.542	46.675	33	36,5	0,8	-5,2
Erdgas	50.170	5.375	11.930	36	43,4	1,4	33,7
Baumwolle	-25.775	-1.547	58.925	36	35,4	0,9	-2,6
Kaffee	183.281	10.997	47.250	37	35,6	1,5	21,1
Zucker	-13.339	-800	29.926	38	36,3	0,9	-2,6
Sojabohnen	22.375	1.343	25.190	36	38,2	1,1	5,1
Mais	19.800	1.188	8.800	28	40	1,3	12,7
Weizen	-6.188	-371	19.900	34	38,9	1	-1,8
Silber	17.745	1.065	45.780	39	36,7	1,1	2,2
Gold	-29.650	-1.779	44.850	36	36,9	0,8	-3,9
Rinder	-18.140	-1.088	24.356	38	38,2	0,9	-4,4
Schweinebäuche	-13.804	-828	34.100	36	40,3	1	-2,3
Schweine	3.620	217	16.488	34	40,7	1	1,2

Gesamtergebnis	
Nettogewinn ($):	441.438
Maximaler Verlust ($):	73.591

Tabelle 11.10: *Open-Range-Break-out-System (mit einem dynamischen Stopp)*

Ein Kontrakt pro Markt und Trade
Testzeitraum 01/01/83 – 08/31/99
$75 für Gebühren und Slippage berücksichtigt

Future	Gesamt GV ($)	Durch. PL ($)/ Jahr	Max. DrDn ($)	Trades/Jahr	Win %	G:V	Gewinn/Mr +DD(%)
US Anleihen	71.890	4.313	23.270	32	43,5	1,2	16,6
Bundesschatzbrief	33.640	2.018	23.930	31	43,3	1,2	7,9
Muni Anleihen	69.670	4.976	33.940	31	44,5	1,4	13,9
Britisches Pfund	19.669	1.180	33.544	27	41,0	1,1	3,4
Deutsche Mark	35.188	2.111	36.113	29	41,6	1,2	5,6
Japanischer Yen	54.638	3.278	25.813	26	41,9	1,2	11,6
Schweizer Franken	53.263	3.196	24.050	29	43,1	1,2	12,4
US$ Index	23.210	1.688	35.860	35	39,8	1,1	4,5
Rohöl	42.280	2.643	9.590	32	44,1	1,3	22,8
Heizöl	-46.053	-2.763	52.378	32	37,2	0,8	-5,1
Erdgas	53.190	5.699	9.840	36	43,2	1,5	41,2

Future	Gesamt GV ($)	Durch. PL ($)/ Jahr	Max. DrDn ($)	Trades/Jahr	Win %	G:V	Gewinn/Mr +DD(%)
Baumwolle	-16.140	-968	57.910	36	37,1	0,9	-1,6
Kaffee	182.269	10.936	50.925	36	40,3	1,4	19,6
Zucker	-12.522	-751	32.536	38	36,1	0,9	-2,3
Sojabohnen	32.380	1.943	31.276	35	38,8	1,2	6,0
Mais	16.138	968	9.463	29	39,1	1,2	9,7
Weizen	-13.063	-784	21.263	35	39,1	0,9	-3,6
Silber	38.265	2.296	39.805	38	38,4	1,2	5,4
Gold	-27.940	-1.676	44.260	36	36,9	0,8	-3,7
Rinder	-18.296	-1.098	24.324	38	38,1	0,9	-4,4
Schweinebäuche	1.844	111	31.180	36	42,1	1,0	0,3
Schweine	4.784	287	16.816	34	40,7	1,0	1,6

Gesamtergebnis	
Nettogewinn ($):	594.273
Maximaler Verlust ($):	75.490

Ein altes Sprichwort sagt: „Wer Gewinne realisiert, wird nie Pleite gehen." Diese Aussage ist richtig, wenn das Verhältnis zwischen Risiko und Ertrag stimmt. Wenn Sie ein Kursziel von $50 und einen schützenden Stopp von $500 haben, dann kann ich Ihnen fast garantieren, dass Sie Pleite gehen werden, auch wenn Sie Ihre Gewinne realisieren. Kursziele funktionieren, wenn sie richtig gesetzt werden. Tabelle 11.11 zeigt die Ergebnisse desselben Systems mit unterschiedlichen Kurszielen. Die meisten Märkte reagierten positiv auf weit gesteckte Kursziele. Tabelle 11.12 zeigt die Ergebnisse des Systems mit einem festen Kursziel von $1.750. Diesen Betrag von $1.750 wählten wir einfach per Augenmaß, da er im Überblick zu den besten Ergebnissen für alle Märkte führte. Tabelle 11.13 zeigt die Ergebnisse des Systems mit einem Kursziel, das als Funktion des Kurses definiert wurde. In diesem Fall realisierten wir die Gewinne, wenn sich der Kurs um die fünffache wahre Spanne in unsere Richtung entwickelt hatte. Und wieder schnitt der dynamische Parameter besser ab als der statische.

Tabelle 11.11: *Open-Range-Break-out-System (mit mehreren verschiedenen Kurszielen optimiert)*

Ein Kontrakt pro Markt und Trade
Testzeitraum 01/01/83 – 08/31/99
$75 für Gebühren und Slippage berücksichtigt

	Stopp-Betrag in Dollar	Gesamt GV ($)	Durch. PL ($)/ Jahr	Max. DrDn ($)	Trades/ Jahr	Win %	G:V	Gewinn/ Mr +DD(%)
US	250	28.110	1.687	16.290	42	79,7	1,2	8,9
US	500	31.900	1.914	20.900	42	68,1	1,1	8,1
US	750	30.050	1.803	17.740	40	59	1,1	8,8
US	1.000	42.880	2.573	23.420	39	54,8	1,1	9,9
US	1.250	53.150	3.189	19.210	38	51,9	1,2	14,6
US	1.500	77.750	4.665	16.890	36	50,7	1,3	23,8
US	1.750	60.750	3.645	19.800	35	47,1	1,2	16,2
US	2.000	62.660	3.760	23.950	35	45,7	1,2	14,1
TY	250	1.040	62	20.020	40	74,7	1	0,3
TY	500	16.670	1.000	16.250	38	62,7	1,1	5,6
TY	750	16.490	989	18.260	36	52,8	1,1	5
TY	1.000	28.220	1.693	16.890	35	48,9	1,1	9,2
TY	1.250	27.310	1.639	21.370	34	46,3	1,1	7,2
TY	1.500	19.250	1.155	22.130	33	44,3	1,1	4,9
TY	1.750	23.960	1.438	21.610	33	43,8	1,1	6,2
TY	2.000	23.960	1.438	20.940	32	43,5	1,1	6,4
MB	250	28.150	2.011	15.970	41	78,4	1,2	11,3
MB	500	44.920	3.209	22.930	41	67	1,3	13
MB	750	56.150	4.011	29.280	39	58,7	1,3	12,9
MB	1.000	59.640	4.260	26.610	37	53,6	1,3	15
MB	1.250	87.530	6.252	26.910	37	52	1,5	21,8
MB	1.500	91.580	6.541	23.640	36	50,1	1,5	25,7
MB	1.750	83.360	5.954	18.950	34	48,2	1,4	28,7
MB	2.000	97.310	6.951	23.740	34	48,3	1,5	27,2
BP	250	-11.556	-693	24.425	34	75,7	0,9	-2,7
BP	500	13.006	780	21.588	33	67,6	1,1	3,4
BP	750	-319	-19	29.063	32	59,5	1	-0,1
BP	1.000	-15.144	-909	39.494	33	52,6	0,9	-2,2
BP	1.250	4.881	293	29.794	32	48,9	1	0,9
BP	1.500	-10.681	-641	42.331	31	46,2	1	-1,5
BP	1.750	7.294	-438	36.188	31	44,4	1	-1,2
BP	2.000	2.738	164	31.944	30	44,3	1	0,5
DM	250	-3.650	-219	18.638	37	73,3	1	-1,1
DM	500	4.675	281	25.313	36	61,7	1	1,1
DM	750	8.938	536	22.963	35	53,6	1	2,2
DM	1.000	5.113	307	31.738	33	48,7	1	0,9
DM	1.250	1.788	107	33.225	33	45,3	1	0,3
DM	1.500	11.150	669	34.850	32	44,7	1	1,8
DM	1.750	17.975	1.079	40.913	32	44,6	1,1	2,6
DM	2.000	22.813	1.369	39.113	31	43,7	1,1	3,4
JY	250	-7.963	-478	20.225	31	72,7	1	-2,1
JY	500	-2.450	-147	26.013	30	64,1	1	-0,5
JY	750	-2.100	-126	34.275	29	56,5	1	-0,3
JY	1.000	5.763	346	34.050	28	52,3	1	0,9
JY	1.250	6.088	365	35.138	28	49,6	1	1
JY	1.500	-1.750	-105	42.938	28	47,1	1	-0,2

	Stopp-Betrag in Dollar	Gesamt GV ($)	Durch. PL ($)/ Jahr	Max. DrDn ($)	Trades/ Jahr	Win %	G:V	Gewinn/ Mr +DD(%)
JY	1.750	3.275	197	36.888	28	45,8	1	0,5
JY	2.000	8.038	482	33.313	28	45	1	1,3
SF	250	600	36	30.763	38	76,9	1	0,1
SF	500	11.475	689	23.050	36	67,1	1,1	2,8
SF	750	24.513	1.471	28.425	35	59,9	1,1	4,9
SF	1.000	31.850	1.911	33.625	34	53,7	1,1	5,4
SF	1.250	34.938	2.096	30.088	33	51,9	1,1	6,6
SF	1.500	38.025	2.282	26.450	33	49,5	1,1	8,1
SF	1.750	26.300	1.578	29.800	32	48	1,1	5
SF	2.000	54.450	3.267	24.713	32	47,5	1,2	12,4
DX	250	-21.290	-1.548	33.070	45	70,8	0,9	-4,5
DX	500	-19.510	-1.419	42.340	43	58,8	0,9	-3,2
DX	750	-12.690	-923	35.060	42	49,9	0,9	-2,5
DX	1.000	-9.670	-703	36.090	41	45,1	1	-1,9
DX	1.250	5.900	429	35.860	40	43,1	1	1,2
DX	1.500	22.620	1.645	36.270	38	42,6	1,1	4,4
DX	1.750	21.030	1.529	36.350	38	41,7	1,1	4,1
DX	2.000	9.130	664	35.520	37	40,4	1	1,8
CL	250	-13.120	-820	16.080	40	66,9	0,9	-4,5
CL	500	-5.600	-350	10.280	38	52,9	1	-2,8
CL	750	11.220	701	9.090	36	47,1	1,1	6,3
CL	1.000	24.110	1.507	10.710	35	46	1,2	11,8
CL	1.250	30.830	1.927	10.260	34	44,7	1,2	15,7
CL	1.500	33.240	2.078	11.490	34	44,6	1,2	15,4
CL	1.750	36.400	2.275	8.810	33	44,3	1,3	21
CL	2.000	39.360	2.460	8.130	33	44	1,3	24,2
HO	250	-7.959	-478	21.130	39	72,5	0,9	-2,1
HO	500	-17.157	-1.029	23.709	38	56,8	0,9	-4
HO	750	-19.270	-1.156	30.202	36	48,2	0,9	-3,6
HO	1.000	-12.852	-771	27.325	35	45,8	0,9	-2,6
HO	1.250	-33.814	-2.029	39.673	35	41,8	0,9	-4,9
HO	1.500	-38.014	-2.281	44.407	34	40	0,8	-4,9
HO	1.750	-34.121	-2.047	38.900	33	38,7	0,9	-5
HO	2.000	-38.212	-2.293	45.070	33	37,7	0,8	-4,9
NG	250	20.330	2.178	9.050	43	74,6	1,3	16,7
NG	500	15.790	1.692	12.020	42	59,4	1,2	10,6
NG	750	17.510	1.876	11.350	41	51,2	1,2	12,2
NG	1.000	17.780	1.905	10.330	40	47,5	1,2	13,3
NG	1.250	28.310	3.033	9.870	40	46,2	1,2	21,9
NG	1.500	22.170	2.375	8.540	38	44	1,2	18,9
NG	1.750	35.260	3.778	8.100	38	44,2	1,3	31,2
NG	2.000	40.170	4.304	8.110	38	43,5	1,3	35,5

Tabelle 11.12: *Open-Range-Break-out-System (mit einem $1.750-Kursziel)*

Ein Kontrakt pro Markt und Trade
Testzeitraum 01/01/83 – 08/31/99
$75 für Gebühren und Slippage berücksichtigt

Future	Gesamt GV ($)	Durch. PL ($)/ Jahr	Max. DrDn ($)	Trades/Jahr	Win %	G:V	Gewinn/Mr +DD(%)
US Anleihen	60.750	3.645	19.800	35	47,1	1,2	16,2
Bundesschatzbrief	23.960	1.438	21.610	33	43,8	1,1	6,2
Muni Anleihen	83.360	5.954	18.950	34	48,2	1,4	28,7
Britisches Pfund	-7.294	-438	36.188	31	44,4	1	-1,2
Deutsche Mark	17.975	1.079	40.913	32	44,6	1,1	2,6
Japanischer Yen	3.275	197	36.888	28	45,8	1	0,5
Schweizer Franken	26.300	1.578	29.800	32	48	1,1	5
US$ Index	21.030	1.529	36.350	38	41,7	1,1	4,1
Rohöl	36.400	2.275	8.810	33	44,3	1,3	21
Heizöl	-34.121	-2.047	38.900	33	38,7	0,9	-5
Erdgas	35.260	3.778	8.100	38	44,2	1,3	31,2
Baumwolle	-12.290	-737	47.895	38	39,2	0,9	-1,5
Kaffee	52.969	3.178	72.300	40	46,4	1,1	4,1
Zucker	-13.126	-788	34.328	39	36,4	0,9	-2,2
Sojabohnen	9.785	587	25.435	38	39,3	1	2,2
Mais	12.613	757	7.450	29	39,1	1,2	9,5
Weizen	-19.038	-1.142	27.938	35	39,5	0,9	-4
Silber	10.510	631	22.975	41	40,1	1	2,5
Gold	-15.180	-911	28.750	37	38,2	0,9	-3
Rinder	-21.312	-1.279	27.756	39	36,8	0,9	-4,5
Schweinebäuche	-4.384	-263	36.012	38	44,2	1	-0,7
Schweine	-2.688	-161	21.968	36	40	1	-0,7

Gesamtergebnis	
Nettogewinn ($):	260.586
Maximaler Verlust ($):	80.013

Tabelle 11.13: *Open-Range-Break-out-System (mit einem dynamischen Kursziel)*

Ein Kontrakt pro Markt und Trade
Testzeitraum 01/01/83 – 08/31/99
$75 für Gebühren und Slippage berücksichtigt

Future	Gesamt GV ($)	Durch. PL ($)/ Jahr	Max. DrDn ($)	Trades/Jahr	Win %	G:V	Gewinn/Mr +DD(%)
US Anleihen	67.330	4.040	22.080	33	43,3	1,2	16,3
Bundesschatzbrief	41.180	2.471	20.620	32	44,0	1,2	11,2
Muni Anleihen	77.120	5.509	33.540	32	44,2	1,4	15,6
Britisches Pfund	11.663	700	35.575	28	41,0	1,0	1,9
Deutsche Mark	33.500	2.010	35.950	30	43,0	1,1	5,4
Japanischer Yen	37.575	2.255	19.125	26	43,5	1,1	10,4
Schweizer Franken	45.088	2.705	25.488	30	44,1	1,2	9,9
US$ Index	23.140	1.683	33.350	36	40,1	1,1	4,9
Rohöl	47.180	2.949	9.590	33	43,6	1,3	25,4
Heizöl	–40.295	–2.418	48.229	33	38,0	0,8	–4,8

Future	Gesamt GV ($)	Durch. PL ($)/ Jahr	Max. DrDn ($)	Trades/Jahr	Win %	G:V	Gewinn/Mr +DD(%)
Erdgas	53.570	5.740	10.780	37	41,5	1,5	38,8
Baumwolle	–19.815	–1.189	58.705	36	38,1	0,9	–2,0
Kaffee	135.319	8.119	63.019	37	41,8	1,3	12,0
Zucker	–13.709	–823	34.395	39	36,0	0,9	–2,3
Sojabohnen	26.320	1.579	27.965	37	37,9	1,1	5,4
Mais	15.925	956	7.863	29	39,7	1,2	11,4
Weizen	–13.425	–806	26.988	36	39,5	0,9	–2,9
Silber	53.675	3.221	27.575	39	38,7	1,2	10,7
Gold	–21.460	–1.288	37.160	36	37,9	0,9	–3,3
Rinder	–16.360	–982	23.672	39	37,3	0,9	–4,1
Schweinebäuche	–9.844	–591	40.720	37	42,5	1,0	–1,4
Schweine	2.456	147	19.488	36	41,1	1,0	0,7

Gesamtergebnis	
Nettogewinn ($):	531.989
Maximaler Verlust ($):	86.311

Alle Trader sollten schützende Stopps auf die eine oder andere Weise einsetzen (die dynamischen Stopps scheinen bessere Ergebnisse zu liefern). Kursziele können auch bei der Steigerung der Performance helfen, wenn sie richtig verwendet werden. Wir sind der Ansicht, dass sich Trailing-Stopps am besten zur Gewinnmitnahme eignen. Ein Trailing-Stopp folgt dem Kurs und sichert Gewinne auf bestimmten Kursniveaus. Sehr oft wird ein Kurs in einem Trend um einen bestimmten Prozentsatz korrigieren, bevor er sich weiter in der ursprünglichen Richtung des Trends weiterentwickelt. Trailing-Stopps geben dem Kurs etwas Spielraum, bevor der Gewinn realisiert wird. Diese Stopps beschränken die großen Gewinne nicht von vornherein, wie es die Kursziele tun.

Zusammenfassung

Welche Vorteile bietet das Money Management dem Trader, insbesondere dem kleinen Trader? Die Ideen, die wir hier besprochen haben, erlauben es dem Trader, seinen Handelsplan so anzupassen, dass sein Kapital optimal eingesetzt wird. Zumindest können diese Ideen einem kleinen Trader dabei helfen, mit Begriffen wie Risiko und Ertrag umzugehen und hoffentlich sich selbst zu schützen und sein Kapital zu erhalten. Wir haben es schon oft erlebt, dass Trader ihre gesamten Handelspläne umgebaut haben, nachdem sie ihr Handelssystem an den Maßstäben des Money Managements gemessen hatten. Die hier angeschnittenen Themen sind nur die Spitze des Eisbergs. Es gibt viele Bücher zum Thema Money Management, die es sich für einen umfassenderen Überblick über verschiedene Ideen und Techniken zu lesen lohnt.

12) Schlüsselfertige Systeme und Portfolios

Diese Kapitel befasst sich mit fünf verschiedenen Portfolios, deren Startkapital zwischen $10.000 und $300.000 liegt, um die Vorzüge der Diversifikation zu demonstrieren. Für jedes Portfolio haben wir unterschiedliche Kombinationen von Systemen und/oder Märkten erstellt. Die dabei angewendeten Systeme sind die in Kapitel 9 besprochenen, nämlich:

6. Donchian Channel Break-out
7. Überschneidung Gleitender Durchschnitte
8. Kurzfristige Volatilität auf der Basis eines Opening Range Break-out
9. S&P Day Trade
10. Mustererkennung

Portfolio 1 – Startkapital $10.000

Mit einem so geringen Startkapital ist es schwierig, eine nennenswerte Diversifikation zu erreichen, aber es ist möglich. Wir wählten den Donchian Channel Break-out und handelten in diesem kleinen Portfolio den Schweizer Franken und Zucker. Ein Portfolio von dieser Größe lässt nur wenige Möglichkeiten offen; es steht einfach nicht genug Geld zur Verfügung, um mehrere verschiedene Systeme und Märkte zu handeln. Abbildung 12.1 zeigt die Ertragskurve dieses Portfolios. Der historische maximale Rückgang übertrifft das Anfangskapital des Portfolios zwar, aber der durchschnittliche Rückgang lag bei nur ungefähr $9.000. Leider ist die Überlebenschance für Trader mit einem Startkapital von nur $10.000 extrem gering. Wenn ein Trader in einem solchen Fall darauf hofft, für längere Zeit im Spiel zu bleiben, dann muss er unbedingt so viel wie möglich diversifizieren.

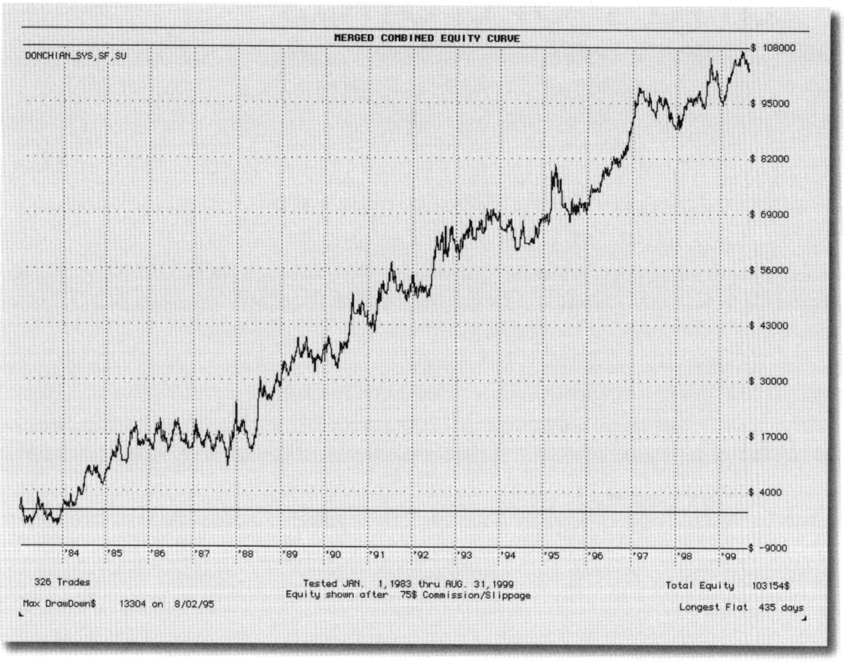

Abb. 12.1: *Portfolio 1 – $10.000 (vertikal = Gewinn; horizontal = Zeit)*

Portfolio 2 – Startkapital $20.000

Das Startkapital dieses Portfolios zeigt deutlich mehr Potenzial zur Diversifizierung als das Portfolio 1. Wir sind der Ansicht, dass dies der Mindestbetrag für jeden ist, der mit einem mechanischen Handelssystem Futures oder Aktien handeln möchte. $20.000 geben einem System den notwendigen Spielraum, um mit einem Rückgang gleich zu Beginn fertig zu werden und dem Trader die Zeit zu geben, bis zum Eintreten der Erfolge auszuharren. Wir wählten dasselbe Portfolio wie im ersten Beispiel, aber hier fügten wir die Mustererkennung hinzu, mit der wir Sojabohnen handelten. Abbildung 12.2 zeigt die Ertragskurve dieses Portfolios. Die zwei Systeme ergänzten sich auf Grund ihrer unterschiedlichen Handelshäufigkeiten gut. Das Donchian-System ist langfristig orientiert, während die Mustererkennung sehr kurzfristig ausgerichtet ist. Der Gesamtgewinn betrug $145.764, und der gesamte maximale Rückgang belief sich auf $14.893.

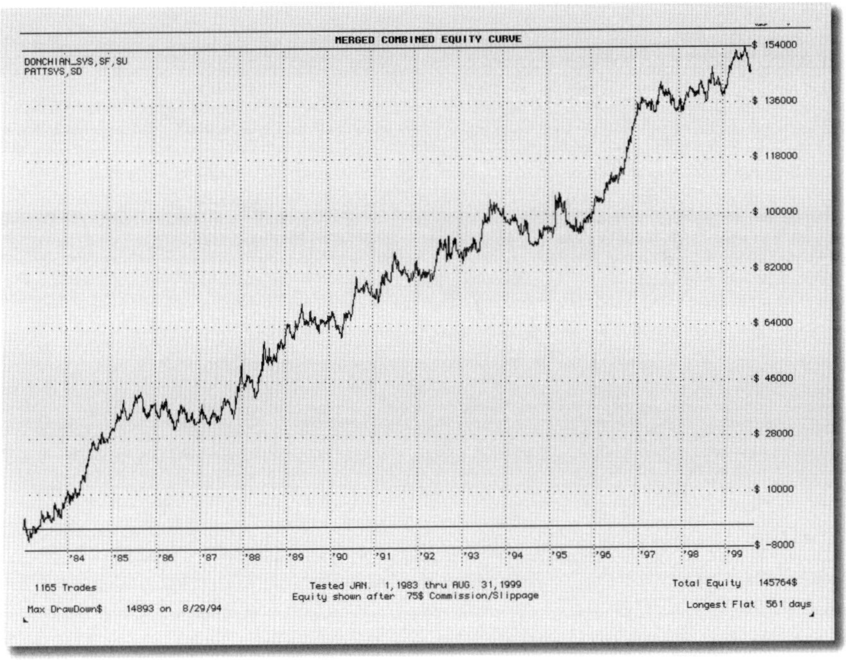

Abb. 12.2: *Portfolio 2 – $20.000 (vertikal = Gewinn; horizontal = Zeit)*

Portfolio 3 – Startkapital $50.000

Dieses Portfolio zeigt deutlich, was man mit dem Handeln von Futures erreichen kann. Mit einem solchen Startkapital lässt sich das Ausmaß der Diversifikation um einige Märkte und Systeme erweitern. Wir kombinierten das Donchian-System, das Mustererkennungssystem und die Überschneidung Gleitender Durchschnitte (Abbildung 12.3). Die folgende Liste zeigt, welche Märkte mit welchem System gehandelt wurden:

Donchian: Schweizer Franken, Zucker, Rohöl
Mustererkennung: US-Anleihen, Erdgas, Sojabohnen
Gleitende Durchschnitte: Japanischer Yen

Wieder ergänzten sich die Systeme gut und führten zu einem Gesamtgewinn von $400.347 und einem gesamten maximalen Rückgang von $21.920.

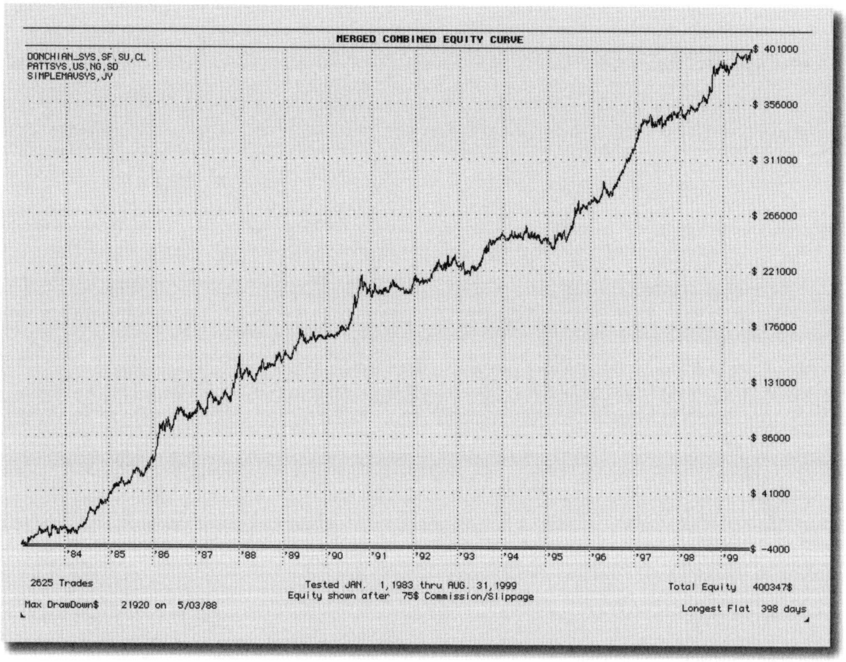

Abb. 12.3: *Portfolio 3 – $50.000 (vertikal = Gewinn; horizontal = Zeit)*

Portfolio 4 – Startkapital $100.000

Ein erfolgreicher Vermögensverwalter wird wahrscheinlich kein Konto mit einem geringeren Stand übernehmen. Einem Trader mit einem solchen Startkapital stehen ungeheure Möglichkeiten zur Diversifikation mit vielen Märkten und Systemen offen. Für dieses Portfolio kombinierten wir das Donchian-System, den kurzfristigen Opening Range Break-out, die Mustererkennung und die Überschneidung Gleitender Durchschnitte (Abbildung 12.4). Die folgende Liste zeigt, welche Märkte mit welchem System gehandelt wurden:

Donchian: Schweizer Franken, Zucker, Rohöl
Mustererkennung: US-Anleihen, US-Schatzbriefe, Sojabohnen
Gleitende Durchschnitte: Japanischer Yen, Erdgas
Kurzfristiger Opening Range Break-out: Rohöl, Mais

Das Portfolio erzielte einen Gewinn von $472.602 bei einem gesamten maximalen Rückgang von $26.165.

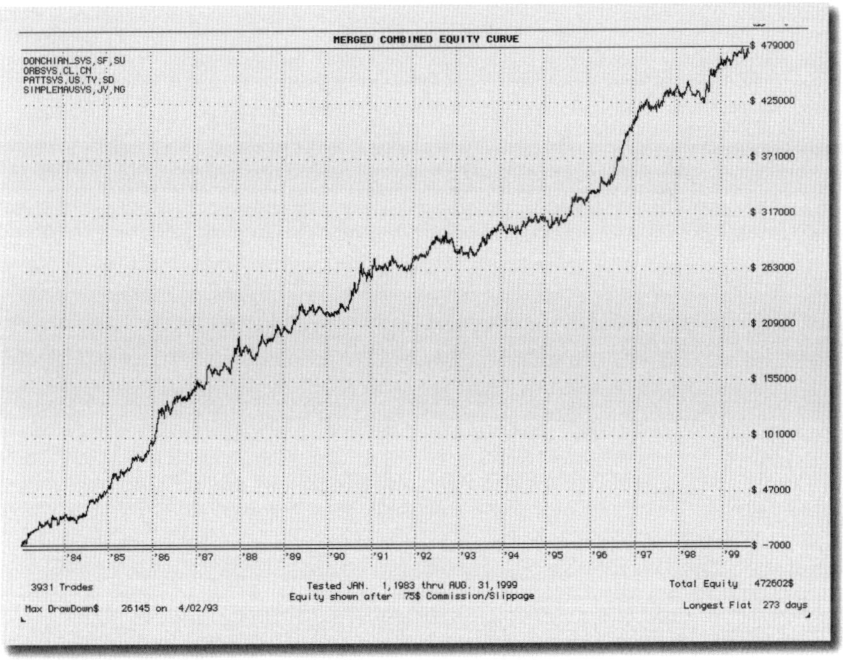

Abb. 12.4: *Portfolio 4 – $100.000 (vertikal = Gewinn; horizontal = Zeit)*

Portfolio 5 – Startkapital $300.000

Ein solches Startkapital entspricht einem kleinen institutionell verwalteten Konto. Die meisten erfolgreichen Vermögensverwalter übernehmen nur Konten von mindestens dieser Größe, und für viele große Vermögensverwalter liegt die Mindestkontogröße bei $1 Million. Auf diesem Niveau können alle Geschütze aufgefahren werden, die in Kapitel 9 besprochen wurden (Abbildung 12.5). Die folgende Liste zeigt, welche Märkte mit welchem System gehandelt wurden:

> Donchian: Japanischer Yen, Mais, Schweizer Franken, Zucker
> Mustererkennung: US-Anleihen, US-Schatzbriefe, Sojabohnen, Schweinebäuche
> Gleitende Durchschnitte: Japanischer Yen, Erdgas
> Kurzfristiger Opening Range Break-out: Rohöl, Mais, Schweine, US-Anleihen
> S&P Day Trade: S&P 500

Das Zusammenspiel dieser Märkte und Systeme erzielte einen Gewinn von $785.809 bei einem gesamten maximalen Rückgang von $37.389.

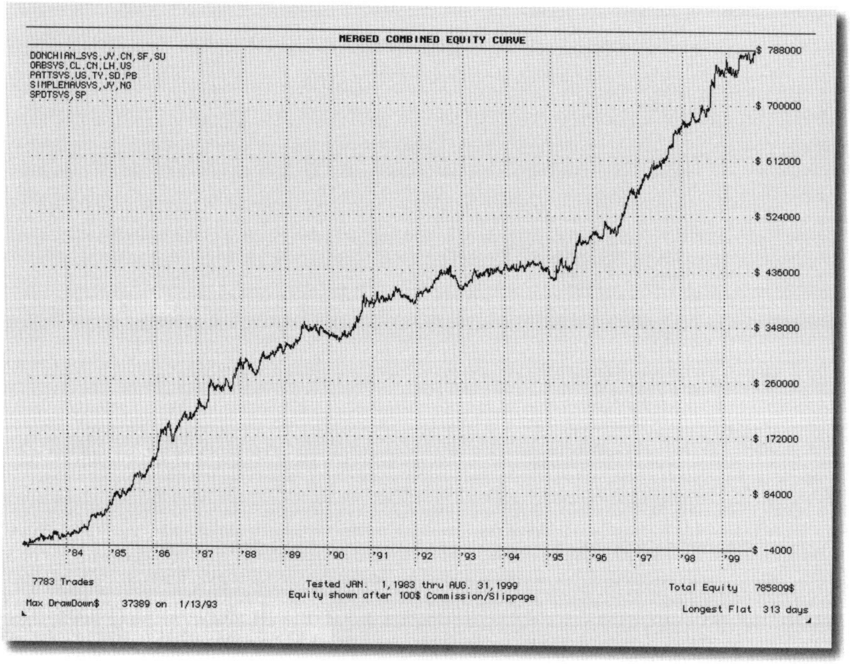

Abb. 12.5: *Portfolio 5 – $300.000 (vertikal = Gewinn; horizontal = Zeit)*

Zusammenfassung

Eine Möglichkeit der Diversifikation besteht darin, mehrere Märkte mit einem System zu handeln. Wenn man mehrere Märkte mit verschiedenen Systemen handelt, dann erreicht man eine noch größere Diversifikation. Auch gute Systeme können nicht mit demselben Erfolg an allen Märkten eingesetzt werden. Wir haben gezeigt, dass unterschiedliche Ansätze an verschiedenen Märkten erfolgreich sind. So zeigte das Mustererkennungssystem beim Handel mit Sojabohnen einen deutlich größeren Erfolg als das Donchian-System. Somit können durch das Integrieren von zusätzlichen Systemen zu einem Portfolio weitere Märkte hinzugefügt werden. Ist das System A bei US-Anleihen und dem Japanischen Yen erfolgreich, aber mit Sojabohnen macht es nur Verluste, und lässt sich das System B gut auf Sojabohnen anwenden, dann sollte man alle drei Märkte mit dem jeweils passenden System handeln. Zudem wird eine Steigerung der Diversifikation erreicht, indem derselbe Markt mit zwei nicht korrelierenden Systemen gehandelt wird. Die Vorzüge der Diversifikation können gar nicht genug betont werden. Ihr Handelserfolg hängt davon ab!

13) Die zehn besten Systeme aller Zeiten

Die Frage, die unserer Firma ständig gestellt wird, ist die folgende: Welches der Systeme, die von Futures Truth überprüft werden, ist das beste? Da wir unabhängige Tester sind, beantworten wir diese Frage nie. Aber wir raten potenziellen Käufern von Systemen dazu, in unseren Ergebnissen nach Systemen zu suchen, die zu ihrem individuellen Trading-Stil passen. Dabei sollten sie folgende Punkte nicht aus den Augen verlieren:

5. Den beobachteten Zeitraum der anhand von Echtzeitdaten aufgezeichneten Ergebnisse
6. Konsistente Performance (nicht +400 % in einem Jahr und –10 % im nächsten)
7. Das prozentuale Verhältnis zwischen dem maximalen Rückgang und dem gesamten Reingewinn
8. Anforderungen an Daten und Computer
9. Offenes System oder Black-Box-System

Die Durchforstung unserer äußerst umfangreichen Tabellen verschiedenster Handelssysteme ist eine anstrengende und zeitraubende Arbeit. In diesem Kapitel möchten wir Ihnen Zeit und Arbeit ersparen, indem wir die zehn Systeme auflisten, die unserer Meinung nach die besten sind. Diese Liste verändert sich von Zeit zu Zeit und wird sich in Zukunft sicher noch oft ändern. Dies sind die Systeme, geordnet nach ihrer generellen Methode:

Break-out-Systeme

Aberration von Keith Fitschen
Dynamisches Break-out-System von George Pruitt
Mystery-System von Peter Aan
STC-Vbased S&P Day Trade von Stafford Trading
R-Breaker von Richard Saidenberg

Trendfolgende Systeme

Benchmark von Curtis Arnold
DCS-II von Peter Aan
Dollar Trader für Währungen von Dave Fox
Golden SX von Randy Stuckey

Gegentrendsysteme

Big Blue von Vilar Kelly und Mike Barna

Tabelle 13.1 fasst die wichtigsten Fakten zu den Systemen zusammen.

Tabelle 13.1: *Top-Ten-Systeme*

System	Kosten ($)	Tagesanzahl der erforderlichen historischen Daten	Benötigte Anzahl der Parameter	Welche Intraday-Art von	
				Daten	Märkten
Aberration	1.495	80	3	Nein	Variety
Benchmark	995	100	5	Nein	Variety
Big Blue	1.000	5	10	Nein	S&P 500
DCS-II	695	56	4	Nein	Variety
Dollar Trader f. Währ.	750	20	10	Nein	DX, JY, DM
Dyn. Break-out	300	60	4	Nein	Variety
Golden SX	1.495	30	5	Nein	Variety
Mystery System	95	50	2	Nein	Variety
R-Breaker	2.500	5	9	Ja	S&P 500
STC-Vbased	1.875	10	9	Ja	S&P 500

Aberration von Keith Fitschen

Keith Fitschen
4241 Pennywood Dr.
Beavercreek, OH 45430
(937) 320-1332

Aberration nennt sich ein System, das von Keith Fitschen im Dezember 1993 entwickelt wurde. Seit der Veröffentlichung arbeitet es sehr gut, genau so wie bei den Tests bis zurück ins Jahr 1983. Wir halten das Abweichungssystem für eines der besten Systeme, die es gibt. Um das beste Ergebnis aus diesem System zu holen, empfehlen wir, dass Sie Ihre Toleranz für Rückgänge genau kennen, bevor sie damit zu handeln beginnen, und dass Sie das System auf ein großes, sehr breit gestreutes Portfolio anwenden – so wie es anscheinend Fitschen selbst tut. Dieses System lässt sich auch gut auf internationale Märkte anwenden. Um es zu verwenden, ist ein Computer notwendig. (Tabelle 13.2 und Abbildung 13.1)

Tabelle 13.2: *Aberration*

Ein Kontrakt pro Trade
Testzeitraum 01/01/83 – 08/31/99
$75 für Gebühren und Slippage berücksichtigt

Future	Gesamt GV ($)	Durch. PL ($)/ Jahr	Max. DrDn ($)	Trades/ Jahr	Win %	G:V	Gewinn/ Mr +DD(%)
Kaffee	78.638	4.718	76.425	5	42,7	1,5	5,8
Baumwolle	54.845	3.291	12.835	6	43,4	1,7	23,8
Rohöl	48.490	3.031	10.800	7	56,4	2	23,6
Schweizer Franken	55.600	3.336	16.588	5	51,8	1,6	18,2
Deutsche Mark	42.925	2.576	12.000	5	50	1,6	19,3
Britisches Pfund	26.906	1.614	28.138	5	40	1,2	5,4
Schatzbrief	53.970	3.238	16.180	4	52,8	2,2	18,3

Gesamtergebnis	
Nettogewinn ($):	361.374
Maximaler Verlust ($):	73.360

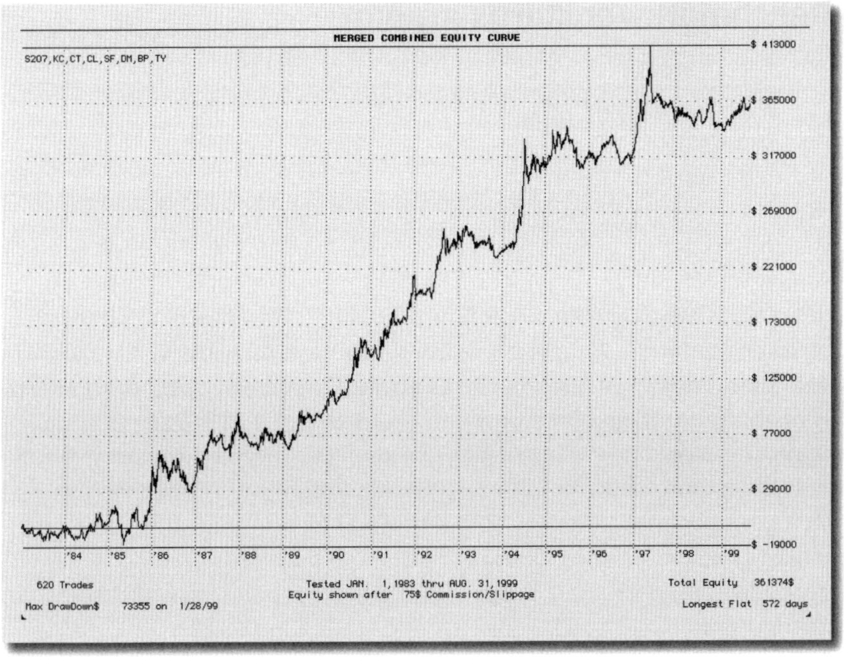

Abb. 13.1: *Aberration – Ertragskurve*

Benchmark von Curtis Arnold

Curtis Arnold
222 S. US Hwy #1
Suite 203
Tequesta, FL 33469

Benchmark ist ein computerisiertes Handelssystem für Futures, das seit seiner Veröffentlichung im April 1993 sehr erfolgreich ist. Die besten Ergebnisse werden erzielt, wenn fünf oder mehr Waren gehandelt werden. Es ist ein einfaches, langfristiges Trendfolgesystem, das ursprünglich von Ted Shen entwickelt wurde. Curtis Arnold, der Entwickler des Pattern-Probability-Systems und Autor von *Curtis Arnolds PPS Trading System – A proven Method of Consistently Beating the Market*, erwarb 1995 die Rechte an der Software. In Bezug auf den Zeitrahmen ähnelt es dem Abweichungssystem, aber der Handelsansatz ist ein ganz anderer. Benchmark bewährte sich besonders beim Handel mit Rohstoffen wie Sojabohnen, Mais, Rindern oder Weizen. Um das System zu verwenden, ist ein Computer notwendig. (Tabelle 13.3 und Abbildung 13.2)

Tabelle 13.3: *Benchmark*

Ein Kontrakt pro Trade
Testzeitraum 01/01/83 – 08/31/99
$75 für Gebühren und Slippage berücksichtigt

Future	Gesamt GV ($)	Durch. PL ($)/ Jahr	Max. DrDn ($)	Trades /Jahr	Win %	G:V	Gewinn/ Mr +DD(%)
Britisches Pfund	21.344	1.281	63.125	9	38,5	1,1	2,0
Japanischer Yen	117.100	7.026	18.950	8	50,0	1,8	32,7
Schweizer Franken	60.525	3.632	33.725	8	47,8	1,3	10,2
US Anleihen	39.140	2.348	26.610	9	43,1	1,2	8,0
Deutsche Mark	17.063	1.024	29.663	7	45,2	1,1	3,3
Kaffee	190.313	11.419	40.856	11	44,4	1,7	25,0
Baumwolle	60.410	3.625	43.080	8	52,4	1,6	8,2
Orangensaft	42.788	2.567	13.305	8	54,4	1,6	17,9
Sojabohnen	-10.910	-655	42.335	9	41,5	0,9	-1,5
Silber	-15.955	-957	32.585	8	44,6	0,9	-2,7
Rohöl	55.330	3.458	13.370	8	53,3	1,8	22,5
Erdgas	14.130	1.514	24.450	9	48,8	1,2	5,3
Schweinebäuche	58.148	3.489	17.308	8	53,5	1,5	17,7
Zucker	11.032	662	7.818	6	50,5	1,2	7,8
Kupfer	863	52	31.725	8	45,7	1,0	0,2

Gesamtergebnis	
Nettogewinn ($):	660.979
Maximaler Verlust ($):	89.104

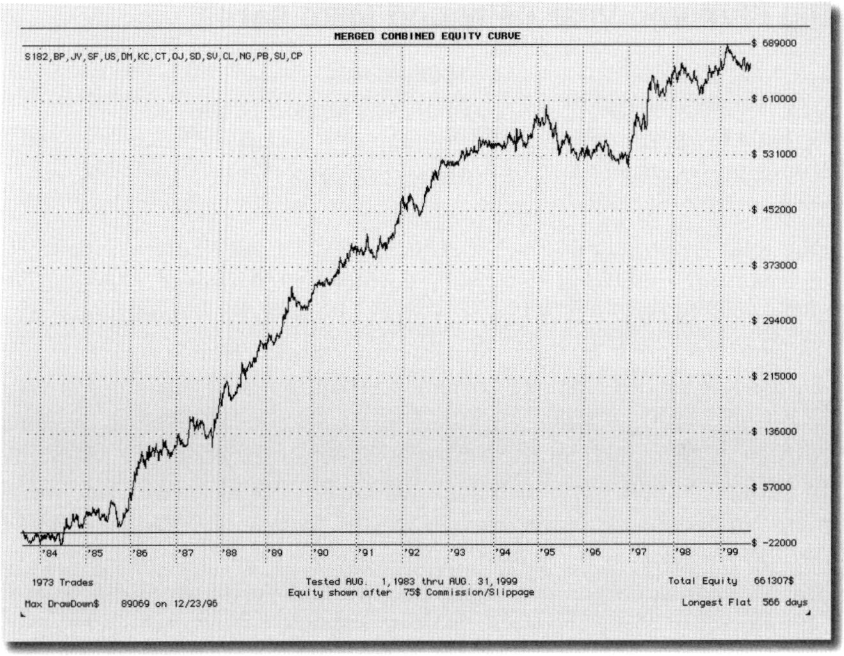

Abb. 13.2: *Benchmark – Ertragskurve*

Big Blue von Vilar Kelly und Mike Barna

Vilar Kelly
11 Pinecrest Dr.
Flat Rock, NC 28731
(828) 697-6502

Mike Barna
140 Old Orchard Drive
Las Gatos, CA 95032
(408) 356-1800

Vilar Kelly ist ein sehr angesehener Techniker, der den Käufern seines Systems viel Unterstützung bietet. Sein Partner ist Mike Barna, ebenfalls ein bekannter Techniker und Easy-Language-Experte. In regelmäßigen Abständen fügt er dem System Aktualisierungen und Verbesserungen hinzu, die die Käufer des Systems kostenlos erhalten. Es ist eines der erfolgreichsten S&P-Day-Trading-Systeme, die wir kennen. Teile des Systems wurden ursprünglich im September 1992 herausgegeben. Die Methodik ist einzigartig und wäre auch dann auf Grund der Ideen wertvoll, wenn man damit keine Gewinne machen würde. Seit der Veröffentlichung ist die Performance hervorragend, ebenso die Tests mit historischen Daten. Big Blue ähnelt den anderen S&P-Day-Trading-Systemen in dieser Aufzählung, aber es ist viel konservativer. Für dieses System sind ein Computer und Intraday-Daten notwendig. (Tabelle 13.4 und Abbildung 13.3)

Tabelle 13.4: *Big Blue*

Ein Kontrakt pro Trade
Testzeitraum 01/01/86 – 08/31/99
$100 für Gebühren und Slippage berücksichtigt

Total Net P/L ($)	100.243	Avg. Net/Year ($)	7.335
Winning Months (%)	62	Avg. Ret. MaxDD/Yr (%)	47
		Avg. Ret. with Time (%)	432
Max DrawDn ClsTrd ($)	9.825		
Max DrawDn w/OTE ($)	9.825		
Best Trade ($)	6.588	Worst Trade ($)	-1.700
Average Trade ($)	114	Net Prof:Loss Ratio	1,5
Average Win ($)	689	Average Loss ($)	-461
Long Net P/L ($)	53.470	Short Net P/L ($)	46.773
No. of Trades	878	Avg. Trades/Year	64
No. of Winning Trades	439	Percent Winners (%)	50,00
No. of Losing Trades	439	Most Cons. Losses	10
Avg. Days Per Trade	0,4	Longest Flat Time (Days)	252
Time in the Market (%)	11	Sharpe Ratio	0,32

	Net P/L ($)	Max ClsTrd ($)	No. of Trades	Win (%)	Avg Win	Cons Loss	Flat No. of Days
Last 6 months	4.500	7.758	38	39,5	1.677	7	61
Last 12 months	-2.210	8.158	71	28,2	2.040	10	78
This year	-825	7.758	45	33,3	1.677	7	62
Last year	7.895	9.578	76	35,5	1.878	10	146
Total	100.243	9.825	878	50,0	689	10	252

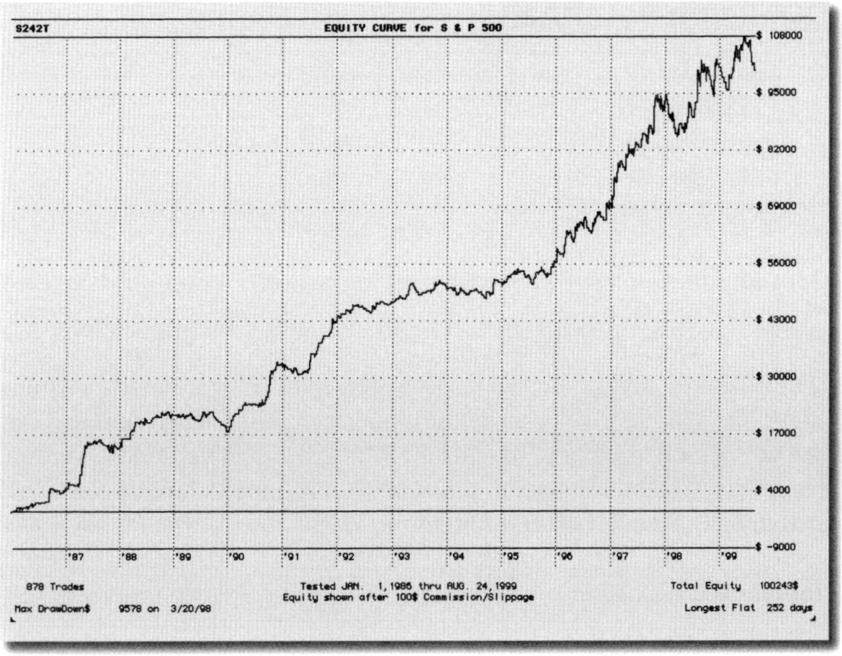

Abb. 13.3: *Big Blue – Ertragskurve*

DCS-II von Peter Aan

Peter Aan
PWA Futures
2607 Partridge Ave.
Arlington, TX 76017
(972) 386-2901

Der angesehene Techniker Peter Aan ist ein registriertes Mitglied der NFA (National Futures Association), also werden alle Informationen, die Sie von ihm bekommen, richtig sein. DCS-II ist das älteste System auf dieser Liste. Das System hat für jeden Markt verschiedene Parameter, was uns aber nicht allzu sehr stört, da die Einstellungen sehr ähnlich sind und seit der Veröffentlichung des Systems im Jahr 1991 nicht verändert wurden. Für dieses System ist kein Computer notwendig, aber er würde die Arbeit erleichtern. (Tabelle 13.5 und Abbildung 13.4)

Tabelle 13.5: *DCS-II*

Ein Kontrakt pro Trade
Testzeitraum 01/01/83 - 08/31/99
$75 für Gebühren und Slippage berücksichtigt

Future	Gesamt GV ($)	Durch. PL ($)/ Jahr	Max. DrDn ($)	Trades /Jahr	Win %	G:V	Gewinn/ Mr +DD(%)
Japanischer Yen	140.963	8.458	16.375	6	52,3	2,7	44,7
Schweizer Franken	71.525	4.292	21.163	7	46,7	1,6	18,8
Schweinebäuche	7.916	475	29.532	8	44,5	1,1	1,5
Kaffee	103.069	6.184	88.088	8	44,9	1,5	6,7
Zucker	3.718	223	16.341	7	46,3	1,1	1,3

Gesamtergebnis	
Nettogewinn ($):	326.780
Maximaler Verlust ($):	76.095

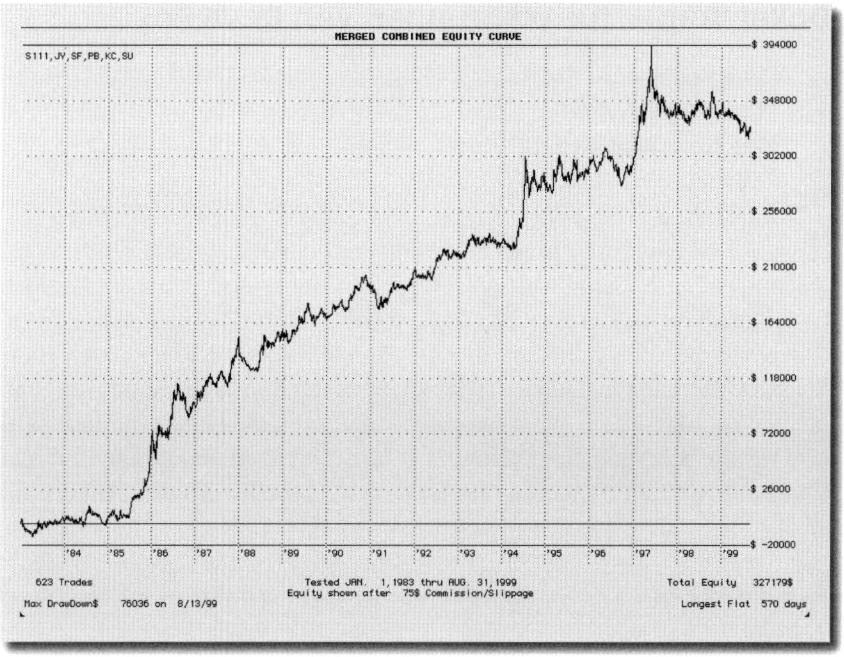

Abb. 13.4: *DCS-II-Ertragskurve*

Dollar Trader für Währungen von Dave Fox

Dave Fox
149 Sweet Bay Ave.
New Smyrna Beach, FL 32168
(904) 428-8847

Dave Fox ist einer der ehrlichsten Männer, die wir in diesem Geschäft jemals getroffen haben. Er ist ein sehr angesehener und erfahrener Trader und Systementwickler. Fox ist Mitglied der NFA und handelt auf Anfrage sein System für Sie. Sein persönlicher Handelsstil schließt auch den Handel mit Optionen ein. Dollar Trader ist eines der konsistentesten Systeme, die wir kennen. Das System hat zehn Parameter, die nicht optimiert sind und für alle Märkte gleich bleiben. Für dieses System benötigen Sie einen Computer und die Software von Dave Fox. (Tabelle 13.6 und Abbildung 13.5)

Tabelle 13.6: *Dollar Trader für Währungen – Deutsche Mark*

EIN KONTRAKT PRO TRADE
TESTZEITRAUM 1/1/86-8/31/99
$75 FÜR GEBÜHREN UND SLIPPAGE BERÜCKSICHTIGT

Total Net P/L ($)	53.525	Avg. Net/Year ($)	3.916
Winning Months (%)	55	Avg. Ret. MaxDD/Yr (%)	32
		Avg. Ret. with Time (%)	38
Max DrawDn ClsTrd ($)	9.663		
Max DrawDn w/OTE ($)	10.913		
Best Trade ($)	12.350	Worst Trade ($)	-6.313
Average Trade ($)	428	Net Prof:Loss Ratio	1,7
Average Win ($)	2.214	Average Loss ($)	-1.169
Long Net P/L ($)	30.100	Short Net P/L ($)	23.425
No. of Trades	1.231	Avg. Trades/Year	9
No. of Winning Trades	488	Percent Winners (%)	47,20
No. of Losing Trades	743	Most Cons. Losses	4
Avg. Days Per Trade	0,5	Longest Flat Time (Days)	632
Time in the Market (%)	25	Sharpe Ratio	0,15

	Net P/L ($)	Max ClsTrd ($)	No. of Trades	Win (%)	Avg Win	Cons Loss	Flat No. of Days
Last 6 months	1.938	838	4	50,0	1.388	2	36
Last 12 months	5.475	3.025	9	44,4	2.335	3	116
This year	5.913	838	5	60,0	2.250	2	36
Last year	-2.888	3.763	12	33,3	881	4	239
Total	53.525	9.663	125	47,2	2.214	4	632

Dollar Trader for Currencies – Dollar Index

EIN KONTRAKT PRO TRADE
TESTZEITRAUM 1/1/86-8/31/99
$75 FÜR GEBÜHREN UND SLIPPAGE BERÜCKSICHTIGT

Total Net P/L ($)	71.770	Avg. Net/Year ($)	5.251
Winning Months (%)	56	Avg. Ret. MaxDD/Yr (%)	42
		Avg. Ret. with Time (%)	53
Max DrawDn ClsTrd ($)	10.720		
Max DrawDn w/OTE ($)	11.240		
Best Trade ($)	9.535	Worst Trade ($)	-4.495
Average Trade ($)	588	Net Prof:Loss Ratio	1,9
Average Win ($)	2.721	Average Loss ($)	-1.163
Long Net P/L ($)	20.490	Short Net P/L ($)	51.280
No. of Trades	122	Avg. Trades/Year	9
No. of Winning Trades	55	Percent Winners (%)	45,10
No. of Losing Trades	67	Most Cons. Losses	9
Avg. Days Per Trade	22,3	Longest Flat Time (Days)	592
Time in the Market (%)	79	Sharpe Ratio	0,19

	Net P/L ($)	Max ClsTrd ($)	No. of Trades	Win (%)	Avg Win	Cons Loss	Flat No. of Days
Last 6 months	2.950	540	4	75,0	1.163	1	36
Last 12 months	6.910	3.130	9	55,6	2.116	3	126
This year	6.290	540	5	80,0	1.708	1	36
Last year	-5.180	6.330	14	14,3	2.140	9	249
Total	71.770	10.720	122	45,1	2.721	9	592

Dollar Trader for Currencies – Japanese Yen

EIN KONTRAKT PRO TRADE
TESTZEITRAUM 1/1/86-8/31/99
$75 FÜR GEBÜHREN UND SLIPPAGE BERÜCKSICHTIGT

Total Net P/L ($)	141.663	Avg. Net/Year ($)	10.366
Winning Months (%)	61	Avg. Ret. MaxDD/Yr (%)	53
		Avg. Ret. with Time (%)	67
Max DrawDn ClsTrd ($)	10.700		
Max DrawDn w/OTE ($)	16.975		
Best Trade ($)	17.863	Worst Trade ($)	-8.663
Average Trade ($)	1.336	Net Prof:Loss Ratio	2,7
Average Win ($)	3.684	Average Loss ($)	-1.846
Long Net P/L ($)	69.288	Short Net P/L ($)	72.375
No. of Trades	106	Avg. Trades/Year	8
No. of Winning Trades	61	Percent Winners (%)	57,50
No. of Losing Trades	45	Most Cons. Losses	4
Avg. Days Per Trade	25.9	Longest Flat Time (Days)	487
Time in the Market (%)	79	Sharpe Ratio	0,27

	Net P/L ($)	Max ClsTrd ($)	No. of Trades	Win (%)	Avg Win	Cons Loss	Flat No. of Days
Last 6 months	8.975	863	4	50,0	5.338	1	61
Last 12 months	21.788	1.475	7	57,1	6.031	2	151
This year	11.063	1.475	6	50,0	4.467	2	151
Last year	17.750	4.138	7	57,1	6.100	2	91
Total	141.663	10.700	106	57,5	3.684	4	487

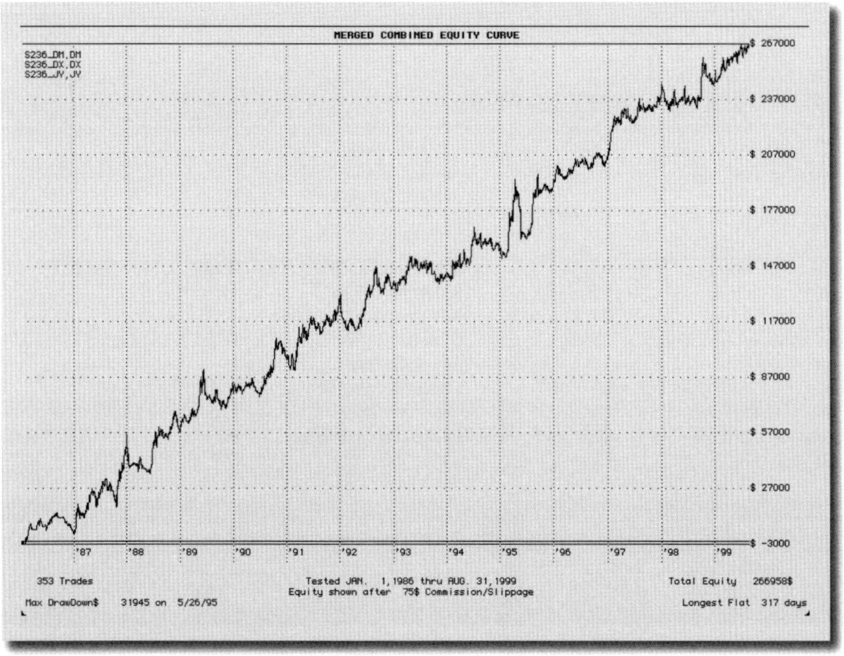

Abb. 13.5: *Dollar Trader für Währungen – Ertragskurve*

Dynamisches Break-out-System von George Pruitt

George Pruitt
815 Hillside Rd.
Hendersonville, NC 28791
(828) 697-0273

Das dynamische Break-out-System wurde von George Pruitt von Futures Truth als Variante des Donchian-Systems entwickelt, wobei der Ausbruch auf der Basis der Volatilität dynamisch kalkuliert wird. Das System verwendet einen $1.500-Stopp zum Money Management. Dieses System wurde im März 1996 entwickelt und kann für $300 erworben werden. Es lässt sich leicht in eine Excel-Tabelle einfügen. (Tabelle 13.7 und Abbildung 13.6) Den Easy Language Code für dieses System finden Sie in Anhang.

Tabelle 13.7: *Dynamisches Break-out System*

Ein Kontrakt pro Trade
Testzeitraum 01/01/83 – 08/31/99
$75 für Gebühren und Slippage berücksichtigt

Future	Gesamt GV ($)	Durch. PL ($)/ Jahr	Max. DrDn ($)	Trades/ Jahr	Win %	G:V	Gewinn/ Mr +DD(%)
US Anleihen	46.560	2.794	23.290	11	38,9	1,3	10,8
Japanischer Yen	149.375	8.963	15.138	9	45,3	2,4	50,6
Schweizer Franken	88.775	5.327	14.050	9	44,3	1,6	33,8
Rinder	532	32	14.892	12	38,2	1	0,2
Baumwolle	39.750	2.385	28.390	11	38,9	1,3	8,1
Kupfer	3.550	213	19.588	11	38,8	1	1
Rohöl	30.270	1.892	20.690	12	43,8	1,3	8,3

Gesamtergebnis	
Nettogewinn ($):	358.598
Maximaler Verlust ($):	29.519

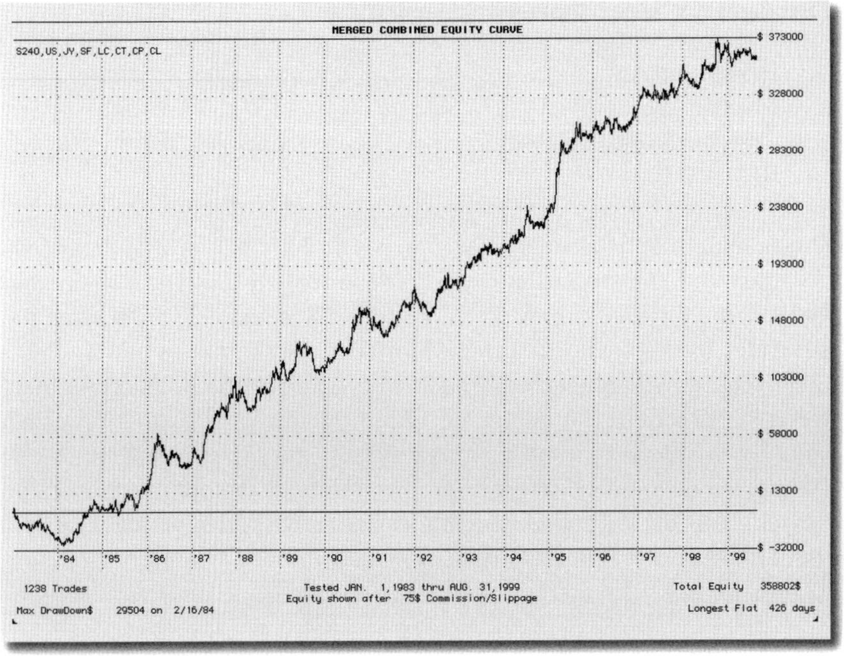

Abb. 13.6: *Dynamisches Break-out-System – Ertragskurve*

Golden SX von Randy Stuckey

Randy Stuckey
5 Cedar Lane
Crawfordsville, IN 47933
(765) 866-8001

Dieses mittelfristig orientierte System, das im Juli 1996 veröffentlicht wurde, führt ungefähr neun bis zwölf Trades pro Jahr aus. Die Regeln sind einfach und für alle Futures gleich. Golden SX ist ein auf Oszillatoren basierendes trendfolgendes System. Für jeden Markt gibt es andere Parameter. Da Systemanbieter oft wegen Überoptimierung kritisiert werden, wenn verschiedene Parameter für unterschiedliche Märkte erforderlich sind, bat uns der erfahrene Techniker Randy Stuckey, eine konstante Version des Golden SX zu überprüfen. Zwar schnitt die optimierte Version besser ab als die konstante, aber beide sind äußerst erfolgreich. Das System erfordert den Einsatz eines Computers (Tabelle 13.8 und Abbildung 13.7).

Tabelle 13.8: *Golden SX*

Ein Kontrakt pro Trade
Testzeitraum 01/01/83 – 08/31/99
$75 für Gebühren und Slippage berücksichtigt

Future	Gesamt GV ($)	Durch. PL ($)/ Jahr	Max. DrDn ($)	Trades /Jahr	Win %	G:V	Gewinn/ Mr +DD(%)
Japanischer Yen	135.000	8.100	15.238	7	46,2	2,4	45,5
Kaffee	137.494	8.250	30.094	8	51,1	2,3	23,6
Baumwolle	84.195	5.052	18.740	7	51,2	2,1	25,6
Rohöl	53.620	3.351	14.500	9	57	1,9	20,3
Schatzbrief	74.710	4.483	14.600	8	50	1,9	27,9
Rinder	14.540	872	12.224	9	50,3	1,3	6,8

Gesamtergebnis	
Nettogewinn ($):	499.395
Maximaler Verlust ($):	25.267

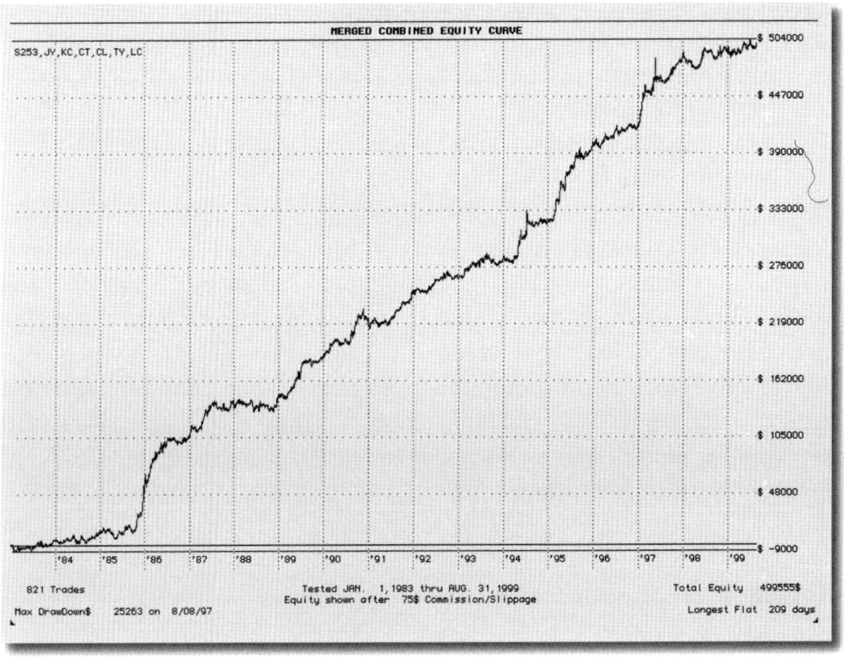

Abb. 13.7: *Golden SX – Ertragskurve*

Mystery System von Peter Aan

Peter Aan
2607 Partridge Ave.
Arlington, TX 76017
(972) 386-2901

Dieses langfristige System gibt es schon sehr lange. Peter Aan erkannte seinen Wert und bot es für den bescheidenen Preis von $95 an. Wir sind davon überzeugt, dass dieses System in Zukunft weiterhin sehr gute Ergebnisse bringen wird. Lassen Sie sich nicht vom günstigen Preis täuschen! Wir haben herausgefunden, dass es zwischen dem Verkaufspreis eines Systems und seiner Qualität keinen Zusammenhang gibt. Wie schon erwähnt, ist Peter Aan ein angesehener Techniker und Mitglied der NFA. (Tabelle 13.9 und Abbildung 13.8)

Tabelle 13.9: *Mystery System*

Ein Kontrakt pro Trade
Testzeitraum 01/01/83 – 08/31/99
$75 für Gebühren und Slippage berücksichtigt

Future	Gesamt GV ($)	Durch. PL ($)/ Jahr	Max. DrDn ($)	Trades /Jahr	Win %	G:V	Gewinn/ Mr+DD(%)
Britisches Pfund	87.631	5.258	22.113	20	38,5	1,4	22,3
Deutsche Mark	46.900	2.814	21.675	13	43,8	1,3	12,2
Japanischer Yen	164.738	9.884	21.625	7	54,6	2,7	40,9
Schweizer Franken	93.313	5.599	19.900	9	51	1,6	25,9
Kaffee	180.694	10.842	33.675	18	39,7	1,6	28,1

Gesamtergebnis	
Nettogewinn ($):	573.275
Maximaler Verlust ($):	35.425

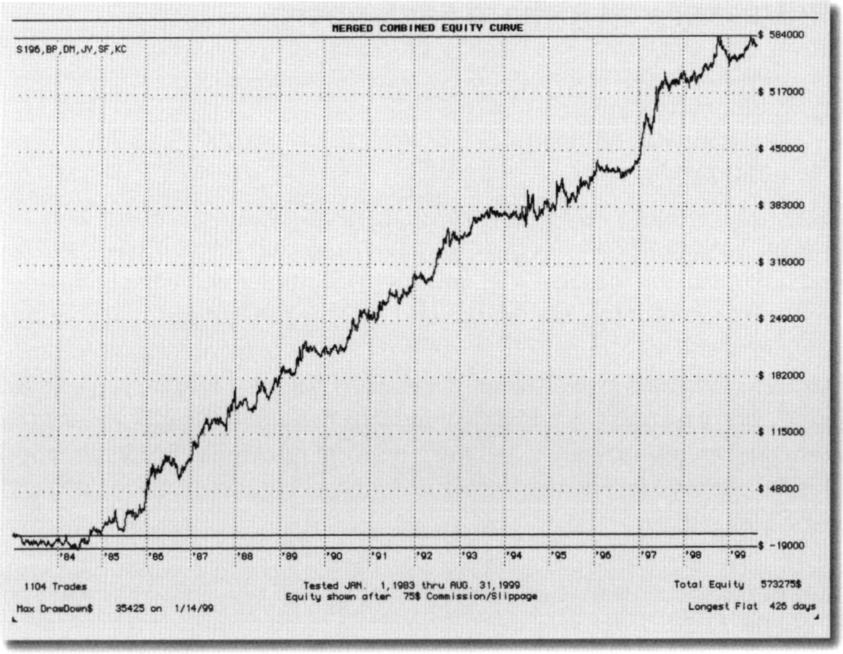

Abb. 13.8: *Mystery System – Ertragskurve*

R-Breaker von Richard Saidenberg

Richard Saidenberg
35 Tamarack Way
Pleasantville, NY 10570
(914) 741-2147

Dieses System wurde von Rick Saidenberg im Juli 1993 für das Day Trading des S&P entwickelt. Es ist mit einem Computer und entsprechender Software einsatzfähig. Der Markt wird im Tagesverlauf verfolgt, aber nur ungefähr alle 45 Minuten. R-Breaker ist ein Gegentrend-Ausbruchssystem. Hier arbeiten zwei Systeme zusammen. Das eine System reagiert auf die Ausbrüche und das andere auf die falschen Ausbrüche. R-Breaker ist sehr aggressiv und handelt mehr als zehn Mal pro Monat. Ein fester Stopp für das Money Management ist in die Regeln eingebaut. (Tabelle 13.10 und Abbildung 13.9)

Tabelle 13.10: *R-Breaker*

Total Net P/L ($)	166.813	Avg. Net/Year ($)	12.206
Winning Months (%)	66	Avg. Ret. MaxDD/Yr (%)	54
		Avg. Ret. with Time (%)	230
Max DrawDn ClsTrd ($)	16.935		
Max DrawDn w/OTE ($)	16.935		
Best Trade ($)	12.250	Worst Trade ($)	-1.468
Average Trade ($)	86	Net Prof:Loss Ratio	1,4
Average Win ($)	703	Average Loss ($)	-449
Long Net P/L ($)	102.975	Short Net P/L ($)	63.838
No. of Trades	1.231	Avg. Trades/Year	142
No. of Winning Trades	488	Percent Winners (%)	46,50
No. of Losing Trades	743	Most Cons. Losses	12
Avg. Days Per Trade	0,5	Longest Flat Time (Days)	432
Time in the Market (%)	25	Sharpe Ratio	0,33

	Net P/L ($)	Max CtsTrd ($)	No. of Trades	Win (%)	Avg Win	Cons Loss	Flat No. of Days
Last 6 months	23.475	7.088	78	37,2	2.391	5	61
Last 12 months	29.608	11.560	152	35,5	2.305	8	76
This year	20.740	9.300	102	35,3	2.296	5	61
Last year	20.045	10.015	150	40,0	1.784	9	113
Total	166.813	16.935	1.939	46,5	703	12	432

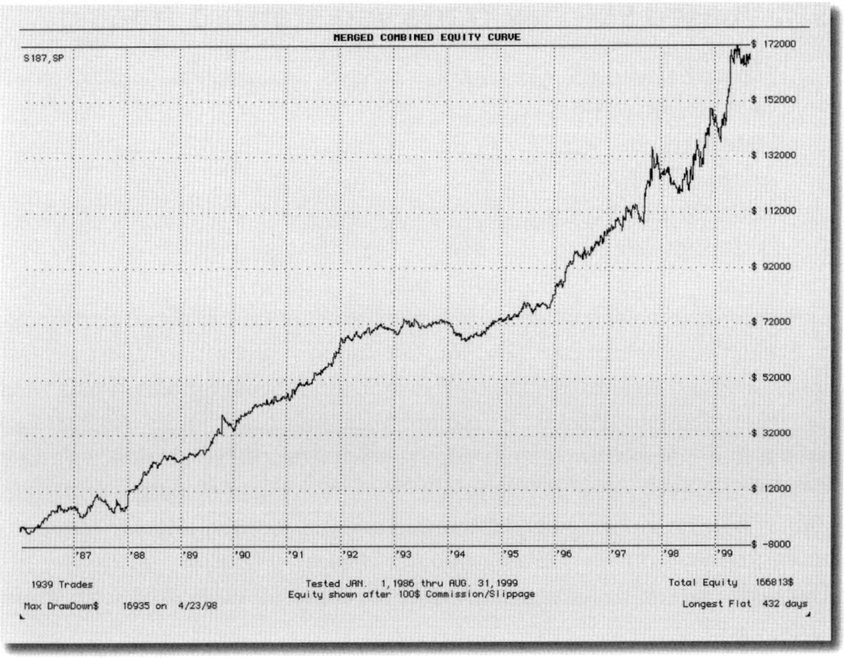

Abb. 13.9: *R-Breaker – Ertragskurve*

STC-Vbased S&P Day Trade von Stafford Trading

Stafford Trading
2460 Peachtree Rd NW
Suite 1004
Atlanta, GA 30305
(800) 270-1362
(404) 949-0236

Dieses System wurde im Juni 1997 veröffentlicht und ist damit das jüngste System auf unserer Liste. Die Regeln sind so einfach, dass kein Computer notwendig ist (Trade Station ™ Easy Language ist erhältlich und wird wärmstens empfohlen.) Es ist ein auf Volatilität basierendes Ausbruchssystem mit einem zusätzlichen Regelwerk für falsche Ausbrüche (ähnlich dem R-Breaker). Zusätzlich beinhaltet es einen Filter, der das Handeln in Zeiten extrem hoher Volatilität unterbindet. Adaptive-Money-Management-Regeln sind ebenfalls eingebaut. Dieses System ist aggressiver als Big Blue, aber weniger aggressiv als R-Breaker. (Tabelle 13.11 und Abbildung 13.10)

Tabelle 13.11: *S&P Day Trade System*

Total Net P/L ($)	196.288	Avg. Net/Year ($)	14.363
Winning Months (%)	75	Avg. Ret. MaxDD/Yr (%)	78
		Avg. Ret. with Time (%)	414
Max DrawDn ClsTrd ($)	12.725		
Max DrawDn w/OTE ($)	12.725		
Best Trade ($)	10.810	Worst Trade ($)	-3.463
Average Trade ($)	136	Net Prof:Loss Ratio	1,5
Average Win ($)	792	Average Loss ($)	-485
Long Net P/L ($)	136.100	Short Net P/L ($)	60.188
No. of Trades	1.448	Avg. Trades/Year	106
No. of Winning Trades	704	Percent Winners (%)	48,60
No. of Losing Trades	744	Most Cons. Losses	8
Avg. Days Per Trade	0,4	Longest Flat Time (Days)	248
Time in the Market (%)	19	Sharpe Ratio	0,39

	Net P/L ($)	Max ClsTrd ($)	No. of Trades	Win (%)	Avg Win	Cons Loss	Flat No. of Days
Last 6 months	18.793	10.890	62	45,2	2.087	4	61
Last 12 months	31.273	12.725	120	43,3	2.340	4	115
This year	17.958	10.890	80	43,8	2.160	4	61
Last year	43.855	9.530	122	50,0	1.901	4	41
Total	196.288	12.725	1.448	48,6	792	8	248

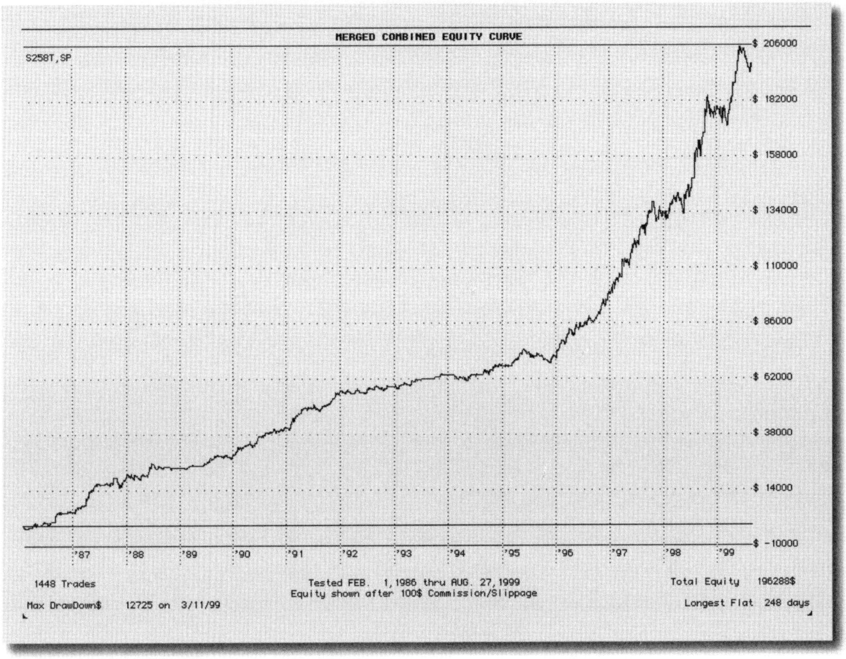

Abb. 13.10: *STC-Vbased S&P Day Trade – Ertragskurve*

Anhang

Easy Language Code für das Dynamische Breakout-System von George Pruitt

```
{********************************************}
{ System #1
Program designed and coded by George Pruitt
Donchian Break Out with protective and trailing stops}

vars: daysInTrade(0), lookBack(30), midLevel(0),longLiqPt(0),shortLiqPt(0);

if(marketPosition =1 ) then
begin
      midLevel = entryPrice(0) - (highest(high,30) - lowest(low,30))/2.0;
end;
if(marketPosition =-1 ) then
begin
      midLevel = entryPrice(0) +(highest(high,30) - lowest(low,30))/2.0;
end;

if(marketPosition <> 0 and barsSinceEntry(0)>0 and
(Mod(barsSinceEntry(0),5)=0)) then
begin
    lookBack = lookBack - 2;
    lookBack = maxlist(lookBack,6);
end;

longLiqPt = maxlist(lowest(low,lookBack),midLevel);
shortLiqPt = minlist(highest(high,lookBack),midLevel);

if(barsSinceEntry(0) = 0 and marketPosition <> 0) then
begin
    longLiqPt = midLevel;
    shortLiqPt = midLevel;
end;

if(marketPosition = 1) then exitlong("long exit") at longLiqPt stop;
if(marketPosition = -1)then exitshort("short exit") at shortLiqPt stop;

buy("donchian buy") tomorrow at highest(high,30)stop;
sell("donchian sell") tomorrow at lowest(low,30) stop;

if(marketPosition = 0) then lookBack = 30;
 {********************************************}

{********************************************}
```

```
{ System #2
  Program designed and coded by George Pruitt
  Moving Average Cross Over with protective and trailing stops}

vars: daysInTrade(0), atr(0),ptargMult(1),longLiqPt(0),shortLiqPt(999999),
        protLongStop(0),protShortStop(0);

atr = avgtruerange(20);

if(marketposition = 1 and barssinceentry = 0) then protLongStop =
entryPrice(0) - 5*atr[1];
if(marketposition = -1 and barssinceentry = 0) then protShortStop =
entryPrice(0) + 5*atr[1];

if(marketposition <> marketposition(1)) then
begin
        ptargMult = 1;
        longLiqPt = 0;
        shortLiqPt = 999999;
end;

if(marketposition = 1 and high > entryPrice(0) + (5 *atr*ptargMult)) then
begin
        ptargMult = ptargMult + 1;
        longLiqPt = high - 5 * atr;
end;

if(marketposition = -1 and low < entryPrice(0) - (5 *atr*ptargMult)) then
begin
        ptargMult = ptargMult + 1;
        shortLiqPt = low + 5 * atr;
end;

if(marketPosition = 1)then
begin
        exitlong ("long exit") at longLiqPt stop;
        exitlong ("lprot exit") at protLongStop stop;
end;

if(marketPosition = -1)then
begin
        exitshort("short exit") at shortLiqPt stop;
        exitshort("sprot exit") at protShortStop stop;
end;

if(average(close,13)crosses above average(close,39) and close > close[39])
then
begin
        buy("macross buy") tomorrow at open;
end;

if(average(close,13)crosses below average(close,39) and close < close[39])
then
```

```
begin
      sell("macross sell") tomorrow at open;
end;
{*********************************************}

{*********************************************}
{ System #3
  Program designed and coded by George Pruitt
  Short Term Volatility Based Open Range Break Out}

vars: daysInTrade(0), atr(0),ptargMult(1),longLiqPt(0),shortLiqPt(999999),
        protLongStop(0),protShortStop(0),lowestLow3(0),highestHigh3(0),
        bed(0),sed(0),stb(0),sts(0);

atr = avgtruerange(10);
lowestLow3 = lowest(low,3);
highestHigh3 = highest(high,3);

bed = 0;
sed = 0;

if(close>=close[1]) then sed = 1;
if(close<close[1])  then bed = 1;

if(bed = 1) then
begin
      stb = open of tomorrow + .5*(highestHigh3 - lowestLow3);
      sts = open of tomorrow - (highestHigh3 - lowestLow3);
end;
if(sed = 1) then
begin
      stb = open of tomorrow + (highestHigh3 - lowestLow3);
      sts = open of tomorrow - .5*(highestHigh3 - lowestLow3);
end;

if(marketposition = 1 and barssinceentry = 0) then protLongStop =
entryPrice(0) - 3*atr[1];
if(marketposition = -1 and barssinceentry = 0) then protShortStop =
entryPrice(0) + 3*atr[1];

if(marketposition<>marketposition(1)) then
begin
      ptargMult = 1;
      longLiqPt = 0;
      shortLiqPt = 999999;
end;

if(marketposition = 1 and high[1] > entryPrice(0) + (3 *atr[1])) then
begin
      longLiqPt = entryPrice(0);
end;
```

```
if(marketposition = -1 and low[1] < entryPrice(0) - (3 *atr[1])) then
begin
        shortLiqPt = entryPrice(0);
end;

if(marketPosition = 1)then
begin
        exitlong ("long exit") at longLiqPt stop;
        exitlong ("lprot exit") at protLongStop stop;
end;

if(marketPosition = -1)then
begin
        exitshort("short exit") at shortLiqPt stop;
        exitshort("sprot exit") at protShortStop stop;
end;

buy("stvorbo buy") tomorrow at stb stop;
sell("stvorbo sell") tomorrow at sts stop;

{*******************************************}

{*******************************************}
{ System #4
  Data 1 is a five minute bar ::: Data 2 is a daily bar
  Program designed and coded by George Pruitt
  S&P Day Trade System}

vars:
buyDay(0),sellDay(0),pct1(.30),pct2(.60),raa_days(10),canTrade(0),keyPrice(0),

otcRange(0),retrace_pct(.20),atr(0),stopp(0),hipt(0),lopt(0),retrace(0),
           hi_point(0),lo_point(0),thrust1(0),thrust2(0.0),
           stb(0),sts(0),openofday(999999),sco(0),bco(0),hday(0),lday(0),
           canBuy(0),canSell(0),counter(0),sum(0);

input: openTime(835),strtTime(900),endTime(1430);

if (t =sess1Endtime and date of data2 <> date[1] of data2) then begin
     atr = avgTrueRange(raa_days) of data2;
     value1 = absValue(open of data2 - close of data2);
     sum = 0;
     for counter = 0 to 9 Begin
          sum = sum + absValue(open[counter] of data2 - close[counter] of
     data2);
     end;
     otcRange = sum/10.0;
     canTrade = 1;
     if(otcRange/atr < 0.5) then canTrade=0;

     keyPrice = (high of data2 +low of data2 + close of data2)/3.0;
```

```
    print("keyPrice : ",keyPrice);
    stopp = atr*.30;

    hipt = keyPrice + .25*range of data2;
lopt = keyPrice - .25*range of data2;

retrace = retrace_pct*atr;

hi_point = keyPrice + .75*range of data2;
lo_point = keyPrice - .75*range of data2;

buyDay = buyDay[1];
sellDay = sellDay[1];

if(close of data2 < keyPrice) then begin
    buyDay = 0;
    sellDay = 1;
end;
if(close of data2 > keyPrice) then begin
    buyDay = 1;
    sellDay = 0;
end;

thrust1 =atr *pct1;
thrust2 =atr *pct2;

end;

if (t=openTime) then begin

  hday = 0;
  lday = 999999;
  sco = 0;
  bco = 0;
  canBuy = 1;
  canSell = 1;

  if(buyDay = 1) then begin
    stb = open + thrust1;
    sts = open - thrust2;
  end;

  if(sellDay = 1) then begin
    stb = open + thrust2;
    sts = open - thrust1;
  end;
end;

if(high>hday) then begin
  hday = high;
  if(hday>=hi_point) then sco = 1;
  end;

if(low<lday) then begin
```

```
  lday = low;
  if(lday<=lo_point) then bco = 1;
  end;

if(t>= strtTime and t<= endTime+10) then begin

     if(bco = 1 and canBuy = 1 and canTrade = 1) then begin
       buy("bco buy") tomorrow at lopt stop;
       lday = 0;
     end;

     if(sco = 1 and canSell = 1 and canTrade = 1) then begin
       sell("sco sell") tomorrow at hipt stop;
         hday = 999999;
     end;
        if(marketPosition = 1) then canBuy = 0;
        if(marketposition = -1)then canSell = 0;

        if(canTrade = 1 and canBuy = 1) then buy("buyBreakout") tomorrow at stb
stop;
     if(canTrade = 1 and canSell = 1) then sell("sellBreakout") tomorrow at
sts stop;

end;

if(marketposition=-1) then exitshort(" smmexit") entryprice+3.00 stop;
if(marketposition= 1)then exitlong(" lmmexit") entryprice-3.00 stop;

{*******************************************}

 {*******************************************}
 { System # 5
   Program designed and coded by George Pruitt
   Short Term Volatility Based Open Range Break Out with Patttern Recognition}

vars: atr(0),longLiqPt(0),shortLiqPt(999999),
        protLongStop(0),protShortStop(0),lowestClose4(0),highestClose4(0),
        bed(0),sed(0),stb(0),sts(0),canTrade(0);

atr = avgtruerange(30);
lowestClose4 = lowest(close,4);
highestClose4 = highest(close,4);

canTrade = 0;
if(highestClose4 - lowestClose4 < atr) then canTrade = 1;

stb = open of tomorrow + .62*truerange;
sts = open of tomorrow - .62*truerange;

if(canTrade = 1 and entriestoday(date) = 0) then
begin
      buy("pattbuy") tomorrow at stb stop;
      sell("pattsell") tomorrow at sts stop;
```

```
end;
if(canTrade = 0) then
begin
	exitlong("longliq") at sts stop;
	exitshort("shrtliq") at stb stop;
end;
{**********************************************}
```

Literatur

Alexander, Peter. *Beginners Guide to Computer Assisted Trading,* Traders Press Inc., Greenville, SC, 1997.

Chande, Tushar S. *Beyond Technical Analysis,* John Wiley, New York, 1997.

Chande, Tushar S., and Stanley Kroll. *The New Technical Trader,* John Wiley, New York, 1994.

Drummond, Charles. *How to Make Money in the Futures Market . . . and Lots of It!* Drummond Publications, Chicago, 1978.

Drummond, Charles. *Charles Drummond on Advanced P&L,* Drummond Publications, Chicago, 1980.

Drummond, Charles. *The P&L Labs,* Drummond Publications, Chicago, 1981.

Drummond, Charles. *The 1-1 Paper,* Drummond Publications, Chicago, 1985.

Drummond, Charles. *The Energy Paper,* Drummond Publications, Chicago, 1991.

Drummond, Charles. *P&L Accumulation/Distribution: Knowing When to Trade,* Drummond Publications, Chicago, 1993.

Drummond, Charles. *Knowing Where the Energy Is Coming From,* Drummond Publications, Chicago, 1995.

Drummond, Charles. *Pattern Picking,* Drummond Publications, Chicago, 1996.

Drummond, Charles. *Predicting Next Week's Range (and Understanding How the Daily Plays It Out),* Drummond Publications, Chicago, 1996.

Drummond, Charles. *Psycho Paper '96: P&L's Connection with Awareness,* Drummond Publications, Chicago, 1996.

Drummond, Charles, and Ted Hearne. *The Lessons, a Series of 30 Multi-Media Lessons,* Drummond and Hearne Publications, Chicago, 1997–1999.

Gallacher, William R. *Winner Take All,* Probus Publishing Company, Chicago, IL, 1994.

Knight, Sheldon. "How Clean Is Your End-Of-Day Data?" *Futures Magazine, 28:* 9 (September 1999), pp. 64–69.

Krutsinger, Joe. *Trading Systems, Secrets of the Masters,* McGraw Hill, New York, 1997.

Le Beau, Charles, and David W. Lucas. *Technical Traders Guide to Computer Analysis of the Futures Markets,* Business One Irwin, Homewood, IL, 1992.

Rotella, Rober P. *Elements of Successful Trading,* New York Institute of Finance, New York, 1992.

Smith, Gary. *How I Trade for a Living,* John Wiley, New York, 1999.

Tewels, Richard J., C. V. Harlow, and H. L. Stone. *The Commodity Futures Game,* McGraw Hill, New York, 1974.

Vince, Ralph. *Portfolio Management Formulas,* John Wiley, New York, 1990.

Wilder Jr., Welles. *New Concepts in Technical Trading Systems,* Trend Research, Greensboro, NC, 1978.

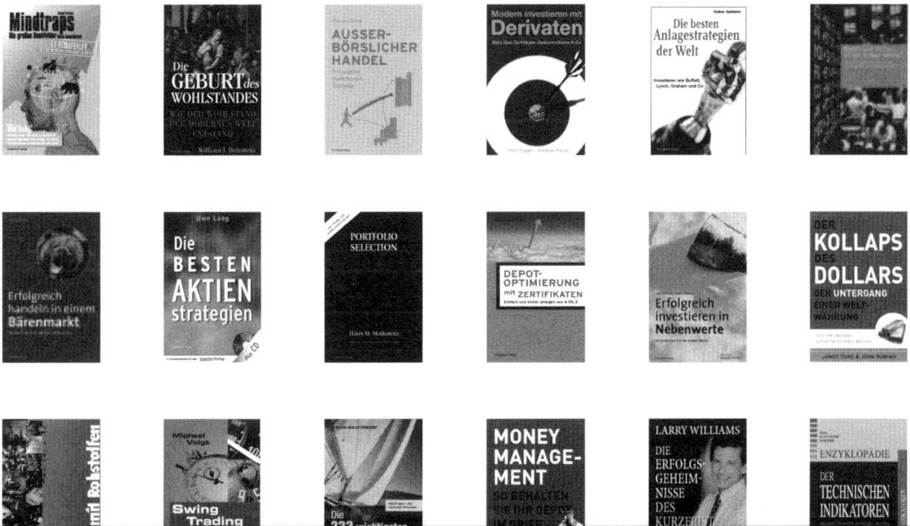
Mindtraps
Die GEBURT des WOHLSTANDES
William J. Bernstein
AUSSERBÖRSLICHER HANDEL
Modern investieren mit Derivaten
Die besten Anlagestrategien der Welt
Volker Gelfarth
Erfolgreich handeln in einem Bärenmarkt
Uwe Lang
Die BESTEN AKTIEN strategien
PORTFOLIO SELECTION
Harry M. Markowitz
DEPOT-OPTIMIERUNG mit ZERTIFIKATEN
Erfolgreich investieren in Nebenwerte
DER KOLLAPS DES DOLLARS
JAMES TURK & JOHN RUBINO
Michael Voigt
Swing Trading
MONEY MANAGEMENT
LARRY WILLIAMS
ENZYKLOPÄDIE
DER TECHNISCHEN INDIKATOREN

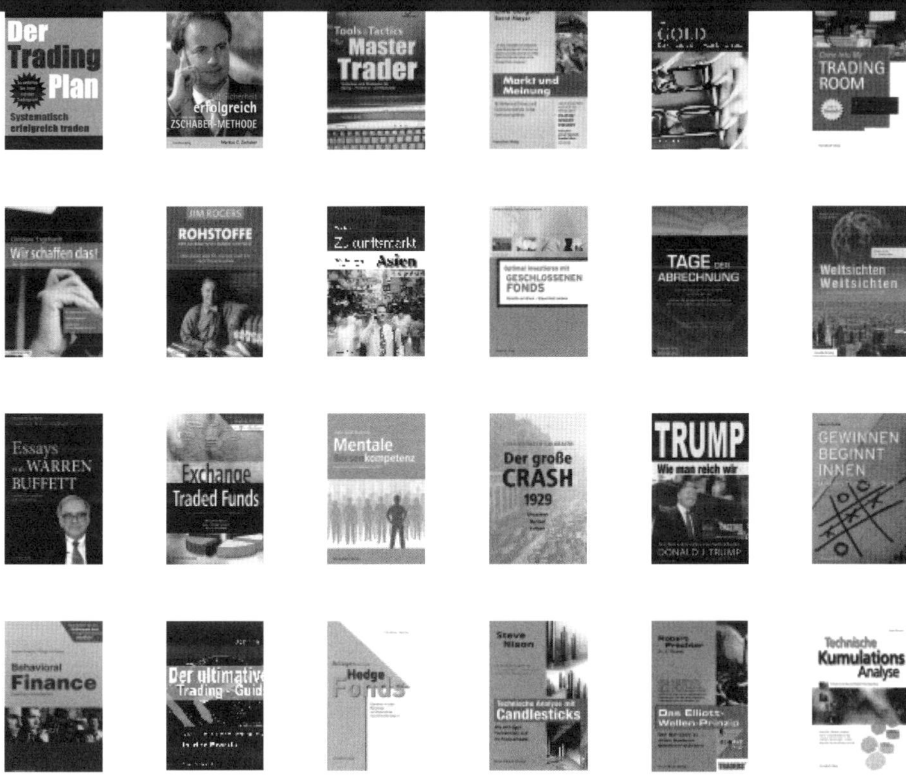
Der Trading Plan
Systematisch erfolgreich traden
erfolgreich
ZSCHABER-METHODE
Tools & Tactics Master Trader
Markt und Meinung
GOLD
TRADING ROOM
Wir schaffen das!
JIM ROGERS
ROHSTOFFE
Asien
GESCHLOSSENEN FONDS
TAGE DER ABRECHNUNG
Weltsichten
Essays von WARREN BUFFETT
Exchange Traded Funds
Mentale Börsenkompetenz
Der große CRASH 1929
TRUMP
Wie man reich wir
DONALD J. TRUMP
GEWINNEN BEGINNT INNEN
Behavioral Finance
Der ultimative Trading-Guide
Hedge Fonds
Steve Nison
Candlesticks
Robert Prechter
Das Elliott-Wellen-Prinzip
Technische Kumulations Analyse

Gregor Bauer

Praxisratgeber Trading

300 Seiten, Hardcover

Preis € 34,90 (D); € 35,90 (A); SFr 60,40

ISBN: 3-89879-091-6

Das Buch vermittelt dem Privatanleger die Grundlagen der Methodik des Handelns an den Kapitalmärkten. Dazu gehört insbesondere die Technische Analyse, mit deren Hilfe der Trader schnell und effizient die Märkte beurteilen kann. Ein weiterer Schwerpunkt liegt auf der Börsenpsychologie und den für den Trader gefährlichen Psychofallen.

Bauer führt den Anleger anhand konkreter Beispiele und Tipps in die Konzeption eines eigenen Handelsansatzes ein und zeigt auf, wie Verluste zu begrenzen sind. Außerdem erklärt dieses Buch die Funktionsweise der neuesten Absicherungsinstrumente anhand von praktischen Beispielen.

Robert Deel

Traden nach Plan

240 Seiten, Hardcover
Preis € 29,90 (D); € 30,80 (A); SFr. 53,00
ISBN 3-932114-89-2

„Mit diesem Buch bekommen Sie ein Gespür für versteckte Gefahren am Markt ! "
TradersJournal

Profite maximieren und Risiken entscheidend minimieren, das möchte jeder Trader. Jetzt macht Sie der angesehene Trading-Experte Robert Deel mit einem mächtigen Money-Management-System vertraut. Sie lernen die Gesetzmäßigkeiten der Märkte verstehen, ermitteln eine gute Balance zwischen Chance und Risiko und setzen Spitzenstrategien ein! Sie können von nun an Ihre Profite gezielt ausbauen, Risiken wirksam begrenzen und Verluste gar nicht erst aufkommen lassen. Robert Deel bringt Ihnen bei, wie Sie eine eigene, maßgeschneiderte Strategie entwickeln, die genau Ihren persönlichen Anforderungen, Vorgehenswiesen und Zielen entspricht!

Thomas N. Bulkowski

Enzyklopädie der Chartmuster

736 Seiten, Hardcover
Preis € 64,90 (D); € 66,80 (A); SFr. 110,00
ISBN 3-89879-084-3

Es gibt eine Vielzahl von Chartmustern, die dem Anleger sagen, ob sich eine Aktie oder Ware im Aufwärts- oder Ab-wärtstrend befindet. Verschiedene Muster signalisieren verschiedene Ereignisse, und diese Muster verraten dem Anleger, wie sich die Aktie, ausgehend von aktuellen Kurs, verhalten wird. Daher ist das Verfolgen und Erkennen von Chartmustern ein wichtiges Instrument der Technischen Analyse. Die »Enzyklopädie der Chartmuster« ist weltweit der umfassendste Leitfaden zur Chartbildung. Er erläutert detailliert das Marktverhalten und enthält aktuelle Performance-Statistiken. Ein unverzichtbares Nachschlagewerk für Börsenhändler und versierte Anleger.

Uwe
Wagner
Gewinnen Sie den Kampf um Performance durch praxisnahe Marktbeurteilung und exakte Regelwerke.
Traden
wie ein Profi
Systematische
Handelsansätze
Marktpsychologie
Risikokontrolle
FinanzBuch Verlag